Schulz, Walter

Zustaende im heutigen Persien

wie sie das Reisebuch Ibrahim Begs enthuellt

Schulz, Walter

Zustaende im heutigen Persien

wie sie das Reisebuch Ibrahim Begs enthuellt

Inktank publishing, 2018

www.inktank-publishing.com

ISBN/EAN: 9783750104389

ZUSTÄNDE IM HEUTIGEN PERSIEN
WIE SIE DAS REISEBUCH IBRAHIM BEGS ENTHÜLLT

AUS DEM PERSISCHEN ÜBERSETZT UND BEARBEITET

VON

DR. WALTER SCHULZ

MIT 1 FARBIGEN KARTE UND 84 MEIST GANZSEITIGEN ILLUSTRATIONEN IN AUTOTYPIE

LEIPZIG
VERLAG VON KARL W. HIERSEMANN
1903.

Zustände im heutigen Persien.

دشمن علم دشمن عقل

Verachte die Schule und bleib ein Narr.

Noch immer steht trotz aller Stürme und Wetter der Islam aufrecht da als ein festgefügter, gewaltiger Bau, zwar altersgrau und verwittert, aber in mehr als 1000 Jahren ist nur wenig von ihm abgebröckelt, und für weitere Jahrhunderte scheinen seine Fundamente noch allen Gefahren zu trotzen als wären sie für die Ewigkeit geschaffen. Aber so scheint es nur. Im Innern da ist es schon lange morsch und baufällig, da gährt es und wühlt, und ein Feuer glimmt und schwelt und wartet nur noch auf den Lufthauch, der die Flamme auflodern lässt. Schon oft hatte es Abfall, Zweifel und Empörung gegeben, aber immer wieder wurden die Sekten unterdrückt, und der Islam war siegreicher denn je. Gegen den Geist der neuen Zeit jedoch wehrt sich die mohammedanische Welt umsonst.

Während nämlich die heutigen zivilisierten christlichen Staaten mit den grossartigen Fortschritten moderner Wissenschaften und Erfindungen immer mehr emporblühen, gelingt es den mohammedanischen Reichen immer weniger sich auf gleicher Höhe zu halten, immer tiefer und tiefer sinken sie wirtschaftlich herab, und Armut und Elend würgt die Zahl ihrer Bewohner und die Gläubigen dahin. Da regt sich in dem gepeinigten, darbenden Volke immer lebhafter die Sehnsucht nach Erlösung und Befreiung. Zumal im schi'itischen Islam mit seinen menschenfeindlichen, gegen alles Fremde von Hass und Verachtung erfüllten Ideen erhebt sich der Geist der Freiheit und fordert Reformation der in Formeln erstarrten aufgezwungenen „Religion der Politik", welche dem arischen Perser mit seinem lebhaften Geiste, seinem weltfrohen Charakter, der alles neue so bereitwillig in sich

1*

aufnimmt, völlig widerspricht. Den ersten Ansturm hat bereits der Babismus gegeben.

Ob sich diese Umwälzung friedlich oder mit heissen blutigen Kämpfen vollziehen wird, das muss die Zukunft lehren. Gleich einem Wirbelsturm aber wird es reinigend und neubelebend durch die mohammedanischen Lande brausen. Eine völlige Zerstörung des alten, bestehenden von Grund aus ist nicht vonnöten, denn es bedarf nur einer Umgestaltung, um das Gute, was in der wahren Lehre des Propheten enthalten ist, unverfälscht und klarer zur Geltung kommen zu lassen, Irrtümer zu berichtigen und sich den veränderten Zeitumständen und dem gesteigerten heutigen Wissen anzupassen. Dann aber ist auch der Augenblick gekommen das Christentum dem Islam zu nähern. Dr. Gustav Weil sagt in seiner historisch kritischen Einleitung zum Koran: „Statt durch den Katechismus und die Bibel, welche ohne Kommentar den Nichtchristen ein verschlossenes Buch bleiben, dessen Äusseres eher abstossend als anziehend ist, müsste man die Mohammedaner durch gründliches Studium der Welt- und Religionsgeschichte sowie der Naturwissenschaften aufzuklären suchen. Wären die Summen, welche alljährlich von den verschiedenen Missionsgesellschaften für Bekehrung der Mohammedaner ausgegeben werden, für Gründung guter Schulen verwendet worden, so hätten die in den Orient gesandten guten Lehrer die Grundpfeiler des Islam mehr untergraben, als die Missionäre mit ihren umhergeschleuderten Übersetzungen von Katechismen und Evangelien."

Ist aber nun wirklich das Verlangen nach moderner Bildung und nach guten Schulen im Orient vorhanden? — Diese Frage beantwortet uns das vorliegende Buch. Es zeigt uns aber noch mehr, nämlich, dass man ein guter, strenggläubiger Moslim sein und sich dennoch, wie einst zur goldenen Zeit des grossen Schah Abbas, dieses christen- und fremdenfreundlichen aufgeklärten Monarchen, den enormen Fortschritten der Wissenschaften zugänglich zeigen kann. Entgegen der herrschenden Ansicht der Geistlichen, die wie Weil annehmen Zivilisation und Wissenschaft stürze den Islam um, fordert der Autor, ein begeisterter Anhänger des Propheten, mit einer für einen Orientalen bisher unerhörten Kühnheit und Energie geradezu eine tiefe allesumfassende Bildung der europäischen gleich und in Anlehnung an dieselbe. Vor allem verlangt er tüchtige Schulen, die im stande wären das verarmte, elende aber auch so fähige Volk der Perser wieder in einen besseren wirtschaftlichen Zustand zu versetzen und auf ein moralisch und geistig höheres Niveau zu erheben. Von unsichtbarer Gewalt fühlt sich Ibrahim Beg vorwärts getrieben die Brücke zu betreten, die hinüberführt zu Humanität, Zivilisation und Wissenschaft, ohne sich vielleicht ganz der Tragweite seiner grossen und tiefen Ideen bewusst zu sein. Dass der Kampf nämlich gegen die elenden Zustände im Lande Iran zugleich auch ein solcher gegen die Unfreiheit in der Religion des Islam überhaupt ist, das wagt der Verfasser nicht einmal zu denken, geschweige denn auszusprechen, geht aber aus seinem tragischen Seelenkonflikt hervor, als er nicht weiss, ob er schweigen oder reden solle. Ingrimmig wendet er sich gegen die reformatorische Lehre des Bab, vielleicht gerade weil er fühlt, dass ihn die Verzweiflung über Iran und die Hoffnung auf „Freiheit und Gleichheit" auch an der alten, starren Lehre des Propheten irre machen kann, deren falscher Auslegung er auf Schritt und Tritt begegnet.

Dieser Konflikt im Herzen Ibrahims ist typisch für die moderne Welt des Islams, die an der heiligen Lehre des gottgesandten Propheten festhalten will um jeden Preis und ängstlich vor jeder Neuerung als einem Frevel zurückschreckt. Und doch muss sie mit all den neuen wissenschaftlichen Errungenschaften rechnen und leben, wenn sie auch der tote Buchstabe des engen arabischen Gesetzes und die verknöcherte Auslegung desselben daran zu hindern sucht.

„Gebildet sein und aufgeklärte Ideen haben", heisst „gottlos" wie wir am Ende des Buches sehen werden. Dasselbe fiel mir zufällig in die Hände, als ich nach meiner Rückkehr von Persien nach einer Darstellung von Land und Leuten, und zwar von persischer Feder, suchte. So reich die Literatur in Europa an Werken über Iran ist, so wenig findet man heute von den Persern jemanden, der über sein Vaterland zu schreiben wagte oder die Lust und das Verständnis dazu hätte. Ibrahim Beg, ein Perser von Geburt aber in Kairo wohnhaft, ist eine so seltsame interessante psychologische Erscheinung, dass ich es der Mühe für wert hielt seine Tagebuchblätter zu übersetzen. Bis jetzt hat wohl noch niemand im ganzen Orient die Schäden seines Vaterlandes, das er glühend liebt, so offen und furchtlos aufgedeckt und meisterhaft geschildert, noch niemand sich selbst so schonungslos aufgeopfert wie dieser Ibrahim Beg. Wie ein Prophet, der eine Mission in sich fühlt, geht er hin und sagt jedem ohne Rücksicht die bittere Wahrheit ins Gesicht, Gross und Klein, gleichviel ob er sich dabei Feinde schafft und in Gefahren stürzt; mit Worten frommer Entrüstung treibt er die Händler aus den Moscheen und erduldet ruhig wie ein Märtyrer für seine Predigten Schimpf und Schläge. Und das alles aus heiligster, innerer Überzeugung, etwas zur Erlösung seines geliebten Iran beizutragen, aus wahrem Patriotismus und in der Bewunderung der zivilisierten Länder und des wissenschaftlichen Europa, nicht aus Aufschneiderei, Überhebung und Streitlust. Diesem etwaigen Vorwurf seiner Widersacher tritt er des öfteren entgegen, und auch der Herausgeber und Verleger des Reisebuches, ein Dichter in Stambul, bestätigt das im Vorwort zu diesen Tagebuchblättern. Dass allen beiden nichts an Sensation und etwaigem Gewinn dadurch gelegen ist, beweist auch die uneigennützige Bestimmung, den Ertrag des Buches einer zu gründenden Volksschule in Iran zukommen zu lassen.

Freilich die Mittel, die Ibrahim anwendet, mögen nicht immer die richtigen, sein Vorgehen nicht immer klug und geschickt sein. Nur zu oft vergisst er den Rat seines verstorbenen Vaters, den er sonst sklavisch z. B. beim Aufzählen der Titel befolgt, sich nicht zu streiten, sondern lieber stillzuschweigen. Aber gerade dieser letzte Wille seines Vaters ist die Macht, die ihn vorwärts treibt. Dieses Testament schwebt ihm vor wenn er verzagen will und verleiht ihm neuen Mut zu neuer Rede, und er kann nicht anders, er muss reden wie unter einem fremden Willen. Der ganze Zustand dieses modernen Propheten ist ein krankhafter, anormaler. Von seiner Umgebung gereizt und vielleicht wohl von epileptischen Anfällen heimgesucht ist er vom tiefsten Weltschmerz ergriffen, oft allerdings nur zu berechtigt.

Und doch erscheinen diese Tagebuchblätter nicht so dunkel und trübe, wie man sich denken sollte, durch die liebenswürdige Art des Autors zu plaudern, die anschauliche oft humorvolle Darstellung, die aufrichtige edle Begeisterung für das Gute und Schöne, das rührende Mitleid mit seinem Nächsten, die Reinheit seiner Absichten und die Hoffnung auf endliche lichtvolle Zeiten. Dieser Patriot, eine Seltenheit im Orient, ist jedenfalls wert, dass er von seinen Landsleuten gefeiert und geehrt wird. Dass dagegen seine Schrift in Persien und der Türkei unterdrückt und verfemt wurde, das lässt natürlich bei der nur allzuwahren Offenheit des Autors in despotisch-regierten Ländern nicht Wunder nehmen.

Für uns Europäer ist diese kleine Reisebeschreibung so interessant, weil sie einen tiefen Blick in die heutigen Zustände Irans zu werfen vergönnt mit all seinem sozialen und politischen Elend. Die Streiflichter auf Religion und Moral, Regierung und Volk, Schule und Bildung, Stände, Handel und Politik und, was uns am nächsten angeht, auf Europa mit seinen Humanitätsbestrebungen sind für die Beurteilung des Orientalen von höchstem Wert. Schade nur, dass Ibrahim Beg nicht auch den südlichen Teil des Landes, zumal die Städte Isfahan und Schiras, besucht hat, wo sich die persische Art noch deutlicher und reiner kund gibt als in den türkischen nördlichen Provinzen.

Auch sprachlich wird das Buch im Originaltext nicht nur für den Anfänger im farsi sondern auch für Weiterfortgeschrittene nützlich sein können mit seiner bald schlichten bald dichterisch schwunghaften Sprache, seiner vornehmen Eleganz, seinen Gassenausdrücken und seinen Zitaten berühmter Dichterstellen und Sprichwörtern, die sonst von den Aristokraten als nicht fein wenig angewendet werden. Ich habe versucht, das Buch so wörtlich wie möglich wiederzugeben, um ihm seinen Charakter zu wahren, und es mit Anmerkungen und Erklärungen unter dem Text versehen, damit es zugleich als Lehrbuch vereint mit dem persischen Text dienen könne. Von dem Anhang habe ich vorderhand als weniger wichtig abgesehen.

Für die wenigen Besucher Persiens wird es schliesslich einen Fingerzeig geben, wie man im Lande reist, in welchen Formen man dort verkehrt, und was man von Land und Leuten zu erwarten hat. Dann wird man ohne jede Illusion um so leichter die Schönheiten dieses herrlichen wilden Landes geniessen können, in dem man wirklich reist und nicht befördert wird.

Zwar wage ich nicht zu hoffen, dass der europäische Leser gleich dem Herausgeber und Verleger in Stambul über die Lektüre dieses Reisebuches Essen und Trinken und sich selbst vergisst, doch gebe ich mich der Hoffnung hin, der eine oder andere Leser findet vielleicht etwas darin, was ihm neues über den „dunklen“

Orient sagt und ihn veranlasst, sich näher mit dem Studium des mohammedanischen Volkscharakters zu befassen, um ihn zu verstehen. Möge die Zeit bald kommen für Iran, welche der persische Patriot sich so heiss ersehnt, in der die Augen sich öffnen der Wahrheit und Erkenntnis, und mögen wir dann den armen, sich nach Licht und Befreiung sehnenden Seelen entgegenkommen! Eine Annäherung des Christentums an den Islam gehört nicht zu den Unmöglichkeiten und würde von einem unsagbaren Werte für die ganze Welt sein.

Dr. jur. Walter Schulz.

سیاحتنامه ابراهیم بیک
«یا بلای تعصب او»

DAS REISEBUCH IBRAHIM BEGS

ODER

DIE NACHTEILIGEN FOLGEN SEINES PATRIOTISMUS

AUS DEM PERSISCHEN

ÜBERSETZT

VON

DR. WALTER SCHULZ

Vorwort*).

Für die Gelehrten erleuchteten Geistes, deren Worte klar wie ein Spiegel sind,**) ist es eine unumstössliche Wahrheit, dass heute auf der Erde für den Fortschritt und die Zivilisation der Völker, ihre Zufriedenheit und ihr Gedeihen die Presse einen ausschlaggebenden Faktor darstellt. Wahrhaftig wenn die Journalisten***) sich frei von Selbstsucht davor hüten ausser auf rechtliche Weise Nutzen zu ziehen, und wenn sie sich nicht durch Komplimente und Schmeicheleien verdächtig machen, ihre persönliche Würde bewahren und Liebe zum Vaterlande und Landsleuten für persönliche Ehre halten und die Ehrfurcht vor der Regierung als ein Grundgesetz befolgen, immer aber nur ihr Augenmerk darauf haben, die richtigen Faktoren für Fortschritt und Zivilisation ihrer Länder und Völker zu finden, und keinen ihrer liebsten Freunde ohne Verdienst loben und keinen ihrer Feinde aus Selbstsucht verleumden und Verleumdung, welche der Menschenwürde widerspricht, für grosse Sünde halten, dann machen natürlich ihre Worte auf die Herzen ihrer Landsleute, Gross und Klein, tiefen Eindruck und sie werden die Beseitigung von allerhand Mängel verursachen. Besonders die Geschichtsschreiber und Reiseschriftsteller dürfen nichts beschreiben ausser was sie mit eigenen Augen gesehen oder von Vertrauensleuten gehört haben, und sie müssen diesem Punkte mehr als allem anderen die angestrengste Aufmerksamkeit zuwenden. Heute ist es jedem klar, dass eine Hauptstütze für die Fortschritte der Völker des Okzidents die günstige Lage der Presse in jenen glücklichen Ländern bildet, welche sämtliche Mängel ihrer Heimat und zwar von jeder Klasse der Volksklassen und von jedem Teile der Landesdistrikte, wie sie es gehört

Die Presse und ihre Aufgabe und Macht.

*) des Herausgebers in Stambul.

**) Deren Worte sich auf sie (die Presse der verschiedenen Länder) beziehen.

***) Diener der Presse.

und gesehen hat, Dank dem Gefühle eigener völliger Sicherheit und aus Überzeugung von dem selbst Gesehenen und Gehörten, ohne Rücksichtnahme auf jemand und Parteilichkeit für eine Person, in den Zeitungsblättern vor aller Augen darlegt und die für diese Angelegenheit ausschlaggebende Persönlichkeit zur Beseitigung dieser Mängel auffordert. Die ausschlaggebende Persönlichkeit bemüht sich nach Anhörung dieser Vorstellungen durch die Presse, ohne eine Minute zu verlieren, mit der Untersuchung jener Mängel, und sobald sich die Worte der Presse bewahrheiten, so sucht sie sofort nach Mitteln diese Mängel zu beseitigen und dankt obendrein noch dem, der sie ihnen gesagt hat. Wenn sich hier und da Zweifel erheben sollten, so erklärt sie auch diese mit höflichen Worten und gibt sich Mühe diese Zweifel der Presse zu beseitigen. Somit kann man sagen, dass den glückseligen Bewohnern jener Gegenden zu teil ward „eine Zunge, die redet, und ein Auge, das sieht, und ein Ohr, das hört." Schade, dass wir Unglückseligen von diesen drei Wohltaten ausgeschlossen sind!

Zweck des Reisebuches.

Der Zweck der Abfassung dieser Vorrede ist der, dass dieses Reisebuch frei von allen Arten von Unrat wie Schmähungen und Übertreibungen mit seinem Bericht einige Schäden unserer teuren Heimat enthüllt. Es fiel uns von irgendwo in die Hand, und wir hielten es aus Liebe zur Heimat nicht für recht, dass dieser Schatz unter der Erde verborgen bleibe. Deswegen haben wir bewogen durch die Liebe zur Heimat und zu Landsleuten die Ausgaben für Druck und Verlag auf uns genommen und wir wissen ganz genau, dass keiner von unseren gelehrten und gewissenhaften Landsleuten mit dem Finger auf ein Wort von diesen Zeilen abwehrend zeigen wird, weil eben das, was in diesem Reisebuch geschrieben ist, alle Leute, wenn sie nur ein wenig hinschauen, in unserer unglücklichen Heimat ebenso, wie es der patriotische Reisende gesehen und geschrieben hat, jeden Tag mehr oder weniger mit eigenen Augen sehen können.

Sodann ohne Groll und Hass im Hinblick darauf, dass vielleicht die Grossen der Heimat beim Inhalte dieses Reisebuches, wenn sie mit gewissenhaften Augen hinsehen, die Vergangenheit mit ihrem Zustande vergleichen, und dann mit einer edelmütigen Regung zur Beseitigung dieser Schäden und Widerwärtigkeiten, welche in den Augen der Fremden die Herabsetzung der hohen Würde der Regierung und des Volkes, den Ruin des Reiches und das Elend der Untertanen verursachen und Grund zu grosser Erniedrigung und Schande geben, sich aufraffen und das entschwundene Wasser wieder in Fluss bringen. Persien und die Perser werden sie wie in vergangenen Tagen vor allen loben und ehren, und sie werden sich selbst dadurch ein ewiges Leben erwerben. Denn auf diese Weise wird die Nationalgeschichte niemals ihre Namen vergessen.

„Ewiges Leben wird dem, der mit gutem Namen lebt,
ist er tot, lässt die gute Rede über ihn, seinen Namen fortleben".*)

Bitte an die Leser.

Wir bitten die geehrten Leser ganz besonders, dass sie, bevor sie dies Reisebuch nicht bis zu Ende gelesen haben, des Verfassers nicht mit Fluch oder Schmähung gedenken. Ob sie ihn am Ende der Lektüre des Mitleids für würdig oder des Fluches wert halten, das überlassen wir ihren eigenen Gewissen. Nur bitten wir in diesem Falle den lieben Gott, dass er den Glauben von allen Brüdern der Heimat und Religion mit dem Schmucke der Vaterlandsliebe zieren möge. Solchen Wunsch auszusprechen und zu schreiben steht uns zwar zu, aber der Erfolg liegt bei dem einzigen Gott.

„Die Sünden, deren man Erwähnung tut,*)
sind unser — o Gott vergib in deiner Gnade"! —

*) Beide Zitate aus Gulistan, Sàdi.

Hasrat-i Muhammed.

Inhalt.

Verzeichnis der Illustrationen.

Druckfehler-Verzeichnis.

Seite	10	Zeile	27	in **das** Couvert anstatt ein Couvert.
„	46			(Randbemerkung). Ibrahims **fester** Entschluss.
„	68	„	24	wartete **ihm** auf anstatt ihn.
„	71	„	20	so trage ich **sie** vor anstatt es.
„	152			(Note **). Rakat ركعت anstatt ركعتة
„	162	„	4	wir **lasen** anstatt lassen.
„	175	„	15	**selbst** anstatt selbt.
„	194	„	24	Ausgaben.
„	200	„		(Note *) مدير anstatt مديز
„	208	„	15	Marsie (kein Stern).
„	227	„	32	zufrieden stellen, mit den etc.
„	230	„		(Note *) حناء Lawsonia anstatt lawsonia.
„	303	„	23	ich sei nicht **eine** von solchen Nummern anstatt einer.

Perserin

Reisebuch des Ibrahim Beg.*)

Im Namen des vergebenden gnädigen Gottes!

Bevor wir anfingen das Reisebuch von Ibrahim Beg niederzuschreiben, war unbedingt nötig, hier in Kürze über seine Persönlichkeit zu berichten, damit den Lesern die zwingenden Gründe klar werden, die ihn zu seiner Reise veranlasst haben.

Dieser Ibrahim Beg ist der Sohn eines Grosskaufmanns aus Ibrahim Beg's Vater Aserbaidschan**). Sein Vater kam vor 50 Jahren des Handels wegen nach Kairo, und da sein Geschäft gut florierte, so erwählte er diese grosse Stadt, welche die meisten grossen Städte des Islams beneiden, zum Wohnsitz. Er gab die Idee zurückzukehren auf und blieb dauernd.

Wegen ihrer Ehrenhaftigkeit nun und Rechtgläubigkeit, welche das Höchste für einen guten Namen und das Gedeihen eines Handelsgeschäftes bedeuten, erwarb sich diese allbeliebte Persönlichkeit in kurzer Zeit grosses Vermögen, und durch ihren edlen Charakter, der nur das Beste für sein Volk wollte, gewann sie sich allgemeine Zuneigung.

Dieser rechtschaffene und reingläubige Kaufmann änderte in der ganzen Reihe von Jahren, in denen er in Ägypten lebte, nichts an seinen löblichen nationalen Gewohnheiten und an dem wohlgefälligen Benehmen eines Persers im Verkehr mit den Leuten. Er ass und schlief und kleidete sich fast auf dieselbe Art, wie er es von seinen Vorfahren gesehen hatte. Und er war in seinem Nationaleifer so streng, dass er während vieler Jahre kein Wort arabisch mit irgend jemand sprach, vielleicht wollte er es nicht lernen.

---

*) سیاحتنامهٔ ابراهیم بیك یا بلای تعصب او

**) Nordwestl. Provinz Persiens.

Seine ganze Rede galt Iran, immer sang er heimische Lieder. Jeden, den er sah, fragte er über die Heimat aus, ihren Zustand und das Befinden seiner Landsleute. Er selbst lebte zwar in Kairo sein Sinn aber stets in Iran. Die Winternächte bat er jeden Abend einige angesehene Landsleute zu sich.

Die Unterhaltung dieses geselligen Kreises bestand ebenfalls ausschliesslich im Lesen von Büchern über persische Geschichte und Ereignisse unter früheren Königen. Mirza Jusuf mit Namen, welcher seit langen Jahren im Hause Lehrer seines Sohnes war, las aus dem Buche Nasikh il tawarikh (ناسخ التواريخ) und der Geschichte der früheren Könige (داستان خسروان) Namen vor, wie Kei Kosro, Dschemschid, Behman, Schapur, Nuschirewan und andere. Und er (Ibrahim) wuchs damit gross.

Alle Jahre im gesegneten Monat Ramasan mietete er 4 von den guten arabischen Koranlesern bis zum Schlusse des Monats, und alle Nächte nach dem Ifthar*) bis zur Zeit des Suhur**) lasen sie im heiligen Koran und gedachten segnend dabei der Seele des grossen Schah Abbas, des Sefavi***), an den so viele wohltätige grosse Werke an jedem Orte in Iran erinnern, die noch in Gebrauch stehen und in dieser ganzen Zeit noch nicht zerfallen und zu Grunde gegangen sind. Er selbst las ausserdem nach jedem Gebet eine Fatiha †) aus Verehrung und erfreute so die Seele jenes hochberühmten Königs.

Die Lektüre der Geschichte Nadir Schahs ††) war seine höchste Lust. Dieses Buch hatte er so oft gelesen, dass er es auswendig konnte. Nach dem Tode jenes Patrioten und Verehrers seines Ibrahim Beg Vaterlandes blieb ein Nachkomme von ihm mit Namen Ibrahim zurück, nach dessen Namen wurde dies Reisebuch betitelt. Ich machte nach dem Tode des Vaters seine Bekanntschaft. Nach einiger Zeit musste ich nach Ägypten gehen, und wegen unserer alten Bekanntschaft ging ich direkt nach dem Hause von Ibrahim Beg und nahm dort Wohnung.

*) Erste Mahlzeit nach dem Fasten.

**) Letzte Mahlzeit.

***) 1586—1628.

†) 1 Capitel im Koran.

††) تاريخ نادرى (1737—46).

Eines Tages fand ich bei der Besichtigung seiner Bibliothek sechs bis sieben Bände der Nadirgeschichte, und zwar verschiedenartige in Handschrift und Druck, und wunderte mich, was in einer Bibliothek verschiedene Exemplare von einem Buche, welches in so vielen Städten, wie Teheran, Täbris, Bombay und anderen Orts gedruckt wurde, für Sinn haben könnten; somit fragte ich ihn selbst nach dem Grunde und sagte*): „Warum habt Ihr hier alle diese Bücher der Nadirgeschichte gesammelt?" — Er antwortete: „Es ist eine Erinnerung an meinen verstorbenen Vater. Er liebte dies Buch so sehr, dass es alle wussten, und so kam es, dass jeder, dem ein gutes Exemplar dieses oben erwähnten Buches in Handschrift oder Druck in die Hand fiel, es zu meinem verstorbenen Vater brachte und ihm zu gutem Preise verkaufte. Sogar viele andere Bände hat er noch als Stiftung verschenkt, und man hat sie von hier fortgeholt."

Mitunter war sein Eifer für das Persertum von solchem Grade, dass es die Feder nicht beschreiben kann. Z. B.: Sobald jemand wissentlich oder unwissentlich vor ihm schlecht über Iran sprach, so warf er ihm Gottlosigkeit und Mangel an Vaterlandsliebe vor und sprach bis an das Ende seines Lebens mit ihm nicht mehr. In Kairo giebt es viele andere hochangesehene persische Kaufleute, welche sehr reich sind. Und wenn ihr Reichtum eine halbe Million erreicht hat, dann treten sie, müde aller Gewalttätigkeit und Übertretung und Habsucht der Beamten von Iran aus dem Staatsverbande, und ein jeder schliesst sich einer der Grossmächte an, wie England, Frankreich oder Russland und anderen, um alle diese Plagereien loszuwerden. Diese Männer nun forderten oftmals den Patrioten dringend auf, weil sie sein Bestes wollten, und sagten zu ihm: „Wenn du nicht auch aufhörst Perser zu sein, dann wird man deine Erben und die Nachkommen deiner Familie gewalttätig und hinterlistig behandeln, weil die Gesandten und Konsuln Irans, welche im osmanischen Reiche oder im Kaukasus leben, sich in Wirklichkeit für Testamentsvollstrecker oder Erben des Toten und Vormund der lebenden Perser halten und somit nach deinem Tode deinen Erben nichts geben werden, wie wir alle Tage sehen und hören." Aber dieser Patriot hörte nie auf solche Rede und gab ihnen niemals

Die Perser im Auslande.

*) Es ist eine Eigentümlichkeit der persischen Sprache fast immer die direkte Rede anzuwenden.

1*

nach, obwohl man vielmals einen Vorwand suchte und ihn gefangen setzte oder Strafe bezahlen liess, er trug es geduldig weiter und brachte es aus grossem Patriotismus nicht über sich, sich von seiner Nation loszusagen. Hadschi Mirsa Nedschef Ali Khan, dessen abscheuliche Neuerungen mit ihrem Feuer noch jetzt in Stambul und den übrigen osmanischen Städten die ganze Habe der persischen Familien verzehren, und dessen Namen man mit ewigem Fluche erwähnt, nahm sogar nach dem Tode dieses Mannes von liebenswürdigem Charakter, trotz des rechtlich verfassten Testaments wiederum 1000 englische Lire seinen Erben ab und behielt sie; und wenn er im Testament eine Stelle etwas undeutlich antraf, so nahm er mit Gottes Hilfe alles für sich in Anspruch.

Übrigens war Jung-Ibrahim zwanzig Jahre alt als sein Vater starb. Noch in den letzten Zügen wendete sich sein Vater mit Worten an ihn, die eines solchen Vaters würdig sind. Er gab ihm
Vermächtnis von Ibrahims Vater.
folgendes Vermächtnis: „Mein geliebtes Kind, alles, was Vaterpflicht gebot, habe ich für dich getan. Ausser in deiner Landes- und Muttersprache habe ich dich auch in fremden Sprachen und allgemeinen Künsten, welche für Leute wie du nötig sind und heutzutage das Wissen eines Mannes ausmachen, unterrichten lassen. Und alles hast du Kraft deines angeborenen Scharfsinnes gut gelernt. An Reinheit des Charakters, an Ehrgefühl und Frömmigkeit lässt du auch Gott sei Dank nichts zu wünschen übrig. In dieser Hinsicht bin ich mit dir äusserst zufrieden. Möge Gott mit dir zufrieden sein! Jetzt nun, da die Kerze meines Lebens nahe am Verlöschen ist, so will ich dir meine letzten Wünsche sagen. Höre gut zu, damit du in beiden *) Welten bestehen kannst.

Zuerst: Deine Mutter empfehle ich nach Gott dir. Du wirst selbst später einsehen, welche Mühe wir uns, ich und sie, mit deiner Erziehung gegeben haben.

Jusuf Amu

Zweitens: Folge Mirza Jusuf Amu**), der dein Lehrer und Erzieher war, denn nach Vater und Mutter frommt es, den Lehrer hoch zu halten. Zumal da Jusuf ein aufrichtiger und frommer Mann ist, der stets recht gehandelt und sich treu bewährt hat und von

---

*) Hier und im Himmel nach dem jüngsten Gericht, die Übergangszeit im Grabe wird gewöhnlich mit einbegriffen.

**) Titel für alten Herrn.

Anfang deines Lebens mit uns zusammen war. Du sollst ihn zu den Mitgliedern unserer Familie zählen!

Drittens: Lass niemals ab von den schönen Nationalgebräuchen! Einige Unedle ohne Patriotismus sprechen schlecht über Iran, glaube ihnen nicht, es ist alles Lüge*), und wenn es auch alles wahr wäre, so beteilige dich nicht daran, wenn diese die Heimat schmähen!

Viertens: Bewahre deine Geheimnisse vor jedermann ausser vor einem erprobten Freunde mit reinem Gemüt, der auch zu der wissenschaftlich gebildeten Klasse**) gehört.

Fünftens: Vor der Lobhudelei der Leute, deren Worte nur Schmeicheleien sind, hüte dich! Jeder, der dich in deiner Gegenwart lobt und preist, vor dem laufe meilenweit davon, weil er eines Wunsches wegen, den er vor dir hat, auf dich einen Hügel wälzt von Stolz und Selbstsucht, welches die schlechtesten aller tadelnswerten menschlichen Eigenschaften sind, und dich mit der Krankheit des Hochmuts, welche schlimmer ist als alle Krankheiten, ansteckt.

Sechstens: Gehe wenig aus und lass viele zu dir kommen, d. h. ziehe vor, mehr Gäste zu laden als Gast zu sein! Niemals lass ab vom Gebet und den göttlichen Vorschriften! In der Freigebigkeit verschwende nie, und gieb nicht so viel, dass du dich zeigst, und gieb nicht so wenig, dass du es zeigst, d. h. wenn du bekannt wirst, dann eilen von allen Seiten Bettler zu dir, und wenn du dann nicht gibst, werden sie dir Feind sein. Diese Worte betreffen nicht die Armen. Auf die Borger bezieht es sich. Was auch immer ein jeder sagen mag, wenn du ihm auch nicht glaubst oder zustimmst, streite dich nicht und widersprich ihm nicht, bleibe still. Ich hinterlasse dir ein Testament von grösster Genauigkeit. Sechs bis sieben Jahre kümmere dich nicht um den Handel. Gott sei Dank wirst du ein grosses Vermögen besitzen. Verzehre es bis du dein dreissigstes Jahr antrittst. Und während dieser Zeit reise, wohin dein Herz wünscht, nach allen Weltteilen. Für eine solche Reise habe ich besonders 1000 Lire***) auf deinen Namen im Testament verzeichnet, welche die anderen Erben nichts angehen.

---

*) Ibrahims Vater hat Iran verlassen, als es noch nicht so zerrüttet war wie heute. Somit schafft die liebende Fürsorge des Vaters und Patrioten dem Sohne all den späteren Zweifel und die trüben Erfahrungen.

**) Chemie, كيميا, auch Wissenschaft im türk. Gebrauch.

***) Türk. Pfund.

Aber reise nicht allein, um den Ruin oder das Blühen von Städten anzusehen, bleibe jedenfalls einige Tage und beobachte aufmerksam die Lebensführung und das Leben überhaupt der Einwohner jenes Landes. Und aus der Statistik über den jährlichen Handel jenes Landes unterrichte dich ein wenig, damit du weisst, welche Waren und Produkte vom Ausland dorthin gelangen und wie viel jährlich davon verkauft wird, und ebenso wie viel an Waren und Produkten jenes Reiches jährlich nach dem Ausland geht. In jeder Stadt, zu der du kommst, suche dir ein oder zwei ordentliche und angesehene Personen aus und schliesse mit ihnen Freundschaft, damit sie allezeit mit dir korrespondieren und dir Sendungen zukommen lassen mögen. Bei dieser deiner Reise nimm Jusuf Amu mit, wenn er noch lebt, dass er dir in Schwierigkeiten beistehe.

Und wenn du in dieser Stadt (Kairo) Freunde von mir kennst, so verehre sie mehr als mich, da sie es verdienen, und von jemand, der mir nicht Freund war, halte dich fern, weil ich mir in der Wahl meiner Freunde genug Mühe gegeben habe. Die Bekanntschaft mit Leuten und ihre Erprobung verursacht grosse Mühe und ist wirklich eine Kunst. Und auf der Reise an jedem Orte, wohin du kommst, schreibe das Datum deiner Ankunft und Abreise mit den täglichen Erlebnissen in dein Taschenbuch. Einmal wird die Zeit kommen wo es dir nützt. Die übrigen gesetzlichen Wünsche habe ich Stück für Stück im Testamente aufgeschrieben.

Jetzt stelle ich dich Gott anheim!"

Charakter des Autors. Nach dem Tode des Vaters wurde Ibrahim Beg infolge seiner lauteren natürlichen Beanlagung, in der Schönheit seiner Charaktereigenschaften, seiner Aufrichtigkeit und Frömmigkeit ein Fingerzeig für Freund und Feind. All sein Tun war gemessen, und sein Benehmen auf jede Weise gefällig, und er übertraf seinen Vater an Der Umgang Ibrahims. Patriotismus so sehr, dass einige Spassvögel unter seinen Landsleuten, jedesmal, wenn sie ihn aufziehen wollten, vor ihm von der Unordnung in Persien sprachen. Von der Barfüssigkeit der Soldaten, und wie die Regierung die Provinzen für bestimmte Summen als Kaufgeld an die Gouverneure verkaufe, wie die Leute ohne Ursache der

Gouverneur oder Begler Beg*), oder Kadkhuda**) oder Daroga***), oder oberste Bediente †), ein jeder mit allerhand Gründen unter einem Vorwand, gefangen setze oder sie Strafe zahlen liesse. Ferner wie in einer Stadt fünfzehn Gefängnisse mit Ketten und Handschellen seien, dass es in einer Stadt zehn bis zwölf Asyle für Flüchtlinge gebe (Bäst genannt) wie die Häuser der Geistlichen oder der Pferdestall des Gouverneurs oder eines gewissen Obersten ††). Oder von dem Schmutze der Städte und der Schmucklosigkeit der Moscheen, wie sie elf Monate geschlossen blieben, und wie im Herbste ungebildete Leute die Moscheen mit Kürbissen und Melonen vollhäuften. Weiter von dem elenden Zustand der Bäder und dem Stinkwasser derselben, und wie tausenderlei Leute sich ansteckende Krankheiten holen könnten, wenn sie in ein unreines und fauliges Bassin hineingehen, dessen Wasser eine andere Farbe annimmt, und das zu einem Herde für ansteckende Krankheiten wird.

Und von den Rivalitäten und Feindseligkeiten untereinander. Wie jeder zehn bis zwanzig Adschamir und Obasch †††) unter dem Namen von Seiden um sich hält, welche jederzeit, sobald ihr Herz es wünscht, die Untertanen zur Zerstörung und Plünderung der Häuser der Behörden aufhetzen. Und wie sie selbst den Basar in Bestürzung bringen und tun was sie Lust haben, und von dem Mutwillen der Behörden den Untertanen gegenüber, und wie sie dieselben maltraitieren, um ihre Feindschaft mit ihnen zu zeigen. Wie die hilflosen Untertanen die Heimat verlassen wegen aller dieser fortwährenden Gewalttätigkeiten, und anderes derart. Wahres und Unwahres brachten sie in der Unterhaltung vor, und die Spitze von all diesen boshaften Worten richtete sich gegen Ibrahim Beg. Wenn der Arme solche Reden hörte, nannte er einige von ihnen in seiner Bestürzung gottlos und andere unpatriotisch, oft kam es von Scheltworten zu Faust- und Stockschlägen, manches Mal auch zum Bartraufen und Kleiderzerreissen. Da seine Freunde seine Art kannten,

*) Oberstatthalter.

**) Ortsvorsteher.

***) Polizeimeister.

†) Feraschbaschi.

††) Auch des Europäers. Ja der Fliehende findet Schutz, wenn er das Reitpferd des Europäers beim Zügel fasst.

†††) Auf türk. Anhänger.

so machten auf sie seine Prügeleien und grossen Schmähungen keinen Eindruck. Manchmal wollten sie ihn auch mit ihrer Unterhaltung

Truppen nach deutschem Muster.

erfreuen. In den Cafehäusern sassen sie auf ihn wartend, und wenn sie ihn von weitem sahen, so unterhielten sie sich gleich über Iran in lobender und anerkennender Weise. Der arme Ibrahim, dem solche Art Gespräch nach Herzens Wunsch war, setzte sich glückselig nieder und war von Kopf zu Fuss ganz Ohr. Das erste Anzeichen seines Wohlbehagens war, dass er ein Kistchen Cigaretten aus der Tasche holte, es auf den Tisch stellte und alle Cafébesucher einlud: „Bitte, in Gottes Namen raucht!"

In ihrer Unterhaltung brachten sie bisweilen auch etwas von einer Ordre des Königs vor und sagten: „Seine Königliche Majestät haben strengstens befohlen, dass in jeder Stadt einige Volksschulen errichtet werden sollen, und den Gouverneuren der Provinzen ist der schärfste Befehl zugegangen, die Untertanen hochherzig und gerecht zu behandeln. In dieser Hinsicht wurde einem jeden (der Gouverneure) ein Büchlein, Gouverneursreglement betitelt, von den Ministern des Ministerrates zubeordert, und es erging eine hohe Königliche Irade zur Ausführung dieses Erlasses." Ein anderer sagte: „Der Sille Sultan*) hält auf eigene Kosten 1000 Mann Kavallerie und Infanterie mit allerhand neuen Waffen und erforderlicher Kriegsausrüstung." Wenn der arme Ibrahim die Leute sich mit derlei Reden unterhalten hörte, so frohlockte sein Herz, und er war so freudetrunken, dass er nicht mehr Hand von Fuss unterscheiden konnte. „He Cafédschi**) rief er, bringe den Herren Tee und die Wasserpfeifen." Er selbst bot seinerseits allen Anwesenden seine Cigaretten***) an, und allgemein erhitzte man sich im Gespräch. Ein anderer sagte: „Ich weiss sehr gut, dass auf ein Zeichen und Befehl des Padischah binnen zwei Wochen allein vom Stamme der Schah sawan†) und Talisch††) 50000 Mann Kavallerie bereit stehen könnten, und dass alle Ausgaben für sie von ihnen selbst bestritten würden." Wieder ein anderer bemerkte: „Halten sie etwa einen Vergleich mit den Reitern der Bakhtiaren†††) aus? — Innerhalb zwei Wochen setzen sich 1000 gewaffnete kriegs-

*) Schatten des Königs. Sultan Masud Mirsa, älterer Bruder des Schah, Gouverneur von Isfahan.

**) Kellner.

***) Der Gebildete raucht nie Cigarren, sondern nur Pfeife und Cigaretten, da Cigarren von Europäern angefertigt sind und somit unrein.

†) Königsgenossen, aus türk. Stamm. Zuerst von Abbas d. Gr. gebildet. Beide bei Ardebil.

††) Nordwestl. Provinz am Kaspischen Meer zur Hälfte russisch.

†††) Westpersien.

bereite Leute von ihnen in Bewegung und schlagen los." Einer liess ihn nicht ausreden und erzählte von der Tapferkeit der Regimenter von Maragha*) und der Afscharen**). Bei Aufhebung dieser Corona bezahlte Ibrahim mit grösster Genugtuung für alle Anwesenden das Geld für Café und Wasserpfeifen. Manches Mal wurden auch Frühstück und Spazierfahrten im Wagen mit eingerechnet. —

Geschichte des Hadschi Kerim.

Ein Isfahaner, Hadschi Kerim mit Namen, welcher in Kairo lebte, erzählt in dieser Hinsicht folgendes, was spassiger als all das obenerwähnte ist: „In Kairo war ich einmal ein Pechvogel und ging meinem Glücke selbst an den Kragen. Von allen Bekannten hatte ich etwas geborgt und obendrein glaubte ich, niemand würde mir mit einem Schahi***) aushelfen. So langte meine Hand nirgends mehr hin, und ich wartete abends auf Abendbrot. Aber schlimmer als alles übrige, ich hatte meine Miete von sechs Monaten nicht bezahlt, und der Hausherr, ein Araber, hatte, ärgerlich über so langen Verzug von heute auf morgen, bei Gericht geklagt und den Entscheid erhalten, dass er das Recht hätte auf 12 Lire und was er von mir für Miete zu fordern hätte, und dass ich die Wohnung räumen müsste. Mit tausend Bitten und Flehen erhielt ich eine Frist von zehn Tagen und dachte bei mir: „Mein Gott, was fange ich an?" —

Wie Ibrahim betrogen wird.

Da hatte ich die göttliche Eingebung, Ibrahim Beg kann in dieser Angelegenheit helfen. — Sogleich ging ich an das Werk diese Misslichkeiten zu beseitigen und setzte einen Brief auf dergestalt, als ob er von meinen Angehörigen in Teheran geschrieben wäre. Darauf ging ich zum Hadschi Mirza Rafi', einem Kaufmann aus Isfahan, und nahm von ihm ein altes Couvert mit einer persischen Marke darauf, steckte eben jenen Brief in ein Couvert und setzte mich oben an die Strasse wartend nieder, wo, wie ich wusste, Ibrahim Beg zu einer bestimmten Stunde vorüber kam. Sobald ich ihn von weitem bemerkte, holte ich im selben Augenblick den Brief aus der Brusttasche und, als ob ich sein Kommen nicht gewahr würde, fing ich im langsamen Vorwärtsschreiten an, den Brief zu lesen. Als er herankam hob ich plötzlich das Haupt und grüsste. Er erwiderte laut: „Gruss mit dir Hadschi Kerim Agha! woher kommt Ihr?" Ich antwortete:

*) Maragha, Stadt südöstl. vom Urumiasee.

**) Ein Turkomanenstamm.

***) Heller.

„Vom Postamt, ich erhielt einen Brief aus Teheran." Er fragte: „Aus Teheran?" — Ich bejahte. Er sagte: „Sehr gut, was giebt es Neues?" — Ich erwiderte: „Ich habe noch nicht zu Ende gelesen, aber ich sah den Namen des Königs und anderes." Mit grösster Aufregung versetzte er: „Lass uns in ein Caféhaus gehen und ein Glas Tee trinken. Ihr aber lest den Brief weiter, damit wir sehen, was es für Neuigkeiten zu hören giebt." Ich gab zur Antwort: „Wenn ich auch viel zu tun habe, was schadet es, lasst uns gehen, da ich weiss, dass Ihr von Teheran Neuigkeiten zu hören wünscht." Wir traten in das Café ein, und nachdem er sogleich Kaffee und Wasserpfeife bestellt hatte, setzten wir uns. Er sagte: „Lies gut, damit wir sehen, was es giebt." So fing ich an den Brief von Anfang an zu lesen.

Inhalt des Briefes.

Mein lieber Bruder, Euren Brief habe ich eingesehen und habe mich sehr über das Wohlbefinden meines teuren Bruders gefreut. Ihr habt einen Schek von 25 Lire mit Anweisung an Hadschi Abdul Resak Agha, den Kaufmann aus Iskoi*), gesendet. Die erwähnte Summe habe ich empfangen und gemäss Eures Auftrages nach Isfahan, und zwar an Meschedi Mohammed Risa, gesandt, damit er 10 Lire an Eure Familie bezahle und 15 Lire, welche von Agha Hassan geborgt wurden, zurückgebe. Natürlich wird er selbst an Euch schreiben. Weiter gibt es nichts erwähnenswertes zu berichten, als dass vor einigen Tagen eine wichtige Streitfrage entstand. Es fehlte wenig, dass die hohe persische Regierung an England den Krieg erklärt und auch begonnen hätte. Seit einigen Tagen aber hat das Gerede über Feindseligkeiten zwischen beiden Staaten aufgehört und sich bis zu einem gewissen Grade wieder beruhigt. Soviel wurde bekannt, dass der Grund hierzu folgender war: Der englische Gesandte hatte in einer politischen Frage, welche uns verborgen geblieben ist, Seiner Exzellenz dem Grossvezier auf unehrerbietige Art geantwortet, und dieser hatte das Vorkommnis Sr. Majestät gemeldet. Von hocherhabener königlicher Stelle wurde zu selbiger Stunde voller Energie an den Minister des Äusseren der Befehl erlassen, nach London telegraphisch zu berichten, man solle im Laufe von einer Woche den Gesandten absetzen und seine

*) In Aserbaidschan nahe Maragha.

Rückberufung nach London proklamieren, sonst würde die persische Armee nach zwei weiteren Wochen gegen Herat marschieren und die Unterwerfung von ganz Indien in Angriff nehmen. Am gleichen Tage erging an Seine Königliche Hoheit den Sille Sultan drahtlich der Befehl, das vierte Lager*) nach Ablauf von zwei weiteren Wochen mit aller nötigen Kriegsausrüstung bereit zu machen und nach Bender Abuschehr**) zu marschieren. Ausserdem wurde am 24. Rab'ul awwal eine Truppenübung in der Hauptstadt angeordnet, welche eine Sehenswürdigkeit war. Eine Armee, bestehend aus der Königlichen Leibgarde und anderen schlagfertigen Truppen zu Fuss und zu Pferd und Artillerie, ungefähr 50000 Mann, „manövrierte" auf dem Exerzierplatz mit solcher Schnelle und Schneidigkeit, dass Einheimische und Fremde immer mehr in Erstaunen und Verwunderung gerieten***). Der Mittelpunkt der Welt †) kommandierte in höchsteigner Person, kurzum, es war wie ein Schlachtfeld. Der Naib-i ††) Sultane und der Kriegsminister liefen wie ein gewöhnlicher Oberst hierhin und dorthin. Wegen der Menge von Staub und Schmutz, welcher auf ihrem Gesicht sass, erkannte sie niemand. Von dem Rauche der Kanonen, den Himmelsspaltern, wurde die Luft verdunkelt, und die Strahlen der Sonne drangen nicht mehr bis zur Erde. Abermals kam an jenem Tage eine drahtliche Antwort aus London, aber ich weiss nicht wie sie lautete. Jedenfalls vermittelte als Schiedsrichter der deutsche Gesandte. Auch von Sr. Majestät dem deutschen Kaiser selber gelangte ein besonderes Telegramm an den Mittelpunkt der Welt: „In Anbetracht der Freundschaft, welche zwischen Mir und Eurer Königlichen Majestät zur Zeit besteht, bitte ich Ihre Königliche Zustimmung und Ihren Beistand zur Erhaltung des allgemeinen Friedens und der Eintracht zu leihen, weil es dem erleuchteten Geiste Eurer Majestät nicht verborgen bleiben kann, dass heutzutage, sollte auf einer Seite von der Welt Kanonendonner erdröhnen, ein allgemeiner Krieg über die Welt sich ausbreiten würde. Da nun die

*) Wohl das halbreguläre Kavallerie-Regiment Fautsch-i Fath-i Nasiri in Isfahan nach Art der deutschen Ulanen seinerzeit.

**) Hafen in Südpersien. Buschir.

***) Man muss die verlumpten elenden Gestalten gesehen haben, um die Frechheit des Hadschi in ihrer ganzen Komik zu verstehen.

†) Schah.

††) Dritte Sohn des verstorbenen Schah Bruder des jetzigen.

Kosakenparade auf dem Exer

etterplatz in Teheran. (S. 12.)

Politik der Länder eng untereinander verbunden ist, so wird sich ein allgemeiner Wirrwar und Aufruhr in der Welt erheben und in den Ländern die Handels-Fundamente, durch welche die Geschöpfe Gottes ernährt werden, über den Haufen werfen.

Ich, auf Grund der persönlichen Freundschaft mit einem so allbeliebten Monarchen, will nicht, dass die hohe persische Regierung einen solchen Krieg verursacht. Ich bitte das Vorgehen dieses unüberlegten Gesandten zu übersehen."

Hiermit wurde so viel klar, dass es keinen Krieg geben würde. Aber dies blieb bestehen, dass der englische Gesandte zum Grossvezier behufs Abbitte gehen, ihn durch öffentliche Sühne besänftigen und seine Worte bedauern solle. Man sagt, es wurde abgemacht, jenen obenerwähnten Gesandten nach einem Monat von Teheran abzuberufen. Die persische Regierung werde niemals ihn wieder als Gesandten anerkennen. Es werde ein anderer an seine Stelle kommen."

Jetzt musste man sehen, wie Ibrahim Beg gross war. Das Übermass von Glückseligkeit schnürte seine Kehle zu und er sprach bei sich: „Ich will das Opfer für den Schah sein! Natürlich muss auch der Grossvezier ein grosser Mann und guter Patriot sein. Gott möge alle beide vor Schaden bewahren!" Der arme Schelm war so trunken vor Seligkeit, dass es sich nicht beschreiben lässt.

Hadschi Kerim aus Isfahan stand gleich nach dem Vorlesen des Briefes auf und sagte: „Verzeiht, aber ich habe zu tun und muss gehen, bitte lasst mich fort." Ibrahim Beg in seiner grossen Herzenseinfalt: „Wohin geht Ihr Hadschi Kerim Agha? Es ist Frühstückszeit, kommt lasst uns etwas essen, wir sind hungrig." Hadschi Kerim Khan: „Nein, Euer Schatten möge nicht geringer werden, aber ich muss fort, ich habe sehr viel zu tun. So Gott will ein andermal. Gott behüte Euch, Gott behüte Euch!" Hadschi Kerim ging. Auch Ibrahim kommt, nachdem er Kaffee und Wasserpfeife bezahlt hat, aus dem Caféhaus heraus, aber in seiner übergrossen Freude weiss er nicht, wohin er gehen und was er anfangen soll. Unwillkürlich ruft er einen Wagen herbei, der Kutscher fährt heran, er steigt ein ohne einen Bestimmungsort anzugeben und sagt nur: „Fahr los!" Ibrahim ist nicht mehr bei sich. Der Kutscher fährt, bis er schliesslich aus der Stadt heraus ist. Dann frägt er: „Beg effendi, wo wünscht Ihr eigentlich hin?" Die Antwort ist: „Spazieren,

Spazieren!" Nach der Spazierfahrt ganz nahe vor Sonnenuntergang, ungefrühstückt, nüchtern, mit derselben sichtbaren Freude, kommt er nach Haus, geht geraden Wegs zur Bibliothek, holt sich die Geschichte Nadir Schahs und fängt an, den Bericht von Nadirs Zug nach Indien zu lesen. Diese Lektüre vermehrte nur noch weiter sein Glücksgefühl. In diesem Augenblick kam seine Mutter und fragte: „Mein Kind, wo hast du heute gefrühstückt? du hast mich warten lassen." „Geliebte Mutter, ich habe nirgends etwas gefrühstückt, aber mein Herz ist so voll, dass ich kein Verlangen dazu hätte und sollte ich auch noch weitere zehn Tage nichts essen." Kurz, Ibrahim Beg war jenen Abend so heiter gestimmt, dass er selbst nicht mehr weiss wie. —

Anderen Tages verlässt er weit früher als gewöhnlich sein Haus in der Absicht vielleicht einem oder zwei seiner Freunde zu begegnen, ihnen über den gestrigen Brief des Hadschi Kerim zu berichten und sich mit ihnen darüber zu unterhalten; um so auch heute etwas von dem schmackhaften Gerichte: „Geteilte Freude ist doppelte Freude" *) zu kosten. Zufällig trifft er niemand und so sucht er wieder nach Hadschi Kerim. Wie oft er auch von diesem zu jenem Café läuft, er findet ihn nicht. Da aber Hadschi Kerim aus Isfahan andererseits sehr wohl wusste, dass sein Plan gelingen würde, wenn Ibrahim ihm nachliefe, ging er jenen Tag, um desto schneller an das Ziel zu gelangen, nicht aus seiner Wohnung fort. Der arme Schelm Ibrahim Beg fand diesen Tag mit all seiner überfliessenden Herzensfreude über jene Worte und Neuigkeiten niemand vor, welchen er Teil an seiner Seligkeit nehmen liesse. Der Arme kehrte gegen Sonnenuntergang nach Haus zurück, und nach dem Gebet und Abendessen beschäftigte er sich abermals etwas mit Lektüre. Folgenden Tages ging er wieder wie gewöhnlich aus dem Hause fort und direkt zu einem grossen Caféhaus, welches auf dem Platze von Mehmed Ali Pascha gelegen ist. Gegen Mittag zeigte sich Hadschi Kerim, welcher sich versteckt gehalten hatte, von weitem, und da er Ibrahim Beg allein sitzen sieht, will er, als ob er ihn nicht erblickt hätte, vorbeigehen; aber kaum sieht ihn Ibrahim, als er in grösster Eile laut ruft: „Hadschi, Hadschi!" Hadschi Kerim, dem dies gerade passte, kehrte um, und als er Ibrahim sieht, grüsst er.

*) Arab. وصف العيش نصف العيش

Nach einigen Begrüssungen hin und her frägt dieser: „Lieber Hadschi, wohin, wohin?" — Der Hadschi erwidert: „Ich habe in dieser Gegend zu tun." Ibrahim Beg: „In Gottes Namen, setzt Euch ein wenig und lasst uns Tee trinken!" „Nein, danke, ich muss fort." „Baba, was hast du für Eile, setze dich, setze dich doch!" Der Hadschi: „Danke, ich kann nicht." Ibrahim Beg: „Lieber Hadschi, ich weiss, du hast keinen Laden, kein Amt und keine Anstellung. Warum alle diese Ausflüchte?" Hadschi Kerim erwiderte: „Ihr sagt recht, ich habe nichts zu versäumen, aber ich habe eine Entschuldigung, die über alles dies geht." Ibrahim Beg fasst den Hadschi am Rocksaum und sagt: „Setze dich, und lass uns sehen, was du für eine Ausrede hast." Der Hadschi sagte: „Die Wahrheit hiervon ist folgende: Ich schulde einem gemeinen Araber in Kairo etwas, aber ich habe auch für ebensoviel eine Forderung an jemand. Der hat mir nun versprochen, dass er mir am ersten kommenden Monats zahlen würde. Jedoch ich muss heute dem Araber das Geld geben und ich habe es nicht. Hier sind wir draussen vor dem Café. Da nun aber das Geld nicht da ist, so fürchte ich wird der Sohn eines verbrannten Vaters*), wenn er mich auf der Strasse sieht, anfangen laut zu fordern und nicht von der Stelle gehen, und Euch wird es fatal sein, auf mich aber wird Schande fallen. Wenn Ihr drinnen im Caféhaus sässet, so wäre zu hoffen, dass er mich in der Menge und dem Gedränge der Besucher nicht sieht. Aber hier darf ich das nicht hoffen. Jedenfalls heisst es dann, wenn er hier vorbeikommt und mich von weitem sieht: „Bring den Esel herbei und lade Gezänk auf." Ibrahim Beg fragte: „Wieviel beträgt deine Schuld?" — „Es ist nichts, 15 Lire." — Ibrahim: „Nicht der Rede wert. Gott ist sehr gütig, setze dich!" Der Hadschi setzte sich. Ibrahim Beg ruft den Cafédschi herbei und verlangt einen Federhalter, holt aus seiner Tasche ein Scheckheft, das heisst Zahlungsbuch, hervor, schreibt etwas und gibt es dem Hadschi: „Dies ist eine Anweisung auf 15 Lire. Jeder Zeit, wenn du willst, geh und hole es dir von der Bank. Jetzt trinke in Ruhe deinen Tee, aber wenn du deine Forderung zurückerhalten hast, dann bringe mir mein Geld zurück." Der Hadschi: „Eure Güte mehre sich! Ihr habt wahrhaftig mich aus

*) Persisches Schimpfwort „verbrannter Vater" (die Mohammedaner werden bekanntlich begraben).

der Faust dieses erbarmungslosen Arabers befreit. Jetzt werde ich sogleich die Quittung schreiben und Euch geben. So Gott will werden nicht 20 Tage vergehen, dass ich meine Forderung eingestrichen und Euch bezahlt habe. Sollte es keinesfalls möglich sein, so werde ich Euch in zwei oder drei Malen je fünf Lire übergeben. Ibrahim: „Eine solche Urkunde ist nicht nötig, Eure Rede ist so gut wie eine Quittung." — Sie unterhalten sich etwas. Ibrahim Beg frägt: „Habt Ihr den vorgestrigen Brief bei Euch? — Der Hadschi: „Jawohl." „Gieb ihn mir, dass ich ihn selbst einmal lese. Was hat der Brief doch für einen angenehmen Inhalt! Diese Söhne verbrannter Väter, was für Lügen verbreiten sie unpatriotisch! Sie schämen sich nicht zu behaupten: Die Gesandten und Konsuln, sogar Privatleute fremder Herkunft tun in Iran, was sie Lust haben. Keine Hand legt sich auf ihre Hand. Ihr Söhne verbrannter Väter kommt und lest mit euren blinden Augen diesen Brief, welchen ein Moslim aus Teheran an einen anderen Moslim geschrieben hat!" Der Hadschi holte in diesem Augenblick den Brief aus der Brusttasche und reichte ihn hin. Ibrahim Beg fragt: „Hadschi Amu: Er hat doch keinen anderen Inhalt? — Nein, wenn dem so wäre, warum sollte ich ihn auch vor dir verbergen?"

Ibrahim fängt an langsam den Brief zu lesen. „Ach, ruft er, mein Lieber, ich bin dein Opfer, Teurer! Gott mache deinen Säbel scharf!" Mit übergrossem wollüstigen Behagen liest er den Brief zu wiederholten Malen und wird nicht satt davon. Er ruft: „Hadschi Kerim Agha überlasst mir den Brief einige Tage." Der Hadschi in Angst, dass sein Schwindel vielleicht Farbe bekenne, antwortet: „Wenn der Name der Frau und Kinder nicht im Briefe stände, so hätte ich nichts dagegen einzuwenden, aber Ihr wisst selbst, dass es in diesem Falle nicht geht."*) Er nimmt den Brief, sagt eilig lebewohl und geht. Dann bezahlt er seine Wohnungsmiete und ist ohne Sorge. — Man kann aus dieser Geschichte den Grad von Ibrahim Begs Patriotismus erkennen. Dieser vaterlandsliebende Jüngling nannte von dem Tage an, an welchem er mündig wurde, in Erinnerung an die Eroberungszüge Alexanders nach Iran, der viele Städte dieses Reiches zerstörte, in die Stadt Istakhr**), die alte

*) Achtung vor der Familie. Frauen werden fast nie erwähnt. Man frägt jemanden auch nur nach dem Befinden seines Hauses.

**) Persepolis.

Hauptstadt Irans, den Feuerbrand schleuderte und den Darius listig ermordete, niemals den Namen Iskanderie*) in seinem Gespräch, und wenn er manchmal den Namen notgedrungen erwähnen musste, so sagte er „Hafen von Ägypten." — Soviel über seinen Patriotismus und seinen übergrossen Eifer. In aller Kürze haben wir den Charakter Ibrahim Begs geschildert, aber es ist nicht unwahrscheinlich, dass einige Kurzsichtige ihm bei einer solchen Gemütsverfassung einen törichten Eifer und einen sinnlosen Patriotismus vorwerfen. Dem ist nicht so. Dieser unser lieber Landsmann, wenn er auch noch jung ist, ist doch ein junger Mann voller Erfahrungen, in der Unterhaltung mit alten Leuten wurde er als ein vollendeter, weiser und geistvoller Mann angesehen, der wusste, wie die Welt gestaltet ist, und wie sein Jahrhundert erzogen wurde. Und dergestalt ist er, dass, wenn er zufällig den Namen „Iran" hörte, das Verlangen nach der Heimat das ganze Sein dieses jungen Mannes von Kopf zu Fuss erfüllte, und er nicht die Kraft hatte, von jemand über den geliebten Namen etwas Hässliches zu vernehmen. Auch dies wurde als eine seiner schönen Charaktereigenschaften anerkannt. Einstmals war ich von Stambul nach dem Ausland gereist und, als ich nach zwei Monaten zurückkehrte und zu Hause anlangte, sagte mein Sohn: „Papa, aus Ägypten kamen zwei Gäste zu uns, sie blieben drei Tage und reisten dann nach Persien." Ich fragte: „Wie war ihr Name?" Er antwortete: „Sie schrieben Euch einen Brief, er liegt auf dem Tisch in der Bibliothek, lest ihn!" Ich holte den Brief von dort und las ihn. Sein Inhalt ist folgender:

Lob Ibrahims.

„Ich bin dein Opfer. In der Absicht nach dem heiligen Meschhed zu wallfahren, kamen wir, Jusuf Amu und ich, aus Ägypten nach Stambul und nahmen in Eurem Hause, das wahrhaftig ein Haus der Hoffnung für mich ist, Wohnung. Ich bedaure, dass ich Euch nicht angetroffen habe. Drei Tage fielen wir zur Last. Am vierten Tage brachen wir über Batum nach Chorasan auf. Sollten wir gesund anlangen, so wollen wir Euch dort im Gebet vertreten. Und wenn ich sterben sollte, so vergebt mir auf Grund meiner Freundschaft. Unter Euren Büchern habe ich einen Band, „das Buch Achmeds"**) gefunden und mitgenommen, um mich auf der Reise mit

Ibrahim reist durch Konstantinopel, sein Brief.

*) Alexandrien.

**) Von Abdul Rahim aus Täbris (Stambul).

seiner Lektüre zu beschäftigen. Wenn nun der Autor mir auch als ein gelehrter und ausgezeichneter Mann erscheint, der viele und grosse allgemeine wissenschaftliche Fragen behandelt, so wird doch aus manchem, was er im besonderen über die Gestalt Persiens mit gewissen Kennzeichen und Merkmalen geschrieben hat, unbedingt so viel klar, dass er entweder keine Ahnung von Persien hat oder sich irrte oder keiner von den unsrigen ist. Ich bitte und flehe für Euch. Jusuf Amu lässt ebenfalls grüssen. Unterschrift.

„Ibrahim."

Offenbar war der Schreiber mein Freund Ibrahim Beg. Es tat mir äusserst leid, wollte Gott, ich wäre bei ihrer Ankunft in Stambul gewesen! Ich hätte ihm dann die Idee, ganz Persien zu besuchen, ausgeredet und ihm geraten, sich höchstens mit der Wallfahrt nach dem heiligen Meschhed zu begnügen, über Batum und Aschkabad zu reisen und dann nach der Pilgerfahrt auf demselben Weg zurückzukehren. Weil ich wusste, er würde jedenfalls, wenn er in das Innere Persiens reiste und den traurigen Zustand der Heimat sähe, krank und elend werden. Ausserdem fürchtete ich, der arme Schelm würde beim Anblick dieser kläglichen Zustände über die grossen Herren etwas Schlechtes sagen und lange Reden halten und so das schlimmste Missgeschick erfahren: kannte ich doch nur zu gut seinen Charakter. Wie er selbst erzählte: „Eines Tages sah ich in Kairo in einem öffentlichen Parke dort drei bis vier Perser spazieren gehen. In ihrer Mitte erblickte ich einen Mann von 60 Jahren, welcher mit gefärbtem Barte und abgetragenen zerrissenen Kleidern, alten Schuhen, rot und weissen Strümpfen und zerfetzten Fersen, welche furchtbar schmutzig aus Schuh und Strümpfen heraussahen, mit vollendeter Grandezza einherschritt. Und bei jedem dritten Schritte schleuderte er seine Schuhe von sich. Eine sehr abgetragene Tuchmütze, deren schwarze Farbe grau geworden war, trug er auf dem Kopfe. Vorn über der Stirn hatte er das Wappenbild des Löwen und der Sonne angeheftet, und der Orden des Löwen und der Sonne dritten Grades sowie vier Silbermedaillen hingen am Kragen seines zerfetzten Rockes. Sicher waren dies einige von den persischen Pilgern, welche auf dem Wege zur Wallfahrt nach Ägypten gekommen waren. Ich ging heran, grüsste sie und sagte: „Eure Pilgerfahrt

Erlebnis Ibrahims in Kairo.

*) Von Abdul Rahim aus Päbris (Stambul)

möge Gehör finden! Ihr scheint mir von der Pilgerfahrt nach dem Hause Gottes*) zurückgekommen zu sein?" Er antwortete: „Ja, Gott möge auch Euch teilnehmen lassen! Sodann fragte er: „Wo habt Ihr persisch gelernt?" Ich antwortete: „Ich bin selbst aus Iran." Er fragte: „Von wo?" — Ich sagte: „Von Aserbaidschan." Ich fragte: „Wo seid Ihr her?" — Er antwortete: „Ich bin aus Khamse**) gebürtig." Ich forschte nach seinem Namen. Er gab zur Antwort, „Hadschi Jawer." Ich fragte weiter: „Ihr seid neuerdings erst Hadschi geworden, „Jawer" bedeutet den Rang eines Offiziers, was hat es nun mit Eurem Namen für eine Bedeutung?" Er antwortete: „Ich bin in der Tat „Jawer."***) Ich versetzte. „Sehr gut, Ihr habt einen grossen Titel. Ich habe nun ein Anliegen an Euch." Er erwiderte: „Was für eins?" — Ich sprach: „Hier sind wir in Kairo, alle Völker drängen sich hier zusammen, und bei jedem Schritte begegnet man einer Unmenge Soldaten, Obersten und Majors. Bedenkt, wie schöne, saubere Uniformen sie selbstverständlich anziehen. Auch Ihr müsst, um die Ehre dieses Wappenschildes auf Eurer Mütze und die des Löwen- und Sonnenordens zu bewahren und die erhabene Würde Eurer Regierung und Volkes hoch zu halten, eine, eines Offiziers würdige Uniform anziehen, vor welcher wir Ehrfurcht hätten, aber nicht eine in dem Masse jämmerliche, dass man sich genieren und vor Schande vergehen muss." Er versetzte: „Wir sind Pilger, unsere Kleider haben wir daheim." Ich fuhr fort: „Wenn Ihr die Kleider dort liesst, so müsst Ihr auch das Wappen an der Mütze, den Orden und die Medaillen dort lassen und nicht anlegen. Legt sie jetzt ab und nehmt sie wieder daheim in Gebrauch!" Er erwiderte: „Menschenskind, wie kommst du dazu solch Zeug zu reden, bist du etwa der hiesige Gouverneur?" Ich antwortete: „Nein, aber mein Patriotismus zwingt mich, Euch auf das Schimpfliche Eures hässlichen Tuns aufmerksam zu machen." Mit einem Male sah ich, wie sich das Benehmen von Hadschi Jawer veränderte. „Sohn eines verbrannten Vaters, sagte er, du täuschest dich, wenn es in Persien wäre, so liesse ich dir auf . . . . eine Tracht Prügel geben. Als ich diese unpassenden Schimpfworte hörte, wirbelte es mir im Kopfe und ohne Ueberlegung

*) Mekka

**) Südöstl. Provinz von Aserbaidschan.

***) Major.

schlug ich ihm flugs zwei bis drei tüchtige Ohrfeigen in das Gesicht und ging ihm an den Kragen. Die Mütze fiel ihm vom Kopfe. In diesem Augenblick kamen mehrere hinzu und hielten uns ab. Einer von seinen Begleitern kam ebenfalls herbeigelaufen und sagte: „Gevatter, weisst du, mit wem du dich hier streitest? Dies ist Hadschi Jawer, daheim besitzt er sieben einträgliche Dörfer, Gärten und Wassermühlen gehören ihm auch. Er führt ein Regiment und anderes mehr." Schliesslich ging ich bebend und zitternd vor Zorn und Wut und die Teufel verwünschend nach Hause.

Man kann sich nun denken, welch Unheil ein derartiger Mensch sich in Iran mit seinen Reden auf das Haupt laden konnte. Jedenfalls erwartete ich ihn sehnlichst mit denselben Bedenken, mit denen ich seine Reise nach Persien nicht gut geheissen hätte. Acht Monate waren nach diesem Vorfall vergangen als eines Tages der

Ibrahim kommt von Persien zurück.

Hausdiener meldete: „Jene beiden Gäste, welche nach Iran reisten, sind wieder da." Ich lief zur Haustür, und nach herzlicher Begrüssung und Willkommen gingen wir in das Zimmer, und ich sagte: „Ich wartete sehnsüchtigst auf Euch mein Bruder, wenn ich nur gewusst hätte, wo ihr Euch aufhieltet, so hätte ich telegraphisch mich nach Eurem Befinden erkundigt. Gott sei gedankt, dass ihr wohlbehalten zurück seid! So Gott will habt ihr auf dem Dampfer und unterwegs keine Beschwerden gehabt." Er antwortete: „Nein, keineswegs. Gegen Trapezunt hin gab es etwas Sturm und Unwetter, aber es ging rasch vorbei." „Mit welchem Dampfer kamt ihr?" „Dem russischen Dampfer." „Schön, wie geht es euch?" — „Dank Eurer gütigen Fürbitte, gut." „Jetzt sprich*) und lass mich sehen, wie ihr die lange Reise zu Pferd und Maultier zurückgelegt habt?" — „Auf alle mögliche Weise ging sie vor sich." „Sodann, warum hast du mich nicht vor Antritt deiner Reise von deiner Absicht unterrichtet?" — Er antwortete: „Wahrhaftig, ich dachte

Veranlassung zu Ibrahims Reise.

nicht an eine solche Reise, erst zwei bis drei Tage vor meinem Aufbruch trug mir der Wind diese Reisegedanken in den Kopf. Veranlasst wurden sie durch Agha Achmed aus Schiras. Auch Ihr müsst Agha Achmed kennen. Zu der Zeit, als Ihr Kairo beehrtet, kam er manches Mal zu uns." Ich sagte: „Jawohl, ich erinnere mich." Er fuhr fort: „Jener Mann hat für getreue Dienste in 40 Jahren

*) Die guten Bekannten nennen sich bald Sie bald du, stets frägt man zuerst nach dem Befinden.

Wie der gewöhnliche Mann in Persien reist. (S. 20.)

Anspruch auf ein Gehalt von 120 Toman jährlich aus Teheran, aber es sind nun zehn Jahre, dass er nicht bezahlt wurde. Der arme Schelm reiste also nach Teheran, um sich zu erkundigen, und es wurde ihm dort klar, dass sein Gehalt Jahr für Jahr zwar aus Teheran ankam, aber eben dieselben Gesandten in Stambul, welche sich für Testamentsvollstrecker der Gestorbenen und Vormünder der lebenden Perser halten, hatten auch jenes Gehalt wie die übrigen Hinterlassenschaften der unglücklichen Perser, auf welche sie alle Tage in Stambul und Umgegend ihre Faust legen, ohne jede Furcht vor Nachfrage und zur Rechenschaftziehung rein aufgezehrt. Schliesslich war der arme Tropf, nachdem er eine so weite Reise zurückgelegt und viele Mühsale erduldet hatte, zurück nach Kairo gekommen. Ihr kennt mein Wesen zu gut, als dass ich nicht gleich, nachdem ich von seiner Ankunft gehört hatte, ihn besuchen gegangen wäre und ihn nach Teheran und den Zuständen in Persien gefragt hätte: „Was gibt es Neues und zwar Gutes?" Er erwiderte: „Nichts." Ich fuhr fort: „Ich frage nach den Regierungsverhältnissen und dem Wesen der Reichsminister." Er sagte nur: „Nichts." — Nach der Armeeverwaltung und den Gegenden des Landes fragte ich. Er versetzte: „Ich habe es gesagt: es gibt nichts Gutes." Ich sagte: „Ihr seid sonderbar, gibt es etwa in diesem Reiche keinen Kriegsminister oder keine Ministerien des Äusseren und Inneren? — Gibt es Wissenschaften, Finanzen, Interessen oder Ministerien des Ackerbaues und des Handels nicht?" — Er sagte: „Den Namen von alle diesem gibt es, auch Sekretäre und Schreiber giebt es. Sogar, obwohl man nur zwei morsche Kriegsschiffe auf dem Wasser besitzt,*) hat man doch für eben diese beiden Schiffe einen Marineminister und auch ein Marineministerium! — Diesem einen kannst du entnehmen, welcher Gestalt die übrigen Ministerien sein müssen." Ich erboste mich wahrhaftig über die faden und jämmerlichen Reden dieses Mannes und ging wieder heim. Die ganze Nacht überlegte ich: „Was soll man tun? Was sie über die Heimat sagen muss ohne Grund sein. Da nun mein verstorbener Vater mir die Erlaubnis zu einer Reise gegeben hatte, so ist es nicht mehr als billig, dass ich, nachdem ich zwei bis Ibrahims Plane.
drei mal europäische Länder besucht hatte, nicht auch einmal die Heimat anschauen sollte, besser noch eine Wallfahrt nach dem

*) Vor Buschir. Auf dem Kaspischen Meere von Russland untersagt.

heiligen Meschhed anträte. Währenddessen könnte ich auch die übrigen Teile der Heimat und besonders die Hauptstadt besuchen. Wenn ich einen Ort fände, der sich zum Niederlassen eignete, so würde ich nach hier zurückkehren, mein Besitztum verkaufen, mit Kind und Kegel dorthin ziehen und dort den Rest meines Lebens, die Fäden des Handels und Ackerbaues in den Händen haltend, auf dem geweihten Boden der Heimat zubringen." Ich sagte also denselben Tag zu Jusuf Amu: „Mache alles reisefertig, wir wollen morgen die Wallfahrt nach dem heiligen Meschhed und eine Reise nach Persien antreten!" So kam es, dass wir vor acht Monaten hierherkamen und wieder abreisten. Jetzt kehrten wir wieder, um nach Kairo zurückzukehren." Ich sagte: „Gut, was habt Ihr gesehen? — Welcher Gestalt ist das Land und seine Regierung?" Er seufzte tief und antwortete: „Nein, fragt nicht, ich mag nicht sprechen. O, dass ich doch nicht dorthin gegangen wäre und all diese Widerwärtigkeiten gesehen hätte und noch mit derselben Sehnsucht der Heimat gedenken könnte." Ich sagte: „Auch ich wusste wohl, du würdest nicht frohen Herzens von dieser Reise wiederkehren. Nun berichtet mir aber alles, was ihr gesehen habt, das schadet nichts." Er sprach: „Was ich gesehen habe und mir geschehen ist habe ich alles niedergeschrieben. Morgen werde ich mein Tagebuch Euch anvertrauen. Lest selbst, meine Zunge kann es nicht beschreiben. Zwar wollte mein Herz nicht all dieses Elend niederschreiben, aber da mein verstorbener Vater mir das Vermächtnis hinterlassen hatte: ‚In jedem Lande, zu dem du kommst, schreib alle deine Erfahrungen auf, damit es dir eines Tages von Nutzen sei,' so wollte ich dem Testamente meines Vaters nicht zuwider handeln." Ein Teil des Abends war vergangen als wir zur Nacht assen. Darauf sagte ich: „Bruder, Ihr seid von der Reise gekommen, geht etwas früher zur Ruhe, damit ihr von des Weges Mühe ausruhen könnt." Mit den Worten: „Gott lasse Euch sanft ruhen!" ging ich fort, um zu schlafen. Früh standen wir auf, beteten und tranken Tee. Ibrahim Beg sagte: „Jusuf Amu, stehe auf, halte Hemden und Unterhosen bereit und lass uns mit frischen Kleidern zum Bade gehen. Ihr wisst, es ist nun sieben Monate her, dass ich kein Bad gesehen habe". Jusuf Amu öffnete den Wäschekasten, um die Wäsche herauszunehmen. Ibrahim sagte: „Erst gib mir mein Reisebuch." Er nahm das Reisebuch von Jusuf Amu und gab es mir und sagte: „Dies ist mein Reisebuch. Alles, was ich gesehen habe, schrieb ich nieder ohne dabei etwas hinzuzufügen oder beiseite zu lassen. Wenn Ihr Zeit haben solltet, so lest es bis zu unserer Rückkunft aus dem Bade." Ich ergriff es. Da ich nun weiss, dass die geehrten Leser auf den Inhalt dieses Reisebuches neugierig sind, so habe ich eine Abschrift hierunter anfertigen lassen.

— —

Kopie des Reisebuches.

Am 18. des Monats So und So brachen wir von Kairo zur Wallfahrt nach dem heiligen Meschhed und zur Reise nach Persien auf, ich und Jusuf Amu*), Lehrer meiner Wenigkeit, welcher in der Tat mir ein Oheim und vielleicht auch ein Vater ist, zwei Stunden nach Tagesanbruch und zwar in der ersten Klasse der „Chemin de fer" nach dem Hafen von Ägypten.**) Denselben Tag noch, zwei Stunden vor Sonnenuntergang, kamen wir dort an. Zur Nacht blieben wir in obenerwähnter Stadt, und am anderen Tage um vier Uhr mit Sinken der Sonne fuhren wir auf dem Dampfer „Prinz Abbas", so genannt nach dem Khedive, mit einem Billet erster Klasse nach Stambul. Das Wetter war herrlich, und wir gingen alle Tage auf Deck um Ausschau zu halten. Nur hatten wir keine Unterhaltung, und ich war mir selbt überlassen. Nach Ablauf von zwei Tagen und Nächten erreichten wir Stambul. Unterwegs, ausser bei Kale' Sultanie, welches an der Einfahrt zum Busen von Stambul***) liegt, hielten wir nirgends. „Kale' Sultanie" ist eine sehr grosse Festung, welche künstlich angelegt wurde. Man sagt: es seien 1000 Geschütze an verschiedenen Punkten dort aufgepflanzt. Ohne Erlaubnis und Ermächtigung von seiten der Wächter ist es für ein Schiff unmöglich, ebenda zu passieren. Jemand, der selbst dort zu Besuch war, wird meine Worte bezeugen können. Auch unser Schiff setzte nach erlangter Erlaubnis seinen Kurs fort, und wir langten in Stambul an. Da der Dampfer etwas entfernt von der Landungsbrücke festlegt, so brachte man uns und unser

Aufbruch von Kairo.

Abfahrt von Alexandrien.

Kale' Sultanie.

Ankunft in Stambul.

*) Amu neben Titel auch Oheim.

**) D. h Alexandrien.

***) Hellespont.

Gepäck zum Zollhaus mit einem der Boote, welche sich immer zahllos um die neuangekommenen Schiffe drängen Dann nach der Gepäckrevision gingen wir geradewegs zum Hause von N. N. (d. h. zum Hause meiner Wenigkeit, der ich dies Reisebuch aufbewahre*) und nahmen dort Wohnung, obwohl der Hausherr, der mir ein lieber Freund ist, nicht in Stambul war. In seinem Hause empfingen uns seine Stellvertreter mit der grössten Ehrerbietung, und liessen keinen Moment die Regeln der Gastfreundschaft ausser Acht. Ja, sie taten uns solche Ehre an, dass es uns peinlich war, denn wenn ich auch sein Haus als das meinige betrachte, so vermehrte doch die Abwesenheit des Hausherrn unsere Verlegenheit. Am vierten Tage liesen wir unsere Pässe im persischen und russischen Konsulat visieren und reisten mit einem österreichischen Dampfer wieder erster Klasse in der Richtung nach Batum ab. Am fünften Tage nach unserer Abreise kamen wir dort an.

Reise nach Batum und Ankunft daselbst.

Die russischen Zollbeamten inspizierten unser bereitstehendes Gepäck, und auch die Pässe visierten sie und zwar an Bord. Wir stiegen aus, und ich sah auf der Landungsbrücke eine Menge Perser, aber in äusserstem Elend. Ihre Kleider waren alle abgetragen und zerfetzt. Ihre Gesichter gelb und kränklich. Über ihren Zustand wurde ich in Staunen und Verwunderung versetzt. In diesem Augenblick umgab auch uns eine Menge von ihnen: „Agha, wir haben ein schönes Caféhaus, auch könnt ihr dort wohnen!" Sie wollten unser Gepäck forttragen, als einer unter ihnen uns ein Zeichen machte nicht zu folgen. Er zog Jusuf Amu auf die Seite und sagte ihm leise ins Ohr: „Geht keinesfalls in ihr Caféhaus, es sind alles Nichtstuer**), Spitzbuben und Taugenichtse. Besser wäre es, ihr gingt in das Gasthaus ‚Imperial' mit Namen, welches nahebei ist, und nehmt dort Quartier. Wenn ihr auch für die Nacht ein oder zwei Manat***) mehr ausgebt, so bleibt ihr doch von all den Anzapfungen†) verschont." Jusuf Amu sagte zum Gepäckträger: „Wir wollen zum Hotel Imperial gehen." Dort nahmen wir ein Zimmer, welches zwei Manat jede Nacht kostete und verbrachten

Persisches Gesindel.

*) Der Herausgeber nennt sich nicht, jedenfalls aus Vorsicht. Sein Name soll auch nicht genannt werden.

**) Luti, gefährliche Volksklasse in persischen Städten.

***) Papierrubel.

†) Wortspiel, auch die Bisse des Ungeziefers.

die Nacht. Bei Morgengrauen gingen wir aus, und als wir einen Landsmann trafen, fragten wir ihn, wann der Zug nach Tiflis ginge.

Tagelöhner.

Er sagte: „Einer jetzt, der andere abends." Wir sahen, dass wir diesen Zug nicht mehr erreichten, und sagten: „Wir wollen lieber bis zum Abend in der Stadt spazieren gehen." Wir fragten sodann nach Namen und Heimatsort jenes Gevatters. Er antwortete: „Ich heisse Ali und bin aus Lenkoran."*) Er fragte ebenfalls: „Von wo kommt ihr her?" Ich antwortete: „Aus Ägypten." Er sagte: „Auch ich war einige Zeit in Ägypten." Er erkundigte sich nach dem Befinden von einigen Leuten. Ich versetzte: „Es ist erstaunlich, dass es in diesem Lande, wo Ihr nur hinblickt, Perser gibt, aber alle sind sie heruntergekommen, jämmerlich und arbeitslos. Es ist klar sie haben nichts." Er erwiderte: „Ja Gevatter, hier giebt es sehr viele. Da heute Sonntag ist, und die Geschäfte ruhen, so haben sie sich hier angesammelt. Morgen wird die Mehrzahl arbeiten gehen." Ich fragte: „Was arbeiten sie?" Er antwortete:

Beschäftigung der Perser im Ausland.

„Es sind alles Strassenarbeiter und Träger ausser 40 oder 50, die Fruchtverkäufer oder Köche oder Hausierer sind. Der Rest ist Faulenzer und solche, „welche essen müssen, damit sie nicht sterben." Ich fragte: „Wieviel mögen es sein?" — Er erwiderte: „4—5000 müssen es sein." Ich sagte zu mir: „Grosser Gott, in dieser kleinen Stadt 4—5000 Perser und noch dazu Gestalten von so elendem Aussehen!" Er sagte: „Lieber Herr, was wollt Ihr? alle Städte und Marktflecken, sogar die Dörfer im Kaukasus sind voll von derart Persern. Im Vergleich zu anderen Orten sind es hier sehr wenig." Ich versetzte: „Warum lässt sie die persische Regierung aus der Heimat ziehen?" — Er antwortete: „Gott möge deinem Vater vergeben.**)

Bedrückung der Perser in der Heimat und ihre Auswanderung.

‚Vom jüngsten Gericht wird die Kunde werden. Du hälst die Hand von weitem an das Feuer.'**) „Erstens gibt es keine Sicherheit in Iran, keine Arbeit, kein Brot. Was sollen die armen Tröpfe tun? einige gegen die Gewalttaten der Obrigkeit, andere gegen die Gemeinheit des Begler Beg, Daroga oder Khadkhuda? Jene Bösewichter suchen einen jeden aus tausenderlei Ursachen heim, bei dem sie fünf Heller Geld erschnüffelt haben. Zu einem sagen sie: ‚Dein Bruder war Soldat, er desertierte von seinem Regiment', einem anderen hängen sie auf: ‚Der Sohn deines Onkels hat vor einiger Zeit Wein getrunken,***) oder einer von deinen Verwandten hat Hazard gespielt.' Ja sogar den unschuldigen Nachbar ergreifen sie an Stelle des Nachbars und werfen ihn ins Gefängnis oder lassen

*) Am westl. Ufer des kasp. Meeres

**) Beliebte Redensart und Dichterwort.

***) Wird als verboten streng bestraft.

ihn Strafgeld bezahlen. Und wenn sie von alledem niemandem etwas tun, so verleumden sie ihn wenigstens mit tausenderlei böser Nachrede. So kommt es, dass die Leute von der Heimat fortziehen und das türkische und russische Reich und Indien bevölkern. Auch dort bleiben sie nicht von der Hand der Gesandten und Konsuln und ihrer Untergebenen, die sich von Aas und Kadavern nähren, verschont. Diese barfüssigen, armen Schelme, die ihr hier seht, arbeiten alle Tage von früh bis abends in der Sonnenhitze als Strassenarbeiter und Schleussenräumer. Und während die Ungläubigen Mitleid mit ihrem Los haben, plündern unsere Gesandten, Konsuln und Beamte ohne tägliches Einkommen und Gehalt sie mit der grössten Erbarmungslosigkeit aus bis aufs Hemd und nehmen von einem jeden vier Manat jedes Jahr unter dem Vorwand von Passgeld. So, wie ich hörte, sollen in Stambul und den anderen Provinzen des osmanischen Reiches die Gewalttätigkeiten an Persern noch viel grösser sein, und sämtliche Ausgaben der Gesandtschaft muss das Konsulat bestreiten, d. h. sie ist gemietet. Die Konsuln haben abgesehen hiervon keine andere Pflicht. Jedesmal wenn einer von diesen Arbeitern stirbt und er besitzt etwas, so ist der erste, der an seiner Bahre zugegen ist, ein Beamter des Konsulats, welcher sich als Erbe nach göttlichem und menschlichem Rechte betrachtet. Hat jener nichts, dann mag sein Leichnam auch drei Tage auf der Erde liegen, niemals kommen sie dorthin. Die unglückseligen Lohnarbeiter müssen selbst das Geld sammeln und den Toten begraben. Heutzutage werden 40—50 unschuldige Perser in eben demselben Batum gefangen gehalten, die Konsuln fragen niemals danach noch stehen sie Antwort. Und täten sie es auch, die Russen hören nicht auf ihre Worte, sie sagen, wenn sie ein gewisses Lösegeld erhalten, dann wollten sie sie freilassen, weil sie zu gut merken, wie dieselben mit ihren Untertanen umspringen. Sie wissen, dass ihr Leben und das, was über ihnen steht, an das Dasein dieses Haufens von Untertanen ohne Haupt und Verstand gebunden ist. Die, deren Pflicht es ist, die Rechte der Untertanen zu schützen, plündern sie selbst aus. Was kann man da bei solchen Zuständen von den Fremden erwarten!" — Ich bemerkte: „Die persische Regierung muss von ihrer Auswanderung keine Ahnung haben. Sie müssen selbst Bittschriften einreichen und sich über Gewalttätigkeiten beklagen." Er erwiderte: „Bei Gott, er weiss es besser als ich. Da die

Die Gesandten und Konsulen im Auslande.

Regierung den Beamten im Auslande keinen Gehalt gibt und sogar nach enormen Summen die Hand ausstreckt, so kann man natürlich nicht von ihnen Rechenschaft fordern, warum tust du so und so?" Von einem jeden dieser Konsuln, welche du im osmanischen und russischen Reiche siehst, haben die Grossen 2—3000 Manat genommen und dann diese Konsuln dorthin gesandt. Sie müssen nun im Laufe von einem Jahr fünf- bis sechsmal so viel wie sie gegeben haben mit Zwang und Gewalt von den unglücklichen Untertanen wiederbekommen." — Es war dies der erste Kummer, welcher mich in Batum überkam und mir das Herz schwer machte. Ein tiefer Seufzer war es, der unwillkürlich aus meinem Herzen emporstieg. Wie wir auch spazieren gingen, ich merkte es nicht, so ausser mir war ich. Mein Sinn war ganz verirrt. Als der Abend und die Abfahrtszeit des Zuges herankam, nahm ich zwei Billets erster Klasse nach Tiflis, ein jedes für 14 Manat, und einen Manat gaben wir Ali als Trinkgeld. Wir sagten ihm Lebewohl und fuhren ab. Nachdem die Hälfte des Weges in derselben Nacht zurückgelegt war, sah ich bei Morgengrauen unterwegs wie man sehr hohe Berge gespaltet hatte. Der Zug legte eine Strecke unterirdisch zurück. Und ich stellte die Betrachtung bei mir an: Wie können diese Menschensöhne auf ihre Erfindungen stolz sein, welche von einer Seite das Innere der Berge von einer Höhe von zehn Fersakh spalten und auf der anderen Seite eine Stadt mit einem Stück Eisen verbinden und vom Herzen dieses Berges im Verlaufe von wenigen Minuten mit jener Seite zusammenbringen. Als ich zur Besinnung kam, merkte ich, wie ich zu mir selbst sagte: „Die menschliche Willenskraft hebt Berge fort."*) Es befand sich nun im Wagen auch ein Armenier, und ich sagte zu ihm: „Die Wissenschaft der Geometrie schafft Wunder. Solch harte Berge zu durchhöhlen und den Zug hindurch laufen zu lassen, dazu bedarf es viel Verstand und enormer Ausgaben." Er erwiderte: „Ja, es ist ein Zeichen von grosser Intelligenz, und gewaltige Summen hat man dazu aufgewendet. Aber vergangenes Jahr hat das Reich aus den Verkehrseinnahmen auf eben diesem Schienenstrang 16 Millionen Rubel verdient. Und abgesehen davon, waren alle die Gegenden, welche Ihr seht, früher unfruchtbare und unbewohnte Täler, dass die Dämonen sogar aus Furcht dort vorüber-

Fahrt nach Tiflis.

Tunnel.

*) Arab.

Hamals, Lastträger. (S. 29.)

zogen. Heutzutage strömen durch den Ueberfluss an dem schwarzen Naphtha von Baku alle Jahre so und so viele Millionen Rubel vom Ausland in dies Land. Und so könnt Ihr auf jedem Schritt und Tritt Flecken und kleine bewohnte Dörfchen sehen. Auch auf Eurem persischen Gebiet gibt es wie hier Minen und nützliche Quellen in Menge. Aber die Regierung ist zu töricht und das Volk zu faul, um sich mit der Hebung jener unermesslichen Schätze, welche im Schosse Eures Heimatbodens verborgen sind, abzugeben. Die Folge davon ist, dass Eure Landsleute in höchster Armut und elender Lage nach dem Ausland eilen und sich der niedrigsten Arbeiten und gemeinsten Beschäftigungen unterziehen, wie Lohnarbeiten, Lastentragen und Erdarbeiten. Und das Ende vom Lied: Die Meisten von ihnen legen sich auf Bitten und Bettelei."

Vorwurf gegen Regierung und Volk in Persien.

Mit der Wahrheit dieser Worte voller Hohn, traf mich jener Sohn eines verbrannten Vaters wie mit einem Pfeil in das Herz. Was sollte ich tun, abstreiten lässt es sich nicht. Hilflos stand ich auf, ging in die äusserste Ecke des Waggons und schlief von allzugrossem Herzenskummer ein. Plötzlich merkte ich, wie Jusuf Amu mich aus dem Schlafe weckte mit den Worten: „Stehe auf und sieh mal, Tiflis ist in Sicht." Ich erhob mich und nicht lange mehr, so hielt der Zug. Offenbar waren wir angekommen. Wir verliessen den Waggon, übergaben unser Gepäck einem Träger, der es in einen Wagen lud. Ich sagte: „Wir wollen in das Gasthaus ‚London' fahren", da uns Ali aus Lenkoran in Batum angeraten hatte dort Quartier zu nehmen. Als wir in das erwähnte Gasthaus kamen, nahmen wir ein Zimmer für vier Rubel jede Nacht. Ich wusch mir Kopf und Gesicht und sagte zu Jusuf Amu: „Lass uns ausgehen, vielleicht machen wir einen persischen Koch ausfindig und können etwas essen." Wir gingen also los, und in dem als „Scheitane Basar"*) bekannten Stadtviertel sah ich einige Garküchen, aber alle schmutzig. Ihre Kupfergefässe ganz schwarz und ihre Räume übelriechend. Endlich kamen wir zu einem Laden eines Dschilaukochs und traten ratlos ein, wir verlangten Dschilau Kebab**) und assen mit der Hand. Von Reinlichkeit und Sauberkeit war keine Spur. Nach der Mahlzeit machten wir einen Rundgang durch die Stadt, und ich fand

Ankunft in Tiflis.

Schmutzigkeit der persischen Garkuchen in Tiflis.

*) Teufels Bazar.

**) Dschilau Kebab, Reis mit Bratenstücken.

die Lage der Perser hier noch viel trostloser als in Batum. Alle waren sie bei den Bauten als Tagelöhner und Erdabeiter und auf den Strassen als Pflasterer beschäftigt. Mein Herz blutete beim Anblick ihres elenden Zustandes und der Mühen, mit welchen sie alle Tage ihre Kräfte vergeudeten, sodass sie nicht mehr imstande waren sie zu ertragen. Kurz in diesen Ländern sind alle niedrigen und mühevollen Arbeiten das Los unserer unglücklichen Perser. Einen Landsmann, der des Weges daher kam, fragte ich: „Gibt es hier keinen persischen Kaufmann?" — Er sagte: „Warum nicht? In der Karawanserai ‚Kalatoff' giebt es einen Baron ‚Beguf' unter vielen anderen." Ich fragte weiter, wo sich jener Basar befände, und wir gingen zu ihm hin. Als wir in die Karawanserai eintraten, blickte ich aufmerksam auf alles umher und sah viele in den Läden sitzen, und um jeden herum waren mehrere Ballen von Baumwolle und bedruckte Kattune von Hamadan*) und Burudschird*) und bunte Tücher von Jesd*) und Leinwand von Nain*) aufgehäuft. In diesem Augenblik hörte ich jemanden mich mit Namen anrufen und sagen: „Ibrahim Beg! — Ibrahim Beg!" Ich blieb stehen. Er lief herbei und grüsste. Ich erwiderte den Gruss. Er sagte: „Ist es möglich, dass du mich nicht erkennst?" Ich gab zur Antwort: „Ihr kommt mir bekannt vor, aber ich entsinne mich nicht recht, wann ich die Ehre hatte mit Euch zusammen zu kommen." Er versetzte: „In Ägypten. Vor einigen Jahren auf der Rückkehr von der Pilgerfahrt nach dem hochgelobten Mekka kamen wir nach Ägypten. Im Handelshause des Hadschi Mirsa Mohammed Rafi' aus Mischgh*) hatte ich die Ehre mit Euch zusammen zu treffen. Auch waren wir den Abend in seinem Hause beide zu Gast." Ich versetzte: „Wahrscheinlich." Er führte mich zu seinem Laden, und ich bemerkte im Gespräch: „Hier gibt es ausserordentlich viel Perser wie es mir scheint, wahrhaftigen Gott, wohin ich nur blicke steht ein Landsmann, aber ich muss mich wundern, dass ich die Meisten so ganz erbärmlich und elend sehe." Er erwiderte: „Ja, es sind ihrer viele." Ich fragte: „Wieviel mögen es sein?" — Er gab zur Antwort: „Auf kaukasischem Boden nahe an 60000 Personen wie man sagt." Ich fragte weiter: „Was veranlasst sie aus der Heimat auszuwandern und ein Leben in der Fremde zu suchen? Und was ist der Grund,

Persische Kaufleute ebenda.

---

*) Städte in Persien, Burudschird im Kurdistan.

dass ihrer so viele in das Ausland gehen und solche Erniedrigung und Mühen auf sich nehmen?" Er sagte: „Du kennst wenig das persische Land, die Arbeitslosigkeit der Leute und die Gewalttätigkeit der Grossen gegen die Rechte der Kleinen und die Knechtschaft der Untertanen, denen sie gegen Bezahlung von einem Toman Pässe ohne Frage und Antwort nach fremden Ländern ausstellen, und niemand fragt, wohin gehst du und was willst du tun? — So ist es dahin gekommen, dass in den Flecken und Dörfern, in Gegenden, nah und fern von der Grenze, auf den Friedhöfen und den Grabsteinen viel weniger Namen von Männern gefunden werden. — Alles sind Frauennamen, sozusagen ist es eine Stadt von Frauen." Ich fragte weiter: „Haben sie keine andere Beschäftigung? — Sind sie alle Handarbeiter?" Er gab zur Antwort: „Ach! dass es doch alle Handarbeiter wären, zum grossen Teil aber sind es Räuber und Taschendiebe. Und tausenderlei Schändlichkeiten derart führen sie aus, sodass wir ihrer genug überdrüssig wurden." Ich fragte weiter: „Und was tut der Konsul, was sagt er dazu?" — Er erwiderte: „Gott möge deinem Vater verzeihen! Der Konsul hat keine andere Beschäftigung, als dass er vier Rubel sich für einen Pass bezahlen lässt und ebensoviel als Löse- und Strafgeld. Und wenn einer stirbt und etwas haben sollte, so gehört dies auch dem Konsul." Ich versetzte: „Das Geld für die Pässe von 60000 Personen, welches eine grosse Summe ausmacht, gewinnt das der Staat?" — Er sagte: „Was weiss der Staat davon? — Nicht ein halber Heller davon fällt an den Staat, nur das, was man am ersten Tage als Ernennung von den Konsuln genommen hat. Das heisst, das tragen auch die Minister und Gesandten davon. Was an den Staat kommt, das sind die Vergehen und Verbrechen jener Konsuln. Jeder Konsul, sobald er Lust hat, lässt einen x-beliebigen Pass drucken und verkauft ihn. Jetzt begnügen sie sich nicht mehr mit Persern, sondern jedem Dieb und Schuft und jedem ohne Kopf und Fuss von fremder Herkunft, der es wünscht, geben sie gegen Bezahlung von ein oder zwei Rubel einen Pass. Dieser geht und führt unter persischem Namen allerhand Schurkereien und Schlechtigkeiten aus. Wenn er in die Hände der russischen Obrigkeit fällt, so wird nach kurzer Untersuchung und Verhör offenbar, dass sein Pass gefälscht ist. Dann muss man sich klar werden, in welchem Masse die Würde unserer Regierung in den Augen der Fremden herabgesetzt wird, und wie schamlos steht dann

Grund des Aussterbens der persischen Stadte.

Schacher mit Pässen in Persien.

in ihren Augen der Konsul da, aller Ehre bar." — Während sich nun der Faden der Unterhaltung über alle diese traurigen Punkte fortspann, sah ich ein, dass diese nur Ärger verursachen und Schmerz bereiten würde. Mein Herz fing an zu klopfen. „Hilflos klappte ich das Buch zu" und brachte die Rede auf Handel und Kauf und Verkauf. Ich fragte: „Wie steht es mit Euren Handelsgeschäften? — Was für Gut und Waren aus der Heimat führt Ihr?" — Er erwiderte: „Eben diese bedruckten Kattune hier von Hamadan, Burudschird und Baumwolle aus Milan*) und Täbris. Diese sind im Vergleich zu den früheren Jahren selten und glanzlos geworden. Früher brachten wir alle Jahre von diesen Waren viele tausende Lasten hier in die Orte und verkauften sie, aber heutzutage geht nicht mehr als $^{1}/_{100}$ der früheren Zeit in das Ausland. Viel Falsches zeigte sich in den Arbeiten, man betrog mit Farbe und Fäden, und zwar obenauf oder mitten drin, und man wendete schlechte Farben an. Die Käufer hielten keine Nachfrage mehr. Es fehlt wenig, dass auch diese Waren schliesslich aufhören und eingehen. Dann müssen wir die Seidenstoffe von Moskau nach Iran schicken. Ich habe selbst im Verlaufe von dieser kurzen Zeit meines Handels viele von den Russen gesehen, ich kenne sie auch, welche nach einigen Jahren mit geringem Kapital Baumwollspinnereien einrichteten, und von denen jeder jetzt durch seine übergrosse Redlichkeit Herr von Millionen geworden ist, und im Gegensatz dazu, kenne ich wieder viele von den Persern, von denen jeder mit grossem Vermögen hierherkam und nach 10—20 Jahren voller Mühe bankerott wurde. Weil wir eben einen nationalen und allgemeinen Nutzen nie im Auge haben. Wir führen Waren unseres Landes in der Hoffnung auf vorübergehenden zweitägigen Gewinn und wissen nicht, dass „schiefe Last nicht bis nach Haus kommt". Es fehlt somit wenig, dass jene Waren wegen ihrer unechten Arbeit aus den Augen verschwinden und rettungslos eingehen. Dann wird der Schaden davon alle Bewohner der Heimat treffen. Jetzt sind in Tiflis, wie man erzählt, die meisten Waren aus Persien rettungslos verschwunden, weil unter den Persern jemand, der 10000 Toman Kapital besitzt, immer seltener gefunden wird. Immer heisst es „die Mütze von Taki sitzt auf dem Kopfe von Naki".*) Und der allgemeine Grund für diese traurigen Zustände

Unechtheit der persischen Handelsware und Rückgang der Ausfuhr.

*) In Aserbaidschan.

**) D. h. man borgt um zu bezahlen. Türk. Alinin küllane Welinin baschina.

ist die Torheit der Obrigkeiten und die Gewöhnung der Beamten an ein Bestechungsgeld. Kein Richter weicht von der Schlechtigkeit dieser beiden hässlichen Worte,*) welche den Hauptgrund bilden zum Ruin dieses grossen Reiches, einen Fuss breit ab."

Ich sah nun ein, ich hatte nicht mehr die Kraft solche Reden zu hören. Ich fragte: „Wann geht der Zug nach Baku?" Er erwiderte: „Zeitig am Abend. Aber ich lasse euch nicht fort." Er bestand sehr darauf, aber ich bat um Entschuldigung und sagte: „Euer Schatten möge nicht geringer werden. Wir müssen fort." Ich sagte lebewohl und wir gingen geradewegs nach dem Gasthaus zurück.

Obwohl Tiflis zu den grossen Städten gehört und sehenswürdig ist, so war mein Sinn doch von all diesen Gesprächen so bekümmert, dass ich keine Augen für die Welt hatte. Ich schlief ein wenig, stand nahe vor der Zeit zur Abfahrt des Zuges auf, bezahlte die Hotelrechnung, nahm ein Billet, und wir fuhren ab. Unterwegs waren alle meine Gedanken mit dem elenden Zustande dieses Volkes beschäftigt, welches fortgetrieben von Haus und Heim in der schlimmsten Art von Erniedrigung in der Fremde zerstreut wurde. Ich rauchte krampfhaft Cigaretten oder seufzte aus tiefstem Herzensgrund. Schliesslich vor übergrossem Wehe sagte ich mir selbst: „Nach alledem muss ich davon abstehen das Wesen meiner Heimat zu ergründen oder den Zustand der Heimatsgenossen oder meine Selbsterlebnisse zu beschreiben, weil dies alles nur Ärger bringt und Missfallen erregt." Und wiederum beruhigte mich das Testament meines verstorbenen Vaters. Anderen Tages gegen die Abenddämmerung hin kamen wir nach Baku und gingen geradewegs in das Gasthaus zum Kaukasus. Der Preis für die Zimmer in diesem Gasthaus ist billig und beträgt für den Tag einen Rubel, aber es ist sehr unreinlich, und die Bediensteten waren unhöflich. Da wir nicht länger als zwei Nächte blieben, so wollte ich nicht wechseln. Die meisten der Hotelgäste sind Mohammedaner. Jeder bereitet sich selbst in seiner Wohnung Braten und Gerichte. Einige von ihnen rauchen auch die Opiumpfeife. Ich forderte Jusuf Amu auf, etwas auszugehen. So könnten wir etwas spazieren gehen und zu gleicher Zeit den abscheulichen, schlechten Geruch des verflixten Opium ..... loswerden. Wir gingen aus. Einer von den Bediensteten sagte:

Ibrahim verzagt.

Ankunft in Baku.

*) Torheit und Gewohnheit.

„Meschhedi, wenn Ihr etwas wertvolles an Geld oder Sachen habt, so lasst das nicht hier. Wenn es gestohlen wird, so kommen wir dafür nicht auf." Ich antwortete: „Wir haben die Zimmerschlüssel in der Tasche." Er sagte: „Schlüssel, Stuss, das verstehe ich nicht. Ich habe es Euch gesagt, Adieu!" — Ich sagte: „Ich fürchte, wir haben ausser einigen Hemden und ein paar Wäschestücken nichts von Belang. Wir sind keine Kaufleute, auch keine Bankiers." Aber ich musste lachen über das Benehmen des Zimmerkellners, und es nahm mich Wunder. Wir gingen also aus und an den Meeresstrand. Wohin ich auch blickte, wiederum sah ich wie in Batum eine Menge von unseren Landsleuten, die in der Sonnenhitze gruppenweis zusammensass und mit Schürzen um den Hals das Schlächterhandwerk ausübte. Auf einer Seite aber sah ich einen Trupp Menschen, der ein lautes Halloh ausstiess. Man prügelte einen und brüllte laut: „Haut den Gevatter,*) diesen Sohn eines verbrannten Vaters!" Und jeder, der hinzukam, prügelte ihn. Ich fragte: „Für welches Vergehen prügelt man diesen armen Kerl, und wer ist es? und was ist sein Beruf?" Man antwortete mir: „Es ist ein Perser und Lohnarbeiter, d. h. einer von den Arbeitern auf Schiffen, die einem Mohammedaner gehören, der in Baku ansässig ist. Die ihn prügeln sind ebenfalls Schiffslohnarbeiter, aber aus dieser Stadt gebürtig." Ich sagte: „Wie, geziemt es einem Mohammedaner, dass über einen Unschuldigen und Fremden fünfzig Personen herfallen?" Jener Mann antwortete: „Die Einwohner Bakus haben kein Mitleid mit den Persern!" Ich wollte mich dazwischen werfen, jener Mensch aber, welcher mir ein ehrwürdiger Mann zu sein schien, hinderte uns an dieser Absicht. Er versetzte: „Geh nicht hin, damit man dich nicht ebenso behandelt. Offenbar seid ihr seit Kurzem nach dieser Stadt gekommen. Wir sehen alle Tage dergleichen Dinge, und uns kocht die Galle. Gott mag nie vergeben denen, welche all unser Unglück, unsere Armut, Erniedrigung und Finsternis verschuldet haben." Auch dies streute von neuem Salz auf meine alten Herzenswunden. „La' haule"**) (sei ohne Kraft**) betend ging ich zur Landungsbrücke und zog Erkundigungen nach der Abfahrtszeit des Bootes nach Usunada***) ein.

Hass der Bewohner Bakus gegen die Perser.

*) In Baku nennen sich die Perser Gevatter oder Nachbar.

**) Arab — Vers aus dem Koran. Eine Art Beschwörung.

***) Stadt am östl. Ufer des kaspischen Meeres, Ausgangspunkt der transkaspischen Bahn (Buchara, Samarkand).

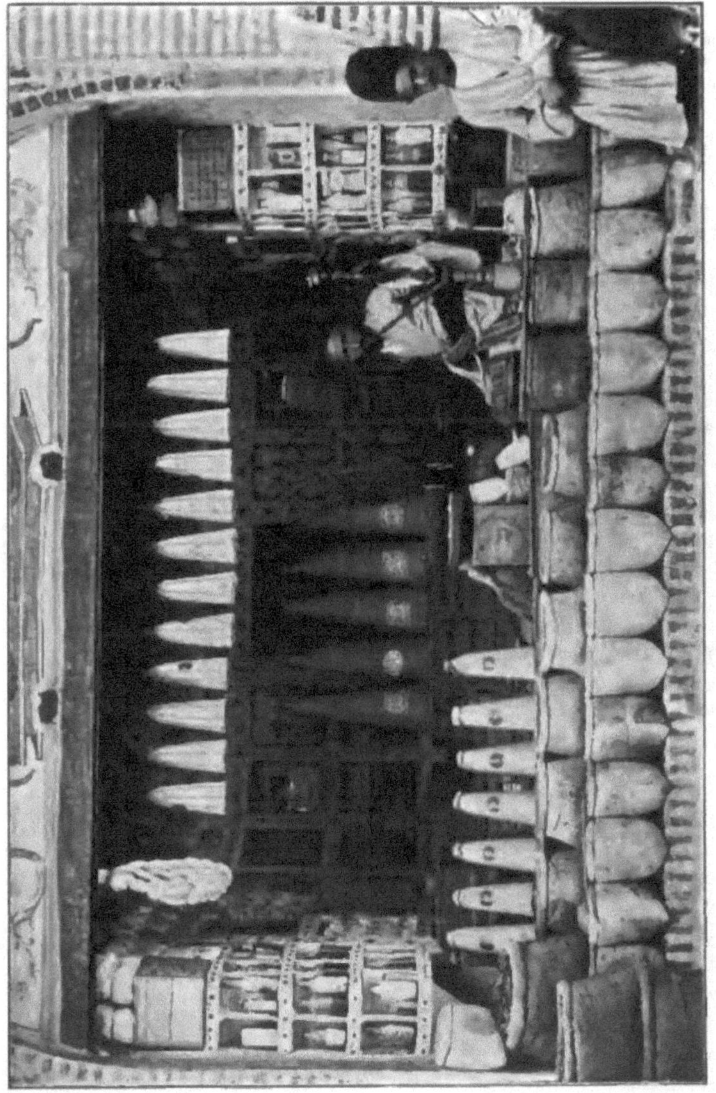

Zucker- und Reisladen. (S. 35.)

Man erwiderte: „Es gibt einen Dampfer, der morgen abgeht, aber er macht eine Rundfahrt und legt überall an, um Passagiere und Ladung aufzunehmen; dann gibt es einen anderen Dampfer, welcher von hier direkt nach Usunada fährt, aber er geht vier Tage später ab." Ich dachte bei mir, es ist besser vier Tage auf dem Meere zu bleiben als sich in dieser Stadt aufzuhalten und diese mitleidlosen und tyrannischen Leute zu sehen. Wir kehrten schnell von dort zurück, und ich gab dem Hoteldiener den Auftrag, unsere Pässe stempeln und beglaubigen zu lassen, damit wir morgen abreisen könnten. Dann machten wir abermals einen Spaziergang. Diese Stadt hier hat weder Parks und Gärten noch Gras und Grünes aufzuweisen, aber sie besitzt sehr hohe und glänzende Gebäude und hochansehnliche Kaufhäuser, von denen die meisten im Besitze von Mohammedanern und Armeniern sind. Der Überfluss an dunklem und dickem Naphtha, welches das unedelste aller Erdprodukte auf der Welt ist, hat all diesen Reichtum ausgegossen. Wie man sagt, sollen einige von den Mohammedanern aus dem Geschlechte des Hadschi Seïn el Abadin, „Talliof" mit Namen, mehrere Millionen an Geld und Gut reich sein und wegen ihres Eifers für den Islam sich hohe Stellung und Würden errungen haben. Jeder sagt Gutes über dies Geschlecht. Die Gebildeten im Volk nennen seinen Namen voller Ehrfurcht. Man sagt, es bemühe sich von Natur um die Fortschritte der Wissenschaften des Islams und sei sehr freigebig. Es gehöre zu den eifrigsten und gläubigsten des Islam. Gott gebe, dass es unter den Mohammedanern viele wie dieses gäbe!

Angesehene und edle Perser in Baku.

Auch gibt es einige angesehene Kaufleute von Persien hier. Da ich aber niemanden kannte, so machte ich keine Besuche. Ich sagte zu Jusuf Amu: „Nun fängt die Reise nach Persien an, wir müssen Zucker, Tee, Öl und Reis kaufen." Wir kauften also ein Put*) Reis „sadri",**) aber er war sehr teuer. Ich fragte nach dem Grunde. Man antwortete: „In Hinsicht auf die Trockenheit des Jahres hat die persische Regierung strengstens die Ausfuhr von Reis nach dem Auslande untersagt. Es sind nun zwei Monate her, dass wegen der Rarität desselben der Preis ausserordentlich gestiegen ist.

Vorbereitungen für die persische Reise.

---

*) Ein Put beträgt ungefähr 13 Okka in Stambul oder $3^1/_2$ Man und 1000 Miskal in Persien. 1 Miskal = 24 Nukhud = 4,6 g. 1 Man = 1280 Miskal = 5,888 kg.

**) Die beste Art von Reis, andere Amberbu, Akula, Rasme etc.

Schliesslich, als der Tag sich dem Abend zuneigte, wollten wir im Gasthause etwas ausruhen. Aber wegen der Wanzen und Flöhe war Schlaf rein unmöglich. Bis zur Frühe zählten wir die Sterne,*) dann beteten wir zwei Rak'at (Gebete)**) zu Gott dem Einzigen und eilten schleunigst auf das Boot, dort tranken wir Tee. Drei Stunden vor Mittag fuhr der Dampfer ab. Am anderen Tage um dieselbe Zeit warf er im Hafen von Enseli Anker. Das Wetter war herrlich. Wir stiegen aus, während der Dampfer auf einer Seite Ladung löschte und auf der anderen aufnahm, und zwar war alles Reis. Ich fragte jemanden aus Schirwan,***) welcher dort stand: „Man sagte uns in Baku, dass die Ausfuhr von Reis aus Persien nach dem Auslande auf das Strengste verboten sei. Wie kann man nun all diesen Reis verladen?" Er erwiderte: „Kind Gottes, es ist verboten durch Befehle der persischen Regierung, aber wann und wo wurde es durchgesetzt, dass es hier geschehe? Ja, von Teheran aus wurde es voller Energie untersagt, aber die Gouverneure der Provinzen liessen das Verbot nicht zu. Für jeden Sack Reis nehmen sie in Rescht einen Kran und in Enseli einen halben Kran Lösegeld und lassen ihn passieren, so schaffen sie 1000 oder 2000 Säcke in jedem Dampfer fort, sozusagen sehen sie es nicht." Aus diesem einen können schon die Leser bei einigem Nachdenken entnehmen, wie elend sich der arme Reisende fühlen musste, wenn auf ihn bei jedem Schritt fortwährend solche schwere Schläge niederfielen.

Ankunft in Enseli auf persischem Gebiet.

Nichtbefolgung der Regierungsbefehle im Lande.

Gegen Abend war der Dampfer verfrachtet und setzte seinen Kurs fort. In einem jeden von den Häfen wie Sari und Meschhediser und anderen machte er ebenfalls Halt, um Fracht und Proviant aufzunehmen, und in jedem von diesen Häfen sahen wir gleich widerwärtiges im Vorbeifahren.

So gelangten wir am vierten Tage nach Usunada und von da nach Aschkabad.†) Ohne Zögern mietete ich für 45 Manat ein

*) Nach dem Vers: زچشم من بپرس اوضاع گردون
کرشب تاروز اختر می شمارم

**) Verbeugungen auf die Erde zweimal früh, viermal mittags und nachmittags, dreimal nach Sonnenuntergang, viermal vor dem Schlafengehen.

***) Stadt in der nordöstl. Provinz Kutschan.

†) In der Sehnsucht nach Iran vergisst Ibrahim zu sagen ob mit Eisenbahn oder Wagen.

Engl. Hafen am Kaspischen Meer.

Ankunft in Aschkabad und Fahrt nach Meschhed.

Viergespann, und wir traten unsere Reise an nach dem heiligen Meschhed, nach welchem seit langen Jahren mein Herz sehnsüchtig verlangt hatte. Auch in Aschkabad fand ich die Landsleute in demselben Zustande, wie ich sie schon in den anderen Städten gesehen hatte. Die Nachtzeit nahmen wir irgendwo Logis und brachen am anderen Morgen auf. Nachdem wir eine lange Strecke zurückgelegt hatten, kamen wir an die persisch-russische Grenze, welche sich auf dem Gebiete Tus befindet. Auf der Seite nach Aschkabad hin haben die Russen grosse und schöne Gebäude aufgeführt. Überall stehen Karaols*) und Beamte. Ungefähr eine halbe Stunde hielten sie uns mit der Visierung der Pässe auf, darauf entliessen sie uns. Etwa nach zehn Minuten Wegs kamen wir an eine Stelle, wo einige Merkzeichen und Male sichtbar waren. Der Kutscher sagte: „Auf jener Seite steht der

*) Wächter.

Persische Grenze

Grenzstein für Iran, auf dieser der von Russland." Ich sprach zum Kutscher: „Ihr müsst ein wenig halten, ich habe etwas zu tun." Er im Glauben, ich hätte ein Geschäftchen zu besorgen, antwortete: „Wartet ein wenig. In der Nähe ist Wasser (zum Waschen), dort könnt Ihr aussteigen." Ich sagte: „Ich brauche kein Wasser, ich habe ausschliesslich mit Erde zu tun." Der Kutscher hielt also an. Ich stieg aus, nahm einen Erdenkloss auf, küsste ihn, zog seinen Duft ein, rieb meine Augen damit und sagte:

Ibrahims Gebet.

„O reiner Boden, du schwarze Augenschminke des feuchten Auges!*) Gott sei Dank, dass mir dein Anblick zuteil wird! Ich habe dich gesehen, und mein Auge ist hell geworden.

O du, der du bist der Zufluchtsort meiner Enkel und die Begräbnisstätte unserer Vorfahren! Du, der du mich voll Zärtlichkeit eingewiegt hast und mit Liebe und Ansehen gross wachsen liessest! Was dir zukommt, kann ich dir nur durch Zuneigung erfüllen. Und dein Recht ist ein hocherhabenes und grosses. Denn der göttliche Gesetzgeber des heiligen Islam (auf ihn die höchsten Segnungen und die vollkommensten Preisungen) bestimmte die Liebe zu dir gleichschwer mit dem Glauben auf der Wage des Rechtlichen. Was kann ich sonst noch zu deinem Lobe sagen, was erhaben genug für dich wäre!" Schliesslich erstickte Schluchzen mir die Kehle, wider Willen fielen meine Tränen auf den lauteren Boden. Mein tief bekümmertes Gemüt verlangte nach Freudentränen, und ich weiss nur so viel, dass ich mich an die Wollust dieses Weinens bis zum letzten Atemzuge im tiefsten Herzen erinnern werde. Der Kutscher sah voll höchster Verwunderung auf mich, und sehr erstaunt sagte er: „Bravo, Sohn eines Hadschi! Viele Jahre sind es nun, dass ich diesen Weg komme und gehe, du aber bist der erste, von dem ich gesehen habe, dass er den Boden seiner Heimat lieb hat. Auch mein Herz glüht an dieser Wegescheide. Ich bin aus Gendsche**) gebürtig. Auch mich verlangt wie dich heftig nach dem Heimatsboden. Unser Land kam ohne Rücksicht auf seine Vergangenheit ins Unglück. Wie du weisst, tönt jetzt an Stelle des Muezzinrufes der Klang der Glocken. Was kann man tun! Wenn die persische Regierung Macht besässe, im Reiche selbst Gesetz, Ordnung und Gleichheit herrschte, die Untertanen an die Obrigkeit nicht wie

*) Auch Arznei. Collyrium mixed with ground pearls (Steingass Dictionary).

**) Nahe Erivan in Transkaukasien.

Tiere verkauft würden, so würden wir niemals fremde Obrigkeit dulden, die in allen Stücken uns feind ist, sondern wir würden nach Iran übersiedeln." Ich fragte: „Gevatter, wie heisst du?" — Er antwortete: „Abbas." Ich lobte ihn. Hierauf fuhren wir mit tausendfachem Verlangen weiter und kamen nach zehn Minuten zu einer elenden Hütte, um die drei bis vier Personen in der Sonne sassen

Meschhed, Grabmoschee des 8. Imam.

und Kalian rauchten. Einer aus ihrer Mitte rief: „He! Landsmann bringt Eure Papiere her." Der Kutscher sagte: „Das sind persische Beamte, die wollen Geld für die Pässe." Ich ging heran und grüsste sie. Sie erwiderten den Gruss nicht. Einer fragte: „Wieviel Personen seid ihr?" — Ich antwortete: „Ihr seht zwei, mehr sind wir nicht, warum frägst du noch?" — Er gab zur Antwort: „Gebt zwei Tomanen her." Ich sagte nichts und gab sie. Er sagte: „Gehet hin in Frieden." Sonst fragte er weder nach dem Pass noch visierte

Grenzbeamte.

er ihn. Voll Verwunderung fuhren wir weiter. Gegen Sonnenuntergang erreichten wir ein kleines Dorf und ruhten uns bis Mitter-

Seiden als Führer.

nacht aus. Nach Mitternacht brachen wir auf. Bei Morgendämmerung, etwa zwei Farsakh*) von der Stadt sah ich einige Seïden**) dort sitzen. Offenbar waren die Herren, um als Führer zu dienen und von den Pilgern etwas zu verdienen, bis hierher gekommen. Sofort umgaben sie uns, und jeder lud uns mit einer Rede ein. Wir wählten einen aus ihrer Mitte und stiegen bei einer Quelle aus. Dann nach erneuter Waschung und Gebet tranken wir Tee, und Jusuf Amu kochte mit Hilfe des Agha Seïd etwas Pillaw. Wir verzehrten ihn und setzten unsere Fahrt fort. Der Agha Seïd stieg ebenfalls zu uns in den Wagen. Sodann nach einer halben Stunde etwa erblickten wir die gesegnete Kuppel der reinen Begräbnisstätte, welche ein Sinnbild der Kaaba, ein Zeichen vom Paradiese war. Sie verklärte meine von Sehnsucht erfüllten Augen. Abermals stiegen wir aus und lasen das Siaratname.***) Voll höchstem Verlangen kamen

Ankunft in Meschhed.

wir dann zu jener Stadt, die Teil am Himmel hat, und gingen geradenwegs zum Hause des Agha Seïd. Man hatte für uns ein Zimmer vorbereitet. Wir setzten unser Gepäck nieder. Nach dem Frühstück holten wir die Einschlagtücher, Badeschürzen, Hemden und Unterhosen und gingen mit Jusuf Amu und dem Agha Seïd zum Bad, um uns zu waschen, unsere Kleider zu wechseln und dann zum

Zustände in den Bädern.

heiligen Grabe zu wallfahren. Als wir in das Bad kamen, drang uns der Geruch von stinkendem Wasser entgegen und nahm mir den Atem. Man hatte ein Bassin, „Khasine" (Wasserbehälter) genannt oder auch als „Kur" bezeichnet, mit fauligem Wasser gefüllt.†) — Von all dem Schmutze hatte sein Wasser die Farbe von Pfauenflügeln angenommen. Sein abscheulicher Geruch kann einen Menschen krank machen. Nach einigem Nachdenken wurde es mir klar, dass eben dieses Stinkwasser eine Quelle für alle Arten von ansteckenden Krankheiten bildet, weil Blinde,††) Kahlköpfige, mit Wunden Behaftete einer ganzen Stadt Tag und Nacht ohne Pause, Mann

*) Eine Farsakh etwa 6,2 Kilometer

**) Nachkommen der Propheten.

***) Pilgergebet

†) Kur (eine kleine Cisterne oder Reservoir, $3\frac{1}{2}$ Spanne in Länge, Tiefe Breite (9 Zoll im Ganzen) als geweiht betrachtet.

††) Wohl Augenkranke gemeint.

und Frau, in diese übelriechende Pfütze, welche drei Monate steht, hineingehen. Es nahm mich wahrhaftig sehr Wunder, dass keiner der Grossen und Geistlichen dieser Stadt von dem schauderhaften Zustande und der Schädlichkeit dieses Stinkwassers etwas gemerkt hat, und dass sie vermeinten, allein der Name „Kur" würde alle diese Schädlichkeit aufheben. Nach meiner Ansicht missachtet jeder, welcher dies Wasser rein nennt, das gesiegelte göttliche Gesetz, weil die heilige Vorschrift uns Reinlichkeit vorschreibt. Ein Wasser, in welchem sich Schmutz und Unrat so vieler Menschen anhäuft, und dessen Geruch und Farbe sich so verändert, dass es Ekel erregt bei dem, der es ansieht, wie kann das reinigen? — In den Bädern von anderen mohammedanischen Städten, wie in Ägypten und der Türkei wird das Waschwasser besonders gehalten und es fliesst aus Hähnen, sodass jemand auf der einen Seite sich waschen und auf der anderen Seite den Hähnen kaltes Wasser zugleich mit warmen Wasser, und zwar völlig rein und klar, entnehmen und trinken kann. Jedenfalls gingen wir rein in das Bad und kamen schmutzig heraus. Agha Seïd sagte: „Das Einschlagetuch mag im Bade bleiben. Wir wollen direkt zum heiligen Grabe pilgern." Ich sagte: „Nein, ich muss nach Haus, ich habe etwas zu tun. Danach lasst uns unsere Wallfahrt antreten." Als wir nach Haus kamen, sagte ich zum Agha Seïd: „Bitte lasst den Samowar anzünden und herbeibringen." Er antwortete: „Es ist jetzt nicht die Zeit zum Tee." Ich sagte: „Ich möchte mich zum zweiten Male waschen, damit der Schmutz vom Bade fortgeht." Er erwiderte: „Baba, der Wasserbehälter ‚Khasine' ist ein ‚Kur' und rein." Ich gab zur Antwort: „Ich streite mich nicht mit dir, aber er ist schmutzig und riecht übel." Wir machten also Wasser warm und wuschen uns abermals, wechselten die Kleider, und ich gelobte mir, nicht zum zweiten Male in Iran in ein Bad zu gehen. Darauf in der Absicht unsere Wallfahrt zum 8. Imam*) anzutreten, zu welchem uns lange schon heisse Sehnsucht

Ibrahim reinigt sich zu Haus vom Bad.

*) Bekanntlich gibt es 12 Imame (Khalifen) in Persien. 1. Ali, 2. Hassan, 3. Hussein, 4. Ali II, Sein el Abidin, 5. Mohammed el Bakir, 6. Dschâfer es Sadik, 7. Musa el Kasim, 8. Ali III er Risa, 9. Mohammed II el Dschawad, 10. Ali IV el Askari, 11. Hassan II el Chamt, 12. Mohammed III el Mahdi Ali Ibu Musa, genannt er Risa lebte zur Zeit Maâmun des Kalifen (813—833), dessen Schwiegersohn er wurde. Die Aliden und Abbasiden sollten versöhnt werden. † 818 in Tus. Auch Harun er Raschid, Vater von Maâmun liegt hier begraben.

Besuch des Wallfahrtsortes in Meschhed. zog, machten wir uns auf den Weg. Als wir zum heiligen Grabe gelangten, küsste ich die Schwelle und fing an mit Agha Seïd an einem besonderen Platze das Pilgergebet zu lesen. Und infolge des überfliessenden Glückgefühles an diesem heiligen Orte, welcher eine Gnade des Paradieses und ein Merkmal des Erbarmens vorstellt, entschwand alle Mühe, die wir auf der Reise erduldet hatten, aus meinem Gedächtnis. Ein Lob- und Preislied aber zu singen dieses lauteren Grabes und Paradieses, dazu wahrhaftig ist meine sündige Stimme und Sprache zu stumm und unreif.

Wie hat jemand wie ich das Recht und die Weisheit, dass ich den Mund öffne zum Lobe der Offenbarung und Mystik eines einzigen Ziegels von den Ziegeln aus Lehm und Erde jener reinen Schwelle, welche von den Engeln der oberen Welt geküsst wird. Jene, welche mit inneren Augen sehen und der Gnade der Wallfahrt zu jener Schwelle der Himmelsstufe teilhaftig wurden, werden die Heiligkeit dieses erhabenen geistigen Ortes erkennen.

„Was Not hat's mit des Hauses Mauer,
Die stark, wie du, ein Treuer schützt?
Was kümmern den des Meeres Schauer,
Wenn Noah an dem Steuer sitzt?
Durch Tugend hat er höchsten Rang erklommen,
Das Dunkel ist vor seinem Glanz verschwommen,
All' seine Eigenschaften sind vollkommen,
Drum preist' ihn und die Seinen, all' ihr Frommen.*)

Nachdem wir unsere Wallfahrt vollführt und ein gemeinsames Gebet gesprochen hatten, gingen wir hinaus. 22 Tage verbrachten wir stets morgens, mittags und abends an diesem hochgelobten Erdenpunkt. Jeden Tag spazierten wir auch nach irgend einem Stadtwinkel, unter anderem gingen wir auch eines Tages mit Agha Seïd zum Krankenhaus des Heiligen, aber was für ein Krankenhaus! Das Krankenhaus. Jeder Kranke, welcher dorthin geht, bleibt, solange er dort ist, krank, und nur wenn er von dort sich flüchtet, wird er anderenorts durch Gottes Güte geheilt. Es gibt weder einen bestimmten Arzt, noch Arznei dort. Von Reinlichkeit und anderem Notwendigen gibt es keine Spur in jenem Krankenhause. Zu diesem Zwecke stecken die gewissenlosen Beamten jährlich eine unnütze Summe aus dem Schatze

*) Sadi's Gulistan. Eingangspforte. übers. v. Nesselmann.

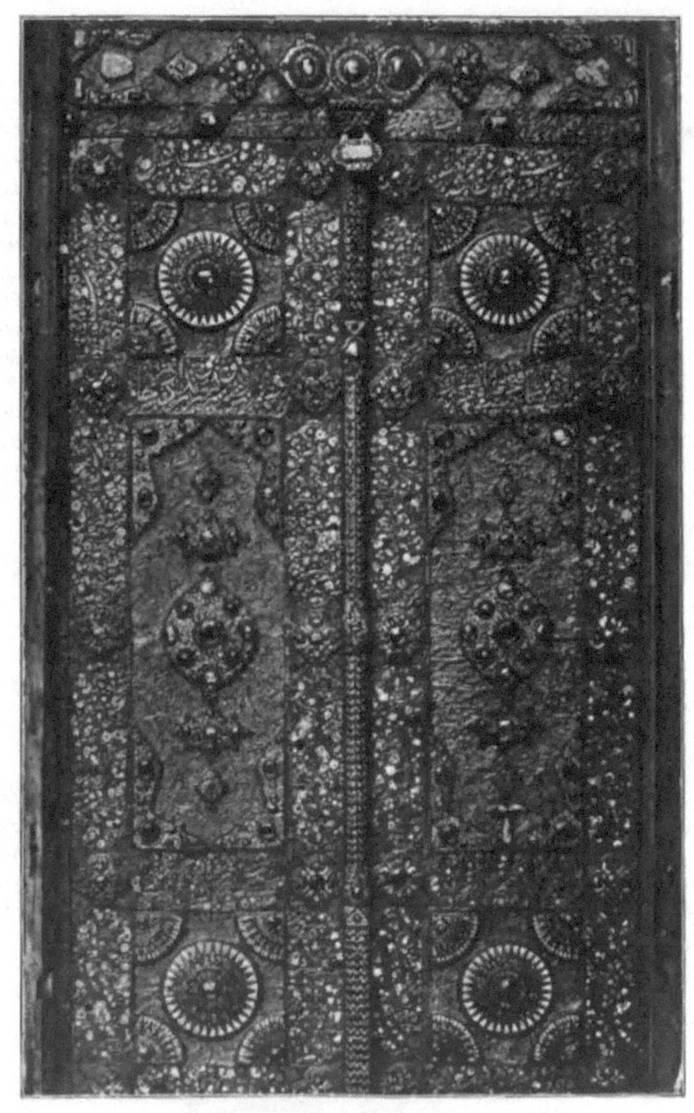

Tor zum heiligen Grabe des S. Imam. (S. 42.)

Einkommen aus den Legaten und Geldern des heiligen Grabes und seine Verwendung

des Heiligen für nichts und wieder nichts ein. Wie der Agha Seïd sagte: „Von den frommen Stiftungen für das Heiligtum kommt jedes Jahr mehr als 200000 Toman*) ein. Diese ganze Summe sehen Nichtstuer ohne Frömmigkeit und Religion unter verschiedenen Titeln als ihr Eigentum an und machen damit reinen Tisch. Jedenfalls haben sie darauf auch nicht das geringste Recht. Unter anderem geben sie vor, dass sie jeden Abend zwei Kharwar**) Reis zu Pillaw mit anderem nötigen dazu zur Bewirtung der Pilger verkochen. Alles geht nach den Häusern der Reichen in der Stadt, ihren Verwandten und Vettern, von denen jeder selbst durch einen Titel mit dem Heiligtum verbunden ist. Die Pilger und Fremden bekommen wenig von Suppe und Pillaw zu sehen. Einige von den Grossen der Regierung geben sich auch mit einem geringen Teil von diesen Volksspeisungen zufrieden, sonst verdienen sie weiter nichts dabei. Diese ganze unberechenbare unnütze Summe fällt dem obersten Verwalter und seinen Untergebenen zu. Manchmal strecken auch die Gouverneure ihre Hand danach aus. Niemals gibt es bei ihnen eine Abrechnung oder Kontrolle. Von den Stadtbewohnern kann man sagen, dass sie in ihrer Herzenshärte die schlechtesten Menschen sind. Wenn etwas im Warenverkehr einen Toman kostet, so fordern sie fünf Toman. Sie fangen jede Rede damit an beim Heiligen schamlos falsch zu schwören. Ich selbst kaufte etwas im Basar. Er verlangte drei Toman dafür und viermal schwur er beim Heiligen. Schliesslich gab er es mir für sieben Kran.

Die Kaufleute.

Die Soldaten.

All das Elend aber übersteigt der Anblick von Soldaten auf diesem Grenzgebiete. Man erbebt, wenn man diesen Zustand sieht und an die daraus entstehende Gefahr denkt. Eines Tages pilgerten wir mit dem Seïd, da sah ich einige Personen an uns vorbeigehen mit ganz alten und schmutzigen Leinwandkitteln, deren Farbe nicht mehr zu erkennen war. Jeder hatte auf dem Kopfe eine ganz schlechte Pelzmütze. Sie marschierten mit ungleichem Tritt. Die Fersen ihrer Füsse waren von Schmutz hart wie Ledersohlen, jeder aber hatte eine Flinte in der Hand. Einige von ihnen sahen so alt aus wie 50 Jahre und andere so jung wie 20 Jahre. Ich fragte den Seïd: „Diese da sehen wie Arbeiter aus, aber was sollen ihre

*) 1 Toman = 10 Kran = 4 Mark.

**) 1 Kharwar-i diwani (Saumlast) = 294,4 kg = 100 Man (eine Eselsladung).

Flinten?" Er antwortete: „Agha Dschan,*) das sind Reichssoldaten. Sie bewachten die Nacht die Burg, jetzt sind sie abgelöst worden und eilen zum Basar. Gleich wirst du sie sehen, einen als Schlächter,

Infanteriepatrouille.

den anderen als Flickschuster, oder einige als Wechsler und andere als Obsthändler. Jeder von ihnen zahlt eine bestimmte und besondere Taxe unter dem Namen „Geschenk" (Schweigegeld) an seinen

*) Gebräuchliche Anrede. Mein lieber Herr! —

Perserin im Strassenkostüm mit Tschader (Umhüllung). (S. 45.)

Oberstleutnant*) oder Oberst." Als ich diese Geschichte hörte, erschien mir die Welt dunkel und düster. Meiner schmerzerfüllten Brust entrang sich ein Seufzer, und ich rief: „Gott, alles dies ist die Vergeltung für die Streitereien, die ich in Kairo ohne Grund mit den Leuten über derart Fragen hatte. Und alles, was sie hierüber sagten, glaubte ich nicht und ich zankte mich mit ihnen und kränkte sie." Der Seïd sagte: „Schlimmer als alles dies ist, dass die Soldaten für das, was ihnen von all dem Verdienst aus ihrem Handel und ihrem Gewerbe nach Abzug eines Teiles, der als ‚Geschenk' an die Offiziere fällt, übrig bleibt, sich Opium kaufen und in der Wasserpfeife verrauchen." Mein Kopf wurde wie benebelt. Ich fragte: „Sind diese Soldaten von hier oder von einem anderen Gebiete Irans?" Er antwortete: „Sie sind fremd, sie gehören zum Regimente Khalkhal**) und Mischkin.**) Sie bilden die Garnison der Stadt. Binnen zwei bis drei Jahren wechseln sie einmal."***)

Neben-frauen.

Darauf bemerkte der Seïd: „Die meisten Pilger nehmen hier während ihres Aufenthaltes eine ‚Mute'.†) Wenn Ihr dies auch im Sinne habt, so sagt es mir, damit ich sie besorge." Ich sagte: „Wenn du schwören willst, dass die Zeit der ‚Ide'††) verstrichen ist, warum nicht." Er erwiderte: „Du nimmst eine Nebenfrau für dich selbst, wie komme ich dazu zu schwören?" Ich sagte: „Offenbar habt Ihr selbst dazu kein Vertrauen. Ich habe bis jetzt nichts gegen das religiöse Recht in Europa getan, wie soll dies hier geschehen an heiliger Stelle und auf reinem Boden? Gott schütze uns, ich habe oft gehört, dass im heiligen Meschhed einige Übeltäter dergleichen Sünde begehen, aber ich wollte es nicht glauben. Leider!" — Um es kurz zu machen. Nach einem Aufenthalte von 22 Tagen auf diesem geweihten Boden trug ich Jusuf Amu auf, die Reise nach Teheran vorzubereiten. Jusuf Amu gab zur Antwort: „Edler Beg, ich habe bis jetzt auf dieser Reise Euch um nichts gebeten. Zuerst danke ich Euch vielmals dafür, dass es mir zuteil wurde, an Eurer

Jusuf Amus Bitte.

*) Särheng und särtip.

**) Dörfer zwischen Maragha und Ardebil.

***) Jeder, der kanat-i ab (ds. Wasseranteil) hat, muss dienen oder einen Ersatzmann stellen, aber sie dienen sie in der eigenen Provinz. Ihre Frauen bleiben somit ein Jahr allein, da sie nie mit in die Garnisonen gehen.

†) = sighe Nebenfrau auf gewisse Zeit während der Pilgerfahrt, dann Scheidung.

††) Gesetzliche Frist nach der Scheidung von vier Monaten und zehn Tagen.

Seite zu diesem reinen Grabe zu pilgern, welches die Glückseligkeit von zwei Welten verleiht. Jetzt habe ich nur ein Anliegen an Euch uud ich bitte inständigst, dass Ihr es mir gewährt.“ Ich versetzte: „Sprich!“ Er sagte: „Gut, also vernimm meine Bitte. Auf demselben Wege, den wir gekommen sind, lass uns nach Egypten zurückkehren. Ich kenne Eure Natur zu gut, du wirst in diesem Lande jeden Tag etwas widerwärtiges sehen und dich ärgern. Ich fürchte, Gott verhüte es, du wirst am Ende krank oder sonst etwas. Was soll ich dann deiner Mutter antworten? — Ihr habt einen Teil von Iran gesehen. Teheran ist ebenso wie Chorasan. ‚Es ist ein Probestück aus dem Sack.‘*) ‚Ein gutes Jahr erkennt man schon im Frühling.‘*) Was willst du in Teheran sehen, das dich zufrieden stellen wird?“ — Ich erwiderte: „Jusuf Amu, Ihr wisst selber, dass

Ibrahims fester Entschluss

ich abgesehen von anderen Kardinal-Gründen dem väterlichen Testamente gemäss bis jetzt in meiner Verehrung für dich nicht nachgelassen und dich an die Stelle eines Vaters gesetzt habe. Aber ich wünsche, dass Ihr mir dies besonders nicht verweigert. Ich werde von dem Entschlusse nicht abstehen aus Furcht, dem Testamente meines Vaters zuwider zu handeln. Diese Reise ist mit mir selbst verknüpft. Bis ich nicht selbst nach Teheran gehe, die Minister und Beamten des Landes besucht und ihnen in das Gesicht ihre Sorglosigkeit, das Elend des Volkes und den Zerfall des Landes vorgehalten habe, wird mein Herz nicht Ruhe finden. Entweder muss ich dort meinen Kopf lassen oder die Gründe kennen lernen für alle diese schauderhaften Zustände. Amen.“ Der arme Jusuf Amu seufzte ratlos tief und sagte weiter nichts mehr. Darauf gingen wir zusammen mit dem Seïd, um Pferde zu mieten, dorthin, wo ausserhalb der Stadt die Karawanenführer wohnen, und mieteten vom Hadschi Hussein, dem Dschilaudar**) aus Kaswin, drei Pferde für 20 Toman bis Teheran. Zwei Stück für uns selbst zum Reiten und eins für die nötige Bagage, um zwei Tage darauf aufzubrechen. Anderen Tages gingen wir zum heiligen Grabe und lasen ein Pilgergebet zum Abschied. Wir verliessen nun diesen paradiesgleichen Ort, der unser Sehnen gestillt hatte, gaben einen Toman dem Schuhwärter***) und kehrten nach dem Hause des Seïd zurück. Als alles

*) Sprichwörter.

**) Karawanenführer.

***) Der die abgelegten Schuhe vor der Moschee bewahrt.

Meschhedi. (S. 47.)

eingepackt war, brachte der Dschilaudar auch die Pferde. Die Stunde war ebenfalls günstig. An demselben Tage zogen wir um und zwar nach ausserhalb der Stadt, wo die Karawanenführer sich vereinigen. Auch der Seïd gab uns bis dorthin das Geleit, und wir assen das Abendbrot zusammen, dann gaben wir ihm drei Imperial und wir verabschiedeten uns. Auf dieser Reise entschwand mir auch wegen allzugrossen Ärgers der letzte Wille meines Vaters aus dem Gedächtnis, welcher mir auftrug, in jeder Stadt, zu der ich käme, sollte ich einen oder zwei Freunde oder gute Bekannte ausfindig für mich machen. Abgesehen davon fand ich die Einwohner der Stadt so, dass die Ausführung dieses Vorhabens auch unmöglich war, weil ich nicht eine Spur von Menschlichkeit in ihnen spürte. Ihr Menschenblut ist sozusagen in ihren Adern erstarrt. Ohne Bedenken sind sie zufrieden mit einem Toman, den sie für sich gewinnen, zum Schaden von 100 Tomanen für andere ihres Volkes, die ihre Heimatsgenossen und Religionsbrüder sind. Niemals kommt ihnen der Gedanke an allgemeines Wohl und die Erhaltung der Ehre der Heimat, Würde der Regierung und Gedeihen des Landes. Regierender und Regierter, Leiter und Beamter, Gelehrter und Ungebildeter, Grosskaufmann und Händler, alle denken nur daran, wie sie durch Auffälligkeiten und elegante Gefälligkeiten für sich gewinnen können. Wie kann also jemand zu der Freundschaft solcher Leute Zutrauen hegen und darauf bauen! In einer Landschaft wie das heilige Meschhed, welches alle Arten von Handel hat, lässt sich auch nicht eine Kompagnie oder Gesellschaft sehen, trotzdem es reiche Leute gibt und Handelsgut an Waren und Landesprodukten wie Teppiche, Opium, Baumwolle und anderes mehr, wahrhaftigen Gottes reichlich vorhanden ist. Und dies beweist ihre Heuchelei; aber im Fälschen und in der Mindermachung der Waren und Produkte des Landes haben sie eine wunderbare Fertigkeit. Was die Teppiche z. B. anbetrifft, so verdirbt man sie mit rot und unechten Farben, weiter, wenn für das Opium kein Mehl oder Sirisch *) aufzutreiben ist, so geht es auch mit Erde. Die Regierung hat zu wiederholten Malen unechte Farben verboten und ordnete mit grösster Strenge an, mit nichts anderem das Opium zu verfälschen; aber wieder einmal nützte dies nichts, weil die Beamten

Die Bewohner vom heiligen Meschhed.

Die Teppiche, Opium unecht.

Verbot der Fälschung.

*) Feines Mehl

Das Opiumrauchen.

Bestechungsgelder annahmen und das Verbot übersahen. Aber die schlimmste von allen Gewohnheiten ist das Rauchen von Opium hier zu Lande. Mann und Frau, Jung und Alt, sind an dieses tötliche Gift gewöhnt.*) Im Basar und in den Läden am hellen lichten Tage rauchen sie alle. So kommt es, dass bei den Männern keine Spur von Männlichkeit und bei den Frauen keine liebliche Weiblichkeit mehr geblieben ist. Auch bekümmert sich die Obrigkeit niemals um die Leute und wendet kein Mittel an, dieses festgewurzelte Übel zu beseitigen, was doch sehr leicht wäre. Wunderbarerweise sehen die Geistlichen des Landes dies tückische Gift nicht als ein berauschendes Getränk an, obwohl es schlimmer noch als jede andere Trunkenheit dem Menschen das Bewusstsein raubt. Ja man sagt sogar, dass in den Häusern einige dieser Geistlichen, welche das Gewand und Aussehen eines Geistlichen des Volkes erschlichen haben, sich daran wie an den Tee gewöhnt haben und es fortwährend rauchen.

Äusserlichkeiten die Hauptsache.

In der Moschee Gauherschad**) in Meschhed, welche zu den grössten Moscheen gehört, wohnte ich während meines Aufenthaltes der Predigt von zehn Predigern bei, alle trugen nach einem Schema über Waschungen und Reinigungen vor oder „Gussl",***) dass man den Fuss so aufheben soll und es so unterlassen. Immer sind sie auf praktische äusserliche Lehren bedacht, die Ursache dazu existiert überhaupt nicht mehr für sie. Von Dschehad, dem Krieg gegen die Ungläubigen, und seinen Vorschriften und den Gründen zum Religionskriege, oder der Verteidigung des Vaterlandes, wie sie sein müsste, davon ist bei ihnen nie die Rede, obwohl der Religionsfeind vor den Toren ihrer Häuser steht. Man kann es einmal aussprechen,

*) Auch in Form von Pillen.

**) Die Juwelenbeglückte.

***) Wer unrein wurde wäscht sich dreimal, dann zieht er die Hände an sich, dass drei Tropfen fallen. Es ist vor dem Gebet das Waschen der Hände, des Gesichtes, der Ellbogen und Füsse vorgeschrieben, und zwar muss die ganze Hand nass werden. Von der rechten Hand wird auf die linke gegossen, dann vom Ellbogen herunter, ja nicht über den Ellbogen. Ferner von der Armhöhle aus. Das Gesicht mit der Hand von oben nach unten, es muss ganz nass sein auf einmal mit einmal Wasser von der Hand, dann unter die Haare oben an der Stirn mit drei Fingern abwärts. Rechten Fuss mit drei Fingern von den Zehen bis zum Spann mit rechter Hand, ebenso den linken mit linker Hand. Abtrocknen ist erlaubt.

Opiumraucher. (S. 48.)

dass von der Zeit der Pischdadian*) bis jetzt niemals solcher Unverstand und solch Unheil sich in Persien gezeigt hat.

Sofort bei Tagesanbruch luden wir vor der Stadt das Gepäck auf und machten uns mit einer kleinen kümmerlichen Karawane auf den Weg. Nach einigen Tagen kamen wir zur Stadt Sabswar, welche ein ganz kleines Nest ist. Das Kaufmannsgut dieser Stadt besteht ausschliesslich aus Baumwolle und ist noch dazu in den Händen von Armeniern vom Kaukasus. Diese haben Maschinen eingeführt und binden, wie in Ägypten und anderen zivilisierten Ländern, die Baumwolle in feste Ballen. Wir hielten uns nur einen Tag in Sabswar auf. Wir luden unsere Sachen wieder auf und zogen weiter des Wegs. Nach einigen Tagen kamen wir zur Stadt Nischapur. Am Eingang in die Stadt stand eine ganz gewaltige Moschee. Wir gingen sie anzusehen, und ich bemerkte, die Moschee war wie eine menschenleere Welt, aber ein grosser Teppich, der mir 14 Ellen lang schien, lag in der Mitte der Moschee zusammengerollt. Wir gingen näher, und ich sah einen Hund in einer Ecke jenes Teppichs schlafen. Ein Seufzer entrang sich meiner Brust. Unwillkürlich musste ich heftig weinen. Ich schlug meinen Kopf mit beiden Händen und rief aus: „Gott, was ist das für ein unerlaubter Teppich**) und was für eine Unbeständigkeit! Von Religion und Gottesfurcht welch Anspruch blieb den Bewohnern dieses Landes noch übrig!"

Aufbruch von Maschhed. Sabswar. Nischapur

„Wenn das muslimisch ist, was diese eigen nennen,
Dann weh, wenn auf das ‚Heut' ein ‚Morgen' folgt."***)

Auf Erkundigungen hin fand sich heraus, dass diese Moschee von Predigt, Muëzzin†) und Gemeinde gänzlich gemieden wurde. Sehr enttäuscht, hoffnungslos und tiefbetrübt kehrten wir zu unserem Quartier zurück. Der gute Jusuf Amu erkannte an meinem Wesen, dass neuer Ärger über mich gekommen war, er weiss auch was mich bewegt, aber er spricht nicht, und ich offenbare ihm auch nicht, wie tiefen Eindruck der Kummer auf mich gemacht hat. Mein Herz ist voll Trauer. Wir marschierten sodann wieder von hier fort. Nach Verlauf von einer Tagesreise gelangten wir zur Stadt Damghan. Als wir in den Basar einritten sah ich eine seltsame

Damghan.

*) Erste Königsdynastie in Persien.

**) Der Hund gilt als unrein bekanntlich.

***) Sâdi.

†) Rufer zum Gebet.

Menge. In ihrer Mitte hatte jemand seine Hand an den Mund gelegt, und in der Hand eines hässlich aussehenden Mannes befand sich eine Schnur, deren eines Ende an dem Munde des ersteren
Justiz.
befestigt war. Dieser zog nun die Schnur hin und her, und jener musste seinerseits sich auch drehen. Ich dachte, das wäre eine Art Spiel oder Tanz, und die Leute ständen dort um zuzusehen. Ich fragte den Dschilaudar Hadschi Hussein: „Hadschi, was soll das bedeuten?" — Dieser fragte ebenfalls einen von den Basarleuten. Man antwortete uns: „Das da ist ein Bäcker, welcher das Brot mit zu geringem Gewicht*) gebacken hat, der Gouverneur hat ihm einen Pflock durch die Nase treiben lassen. Der, welcher an der Schnur zieht, ist der Henker, er hat ihm die Nase durchbohrt und eine Schnur durchgezogen." Ich sagte: „Das ist eine sonderbare Verordnung, man muss sich sehr darüber wundern." Er erwiderte: „Geht etwas weiter und Ihr werdet noch seltsameres sehen. Dort haben sie drei Schlächtern gar die Ohren abgeschnitten. Die Henker gehen nun im Basar umher um für sich einzusammeln, und aus jedem Laden nehmen sie etwas." In diesem Augenblick vernahm ich lautes He und Halloh von dorther. Die Henker schleppten die armen Kerle hinter sich her, blieben vor jedem Laden mit blutbeflecktem Messer stehen und sammelten Geld ein. Der gute Jusuf Amu rief auf seinem Pferde wiederholt: „Beg, sieh nicht hin, sieh nicht hin!" Wahrhaftig, beim Anblick dieses Vorganges krampfte sich mein Herz zusammen. Wir gaben dem Pferde die Sporen und ritten vorbei. In der Karawanserai, die ausserhalb der Stadt liegt, nahmen wir sodann Quartier.

Die Karawanseraien und Cisternen.
Von Chorasan bis Teheran giebt es in jeder Station sehr grosse und ansehnliche Karawanseraien mit geräumigen Wassercisternen, und kämen tausend Pilger zugleich an, sie fänden dort Unterkunft und könnten wohlschmeckendes Wasser trinken. Sie sind alle mit

*) Das Brot wird aus Weizenmehl gebacken. Drei Arten: 1. Nune sengek mit weichem, gegorenem Teig in eine Art Kuchen geformt und im Backofen auf erhitzten Kieselsteinen gebacken (Luxusbrot). 2. In dicke, runde Fladen ausgewalzt und an erhitzte Wände geklebt, bis es herabfällt; schwer verdaulich (Nun-i lawasch). 3. Ungegorener Teig wird dünn gewalzt und auf erhitztem Stein oder an der Wand des Feuerloches im Boden angeklebt und mit grosser Eisenschippe über dem Feuer gebacken (Nun-i dehati, Bauernbrot). Für Reisen dient eine Art Zwieback (Nun-i khuschk). Nach Dr. Polak Persien. Andere Arten: Dschurek, Fathiri, Khamiri, Kumadsch etc.

Bäckerladen. (S. 50.)

Ziegeln, Kalk und Mörtel äusserst solid gebaut. Meistens rühren sie von Stiftungen des Schah Abbas, des grossen Sefavi her. Auch die langen Chausseen sind eine Erinnerung an den grossen Herrscher. Gott mag ihn in das Meer seiner Gnade tauchen! Und schon aus diesem einen Punkte geht hervor, wie sehr jener Monarch von erlauchtem Geschlecht für seine Untertanen besorgt war, er ein Freund guter Werke und von höchstem Wohlwollen erfüllt. Mehr noch als dies, nach der Eroberung von Georgistan*) siedelte er eine Masse von diesen Landeskindern an den Hauptpunkten jener Gegenden an, wo gewöhnlich die Turkomanen von Tekke und andere Plünderungen und Räubereien begingen, und bestimmte für sie als Aufenthalt feste Burgen mit Kriegsmaterial und einem bestimmten hinreichenden jährlichen Zuschuss vom Staate, damit sie den Pilgern als Schutzwächter dienten. Noch jetzt wohnen die Nachkommen jenes Volksstammes in den obenerwähnten Gegenden. Kurz, alles was ich zum Lobe der Tugenden dieses königlichen Menschenkenners von meinem verstorbenen Vater gehört hatte, war alles zutreffend und nur wenig aus ihrer grossen Zahl.

Schah Abbas der Grosse und sein Wirken.

Mein verstorbener Vater liess, solange er lebte, jeden Monat des gesegneten Ramasan vier bekannte arabische Koranvorleser kommen, und sie lasen den hochgelobten Koran**) in dankbarer Vergeltung für die gottbegnadete Seele dieses an wohlgefälligen Taten so reichen Herrschers. So Gott will, werde auch ich ausserdem noch alle Jahre einen anderen Dankesbeweis für diesen hochseligen König bestimmen, damit jedes Jahr gute Werke wie die seinigen aufzuweisen hätte. Und ich hielt es für mich selbst nötig, wenn es mir Gott einmal durch seinen göttlichen Beistand gelingen lässt das Bild ohne Gleichen dieses grossen Herrschers aufzufinden, so erhaben durch sein gütiges Wohlwollen, es in diesem Reisebuche zu bringen, damit die Rechtlichen unseres Volkes beim Anblicke dieses unvergleichlichen Bildnisses zur Erinnerung an ihn ein inniges Gebet sprechen.

„Wenn übrig bleibt ein guter Name von einem Menschen,
so ist es besser als ein goldschimmernder Palast.***)

*) Georgien.

**) Man liest den ganzen Koran oft ohne ihn zu verstehen.

***) Sâdi Gulistan.

4*

Sollte es mir selbst nicht zuteil werden, so werde ich eine letztwillige Verfügung treffen, dass jeder, welcher daran denkt dies mein Reisebuch drucken zu lassen, so tun möge und zu der Karte von ganz Iran, wie es zur Zeit dieses Monarchen war, vielleicht auch jenes Porträt hinzufüge, damit die Nachkommen unseres Volkes die Hoheit und Grösse des reinen Bodens unserer Heimat begreifen lernen und wissen, dass zur Zeit dieses löwenmutigen Herrschers sich die Grenzen unseres Reiches von Balkh über die ganze Küste des Kaspischen Meeres und die Gebirge von Dagestan und der Berge des Kaukasus erstreckten und an Bagdad vorbei bis zum Golf von Basra und Oman reichten. Mit welch ausserordentlicher Mühe und enormen eigenen Kosten hat er durch die Erhaltung der Strassen und Karawanenwege unseres ausgedehnten und weiten Landes den Umlauf des Handels geebnet. In der Tat, wenn jemand auf die Art jener Zeit seine Aufmerksamkeit scharfsinnig lenkt, so wird er erkennen, wie sehr dieser König und Menschenkenner um das Blühen seines Landes und die Wohlfahrt seiner Untertanen bemüht und besorgt war. Vor allem blieb, was die Ausbreitung des Handels im Lande anbetrifft und den allgemeinen Reichtum, welcher den wichtigsten Faktor für den Fortschritt und die Zivilisation bildet, kein Hauptpunkt seinem hellen Scharfblick verborgen. Und gerade eben diese Chausseewege, welche an sehr vielen Stellen im persischen Reiche zu sehen sind, dienen als überzeugender und schlagender Beweis, dass sie nur zur Erleichterung des Transportes geschaffen und gebaut sind, und man kann sagen, dass in jenen Tagen sich keine von den fremden Mächten auf die feinsten Schachzüge zur Ausbreitung der Handelskreise im Lande, auf denen die Machtstellung eines Staates beruht, so verstanden hat wie dieser König.

Wahrhaftig mit der Planierung aller dieser schwer zu passierenden Wege und ihrer Pflasterung, mit dem Bau von festen Brücken über Ströme und Errichtung von zahlreichen, schöngebauten Karawanseraien dort, wo sie vonnöten, ferner mit dem Eröffnen und Anbahnen von freundschaftlichen Beziehungen zu ausländischen Mächten in der Absicht den Handel zu vergrössern und mit der Anknüpfung von Freundschaftsbanden mit der Aussenwelt trotz allen Eifers für seine Religion, weiter mit seinen unumstösslichen Anordnungen, im besonderen den Gesandten der fremden Staaten freundlich entgegenzukommen und mit Beschützung von Gut und Blut der Kaufleute eines jeden Volkes vor aller Gewalttätigkeit und Ausplünderung und mit Anstellung eines treuen und erfahrenen Gesandten an den Höfen der Staaten, ferner mit Gewährung von Gleichheit an alle Bürger, unter der Bedingung von Aufrichtigkeit gegen den Staat ohne Ausschliessung von Religion und Konfession, war er ein hoher Führer, der an die Stelle von jenes Königs Suleiman's*) Majestät trat. Wenn jemand alle die Zustände in den Königreichen zu jener Zeit bedenkt, so muss er bei Gott über die gewaltige Energie und die tiefe Weisheit dieses Mannes staunen.

Jedoch ich kam vom Thema ab, Geschichtsschreibung ist nicht meine Aufgabe, aber die herrlichen Taten jenes edlen Monarchen haben mich unwillkürlich hingerissen. Wer aber seine übergrosse Güte, seine vornehme Gesinnung und die ausserordentliche Gewissenhaftigkeit in seinen Versprechungen kennen lernen will, der muss den Reisebericht lesen, wie er zu Fuss von Isfahan bis zum heiligen Meschhed marschierte; und zwar legte er 200 Farsakh Wegs barfuss zurück, sodass seine Füsse nach einem monatlangen Marsche Blasen bekamen. Dieser mühseligen Geduldsprobe kann man nichts anderes zu Grunde legen als Verlangen nach innerer Wahrheit und Sehnsucht nach den Verwandten des reinen Hauses des Propheten.

„Wahrlich, der Ort, wo Liebe das Banner entfaltet, wird wie die Geliebte durch Liebesfesseln den Geliebten unwillkürlich an sich ziehen."

Alle die Mühsalen werden auf diesem Wege zu Labsalen.

„Keine Reise ist zu lang, wenn man zum Freunde will. Dem Fusse wird der Dorn des Dorngesträuchs**) zur Seide."

In diesem Sinne sprach er niemals während der Reise von den Mühen des Weges. Mit dem Gefolge und den übrigen geruhte er sich mit grösster Freundlichkeit und heiterer Miene zu unterhalten. Er kränkte kein Herz. Um die Entfernung der Länge des Weges von Isfahan bis zum heiligen Meschhed zu bestimmen, mass er mit einem Masse, welches man angefertigt hatte, alle diese Wege mit eigener Hand, um die Gefährten zu beschäftigen, und damit sich auch eine nützliche Folge aus dieser Mühe ergebe. Mit jedermann war er gütig und mit jeder Minute ermunterte er sein Gefolge durch

*) Salomo auch bei den Mohammedanern hoch verehrt.

**) Sàdi Gulistan.

Liebenswürdigkeiten, damit sie nicht kleinmütig würden und nicht glaubten, er wäre ebenfalls von dem mühseligen Wege ermattet Dann nach vollendeter frommer Pilgerfahrt zum 8. Imam fegte er alle Tage den gesegneten Boden mit einem Besen, und im Dienste der heiligen Schwelle übertraf er die Diener. Die Leuchter reinigte er mit eigener Hand und jede Nacht schnitt er mit der Schere in der Hand die Dochte der Kerzen. Eines Abends improvisierte der Scheeh Behai, Gottes Erbarmen sei mit ihm, als der fromme Herrscher den Docht der Kerzen beschnitt, diesen Vierzeiler und trug ihn vor:

Vierzeiler: „Er gesellt sich den Engeln zu des obersten Himmels,*)
Den Nachtfaltern um das Licht des paradiesischen Bodens.
Die Schere gebrauche mit Vorsicht, o Diener,
Ich habe Angst du schnaridest die Fittige des treuen Gabriel."

Man erzählt, dass auf derselben Reise eines Tages das Anliegen gestellt wurde, da, Gott sei gedankt, an den Edelmut des Padischah so viele Stätte als Zeugen von grosser Güte und hohe prachtvolle Gebäude an Punkten, wo sie das Land nötig hätte, erinnerten, so läge es doch diesen lobenswerten Eigenschaften des Königs nicht fern, zur Vollendung aller Wohltaten und guten Werke an einigen Stellen im Lande auch so und so viele Volkskrankenhäuser zu errichten. Jener so überaus huldvolle Monarch gab zur Antwort: „All mein Denken ist für immerdar auf die Gesundheit und Glückseligkeit meines Volkes gerichtet. Wie kann mein Herz den Gedanken Raum geben sie krank zu sehen." Wahrhaftigen Gott, bedenkt, welch Feingefühl und welche grosse Güte in diesen erhabenen Worten liegt! Es ist wahr: „Das Wort der Könige ist ein König der Worte." Zur Zeit der Regierung dieses grossen Königs betrug die Bevölkerung von Iran ungefähr 40 Millionen. Die Perser lebten überall hochgeehrt. Ich weiss gewiss, dass jeder patriotische Perser beim Lesen dieses Berichts einen kalten Seufzer aus Herzensgrund ausstossen wird, und heisse Tränen werden seinen Augen entströmen. Heute muss man in der Erinnerung an jene Zeiten voller

Ermahnung. Glückseligkeit trauern. Wiederum aber darf man nicht ohne Hoffnung bleiben. An der Vergangenheit muss man sich ein Beispiel nehmen und nach Verbesserung der Zustände und Sicherung der Zukunft

*) Sadi Gulistan

Schah Abbas der Grosse Sefavi. (S. 55.)

streben, damit Fleiss und Arbeit nicht ohne Erfolg und guten Eindruck bleibe. Unsere Welt birgt tausende von Schah Abbas in ihrem Schosse.

„Es bleibt nicht so und wird auch nicht so bleiben."

Wir brachen also wiederum von Damghan mit unserem Gepäck auf und kamen nach einigen Tagen zur Stadt Schahrud Bustam. Schahrud Bustam. Der Dschilaudar Hadschi Hussein sagte: „Hier wollen wir zwei Tage Halt machen, wir müssen euch aber im Garten unter Zelten Obdach Giftwanzen. geben, weil es in der Stadt hier Giftwanzen gibt; Fremden verursacht der Biss dieser schädlichen Tiere grosse Pein." Ich versetzte: „Warum nehmt Ihr bei solch grossen Übelständen hier gerade Quartier, wir gehen besser weiter." Er erwiderte: „Die Pferde haben keine Kraft mehr für den Marsch, sie sind von dem beschwerlichen Weg ermattet, und unter solchen Umständen geht es nicht direkt bis Teheran." So stiegen wir denn wider Willen ab, und man schlug nahe der Stadt in einem Garten Zelte als Wohnung für uns auf. Da es Sommerzeit war, so war von dem Aufenthalte in den Zelten nichts nachteiliges zu erwarten. Wir brachten das Gepäck jedes an seine Stelle und ruhten uns dann etwas aus. Mir fiel ein, dass mein verstorbener Vater in Schahrud mit einem Kaufmann, Hadschi Ismail genannt, befreundet war, sie schrieben und lieferten sich gegenseitig. Da ich nun selbst die Briefe für ihn geschrieben hatte, so kannte ich auch den Namen der Karawanserai, wo er sich aufhielt und handelte. Ich sprach bei mir: „Er ist der Freund meines Vaters, ich muss hingehen und ihn besuchen." Ich sagte also zu Jusuf Amu: „Erhebe dich und lass uns zusammen gehen!" Wir nannten sodann den Namen der Karawanserai und auch des Hadschi, und man zeigte uns dorthin. Wir gelangten in sein Quartier, und ein guter Zufall wollte es, dass er selbst dort war. Wir grüssten und sassen nieder. Dann nach der Frage nach seinem Befinden sagte ich: „Euer Name muss Hadschi Ismael Agha sein." Er erwiderte: „Jawohl, aber euch kenne ich nicht, verzeiht." Ich verversetzte: „Ich bin der Sohn eines gewissen Soundso, der in Ägypten ansässig war, und mein Name ist Ibrahim." Als dieser verehrungswürdige Mann den Namen meines Vaters vernahm, erhob er sich, zog mich an seine Brust, küsste mich auf Haupt und Gesicht und sagte: „Sei willkommen! Die Nachricht vom Tode Eures seligen Vaters hat grossen Eindruck auf mich gemacht. Gott lasse ihn eintauchen in das Meer seiner Gnade! Er war ein Mann, der nicht annähernd seines Gleichen hatte. Gott erhalte und setze Euch an die Stelle des Verstorbenen. Jetzt aber stehe mir gut Rede, damit ich sehe, woher du kommst und wohin du reisen willst?*) — So Gott will, geht es deiner Mutter gut? — Ich hörte, Ihr habt auch eine Schwester? — Wie geht es ihr?" — Ich erwiderte: „Gott sei Dank, sie sind wohl und beten für uns. Wir kommen vom heiligen Meschhed und gehen nach Teheran." Er versetzte: „Sehr schön. Ich bin über Euren Besuch, mit dem Ihr mich an meinen teuren Freund erinnert, sehr erfreut." Plötzlich sagte er seinem Diener etwas ins Ohr und der ging fort. Nach einer halben Stunde kam er wieder und brachte zwei Schüsseln mit Dschilau Kebab**), Zuckerwasser und Melonen, welche eben geholt und ganz frisch waren, mit sich. Der Hadschi sagte mit vollendeter Liebenswürdigkeit: „In Gottes Namen lasst uns einen Bissen zum Frühstück nehmen." So setzten wir uns zu Tisch.

Während der Mahlzeit fragte er: „Wo habt ihr Quartier genommen?" — Ich antwortete: „In einem gewissen Garten in Zelten." Er sagte zu seinem Bedienten: „Geht und bringt von dort die Sachen der Herren nach meinem Hause." Ich erwiderte: „Unser Dschilaudar sagt, dass in der Stadt hier Wanzen seien, ich habe Angst davor." So sehr er auch darauf bestand, ich gab mich nicht zufrieden. Nach dem Frühstück sagte er: „Seid ihr gewöhnt zu schlafen, oder sollen sie euch Tee zum Trinken bringen?" Ich gab zur Antwort: „Wir sind nicht gewohnt am Tage zu schlafen. Unsere Zeit zum Tee ist nachmittags." Dann unterhielten wir uns etwa eine Stunde lang. Plötzlich sagte er zu seinem Sohne: „Risa, nimm unsere Gäste mit, damit sie einen kleinen Spaziergang in der Stadt und an das Flussufer machen. Dann kommt nachmittags wieder hierher nach Haus. Nach dem Abendessen will ich euch in euer Quartier schicken, damit ihr in Zelten schlafen könnt." Ich sah ein, er würde auf Entschuldigungen meinerseits nicht eingehen, so willigten wir also notgedrungen ein. Dann standen wir auf und machten uns auf den Weg. Ich fragte: „Wo soll man hingehen?" — Jusuf Amu erwiderte: „Das Beste ist, wir besuchen eine Schule

*) Wie im Homer.

**) Braten mit Reis.

Gouverneur mit Gefolge. (S. 57.)

oder Medresse*) hier in der Stadt und sehen wie sie sind." Wir fragten also Agha Risa, ob die Stadt hier eine Schule hätte. Er erwiderte: „Jawohl, es gibt drei Schulen von allen Klassen. Eine liegt sehr weit, dort sind unsere Kinder, und eine befindet sich im Basar der Tischler nahebei, aber wenn wir dorthin gehen, was können wir sagen? Dort kennen sie mich so gut wie gar nicht. Das Beste ist, wir treten einer als Gläubiger, der andere als Schuldner auf und gehen dorthin unter dem Vorwande, sie möchten Quittung und Empfangsschein ausstellen, dabei wird euer Zweck erfüllt." Über diese Idee lachte ich sehr und sagte: „Was kann es schaden, lasst es uns so machen." Jusuf Amu versetzte: „Ich werde einen fingierten Namen angeben. Meinen wahren Namen sage ich nicht." Agha Risa erwiderte: „Tue, wie es dir gut dünken mag. Dem Schreiber kommt es auf einen Abbas**) an, du aber gib jeden Namen an, den du Lust hast. Jemanden, der Untersuchung und Nachfrage nach Namen und Stellung vornähme, gibt es nicht." Wir scherzten noch, als plötzlich von der anderen Seite her der Ruf laut wurde: „Mach Platz!" Von allen Seiten schrie man: „Mach, dass du fort kommst — bleib stehen — bedecke die Ärmel deines Mantels!"***) — Ich blickte höchlichst verwundert auf dies Treiben und sah einen hoch gewachsenen jungen Mann mit gedrehtem Schnurbart zu Pferde herankommen, und 30—40 Personen mit langen Stöcken begleiteten ihn in Reih und Glied auf beiden Seiten. In ihrem Zuge kam ganz vorn eine rotgekleidete Person wie ein Diw†) zuschauen und hinter ihm 10—20 Personen zu Pferde in Trupps. Ich fragte Agha Risa: „Was bedeutet das?" — Er erwiderte: „Es ist der Gouverneur der Stadt, er reitet auf die Jagd." Er sagte weiter zu uns: „Bleibt stehen, und wenn er vorbeikommt, so macht eine tiefe Verbeugung und verneigt euch vor ihm, wie es die andern machen." Da ich gut aufpasste, so sah ich, wie die Leute von allen vier Seiten und in sechs Richtungen††) sich verneigten. Jener aber im Gefühl seiner

Zeremonie beim Austritt der Grossen.

*) Höhere Schule arab. — Telebe mit Mollah.

**) 1 Abbasi = 200 Dinar = 4 schabi. 20 schabi = 1 Kran. 10 Kran = 1 Toman = 4 Mark etwa.

***) Als Zeichen der Unterwürfigkeit. So, dass man die gekreuzten Hände nicht sieht.

†) Dämon, der Henker.

††) شش جهت alle Richtungen, die vier Kardinalpunkte und der Zenith und Nadir.

grossen Würde blickte nicht einmal weder nach rechts oder links und strich fortwährend an seinem Schnurbart. Ich sagte: „Wenn wir uns nun nicht verbeugen, was wird dann?" Er erwiderte: „In diesem Falle wissen es die Feraschen und ihre Stöcke. Man sollte glauben ihr wäret des Lebens müde." Ich versetzte: „Nein, tausenderlei Wünsche trage ich noch im Herzen." Wir stellten uns also mit dem äussersten Anstand zurecht, und in dem Augenblick, als der Gouverneur herankam, warteten wir unter gehöriger Unterwürfigkeit mit einer Gebetsverbeugung*) auf. („Das Unglück war herangekommen, aber zum Glück zog es vorbei.") Da ich bis jetzt nirgends derart gesehen hatte wunderte ich mich sehr und rief aus: „Mögest du blühen Iran!" Der Gouverneur einer Stadt wie London, welche 5 Millionen Einwohner hat, geht überall allein hin, und niemand giebt acht auf seine Würde-Stellung. Bei Gott, der Gouverneur einer unserer kleinen Gemeinden weist solche Pracht und solch Gefolge auf, dergestalt muss auch seine Herrschaft sein." Ich sagte: „Agha Risa, wie bezahlt der Gouverneur Lohn und Kost für all dies Gefolge?"

Bekostigung der Gefolgschaft.

— Er erwiderte: „Sie erhalten keinen Lohn." Ich fragte: „Was essen sie denn?" — Er erwiderte: „Sie lungern von morgens bis abends auf der Strasse und den Basaren herum, und jedesmal wenn zwei Personen miteinander Streit haben, so ergreifen sie dieselben sogleich und bringen sie zu dem Obersten der Feraschen. Ist dann der Streit nicht von Bedeutung, so nimmt der Feraschbaschi**) zwei Toman und der Naib***) fünf Kran, zwei bis drei Kran aber diese Feraschen, dann lassen sie sie laufen. Kommt aber aus den umliegenden Dörfern ein Kläger, so werden ein oder zwei von diesen Reitern mit Raub und Plünderung dort beauftragt. Wenn der Streit ziemlich grosse Dimensionen angenommen hat, so wird einer von den Kammerdienern oder der Stallmeister, der Chef der Flintenträger, oder der Wasserreicher, oder der Cafébereiter dazu beordert, ihnen 100 oder 50 Toman für den Prinzen†) und 10—20 Toman für sie selbst unter dem Titel von Strafgeld oder Geschenk abzunehmen." Als ich solche Rede vernahm, war mir, als hätte mich

---

*) Das Wort ركوع mit Ironie gebraucht, eigentlich kommt dies nur Gott zu.

**) Oberster Diener, eigentl. Oberteppichbreiter.

***) Hofmeister.

†) Prinz-Gouverneur.

Der Henker und seine Feraschen. (S. 57.)

der Schlag gerührt, und ich fing an, meiner Reise überdrüssig zu werden. Ich sagte zu mir: „O, dass ich blind und taub wäre und derart nicht gesehen und diese Worte nicht gehört hätte! Da habe ich wieder mit Mühe und Geld ein wunderbares Ungemach für mich erkauft."

Nun kamen wir zur Schule. Diese Schule liegt im Tischlerbasar Die Schulen. und hat ungefähr 30 Ellen Länge und 10 Ellen Breite. Mehr als 100 unschuldige Kinder waren dort zusammengedrängt. Manche von ihnen sassen auf der Erde, einige auf Filzstücken, so und so viele auf Matten, und eine Menge sass bereit zur Stunde auf Teppichfetzen. Ihr Lehrer war ein alter Mann mit Turban. Als wir in die Schule hineintraten grüssten wir. Der Lehrer hörte über dem Spektakel der Kinder unseren Gruss nicht. So setzten wir uns in die Ecke. Der Schulmeister fragte: „Was habt ihr für ein Anliegen?" — Jusuf Amu antwortete: „Ich schulde diesem da 70 Toman. Ich bitte nun für mich eine Schuldverschreibung für die erwähnte Summe auf den Schuldverschreibung. Namen dieses hier auszustellen." Er sagte: „Sehr gut. Wie heisst Ihr?" — Er antwortete: „Abdul Gafar." — „Der Name des Herrn?" — „Ibrahim Beg." Er fragte: „Hat er ein Bürgschaftsobjekt dafür." Jusuf Amu: „Jawohl, mein Haus." Er fragte: „Wo liegt das Haus?" — „In Ardebil." „Wieviel Zinsen werden festgesetzt?" — Monatlich ein Toman und dies für die Zeit von sechs Monaten." Der Schulmeister schrieb, und als er fertig war, las er es uns vor. Ich holte einen halben Kran hervor, gab es ihm und empfing das Dokument. Ich bemerkte, dass er sehr zufrieden war. Ich versetzte: „Wahrhaftigen Gott, Ihr habt sehr viel Schüler." Er erwiderte: „Ja, ich habe auch noch einige andere, welche heute nicht gekommen Lehrbücher in der Schule. sind." Ich fragte: „Was lesen die Kinder?" — Er antwortete: „Einige das Alphabet, manche den 30. Teil des Koran.*) Eine grosse

*) Man liest folgendermassen in den Schulen: Nach dem Alphabet wird der Koran gelesen, und zwar teilt man ihn für die Schule in 30 Teile ein. Der letzte Teil wird zuerst gelesen, da er kleine Suren hat und so leichter zu verstehen ist. Dann folgt der 29. Teil Tabarike تبارك (der Name der Teile wird stets dem Anfangswort der 1. Sure des Teiles entnommen; (48 Seiten), der 28. Teil Kadsam قدسمع (48 Seiten), der 27. Wesariat والذاريات (48 Seiten), der 26. Kaf ق (8 Seiten), schliesslich der 25. Teil Amme عم (48 Seiten). Hierauf beginnen die fortgeschrittenen Schüler den Koran von vorn.

Zahl den erhabenen Koran. Die Grossen, welche in dieser Reihe sitzen, den Gulistan, Bostan,*) Hafis und alles mögliche." Ich sagte: „Werter Herr Lehrer, was hat Hafis mit dem Unterricht zu tun?" Er erwiderte: „Was soll das heissen? — Hafis aus Schiras hätte nichts mit dem Unterricht zu tun?" — Ich versetzte: „Bekanntlich besteht der Diwan des Hafis aus Gedichten voller Mystik,**) sodass von den Lesern selten einer ihren Sinn versteht. Was können die Kinder von einer Lektüre, von der dem Anscheine nach von Anfang bis Ende von Getränk und glatten hübschen Gesichtern, von Knaben- und Mädchenliebe und Liebesspiel die Rede ist, für Nutzen ziehen?" — Er versetzte: „Was für Stunden gibt man denn da in eurer Heimat Ardebil den Kindern in den Schulen?" — Ich erwiderte: „Unsere Heimat ist nicht Ardebil." Er fragte: „Wo ist sie denn?" — Ich sagte: „Auf einem anderen Teil der Erdkugel." Er versetzte: „Aus

Bildung der Schullehrer.

Eurer Rede wird so viel klar, dass es nach Schiras oder Bagdad zu sein muss." Ich sagte: „Nichts von alle dem, sondern in Afrika ist es." Er versetzte: „Afrika muss nahe bei Salmas***) sein." Ich sah, er war ein vortrefflicher Lehrer, und sagte: „Jawohl, aber müsst Ihr den Kindern auch in Geographie und Geometrie Stunde geben?" — Er antwortete: „Geometrie, welche denn?" — Ich fuhr fort: „Könnt Ihr gut rechnen und die Physionomie der Erde bestimmen?" — Er erwiderte: „Das verstehe ich. Ich lehre die Kinder die Rechnung mit Dinaren, ich verstehe mich auch auf Geometrie, aber ich unterrichte nicht darin die Kinder." Ich fuhr fort: „Von Addition und Division, welche die ersten Faktoren der Rechenkunst sind, schreibt etwas nieder, damit wir sehen." Er fragte: „Was soll ich schreiben?" — Ich sagte: „Schreibt eintausend und zweihundert und dreissig und vier." Er schrieb nun folgendermassen: ۱۲۳۴ (1234). Ich sprach: „Verehrter Herr Lehrer, diese Ziffern überschreiten eine Milliarde." Nun hätte ich gern auch die Kinder etwas gefragt, ich bedachte aber, dass das noch mehr Grund zum Verdrusse geben würde und stand davon ab. Wir gingen dann fort und kehrten nach einem

*) Werke von Schech Sádi, der wie Hafis als Klassiker verehrt wird. Ersterer etwa 1184 n. Chr., letzterer im Anfange des 14. Jahrhunderts in Schiras geboren.

**) So helfen sich die Orthodoxen über die freigeistigen Lieder des grossen Dichters hinweg.

***) Am Urumiasee.

Schule. (S. 59.)

Spaziergang zum Hause des Hadschi zurück. Darauf nach neuer Gebetswaschung warteten wir dem Hadschi auf, der Tee für uns bereitet hatte und auf uns wartete. Er fragte: „Habt ihr einen guten Marsch gemacht?" — Ich erwiderte: „Gewiss". Ich bemerkte wie Agha Risa, der Sohn des Hadschi zu lächeln anfing. Der Hadschi fragte: „Warum lachst du Risa?" — Dieser sagte: „Agha, unsere geehrten Gäste haben ein sonderbares Benehmen. Beim Anblicke des Gouverneurs unseres Kreises und der Feraschen und Reiter verwunderten sie sich über den Ruf: ‚Mach dass du fortkommst, pack dich — steh still', was das bedeuten solle. Sie wissen nicht, dass es der Prinz und Gouverneur des Landes ist." Der Hadschi seufzte kläglich und sprach: „Ja Kind, unsere Gäste haben dergleichen Vorgänge noch nicht gesehen. Dies Unglück gibt es nur für Iran und seine Bewohner. Auf keinem Punkte der Erde hat die Obrigkeit solche unberechtigte Anmassung von Gewalt. Überall sind die Rechte des Gouverneurs und die Pflichten der Untertanen klar und bestimmt, nur in Iran da sind wir Unseligen die Sklaven der Gouverneure und gehorchen den gierigen Wünschen dieser Paar Pharaonen und Nimrude.*) Alles, was sie über unser Gut und Blut und Ehrgefühl befehlen, das wird vollstreckt, und Zurückforderung und Verweis gibt es für sie nicht. Unser Hilferuf erreicht sein Ziel nicht. Heute sind die Schwarzen von Abessinien und dem Sudan frei von derlei Sklaverei und Gewalttat und besitzen alle menschlichen Rechte. Dagegen wir armen Tölpel, unsere Sklavenkette machen sie alle Tage schwerer und die Kreise unserer Menschenrechte ziehen sie jeden Augenblick immer mehr und mehr enger zusammen." Ich begriff, das Herz des guten Hadschi war voller als das meinige. Hierauf unterhielten wir uns eine Stunde, und nahmen unser Abendbrod ein, dann zündete der Diener die Laterne an und brachte uns zu unserem Quartier. Am anderen Morgen beehrte uns der Hadschi mit einem Gegenbesuche. Nachdem er Tee getrunken und die Wasserpfeife geraucht hatte, stand er auf und lud uns wiederum für den Abend ein. Da aber festgesetzt war um Mitternacht aufzubrechen, so baten wir um Entschuldigung und verabschiedeten uns von ihm. Als die Hälfte der Nacht vergangen war, brachen wir von dort auf. Nach einer Tagereise kamen wir sodann nach Khatunabad, welches zwei Farsakh

Unfreiheit in Iran.

Khatunabad

*) Als grausam berüchtigt.

von Teheran liegt, und ich berechnete, dass es nun 36 Tage im ganzen sind, dass wir vom heiligen Meschhed abreisten. Diese ganze Entfernung kann eine Eisenbahnmaschine in der Zeit von drei Tagen und Nächten ganz bequem und mit wenig Kosten zurücklegen. Schade, dass die Perser auch von diesen grossen Lebensannehmlichkeiten ausgeschlossen sind. Gott möge sich über ihr Los erbarmen! Mit der Morgendämmerung luden wir unser Gepäck auf und kamen von dort zur Stadt. Ich fragte den Schilaudar Hadschi Hussëin, wo wir am besten Wohnung nehmen sollten. Er erwiderte: „Der Torhüter der Karawanserai Hadschi*) Mehmed Hassan ist mit mir befreundet, ich bringe euch dorthin. Auch ist er ein guter Kerl, ich werde ihm auftragen, in eurer Bedienung nichts zu versäumen." Wir gingen schliesslich dorthin; er machte uns ein Zimmer (Hidschre) zurecht. Hadschi Hussein empfahl uns ihm und ging fort. Wir aber wuschen uns Kopf und Gesicht vom Reisestaub ab, dann brachte der Torhüter den Samowar, und wir tranken Tee. Jusuf Amu sagte: „Lass uns baden gehen." Ich erwiderte: „Nach der Pilgerfahrt in das Bad des heiligen Meschhed habe ich mir gelobt, nicht wieder in Iran ins Bad zu gehen." Er sagte: „Hier sind wir aber in Teheran, der grossen Hauptstadt des Islam, es kann nicht wie in den Bädern von Meschhed sein." Ich versetzte: „Heute gehe du hin, und wenn ein Bad reines Wasser hat, so gehen wir morgen wieder zusammen hin." Jusuf Amu steckte Badeschürze und Handtuch zu sich und ging unter Führung des Torhüters zum Bade. Ich aber legte den Mantel unter den Kopf und schlief ein. Ich kam zu mir gerade als mich Amu weckte. Ich fragte: „Nun wie war das Bad?" Er sagte: „Hier hat das Wasser auch schlechten Geruch, aber es gibt ein kleines Bassin, in das man nicht hineingeht. Wenn Ihr wünscht, so kann man von dort reines Wasser schöpfen und Euch mit den Frottierhandschuh abreiben." Ich erwiderte: „Gut, morgen wollen wir gehen." Ich rief den Dalandar,**) er kam herbei, und ich fragte ihn: „Wie heisst Ihr?" Er sagte: „Meschdi Abdullah." Ich sprach: „Zeige uns einen Laden, wo man guten Dschilau***) bereitet." Er erwiderte: „Von dem Basar hier geht geradeaus, etwas

Ankunft in Teheran.

---

*) حاجى Pilger, der die Fahrt nach Mekka gemacht hat.

**) Türhüter.

***) Einfacher gekochter Reis. Pillaw Reis mit Fleisch und Gewürz.

weiter unten sind zwei Läden einander gegenüber, der auf der rechten Seite ist gut und ein reiner ordentlicher Laden." Ich überlegte, dass wir in diesem Lande einen Führer und Ortskundigen, und zwar

Strassenköche bereiten Kebab.

für die ganze Zeit, nötig hätten, aber was müsse man thun, und wo könne man einen solchen Menschen auftreiben? Mit diesen Gedanken gingen wir unseres Weges. Da sah ich unterwegs, wie ein Europäer einem Perser begegnete, und wie sie nach englischer Art miteinander verkehrten. Der Perser sprach wie ein Engländer, so dass man hätte meinen können, er sei selbst einer von den Engländern. Ich war sehr erstaunt. Da sie mich nun nicht bemerkten, weil ich mich beiseite stellte und so tat als wäre ich beschäftigt, so lieh ich ihrem Gespräche mein Ohr. Der Perser fragte: „Wie wurde es?" — Der Engländer erwiderte: „Sie haben es fertig gebracht. 30000 Toman dem Grossvezier," die andere Summe, welche er für eine hochgestellte Persönlichkeit nannte, verstand ich nicht. Er fuhr fort: „Morgen wird auch Sr. Majestät geruhen zu unterschreiben." Hierauf trennten sie sich voneinander. Der Engländer ging fort. Aber ich blickte mit höchster Aufmerksamkeit auf den seltsamen Perser. Wo hatte er die englische Sprache so ausgezeichnet gelernt? Und als ob er mich sozusagen begriffen hätte, fragte er mich: „Nachbar, was siehst du so wunderliches an mir?" — Ich erwiderte: „Ich bin in der Tat ganz erstaunt, wie Ihr englisch sprecht und freue mich sehr darüber." Er sagte: „Versteht Ihr etwa auch europäische Sprachen?" — Ich antwortete: „Ich verstehe ein wenig." Nun stellte er auf englisch Fragen, und ich gab ihm Antwort. Auch er zeigte sich über meine Kenntnis des Englischen sehr entzückt. Er fragte wohin wir gingen. Ich sagte: „Zum Laden des Dschilau-Kochs, um zu frühstücken." Er versetzte: „In diesem Falle müsst ihr meine Gäste sein." Ich gab zur Antwort: „Eure Güte mehre sich. Wollen Sie auch noch die Liebenswürdigkeit haben, uns einen guten Laden zu zeigen und heute mit uns die Mahlzeit einzunehmen, so werden wir Ihnen sehr verbunden sein." Er führte uns also zu einem Laden, der wahrhaftig sehr reinlich und im Gegensatz zu den Läden der Reisköche in Tiflis ausgezeichnet geführt und reingehalten war. Während der Unterhaltung fragte ich: „Was hat jener Engländer für eine Beschäftigung? und was sagte er."*) — Er antwortete: „Es war dies der Vertreter einer englischen Kompagnie, welcher nach Teheran gekommen ist, um einige Konzessionen und Betriebsanordnungen für Bergwerke von der persischen Regierung zu erlangen." Er sagte soeben: „Das Geschäft ist abgemacht, und ich habe die Konzessionen erhalten, das heisst 30000 Toman sind an Seine Exzellenz den Grossvezier bezahlt worden unter dem Titel „den Schnurbart streichen."

Ibrahim zeigt eine Kenntnis des Englischen.

Gute Garküche.

Erteilung von Konzessionen.

*) Man ist im Orient sehr indiskret mit Fragen ganz im Gegensatz zu uns.

(„Um den Bart herumgehen.“) „Der Teil für eine hochgestellte Persönlichkeit ist nicht bekannt.“ Ich fragte: „Wo habt Ihr englisch gelernt?“ — Er erwiderte: „Ich war geraume Zeit in Bombay, dort habe ich es gelernt.“ Nach dem Frühstück sagte ich: „Um Ihre Güte vollzumachen, bitte lassen sie uns zusammen in unser Quartier gehen und uns etwas unterhalten.“ Er willigte ein, und wir kamen zum Quartier. Während des Gesprächs fragte er nach dem Grunde unserer Reise und forschte nach Namen und Abkunft. Ich sagte: „Ich bin von persischer Abkunft, in Ägypten geboren, und mein Name ist Ibrahim. Von Kairo pilgerten wir nach dem heiligen Meschhed und von dort reisten wir hierher, um diese Stadt zu sehen. „Ich fragte ihn ebenfalls nach seinem Lande und seiner Heimat. Er sagte: „Ich heisse Meschhedi Hassan und bin bekannt als Hassan aus Kirman.“ Ich sprach: „Ganz besonders bitte ich Euch, dass Ihr diese paar Tage, in der wir in dieser Stadt sind, uns nicht vergesst und nicht nachlasst in Eurer Freundlichkeit gegen Fremde.“ Er erwiderte: „Bei meinen Augen,*) aber bitte sagt, was habt Ihr in Teheran vor?“ — Ich sagte: „Ein besonderes Vorhaben ist es nicht. In Wahrheit ist es folgendes. Ich hege den Wunsch, bei einigen von den Grossen und Ministern dieses Landes zur Audienz zu kommen, ich habe nämlich einige Petitionen vorzutragen, aber ich weiss nicht, in wessen Hand sich der Schlüssel zu dieser verschlossenen Tür befindet, und ich bin in Verlegenheit, wo ich dies Mittel ausfindig mache, unser Ziel zu erreichen.“ Er versetzte: „Willst du etwa eine Bittschrift oder dergleichen einreichen?“ — Ich sagte: „Nein. Ich möchte jene selbst sehen und ihnen Vorträge halten.“ Er sagte: „Einen Vermittler dazu kenne ich nicht, aber wenn es sich um eine Vermittelung oder eine Bitte für ein Geschäft handelte, dann wüsste ich einen Vermittler dazu. Aber über jemanden, der dich an die Hand nimmt und dich den Ministern Gesellschaft leisten lässt, habe ich nicht die Führung.“ Ich bemerkte: „Diese Person, welche sich zur Vermittelung oder einem Gesuche eignet, wer ist sie, und wie heisst sie?“ — Er erwiderte: „Kümmere dich nicht um seinen Namen und seine Stellung, er ist mit mir sehr befreundet. Alle Minister und Staatsmänner haben sein Wesen gern

---

*) بچشم „beim Auge“, eine bekannte Beteuerung. (Mein Auge zum Pfande) = Sehr gern.

In diesem Lande macht er alles. Heutzutage wendet jedermann in Teheran, der eines Geschäfts halber Vermittelung nötig hat, sich an mich. Gegen Bezahlung von 10—12 Toman gebe ich sie ihm. Und jener (mein Freund) lässt der Sache seinen Kreislauf nehmen. Von allem, was nun durch diesen Kanal erworben wird, davon gibt er mir noch ein Zehntel." Ich sagte: „Freund ich gebe dir zwei Toman und jenem Manne will ich auch alles, was zu geben ist, bezahlen. Du hast nichts dabei zu tun. Von dir wünsche ich nur so viel, dass du ihn mir zeigst." Er erwiderte: „Wohlan, aber ich muss ihn erst benachrichtigen, sollte er einwilligen, so gehen wir morgen hin, und das weiss ich, dass er einwilligen wird, weil er ein guter Mann und Türke ist. Er liebt den türkischen Charakter. Er ist ein ruhiger und geistreicher Mann, aber stolz und freireligiös." Schliesslich ging Agha Meschhedi Hassan aus Kirman fort. Anderen Tages, vier Stunden nach Sonnenaufgang, kam er wieder, und sagte: „Ich habe jenen Vermittler gesehen und das Geschäft abgeschlossen. In Gottes Namen gehen wir!" Wir standen auf und marschierten los. Nach einer langen Strecke Weges kamen wir zu einer stockfinsteren Sackgasse. Dort kriegte ich es mit der Angst, weil ich Jusuf Amu nicht mitgenommen hatte. Ich empfahl mich Gott anheim während wir bis an das Ende der Gasse gingen. Mein Begleiter klopfte an eine Tür, und man öffnete. Ich erblickte einen alten Mann von 70 Jahren mit einer Filzmütze auf dem Kopfe und eine Bade-Schürze darum gewickelt. Er hatte einen roten Bart und ein schwarzes Gesicht. Die Welt hatte auf sein Haupt Erden-Kummer gestreut, und alle seine Zähne waren ausgefallen. Seine halberloschenen Augen verdrehte er in den Augenhöhlen. Seine Kleider waren so schmutzig, dass man es nicht beschreiben kann. Es war nicht mehr zu bestimmen, welche Farbe seine hauptsächlichsten Kleidungsstücke ursprünglich hatten. Meschhedi Hassan fragte: „Ist Hadschi Khan zu Hause?" — Er erwiderte: „Jawohl, bitte, er erwartet Euch." Als wir den Fuss auf die Stufen zum Zimmer gesetzt hatten, betäubte der Gestank von Arak*) unser Hirn. Der Vorhof hatte, man kann wohl sagen, von der Zeit vom heiligen Noah keinen Besen mehr gesehen und glich einem Kehrichthaufen. Als wir an die Schwelle des Zimmers kamen, hob der alte

*) Starker Schnaps meist von den Armeniern gebraut.

Mann den Vorhang auf. Was muss ich schönes sehen! — Ich sah den mir bekannten Hadschi Mollah Mohammed Ali den Ehrenplatz mit vollendeter Grandezza einnehmen. Wir, er von meinem Anblick und ich von dem seinigen, waren starr. Wir kannten uns nämlich gegenseitig. Vor allzugrosser Verblüffung vergass ich den Gruss und rief auf türkisch: „Junge, Mollah, wo kommst du her? Hier bist du Vagabund also Khan*) geworden!" Auch er war verwirrt, aber äusserst schlau wie er war, fasste er sich bald und rief: „Seid willkommen, Ibrahim Beg. Seid willkommen, bitte, bitte!" Er stand auf. Wir drückten uns die Hände und umarmten uns. Während ich fortwährend türkisch sprach, bediente er sich des Persischen. Ich ziehe nieder, er dagegen hebt empor.**) Zuletzt strich er mit der Hand seinen Bart und machte mir ein Zeichen: Höre auf mit solchen Reden, es ist mein Tod, verdirb mich nicht. Ich verstand, dass er sich vor Meschhedi Hassan genierte und sich vor ihm nichts von seiner Würde vergeben wollte. So änderte ich den Ton meiner Rede und brachte es dahin: „Ich erlaube mir," zu sagen, „bitte befehlen Sie, bei Ihrem gesegneten Haupte" und „Euer Hochwürden" und erreichte so seine Höhe. Ich bemerkte wie der Mollah von neuem Mut schöpfte und sich etwas erholte. Und noch höher reckte er sich empor. Er fing an nach meiner Gesundheit zu fragen: „Was gibt es in Kairo neues? — Wie steht der Khedive von Ägypten mit dem Konsul? — Natürlich besuchtet Ihr in Stambul den Gesandten? — Was macht er? — Ist in Tiflis noch Graf Schermatoff Gouverneur? — Er ist sehr befreundet mit mir. Ist Khalil Effendi, der türkische Konsul, noch dort? — Er ist ein sehr guter und edler Mann. Wie ist der persische Handel dort zu Lande?" Auf alles antwortete ich mit der grössten Ehrfurcht. „Ja, edler Hadschi Khan, bei dem gesegneten Haupte Eurer Hochwürden, es ist so und so." Auf solche Art unterhielten wir uns eine halbe Stunde, dann bat ich, mich verabschieden zu dürfen.***) Und mit dem feinsten Anstand beugte ich mein Haupt, und wir machten uns auf den Weg. Als ich aus dem Zimmer heraus war, rief er mich zweimal. Ich ging allein zurück. Leise sagte er mir ins Ohr:

Seltsames Wiedersehen.

*) Herr. Eine Art Adelsprädikat. Mollah, Geistlicher.

**) Das Niveau der Unterhaltung.

***) Man bittet stets um die Erlaubnis: „Bitte entlasst mich".

„Kommt morgen Abend hierher und lasst uns allein im vertraulichen Gespräch uns sagen, was uns das Herz bewegt, unsere Geheimnisse und Wünsche, und dann wollen wir zusammen zu Abend speisen." Ich sagte: „Vortrefflich. Ich habe noch Jusuf Amu bei mir." Er versetzte: „Dann ist es besser, du bringst ihn mit." Diesmal sagte er „Lebewohl", und ich kehrte heim.

Wir kamen bis zum Basar, und ich sagte zu Meschhedi Hassan: „Ihr könnt mich verlassen und morgen braucht Ihr Euch auch nicht zu bemühen, wir wollen nach einem gewissen Bade gehen." Weiter sagte ich nichts, dass Hadschi Khan uns eingeladen hatte. Wir kamen heim zum Quartier, und ich wartete darauf, wann endlich morgen die Abendzeit herankommen würde, damit wir zum Hause des Hadschi Khan gehen könnten, und ich begriffe, wodurch dieser Hadschi Mollah Mohammed Ali, der Bettelmann, Khan geworden ist, und welche Anliegen er für die Leute vermittelt. Für das Verständnis der geehrten Leser ist es nötig, dass ich eine kurze Geschichte von der Vergangenheit dieses Hadschi Mollah Mohammed Ali und der Veranlassung zu meiner Bekanntschaft mit ihm niederschreibe, damit sie begreifen, wie ich heute der betreffenden Persönlichkeit bei meiner Ankunft eine Verbeugung gemacht habe und beim Fortgehen wiederum mit Kopfverneigung um Entlassung gebeten und sie erhalten habe.

Hadschi Mollah Mohammed Ali.

Eines Tages sass ich in Kairo bei meinem verstorbenen Vater und wartete ihn auf. Da sah ich wie vom Hafen „von Ägypten", das heisst Alexandrien, ein Telegramm an meinen Vater anlangte mit folgendem Inhalt:

„Wir wollen zu Eurem Besuch kommen. Wenn Ihr in Kairo zugegen seid und Ihr nichts dagegen habt, gebt Antwort!

Unterschrift. Dschâfer aus Täbris.

Mein verstorbener Vater sagte: „Das ist einer von meinen verehrten Freunden, vielleicht pilgert er nach dem Hause Gottes.*) Schreib ihm als Antwort ‚Kommt ich erwarte Euch'." Ich schrieb also. Gegen Sonnenuntergang ging ich zum Empfang auf die Eisenbahnstation. Als der Zug kam, waren unsere Gäste zu vieren, von denen einer eben dieser Mollah Mohammed Ali war, und welchen

*) Mekka.

Vorhof eines Palais. (S. 70.)

die Herren nur zur Kurzweil und als Gefährten, für den sie alle Ausgaben trugen, mitgenommen hatten, d. h. sie hatten ihn erst in Stambul gefunden. Dieser Mann war schlagfertig, ein Witzbold und angenehmer Schwerenöter und sehr gespassig. Er trug manche Erzählungen vor, über die sich die Hörer weidlich verwunderten.

Unter anderem erzählte er eines Tages eine Geschichte aus seiner Vergangenheit, welche die Zuhörer von einem Erstaunen in das andere versetzte.

Er erzählte folgendes: „Einstmals gab mir ein Kaufmann aus Aserbaidschan 60 Ballen Baumwollenstoff, um sie mitzunehmen und in Tiflis zu verkaufen. Ich packte also mein Gut auf und kam nach Tiflis. Zwei Wochen nach meiner Ankunft kam vom Auftraggeber folgender Brief: „Ich habe Geld nötig. Nach Eintreffen meines Briefes stellt einen Wechsel von 100 Imperial aus und schickt sie." Ich fragte, wo man einen Wechsel ausstelle. Man zeigte mir jemand als Wechselverkäufer. Ich ging zu ihm und sagte: „Hadschi, ich möchte 100 Imperial auf Wechsel." Jener, ohne warum und wieso, schrieb und gab sie mir. Da nämlich zu jener Zeit in Tiflis von den Leuten einer dem anderen traute, so gaben sie für die Zeit von ein bis zwei Wochen für den Wechsel Kredit. Ich sah die nächste Woche kam wieder folgender Brief vom Chef, einen Wechsel für 100 Imperial auszustellen und diese zu schicken. Ich ging abermals zum Wechselverkäufer, stellte einen neuen Wechsel auf 100 Imperial aus und sandte sie ab. Es waren nun einige Tage nach diesem Vorgang vorüber, als ich auf einmal den Bedienten des Hadschi ankommen sah, um den Betrag der Wechsel einzufordern. Ich sagte: „Ich habe kein flüssiges Geld, ich kann es erst nach Verkauf des Baumwollenstoffes bezahlen." Der Besitzer der Forderung wurde zornig: „Was ist das für dummes Geschwätz!" Nach vielen gegenseitigen Prügeln und Hin- und Herreden wendete der Gläubiger Gewalt an, entriss den Baumwollenstoff meinen Händen und trug ihn fort. Hierauf forderte man mich nach kurzer Zeit nach Täbris, und ich ging dorthin. Nach den Begrüssungsformeln sagte mir der Chef: „Was du an Geld mitgebracht hast, gib her." Ich erwiderte: „Geld und Gut ist bei mir nicht zu holen." Den Vorgang mit den Wechseln, und dass der Gläubiger den Baumwollenstoff als Pfand genommen hätte, berichtete ich sodann. Das Männlein machte ein Geschrei, eilte zum Richter und klagte gegen mich. Von Seiten des

Erlebnis des Hadschi Mollah.

Richters erging nun das Urteil mit Sitzungen und nach Einsetzung von Schiedsrichtern und Kanzlei-Revisoren; — einige Male liess es der Gerichtshof unentschieden. — Man forderte von mir das Rechnungsbuch. Ich sagte: „Papa, wo hätte ich denn ein Rechnungsbuch? — Zweimal kaufte ich einen Wechsel und schickte das Geld hierher. Aber ich hatte nur eine Art Waren. Der Gläubiger nahm sie mir mit Gewalt und trug sie fort. Es war dies auch auf ein Stück Papier verzeichnet, aber ich weiss nicht was aus ihm während des Hin- und Herzerrens geworden ist." Die Friedensstifter, welche Mitglieder des Gerichts waren, liessen am anderen Tag zu Protokoll nehmen: „Mollah Mohammed Ali sagte aus, dass er sein Handelsbuch verloren hätte." Diesen Gerichtsbeschluss brachten sie vor den Gouverneur der Provinz. Der Gouverneur war selbst nicht in Täbris aber sein Sohn, ein einfältiger junger Mann, welcher unter dem Titel eines naïb el hukume*) für seinen Vater Recht sprach. Man brachte mich vor ihn. Vor dem Fenster des Palais**) neigte ich mein Haupt vor dem jungen Gouverneur, dann trat ich näher um mein Anliegen vorzubringen. Er versetzte: „Man sagt Junge, du habest dein schriftliches Verzeichnis verloren." Ich erwiderte: „Ich will dein Opfer sein, aber ein solches Verzeichnis habe ich nicht verloren." Er gab nicht acht darauf und befahl mich fortzubringen und in Gewahrsam zu halten. Man schleppte mich fort. Der Oberste der Feraschen war mit meinem Bruder bekannt. Er sagte zu den Dienern: „Er ist an so etwas unschuldig. Behaltet ihn im Zimmer." Sie brachten mich bis vor die Schwelle des Gefängnisses. Ich sah wie der Gefängniswärter Fussfesseln und Ketten bereit machte. Mein Ferasch sagte: „Bemüht Euch nicht. Der Feraschbaschi befahl, ihn in Eurem Zimmer zu behalten. Er hat nichts unrechtes getan." Der Aufseher sah ein, durch mich hatte er keinen Nutzen, und aus übergrossem Grimme gab er mir kein Wasser. Jedesmal, wenn mir mein Bruder zu essen brachte, musste ich ihn um Wasser bitten. So blieb ich vier Tage auf dieselbe Weise gefangen. Am fünften Tage sass ich am Fenster und sah einen von den Kaufleuten, welcher mit mir bekannt war, zu dem Prinzgouverneur gehen. Er

*) Vizegouverneur.

**) Das Volk bleibt vor dem grossen Fenster im Hofe, während der Gouverneur oben im Saal sitzt.

Verbrecher in Ketten. (S. 70.)

erblickte mich und rief (auf türkisch): „Schlingel Mollah, was machst du hier?" Ich erwiderte: „Man hat mich hergebracht, und ich weiss nicht einmal, was ich verbrochen habe." Er ging fort, und ich überlegte bei mir: Dieser Mann ist ein Freund des Gouverneurs, da wäre es nicht unwahrscheinlich, dass er Fürbitte für mich einlegt. Ich sah ihn zurückkehren und am Fenster vorbeigehen, aber er sagte nichts.*) Später aber kam es heraus, dass er dem Prinzen gesagt hatte: „Ihr haltet eine Person gefangen, die ist ein grosser Witzbold. Gebt im Gespräch mit ihm hübsch acht, dass Ihr nicht geprellt werdet." Es war kurze Zeit nach dem Vorübergehen dieser Person vergangen, als ich einen Kämmerer kommen sah, der sagte: „Man wünscht dich." Ich ging also mit ihm zum Gouverneur. Er befahl heraufzukommen. Ich stieg herauf, beugte mein Haupt und blieb stehen. Der Prinz sagte: „Ich höre Bursche, du kannst dich gut unterhalten." Ich erwiderte: „Was soll ich sagen?" Er sagte: „Was heisst das, was soll ich sagen?" — Ich versetzte wiederum: „Was soll ich sagen?" — Das erregte in ihm die Galle, er wurde zornig und sagte wild: „Sprich sofort!" — Ich sprach: „Prinz, mir kam soeben eine Fabel in den Sinn. Wenn es erlaubt ist, so trage ich es vor." Er antwortete: „Du magst sprechen." Ich hub also an: „Einstmals sagte man zu einem Prinzen, der edelgeboren und jung wie Ihr gern Erzählungen hörte, ein gewisser Kämmerer wäre ein Liebhaber von Knaben. Der Prinz forderte den Kämmerer vor sich und sprach: ‚Man sagt Junge, du treibst Unfug mit Knaben.' Der nun gab zur Antwort: ‚Was soll ich sagen?' — Der Prinz blieb voller Strenge beharrlich dabei: ‚Du musst die Wahrheit sagen.' Der Kämmerer versetzte: ‚Prinz, auf welche Weise soll ich die Wahrheit sagen? — Wenn ich sage, ich bin ein Liebhaber von Knaben, dann wirst du vielleicht, der du ein reiner und rechtschaffener Jüngling bist, mich aus deinem Dienste fortjagen, wenn ich aber sage, ich bin kein Knabenfreund, dann wird gar dein Herz über meinen Zustand sich verzehren und du wirst . . . . mir geben.' — Jetzt befiehl selbst, was soll ich tun, da meine Ernte verbrannt ist? Was soll ich für eine Antwort geben, um mich dadurch zu retten." Mit diesen Worten fing ich das Herz aus der Handfläche des Prinzen auf wie einen Ball. Er fing: „Ha, hah" an zu lachen

*) Der Perser lernt von Jugend auf zu schweigen und sich zu verstellen

und sagte: „Setze dich." Ich setzte mich und hub an mit anderen Gesprächen über Europa und Amerika, über die politische Lage der Staaten und die neuesten europäischen Erfindungen und die Grösse einer Stadt wie Paris und London, immer war es Lüge, was ich der Versammlung Stück für Stück haufenweise vorsetzte. Der Hofstaat aber blickte voll Staunen und Bewunderung auf mich.

Vier weitere Tage vergingen auf dieselbe Art. Eines Tages sprach ich zum Prinz: „Ist es nicht möglich, dass Ihr mich entlasst, ich meinen Bruder hole und an meiner Statt im Gefängnis lasse, selbst aber mich aufmache, um diese Angelegenheit in Ordnung zu bringen." Man war es zufrieden. Ich liess meinen Bruder holen, liess ihn dort bleiben, ich selbst aber lief nach allen Seiten und in jede Tür steckte ich den Kopf, bis ich die Angelegenheit auf eine Art geregelt hatte, und ich selbst und mein Bruder entlassen wurden. Nach einer Woche wehte mir wieder die Luft von Tiflis her um das Haupt.*) Ich verkaufte einige Stück Kupfergefässe und anderes aus dem Hause, um damit die Reisekosten nach Tiflis zu bestreiten. Auch einen Reisepass hatte ich mir geholt. Gegen Nachmittag sah ich den Bedienten des Kadkhuda**) kommen: „Der Agha wünscht Euch." Wir gingen zusammen hin, und ich begrüsste ihn. Mit äusserst vergnügtem Gesicht gab er Antwort und sagte: „Agha Mollah Mohammed Ali, bitte kommt herauf." Er erlaubte mir niederzusitzen und sprach: „Ich hörte heute, dass man dich gefangen gesetzt hatte, die Sache erledigt wurde, und du dich in einem anderen Viertel niedergelassen hast. Man hat dich im Protokoll schuldig genannt. Warum habt Ihr mich nicht benachrichtigt, damit ich ihre Väter verbrennen konnte. Gott möge sich über deinen Vater erbarmen, welcher eine Säule dieses Stadtviertels war. Ein Mann von so ausserordentlicher Güte wird immer weniger gefunden. Er hat sehr viel Recht auf meinen Hals.***) Nein, nein, wie kann ich mich zufrieden geben, wenn dir von anderen Gewalt angetan wird. Ich muss selbst die Angelegenheit von Anfang an in Angriff nehmen." Ich warf ein: „Euer Schatten möge nicht geringer werden. Die Sache war nun einmal, es ist vorbei." Er versetzte: „Nein, nein,

*) D. h. mich zog es wieder dorthin.

**) Ortsvorsteher.

***) Ich verdanke ihm viel.

Moschee Schahsade Abdul Asim bei Teheran. (S. 74.)

es darf nicht sein, dass man aus meinem Viertel einen edlen Mann wie dich aufhebt, dich dann schuldig befindet und ins Gefängnis wirft. Ich muss ihre Väter mit Feuer verbrennen. Ich kann diese Beleidigung gegen mich nicht hinnehmen." Ich erwiderte: „Hochgeehrter Herr Kadkhuda, es ist dies eine Sache, die geschehen ist. Gott möge Euer Leben verlängern, es ist nun einmal geschehen. Auch habe ich schon meinen Pass geholt, morgen will ich nach Tiflis." Noch hatte ich meine Worte nicht beendet, als der Kadkhuda ganz wütend sich aufrecht setzte und rief: „Was, was, du willst nach Tiflis gehen? Du Dreckfresser, Sohn eines verbrannten Vaters und einer Hurenmutter, die ganze Stadt ist deiner überdrüssig geworden, jetzt da die Reihe an uns gekommen ist, da fängst du an zu beten. Hältst du uns für Vogelscheuchen im Garten? Sohn eines verbrannten Vaters, bin ich etwa das Skelett eines Pferdekopfes? Ich will deinen Vater mit einem so tüchtigen Feuer verbrennen, dass du selbst Gefallen daran haben sollst." „Agha", man schleppte und zerrte mich fort in das Gefängnis des Kadkhuda. Meine arme Mutter wurde benachrichtigt, sie musste einige andere Stücke von dem Hausgeräte zu halben Preise verkaufen, dem Kadkhuda ein Geschenk machen, und er liess mich frei. Anderen Tages sagte ich diesem Täbris für immer Lebewohl und nahm meinen Weg gerade nach Tiflis. Bis jetzt aber habe ich mein Gesicht Täbris nicht wieder zugewendet. Der Mollah wusste derart Erzählungen aus seiner Vergangenheit eine Menge. Wenn er sie in einer Gesellschaft zum Besten gab, so verblüffte er mit seinen Gesprächen das Publikum, und mit diesem Kapital verbrachte er seine Zeit in der Gesellschaft von diesem und jenem. Frei von allen Ausgaben für Essen und Trinken lebte er. Ja sogar bei Tische fielen sie mit allerlei Neckereien über ihn her. Er trug es geduldig, zeigte niemals Spuren von Verdruss, hielt die Gesellschaft warm und brachte Tag und Nacht auf diese Art zu.

Einige Worte muss ich noch über das Aussehen dieses verehrten Mannes sagen. Zuerst, dass sein Kopf kahl war, zweitens hatte er sehr kleine Augen ohne Licht, sodass er nicht weiter als zehn Ellen sehen konnte. Drittens hatte er klotzige, schlecht aussehende Zähne, welche aus dem Munde herausragten. Er hatte schwulstige Lippen und einen dicken aufgeblähten Bauch, eine kurze Statur und als das schlimmste eine stotternde Sprache. Das waren seine natürlichen körperlichen Eigenschaften. Aber seine besonderen Eigenschaften waren die, dass er immer betrunken war, voll schwachen Glaubens, ohne Pflichtgefühl, undankbar*) und von der Klasse Menschen, welche an den Tischen von anderen nassauern. Die Meisten von ihnen haben an schönen Naturanlagen und manchen wohlgefälligen Eigenschaften keinen Teil. Nun ist dieser Mensch, dessen Charakter wir bis zu einem gewissen Grade kennen lernten, gegenwärtig in Iran Hadschi Khan geworden, zu dem alle Welt mit Anliegen kommt.

Da ich heute unbeschäftigt war, so befand sich mein Herz in fieberhafter Erregung darüber, dass endlich die Zeit unserer Einladung herankäme, wir dorthin gingen und uns mit diesem Manne unterhielten. Dann würde es klar, wie er zu dem Range eines Khan gekommen ist und für welche dem Staate und Volke erwiesenen Dienste er den hohen Titel zum Lohn erhalten hat.

Die einzige Eisenbahn in Iran.

Der Wallfahrtsort Schahsade Abdul Asim.

Nachdem ich die Nacht mit tausenderlei Gedanken verbracht hatte, sagte ich bei der Morgendämmerung zu Jusuf Amu: „Wir wollen heute die Schahsade Abdul Asim**) besuchen, abends sind wir irgendwo eingeladen.“ Er fragte: „Wo?“ — Ich erwiderte: „Im Hause eines Khan, welchen du auch kennst. Aber ich nenne seinen Namen nicht, bis du ihn selbst schaust und wiedererkennst.“ Wie oft er auch fragte, ich sagte es nicht. Vom Quartier bis zur Eisenbahnstation gingen wir zu Fuss. Die Länge dieser Eisenbahnstrecke beträgt weniger als sieben Meilen, und im ganzen persischen Reiche gibt es nur diese eine Eisenbahn, welche sogar noch eine belgische Gesellschaft gebaut hat. Obwohl sie sehr unvollkommen ist, so möge doch ihr Haus gedeihen. Denn es ist tausendmal besser als ein Eselsritt. Nach Verlauf von einer Stunde erreichten wir unser Ziel und erfüllten unsern Wunsch, nach diesem heiligen Orte zu pilgern. Nach vollbrachtem Gebet widmeten wir uns der Besichtigung dieses Heiligtums. Abgesehen von dem innerlichen geistigen Reichtum war es auch äusserlich ein ganz prachtvolles und glänzendes Gebäude, welches durch seine architektonische Anlage, durch seinen Schmuck von Spiegelfacetten und durch seine Schönheit

*) Das Salz nicht kennend, das er gegessen.

**) Moschee, als eines der grossen Heiligtümer der Schii' verehrt. Hier wurde Nasreddin Schah ermordet

Kolonialwarenhandlung. (S. 75.)

eines der ersten Gotteshäuser in Persien ist. Sein Anblick und sein Besuch hat mich herzensfroh gemacht. Wir sassen kurze Zeit nieder und brachten die Zeit zu mit Gebeten und Lesen im hochgepriesenen Koran. Zur Frühstückszeit gingen wir ins Freie, holten uns im Laden eines Kolonialwarenhändlers etwas Sahne und Honig und verzehrten es. Gegen Nachmittag kehrten wir wieder mit der Eisenbahn zur Stadt zurück, dann beschäftigten wir uns mit der Besichtigung und dem Rundgang in der innersten Stadt, den Basars und den Karawanseraien. Die Basare und Marktplätze sind nicht übel. Die Karawanseraien sind schön gebaut und gut besucht, aber nirgends war von Gesellschaften oder grossen Vereinen oder Banken und Kontoren, welche die Apparate zur Konzentrierung und zu einem würdevollen Aussehen der Handelsgeschäfte einer so grossen Stadt sind, ein Anzeichen zu bemerken.*)

Die Basare und Karawanseraien.

Nur Kupfergeld, kein Gold.

Einige Wechslerläden waren zu sehen. Sicherlich fehlt es nicht an manchen reichen Leuten unter ihnen, aber was reichlich vorhanden war und ich mit eigenen Augen sah, das war Beutel an Beutel und Haufen neben Haufen von Kupfergeld, welches die Welt hier erobert hat. Aber Goldgeld ist wie der Stein der Weisen. In der ganzen Stadt war davon nicht ein Atom zu sehen, oder es ist überhaupt nicht vorhanden. Entweder liegt es in Kisten oder unter der Erde.

Kein Gemeinsinn.

Niemals richtet sich der allgemeine Wunsch auf die Verbesserung der Zustände in der Heimat. Jeder, Gross und Klein, Reich und Arm, Weise und Tor reicht allein seinem Esel Futter. Niemand kümmert sich um den anderen. Keiner spricht von dem gemeinsamen Nutzen von Heimat und von Heimatskindern, als ob ihnen diese Heimat nicht gehörte, und sie nicht miteinander stammverwandt wären.

Uniformierte.

Aber etwas, was das Herz erfreuen kann, ist der Anblick von Personen in Uniform auf der Strasse und im Basar von Teheran. Bis hierher hatten wir niemanden in Iran gesehen, welcher hätte Uniform anlegen wollen. Die Kavallerie und Artillerie, ja sogar die Telegraphbeamten hatten besondere Uniformen. Vor allem die Kosakenoffiziere und die Gemeinen, deren Kleidung mehr oder

*) Jetzt allerdings gibt es die englisch-persische: „Imperial bank of Persia" und die russische Bank.

weniger wie die der russischen Kosaken ist. Aber wie man sagt bilden sie nur ein Regiment.*)

Es war nun spät nachmittags geworden, da sagte ich zu Jusuf Amu. Wir müssen zu unserer Einladung gehen. Wir gingen zusammen fort und kamen vor das Haus des Hadschi Khan. Wir klopften an die Tür. Hadschi Khan kam selbst an die Tür und sagte: „Wenn's gefällig!" — Ich grüsste doppelt. Er fragte: „Warum doppelten Gruss?" — Ich erwiderte: „Das ist eine Nachholung für den gestrigen Gruss, als ich Euch nämlich plötzlich erblickte, vergass ich in meiner Geistesabwesenheit den Gruss." Er lachte, und wir gingen hinauf. Aber Jusuf Amu, der sich gerade so wie ich gestern benahm, war in Gedanken, bis er schliesslich mir ins Ohr sagte: „Ist das nicht Mollah Mohammed Ali, welcher an dem und dem Datum in Kairo unser Gast war?" Ich erwiderte: „Ja, es ist derselbe Esel, aber sein Sattel ist geändert worden." Auch er hörte es und lachte sehr. Er fragte Jusuf Amu nach seinem Befinden und sagte: „Ju . . . Ju . . . Jusuf Agha, Ihr habt Euch gar nicht verändert. D . . d . . derselbe Jusuf Agha seid Ihr, der Ihr waret." Wir setzten uns nun. Man brachte Tee, und wir tranken. Hadschi Khan sagte: „G . . g . . gut. Jetzt erzählt, von wo ihr kommt und wohin ihr reist. Wie kommt ihr eigentlich nach Teheran?" Ich erwiderte: „Ich werde die nötige Erklärung für unser Hiersein geben, aber Ihr müsst zuerst berichten, was das für eine Welt ist, und wie und woher du Khan bist." Er sagte: „Meine Vergangenheit ist lang, aber ich fasse mich kurz. Nach meiner Rückkehr vom erhabenen Mekka gelangte ich nach Tiflis und lebte in derselben Weise, wie Ihr es gesehen habt, ohne Beschäftigung und Obdach weiter. Auf alle Arten, die es gibt, raffte ich ein Kapital von 200—300 Rubel im Vertrauen auf Gott zusammen. Immer aber dachte ich daran, wenn ich nur durch irgend ein Mittel nach Teheran kommen könnte, dann würde mein Geschäft gut gedeihen, weil ich von den Grossen Irans, deren Wesen ich so ziemlich kannte, aller Wahrscheinlichkeit nach annehmen konnte, sie würden nach einem Gespräch mit einem Spassmacher wie ich es bin das grösste Verlangen haben. Als ich noch darüber nachdachte lächelte mir das

Wie der Hadschi Khan wurde.

*) Unter einem russischen Oberst. Das zweite halbreguläre Kavallerieregiment in Persien.

Hof einer Handelskarawanserai. (S. 75.)

Glück. Ich hörte, dass eine der Favoritinnen aus dem Andarun*) des Schah, welche wegen einer Kur in Europa war, zurückkehrte. Sie ist eine grosse Dame in Iran. Ich griff eine Gelegenheit auf und mischte mich unter die Menge der Diener ihres Gefolges. Bis zur Stadt Rescht**) hatte ich mir die Herzen ihrer Leute gegewonnen. Von Rescht bis Teheran ging ich in derselben Weise vor und stellte mich in den Augen der Leute als den Allervertrautesten aus ihrem Gefolge hin. Unterwegs wurde jeder, der zum Empfange der Verschleierten kam, durch meine Unterhaltungsgabe bestrickt, und ein jeder rief mich an seine Seite. So machte ich die Reise in völliger Bedürfnislosigkeit und über jeden, dessen Einladung ich annahm, liess ich einen Schauer von Lobeserhebungen über die Massen niedergehen. So gelangten wir nach Teheran. In ganz kurzer Zeit fand ich zu den grössten Gesellschaften Zutritt. Überall sprach man von mir. Mein Handelsmarkt war angewärmt. Ich bemerkte, dass ich gerade dadurch, dass ich nicht persisch verstand, meinen Brei kochen könnte, und dass dies ihnen sehr lieb war. Hauptsächlich richtete ich mich nach ihren Liebhabereien, und daran hatten sie gerade Geschmack. Zu guter Letzt fand ich auch den Weg zur Gesellschaft beim Grossvezier. Er geruhte sich sehr über mein Gespräch zu ergötzen und anderen Tages mit dem Orden der Sonne und des Löwen mit Hinzufügung des Titels ‚Khan' hoch auszuzeichnen." Währenddessen wies er mit dem Finger auf den Knopf, welchen er im Knopfloch seines Serdari***) als Zeichen für den Orden trug und sagte: „Das ist mein erster Orden." Als der Kämmerer des Grossveziers mir den Orden und das Diplom, wie es üblich ist, überbrachte und von mir ein Trinkgeld forderte, da habe ich ihm als Trinkgeld ebenfalls ein Gleichnis aufgetischt. Er sah ein, dass ich eine Gewichtsperson war und kehrte spornstreichs heim. Kurze Zeit nachher empfing ich den zweiten Orden mit dem Range eines Obersten und 100 Toman Gehalt. Wiederum zeigte er mit dem Finger auf seine Brust und sein zweites Ordenszeichen und sagte: „Wenn das Gehalt auch nicht eintrifft, so rege ich doch keinen Fuss danach, weil ich augenblicklich der Zufluchtsort für die

*) Harem. Wohl die erblindete Emin-i Agdas.

**) Südliches Ufer des Kaspischen Meeres.

***) Gehrock in Glockenform.

hoffenden Leute bin. Mein Geschäft als Vermittler geht ausgezeichnet von statten. Täglich verdiene ich fünf bis sechs Toman und manchmal mehr durch das Vermittelungsgeschäft. Vergangenes Jahr geruhte Seine Herrlichkeit, das allumfassende Grossvezieramt in Person zu sagen: „Der Gouverneur von Semnan*) ist abberufen, willst du, dass ich dir die Gouverneursstelle dort gebe?" Ich versetzte: „Der Schatten Eurer hochgeehrten Herrlichkeit möge nicht gering werden, was kann es schaden?" Ich kehrte heim und im Hause verkündete ich der Mutter von Kasim**), dem Sohne von Eurem Diener, die frohe Nachricht, dass der Grossvezier (Sadr Asam) mir die Gouverneursstelle von Semnan zu schenken geruht hätte. Sie sagte: „Was denkt Ihr darüber?" — Ich sagte: „Nichts, die Gouverneursstelle ist eine städtische, natürlich gehen wir hin." Die Mutter von Kasim sagte: „Du als Türke***) hast keinen Verstand, ich gebe mich keinesfalls damit zufrieden." Dies Weib nun ist von Isfahan gebürtig und ein grosser Satan. Ich gab zur Antwort: „Wenn man sagt, dass beim Weibergeschlecht die Haare lang und der Verstand kurz werden, so ist das richtig. Weib, das Gouvernement einer Stadt, für welches die Leute 6—7000 Toman Bestechungsgeld bezahlen, voller Sehnsucht verlangen und nicht erlangen, das gibt man dir umsonst, und du willst es nicht annehmen." Sie sagte: „Bei Beginn eines jeden Vorhabens muss man sein Ende bedenken. Jemand muss voraussehend und weitsichtig sein. Dieses Gouvernement dort passt auf vielerlei Art nicht für dich. Erstens bist du Türke. Die Einwohner von Semnan aber sind Perser und fanatisch in ihrer Sprache, deshalb werden sie deinem Einflusse tausenderlei Hindernisse entgegensetzen und Schwierigkeiten machen. Schliesslich werden sie einen Aufstand erregen und dich hinauswerfen. Zweitens zwischen dir und Gott,†) deiner Natur nach und als Mensch, passt du gar nicht zum Gouverneur. Grund ist der, sieh dir nur dein Gesicht im Spiegel an. Drittens das Klima von dort ist berüchtigt wegen seiner Rauhheit.††) Du selbst bist nicht der aller-

*) Provinz südlich von Masanduran mit Hauptstadt gleichen Namens.

**) Der Perser vermeidet vor Fremden den Namen seiner Frau zu sagen oder als solche zu bezeichnen, er redet dann von seinem Hause. (Siehe vorher.)

***) Verachtung und Hass gegen die Türken als Sunniten.

†) Beteuerung.

††) Ferner Einfluss der Salzwüsten südl

Geldwechsler. (S. 75).

stärkste, und auch die Kinder sind von schwacher Gesundheit. Viertens, wenn nichts davon stimmen sollte, so ist es doch möglich, dass nach sechs bis sieben Monaten, wenn du auf deinem Platze noch nicht warm geworden bist, ein anderer 7000 Toman als Bestechungsgeld oder als Miete für diese Provinz bezahlt und das Gouvernement dir aus den Händen nimmt. Sprich, was willst du dann anfangen? — Wie willst du alle die Kosten für die Hin- und Herreise bestreiten? — Auf die Worte dieses Sadr Asam und von Soundso kann man sich nicht verlassen. Jetzt haben wir unser Nest warm gemacht, und alle Tage kommen ohne Herzblut viele Tomanen ein, verzehre sie und gehe ruhig deines Weges, aller Wahrscheinlichkeit nach wird es allmählich noch mehr vorwärts gehen. Was willst du mit dem Gouvernement in Semnan, wozu?" — Ich sah ein, dass wahrhaftig das Weib verständiger war als ich und derlei Angelegenheiten und Zustände im Lande überblickte. Ich musste sie im stillen loben, vor ihr aber sagte ich: „Einige deiner Bedenken sind nicht übel, für mich und die Kinder passt es schlecht. Meiner und ihrer Gesundheit mag das dortige Klima nicht zusagen, ich werde also ablehnen."

Zwei bis drei Tage nach diesem Vorfall ging ich dem Grossvezier aufwarten. Er äusserte sich: „Hadschi Khan, wie steht es mit deiner Reise nach Semnan? Du musst sogleich aufbrechen." Ich erwiderte: „Ich bin dein Opfer. Eurer Herrlichkeit, welche den erhabenen*) Platz des erlauchten und gepriesenen Amtes eines Grossveziers ausfüllt, ist es bekannt, dass Euer untertänigster Diener schwach und kurzsichtig ist. Ich fürchte, wenn ich dorthin gehe, werde ich krank werden und sterben, dann werden meine zarten Kinder ohne jemandes Schutz in jenen fremden Gegenden keine Pflege finden. Wenn mir eine solche Gnade hier zuteil würde, dann würde ich noch mehr dafür beten, dass ich in Eurem erhabenen Schatten unter den Dienern Eurer erlauchten und hocherhabenen Herrlichkeit mein Leben in Ruhe hinbringen möge." Er geruhte zu sagen: „Hier gibt es ein solch passendes Amt nicht, welches du fähig wärest auszufüllen. Mensch Gottes, du besitzt weder Jugend noch Schönheit. Gute Handschrift und wünschenwertes Wissen ist nicht deine Sache, auch weisst du nichts von Poesie und Dichtkunst.

*) اشرف sagt man nur zum Grossvezier und Mitgliedern der Königl. Familie.

Ein Physiker und Arzt bist du auch nicht, nun sage selbst, in welches Geschäft soll ich dich stecken?" Ich erlaubte mir zu erwidern: „Ich bin dein Opfer, ich habe lange im Auslande gelebt, in Tiflis habe ich die georgische Sprache gelernt, auch verstehe ich etwas russisch. Wenn also dergleichen im hohen auswärtigen Amte verlangt wird, so kann ich damit aufwarten, es wird auch nicht unangebracht sein." Er befahl: „Dann musst du dich gedulden, es ist nämlich eine Person da, an der ich niemals Gefallen finden kann, schon seit geraumer Zeit wünsche ich das Amt seinen Händen zu entziehen, aber er hat sich an hoher Stelle beliebt gemacht und steht nun in Gunst. Natürlich wird sich eine Gelegenheit bieten, lasst mich nur sehen. Jetzt warte ich nun. Gott sei gedankt, ich habe geheiratet, habe einen Sohn und eine Tochter, bin mit meiner Gattin auch sehr zufrieden, sie ist häuslich und stürzt das Hauswesen nicht um. Dies ist in seinen Hauptzügen der Bericht über meine Erlebnisse. Jetzt ist die Reihe an Euch zu erzählen." Ich fragte: „Hast du nicht einen gewissen Titel? In Iran hat doch jeder Khan auch einen besonderen pompösen Titel." Er erwiderte:
Titelsucht. „Nein, Seine Exzellenz der Mushir ed Daule*) hat dies Verzeichnis von Titeln — seht hier habe ich die Kopie bei mir" — er streckte die Hand nach einer Truhe aus, welche neben ihm stand, holte einen Papierbogen heraus, wies darauf hin und sagte: „Also dies hat er mir zugesandt, ich sollte einen davon auswählen. Aber ich hatte keine Lust." Ich fragte warum? Er erwiderte: „Ich überlegte, vielleicht werfen mich die Zeitereignisse auch nach Täbris. Die Arnauten von Täbris kennt Ihr nicht gut genug, ich aber weiss, wie grosse Gauner sie sind. Da sie mich von Anfang an kennen, so würden sie meinen Titel, um mich aufzuziehen, Eseln, Maultieren, Hunden und Katzen zulegen, dann aber bring einen Esel herbei und lade ihn mit Spott!" — Ich warf ein: „Gilt dies Bedenken auch für den Titel Khan?" — Er sagte: „Nein. Der Titel Khan ist einem gewöhnlichen Namen gleich geworden, er wird nicht zu den besonderen Titeln gezählt. Jeder Klein- und Feinhändler weist seine Bezeichnung auf. Ja sogar die Siebmacher und Tanzbuben (Mutriban). Aber abgesehen davon; wegen seiner übergrossen Allgemeinheit gehört er jetzt in die Kategorie von anderen Wörtern, welche mit خ Kha

*) Minister des Äusseren Hadschi Mirsa Muhsin Khan.

anfangen, wie خلعت خان خانه خیار خرما*). Eine Bevorzugung und Auszeichnung ist ihm weiter nicht geblieben." Hiernach erhob er die Hand und gab mir das Titelverzeichnis. Ich nahm es und sah eine Unmasse. Es ist für mich auf alle Fälle höchst mühsam sie niederzuschreiben, und dem Leser dieses Reisebuches wird es langweilig werden, aber was soll ich tun? — Den letzten Willen meines verstorbenen Vaters kann ich nicht übertreten. Er hat mir aufgetragen, alles, was du siehst, schreibe nieder. Es gibt also keinen Ausweg, ich muss es niederschreiben.

Folgendes ist die Aufzeichnung der Titelliste:**)

*) Dattel, Gurke, Haus, Kaufhof, Ehrenkleid aus kostbaren Schalstoff.

**) Der Perser macht sich selbst über diese Titelsucht lustig und gebraucht die unanständigsten Wörter in Verbindung mit Staat, Reich etc. Als Scherz z. B. der Titel. Mist des Staates, Gigerl des Reiches پهين الدوله . زبّة الدوله

عزالدوله	Ehre des Reiches.
شهاب الدوله	Glänzender Stern des Reiches.
نصرالدوله	Hilfe des Reiches.
مؤتمن السلطان	Vertrauensmann des Königs.
معزالدوله	Verherrlicher des Staates.
مستشارالدوله	Ratgeber des Staates.
امين السلطان	Aufseher des Königs.
شجاع الدوله	Mut des Reiches.
صنيع الدوله	Tat des Reiches.
طبيب الدوله	Arzt des Reiches.
حكيم الدوله	Gelehrter des Reiches.
كاتب السلطنه	Schreiber des Königreiches.
شعاع الدوله	Glanz des Reiches.
عزيز الدوله	Liebling des Staates.
مشاورالسلطنه	Mitberater des Königreiches.
افتخارالدوله	Stolz des Reiches.

„Es wird nicht alle, lass es Papa!" „Bei meinen Augen!" „Der Ehrenplatz der Geistlichen, Vertrauen der Geistlichen, Würde der

ظفرالسلطنه Sieg des Königreiches.

مظفرالدوله Sieger des Reiches.

ظفرالدوله Sieg des Staates.

حشمة الدوله Pracht des Reiches.

شريف الدوله Ehre des Reiches.

ظهير الدوله Helfer des Staates.

حسام السلطنه Scharfer Säbel des Königreiches.

معين الدوله Helfer des Staates.

معظم الدوله Der vom Reich Verehrte.

مكرم الدوله Der vom Staate Geliebte.

نايب السلطنه Statthalter des Königreiches.*)

نصرة إلدوله Stütze des Staates.

حسام الدوله Scharfer Säbel des Staates.

سهام الدوله Pfeil des Reiches.

دبيرالسلطنه Geheimschreiber des Königreiches.

يمين الدوله Glück des Reiches.

يسارلدوله Gedeihen des Reiches.

آصف الدوله Asaf (Minister von Salomo) des Reiches.

سرانجام الدوله Vollendung des Reiches.

ارفع الدوله Der Erhabene des Reiches.

اعتضادالسلطنه Die erbetene Hilfe des Reiches.

اقبال الدوله Glück des Staates.

مشيرالدوله Berater des Staates.**)

*) Titel von Kamran Mirsa, dem dritten Sohn von Nasr-ed din Schah, zweiter Bruder des jetzigen Schah, jetzt ohne Einfluss.

**) Titel des Minister des Äusseren.

Geistlichen." — „Lasst diese beiseite, wir haben sie nicht nötig."

مديرالدوله	Verwalter des Reiches.
مجيرالسلطنه	Schützer des Staates.
وكيل الدوله	Vertreter des Staates.
امين الدوله	Aufseher des Reiches.
امين الساطان	Aufseher des Königs.
شحنة السلطنه	Stadtkommandant des Königreiches.
جلال الدوله	Glanz des Reiches.
جمال الدوله	Schönheit des Reiches.
مجدالدوله	Ehre des Reiches.
نجم الدوله	Stern des Reiches.
كوكب الدوله	Gestirn des Reiches.
مشكوة الدوله	Lampennische des Reiches.
مصباح الدوله	Laterne des Reiches.
سراج الملك	Leuchte des Landes.
مؤيدالدوله	Der vom Reiche Gestärkte.
شجاع السلطنة	Mut des Staates.
ضياالدوله	Strahl des Reiches.
مهندس الدوله	Ingenieur des Reiches.
معمارالدوله	Architekt des Reiches.
ضرغام الدوله	Löwe des Reiches.
حاجب الدوله	Wächter des Reiches.
دربان الدوله	Türhüter des Reiches.
ناظم الدوله	Ordner des Reiches.
منطق الدوله	Vorsteher des Reiches.
نقيب الدوله	Oberster des Reiches.
خطيب الدوله	Der vorbetende Imam des Reiches.

„Der König der Kaufleute, der Verwalter der Kaufleute, der Ver-

ادیب الدوله	Lehrer des Reiches, der wohlerzogene.
شعاع السلطنه	Strahlen des Königreiches.
افتخارالسلطنه	Würde des Königreiches.
رکن الدوله	Stütze des Reiches.
ممتحن الدوله	Prüfer des Reiches.
معتمدالدوله	Vertrauensmann des Reiches.
بهاءالدوله	Schönheit des Reiches.
احتشام الدوله	Pracht des Reiches.
سیف الدوله	Säbel des Reiches.
رمح الدوله	Lanze des Reiches.
زکی الدوله	Tugend des Reiches.
رضی الدوله	Wohlgefallen des Reiches.
صارم الدوله	Mut des Reiches.
صمصام الدوله	Scharfes Schwert des Reiches.
قوام الدوله	Rechte des Reiches.
علاءالسلطنه	Hoheit des Königreiches.
وقرالسلطنه	Ernst des Königreiches.
شرف الملک	Ehre des Landes.
عزالملک	Hoheit des Landes.
افتخارالملک	Würde des Landes.
اعتمادالملک	Vertrauen des Landes.
انتصارالملک	Rächer des Landes.
اعزازالملک	Ehre des Landes.
مبشرالسطنه	Verkünder froher Nachricht im Königreich.
مدبرالملک	Der Kluge des Landes.
معزالملک	Verherrlicher des Landes.

traute der Kaufleute." — „Auch diese muss man unbeachtet lassen.

صدرالدوله Ehrenplatz des Reiches.

عضدالملك Arm des Landes.

عضدالسلطنه Stütze des Königreiches.

صديق الدوله Treuer Freund des Reiches.

خازن الدوله Schatzmeister des Reiches.

نادر الدوله Mächtiger des Reiches.

مقتدر السلطنه Der mit Vollmacht Versehene des Königreiches.

اعتصام السلطنه Unschuld des Königreiches.

وكيل الدوله Vertreter des Reiches.

وزير الدوله Minister des Reiches.

نير الدوله Glänzende des Reiches.

شجاع الملك Mut des Landes.

ذكاء الملك Sonne des Landes.

بيان الملك Beredsamkeit des Landes.

بنان الملك Finger des Landes.

معين الملك Hilfe des Landes.

احتشام الملك Ruhm des Landes.

مستنصر السلطنه Verteidiger des Königreiches.

ارفع السلطنه Erhabener des Königreiches.

عدل الملك Gerechigkeit des Landes.

معين العداله Hilfe der Gerechtigkeit.

معين الايالة Beistand der Regierung.

نصرة الملك Stütze des Landes.

اقبال الملك Glück des Landes.

اقبال السلطنه Glück des Königreiches.

حكيم الملك Gelehrter Arzt des Landes.

Wir gehören nicht zur Klasse der Kaufleute." Ehrenplatz der „Marsie-

طبيب الملك	Der Physiker des Landes.
فيلسوف الملك	Philosoph des Landes.
مسيح الملك	Messias des Landes.
سهام الملك	Pfeil des Landes.
قوام الملك	Stütze des Landes. Pfeiler des Landes.
خازن الملك	Schatzmeister des Landes.
علاء الملك	Hoheit des Landes.
دبير الملك	Schreiber des Landes.
بهاء الملك	Schönheit des Landes.
ضياء الملك	Licht des Landes.
نظام الملك	Ordnung des Landes.
عضد الملك	Hilfe des Landes.
ظهير الملك	Beschützer des Landes.
سيف الملك	Säbel des Landes.
شمشير الملك	Schwert des Landes.
معتمد الملك	Vertrauensmann des Landes.
ناظم الملك	Ordner des Landes.
سراج الملك	Brennender Docht des Landes.
وكيل الملك	Verwalter des Landes.
نجم الملك	Stern des Landes.
قوام الملك	Stütze des Landes.
حشمة الملك	Grosses Gefolge des Landes (Pracht des Landes).
مشير الملك	Berater des Landes.
مشكوة الملك	Lampennische des Landes.
اديب الملك	Der Wohlerzogene des Landes.
اديب الممالك	Der Wohlerzogene der Länder.

vorleser, Würde der Marsievorleser, Schwert der Marsievorleser."

امين الملك Aufseher des Landes.

مهندس الممالك Ingenieur der Länder.

محقق الملك Der Kundschafter des Landes.

سعد الملك Glück des Landes.

صنيع الملك Werk des Landes.

شهاب الملك Glänzendes Sternbild des Landes.

سحاب الملك Wolke des Landes.

يمين الملك Rechte Hand des Landes.

لسان الملك Sprache des Landes.

صدق الملك Wahrheit des Landes.

صديق الملك Gerechter des Landes.

ناصر الملك Helfer des Landes.

ناصح الملك Ratgeber des Landes.

عميد الملك Säule des Landes.

عماد الملك Stütze des Landes.

عماد السلطنه Stütze des Königreiches.

ساعد الملك Hilfe des Landes.

ساعد الدوله Beistand des Staates.

ساعد السلطنة Hilfe des Königreiches.

ساعد الوزاره Hilfe der Ministerien.

محقق الدوله Erforscher des Staates.

محقق السلطان Der dem Könige Zustimmende.

امين دربار Aufseher des Hofes.

امين شورا Aufseher des Rates, Vertrauter des Reiches.

امين خلوت Aufseher des Geheimkabinets, Vertrauter des Königs.

„Das sind ja Rusevorleser,*) welche nicht in unseren Gesichtskreis

امین حضرت	Der Aufseher Sr. Majestät.
امین حضور	Der Zeremonienmeister.
امین دیوان	Aufseher der Kanzlei.
امین نظام	Aufseher der Ordnung.
امین لشکر	Inspektor der Armee.
امین حرم	Inspektor des Harems.
امین خاقان	Vertrauter des Monarchen.
امین همایون	Vertrauter des Kaisers.
امیر نظام	Präsident des Regierungssystems.
مشیر نظام	Berater der Armee.
وزیر نظام	Der Minister der neuen Ordnung (des Heerwesens.)**)
شجاع نظام	Mut der Armee.
مشرف نظام	Der von der Armee Verehrte.
سررشته دار نظام	Das Haupt, das den Faden hält in der Armee.
بدایع نگار	Der Schreiber neuer Gedichte.
وقایع نگار	Der Historiker.
امین الوزاره	Der Vertraute der Minister.
نایب الوزاره	Der Vertreter der Minister.
معین الوزاره	Beistand der Minister.
اعتضاد الوزاره	Hilfe der Minister.
اعتماد لوزاره	Das Vertrauen der Minister.
معتمد الوزاره	Der Vertrauensmann der Minister.

*) Welche die Marsie, die Leidensgeschichte des Imam Hussein und seiner Familie im Monat Muharrem vorlesen.

**) Titel des Kriegsministers.

Kusevorlesung. (S. 88.)

gehören. Von dieser Kategorie gibt es eine Menge, lasst das.“ Ich sagte: „Hadschi Khan, über*) einige von diesen Titeln hat man mit roter und blauer Farbe Zeichen gemacht, wozu ist das?“ — Er erwiderte: „Bravo, du hast gut aufgemerkt, diejenigen welche mit rot bezeichnet sind, sind speziell für hohe Offiziere der Armee, man gibt sie nur solchen, deren Rang nicht niedriger als ein Mirpändsch und Särtip**) ist, und dies wegen der Höhe der vielen Trinkgelder. Unsereiner kann nicht zu solchen Titel kommen. Jene aber, welche mit blauen Zeichen versehen wurden, sind Titel, welche schon vergeben sind, und deren Besitzer noch leben. Von denen aber, die unbezeichnet sind, kann ich mir einen für mich auswählen, aber eben wegen des Bedenkens, welches ich Euch erklärt habe, hatte ich dazu keine Lust. Dies ist meine Vergangenheit, und ich schliesse jetzt damit. Nun berichtet ihr auch über euer Schicksal, damit ich sehe, was mit euch geschehen ist, dass euch die Lust anwandelte von Kairo bis hierher zu reisen.“ Ich sagte: „Die Wahrheit davon ist folgende: Wir haben heute noch nicht richtig gefrühstückt und sind hungrig, bitte lasst das Abendmahl auftragen. Dann werde auch ich dir mein Schicksal berichten.“ Man brachte das Abendbrot. Sie hatten dazu gute Fleischklösse (Kufte) gekocht. Wir assen. Er pries seinen Wein an,***) aber ich erklärte feierlich, dass ich bis jetzt noch keinen getrunken, auch keinen trinken würde. Dann fing ich die Unterhaltung an, indem ich sagte: „Unsere Erlebnisse sind nicht allzu lang. Von Ägypten kamen wir zur Pilgerfahrt nach dem heiligen Meschhed, und, nachdem wir der Ehre des Besuches dieses Heiligtums, welches die Engel hüten, teilhaftig geworden waren, gelangten wir bei unseren Besuchen hierhin und dorthin auch hierher, und ich beabsichtigte von hier nach Aserbaidschan zu reisen

Ibrahim trinkt keinen Wein.

*) Wir unterstreichen.

**) Ein Mirpändsch hat fünf Obersten (särtip) unter sich. Die militärische Reihenfolge ist diese: Serbas, Gemeiner; väkil, Unteroffizier; väkil baschi, Feldwebel. Die sahib mänsäb (Offiziere) sind: 1. Erster und zweiter naib, Leutnant; 3. sultan, Hauptmann; 4. javär, Major; 5. särhäng, Oberstleutnant; 6. särtip, Oberst (drei Klassen); 7. Mirpändsch, Generalleutnant; 8. Amir-i Tuman, General über 10000 Mann; 9. Amir-i Junan, 10. Serdar-i Akram, 11. Serdar-i Afgham, 12. Serdar-i Asam, Generalfeldmarschall; 13. Sipahsalar, Feldmarschall; 14. Sipahsalar-i asam, Oberbefehlshaber; 15. Kriegsminister.

***) Man trinkt jetzt ziemlich viel, meist Cognac und Arak und meist nur um sich zu betrinken. Die beliebtesten Weinsorten sind Hamadan, Schiras, Isfahan.

und, wo es mein Herz wünschte und es mir gefiele, dort wollte ich mich niederlassen, mein Eigentum in Kairo verkaufen gehen und hierher wieder zurückkehren, um dann in irgend einem Winkel der teuren Heimat, welche mir tausendmal lieber als Kairo ist, meinen Wohnsitz aufzuschlagen. Aber unglücklicherweise habe ich bisher keinen Ort, der für mich passend erscheint, gefunden. Jetzt nun gedenke ich einen Vermittler ausfindig zu machen und bei zwei oder drei Ministern zur Audienz zu gelangen; ich habe mit ihnen einige mündliche Besprechungen vor. Wenn dies von Euch ins Werk gesetzt werden könnte, dann kann ich zu Euch Hadschi Khan sagen, sonst bist du noch der alte Junge Mollah Mohammed Ali, der du warst." Er erwiderte: „Wenn du für eine Angelegenheit eine Vermittelung wünschst oder eine Bittschrift an hoher Stelle einreichen willst, dann kann ich dienen, aber dich in die Gesellschaft der Minister einzuführen und dich mit ihnen unterhalten zu lassen, das vermag ich nicht, das heisst, es ist nicht in der Schnelligkeit möglich. Dann müsst ihr fünf bis sechs Monate mindestens hier bleiben, dann möchte es angehen. Man muss eine gewisse Zeit auf eine Gelegenheit warten." Ich versetzte: „Mein Bleiben in dieser Stadt auf längere Zeit liegt ausserhalb dem Bereiche der Möglichkeit, ich muss fort." Er sagte sodann nach einigen Nachdenken: „Welchen von den Ministern wollt Ihr sehen?" — Ich erwiderte: „Den Vezier des Innern, den Minister des Äusseren und den Kriegsminister." Er sagte: „Ich habe soeben darüber nachgedacht wie man es bewerkstelligen könne." Er hub an drei Schriftstücke zu

Ibrahim erhält Empfehlungs-Schreiben an die Minister.

verfassen, steckte diese dann je in ein Couvert, schrieb auf alle drei etwas und sagte: „Ein Brief ist an Mirsa Kasim Beg adressiert, das ist der Lehrer von den Kindern des Ministers des Auswärtigen, er selbst ist in Arabien geboren und liebt arabisch sehr. Falls er sieht, Ihr versteht arabisch, so wird er sich sehr darüber freuen, mit dir mit grösstem Vergnügen verkehren und dein Vorhaben zu fördern suchen. Der andere Brief ist für Risa Khan bestimmt. Es ist dies der Kammerherr vom Minister des Innern, man muss es ihm geben. Der dritte ist an Asad Beg, den Feraschbaschi des Kriegsministers, es muss an ihn gelangen. Wenn Risa Khan und Asad Beg nicht darauf eingehen und ausweichende Antworten geben, dann stecke ihnen ein bis zwei Toman heimlich in die Hand, aber Mirsa Kasem ist nicht zu bestechen und würde niemals einwilligen. Meschhedi

Hassan aus Kirman kennt die betreffenden Ministerpalais, nimm ihn morgen als Führer mit, damit du ans Ziel kommst." Ich war ungeheuer froh und sagte: „Merçi Hadschi Khan, merçi!"*) Hierauf versetzte Hadschi Khan: „Überlegt Euch, wenn Ihr Orden oder sonst etwas haben wollt, so kann ich das zurecht bringen." Ich erwiderte: „Nein, danke. Ich habe Orden und Borten nicht nötig." Er sagte: „Du selbst hast sie nicht nötig, aber für deine Freunde, was kann es schaden? — Wenn du Lust hast, so kann ich mir zwei bis drei Ordensdiplome von verschiedenen Graden, ohne einen Namen darauf anzugeben, verschaffen. Du nimmst ihn mit und gibst ihn im Auslande an wen du Lust hast." Ich erwiderte: Agha Dschan,**) wenn ich so etwas erlebe, so blutet mir das Herz, verleite mich nicht zum Ordensschacher. Gott macht verächtlich wer die Orden des Staates in dem Masse lächerlich macht. Wie schlechter Rasse und von welcher Gemeinheit muss jemand sein, welcher die Schande auf sich ladet. Ordensverkäufer? — Das heisst was? — Jeder der seine eigene Ehre und sein Ehrgefühl verkauft, ist besser als jener, da ihm ja diese selbst gehört, jener aber der Allgemeinheit. Wir müssen die Orden unseres Staates als heilig betrachten und ihnen ausser unserem Leben nichts als Gegenwert zur Seite stellen, ja zu seiner Erlangung das süsse Leben darbringen. Seine Würde und Ehre müssen uns über alles gehen, da sie ja Zeichen des Ansehens unseres Staates und unserer nationalen Ehre im Auslande sind." Er versetzte: „Papa, was hast du für Ideen, wisst Ihr nicht, dass Hadschi Mehemmed Baghir, der Hoflieferant,***) drei- bis viermal nach Russland und Österreich reiste und auf jeder Reise 30—40 Orden von verschiedenen Graden mit weissgesiegelten Diplomen mit sich führte? Ich sah ihn selbst auf russischem Boden, von 1000 Rubel bis zu 600 Rubel verkaufte er sie. Er verdiente einen Haufen." Ich versetzte: „Weiss denn das der König unseres Landes nicht?" — Er erwiderte: „Der arme Mann, was weiss er davon! — Man hat ihn so mit sich selbst beschäftigt, dass er nicht Kopf von Fuss unterscheiden kann. Diese werden vom Minister des Äusseren und dem Kriegsminister in Gemeinschaft

Ordensschacher.

Der Schah.

*) Der Perser spricht mit Vorliebe französisch oder versucht es mit gewissem Stolze.

**) Mein lieber Herr.

***) کرک یراق

verkauft." Hier konnte ich mich nicht mehr beherrschen, ich fing an laut zu schluchzen, und zwei Verse fielen mir ein, welche aus einem Liede sind von einem Nationalpatrioten und sich auf die Heimat beziehen. Da es hier nicht unangebracht ist, so will ich sie niederschreiben:

„Heimat, ich sehe ein wahres Paradies, aber es hat nicht Farbe noch Hauch von dir,
Ausser einen Rundgang*) in dir zu machen, trage ich kein Verlangen.

Gott, wer in diesen Tagen ohne Klage bleibt,
Der dient nicht zur Vermehrung deines guten Rufes**) etc."

Wahrlich, Gott macht gering und unrühmlich die, welche nicht mit aller Kraft auf irgend eine Weise zur Erhaltung der Würde unseres Staates und Volkes beitragen und den hohen Rang unserer Heimat und unseres Volkes erniedrigen.

Hierauf sah ich auf meine Uhr und bemerkte, dass es über

Strassen-patrouillen des Nachts.

Mitternacht war. Ich sagte: „Bitte entlasst uns, wir wollen gehen, aber wahrscheinlich werden uns die Polizisten auf der Strasse aufgreifen." Er versetzte: „Mein Diener begleitet euch, alle kennen ihn." Er rief: „Ghulam Ali, macht die Laterne fertig!" Ghulam Ali ist derselbe alte und schmutzige Koch, dessen wir Erwähnung getan haben. Ich sah wie er die Laterne anzündete,***) sich einen Dolch in den Gürtel steckte, als wollte er wieder jung werden, dann brachte er uns bis an die Karawanserai. Wir klopften an die Tür, man öffnete, und ich gab Ghulam Ali zwei Kran als Trinkgeld. Er sagte: „Gott möge dem Khan langes Leben schenken." Ich erwiderte: „Papa-Seele, ich bin nicht Khan." Er versetzte: „O weh, jetzt wo das Brot im Bezirke Teheran so billig ist, da bist du noch nicht Khan geworden, wann wirst du es denn da werden?" — Ich lachte und er ging fort. Wir aber suchten unser Quartier auf und legten uns schlafen.

Ibrahim hat bange Träume.

Früh standen wir auf, und nach dem Gebet und Teetrinken war ich noch im Banne der Gedanken über die schlimmen Träume, welche ich in der Nacht gehabt hatte. Die Uhr zeigte eben über vier†) da sah ich Meschhedi Hassan von weitem auftauchen. Er

---

*) Wie in Mekka um die heilige Kaaba.

**) Sâdi, Gulistan.

***) Die Diener tragen die Laternen vor, die Grösse derselben richtet sich nach der Vornehmheit des Herrn.

†) Nach pers. Zeit. Es wird nach Sonnenauf- und Untergang und Mittag gerechnet.

wollte heraufkommen, ich aber sagte: „Kommt nicht, ich will mit Euch wohin gehen." Ich zog meinen Mantel an, und wir machten uns auf den Weg. Ich sprach: „Meschhedi, Ihr müsst mich heute zum Ministerium des Innern führen, dann wollen wir von dort noch nach dem Ministerium des Äusseren und dem Palais des Kriegsministers gehen." Meschhedi Hassan fragte: „Hat es Hadschi Khan fertig gebracht?" — Ich bejahte. Dann gingen wir zusammen nach dem Ministerium des Innern. Wenn ich das Lob dieses Gebäudes singen wollte, so würde dies eine lange Rede geben. Ich fragte nach Risa Khan, und sie wiesen mich hin. Ich ging an ihn heran, grüsste und gab ihm den Brief von Hadschi Khan. Nach dem Lesen warf er ihn mir zu und sagte: „Heute geht es nicht. Es ist nicht möglich." Ich trat an ihn heran und steckte ihm einen Imperial in die Hand. Er sah mir ins Gesicht und sagte: „Geduldet Euch etwas!" Nach fünf Minuten kam er und sagte: „Bitte." Wir traten in ein Zimmer, und ich machte: „Gurnisch"*) und die vorgeschriebenen Verneigungen. Ich sah wie Seine Exzellenz der Minister, angetan mit einem Gewande von rotem geblümten Schalstoff, in grösster Würde dasass. Ich blieb nun stehen. Er fragte: „He, was gibt's?" — Ich sagte: „Ich, dein Opfer, habe ein Anliegen." Er sagte: „Sprich!" Ich hub an: „Mein Anliegen ist lang, ich aber bin fremd in diesem Lande, es würde wohl der Güte Eurer erlauchten Herrlichkeit nicht unrecht sein, mir allerhuldvollst die Erlaubnis zum Sitzen zu geben und im Sitzen mein Anliegen im Staube zu Euren gesegneten Füssen ausführlich darzulegen." Nach einigem Nachdenken sagte er: „Gut setze dich und sprich!" Hierauf nach einigen Komplimenten und Lobsprüchen setzte ich mich nieder und hub also an: „Ich komme von weit her und bin diesem Land fremd, meiner Religion nach bin ich Schi'ih und von persischen Eltern. Meine erste Bitte im Staube der gesegneten Füsse eines erhabenen Hortes des Ministeriums ist folgende: Sie mögen geruhen, meine Petition bis zu Ende huldvollst anzuhören und dann mit Güte und Gewalt demgemäss, was Sie für würdig befunden haben, Anordnungen treffen." Er sagte: „Sprich." Ich fuhr fort: „Ich, dein Sklave, hatte im Auslande gehört, aber jetzt sehe ich mit meinen eigenen Augen, dass das iranische Reich im Vergleich zu anderen Ländern auf der

Ibrahim beim Minister des Innern.

*) Tiefe Verbeugung. (Türk. Aserbaidschan).

Erde sehr heruntergekommen ist. Eure hocherhabene Herrlichkeit, welche den grossen Titel eines Minister des Innern führt, müsste zur Erfüllung Ihrer Pflicht und der Erfordernisse eines so hohen Postens alle wichtigen Angelegenheiten im Innern des Reiches gewahr werden und Ihre Zeit widmen bei Tag und Nacht der Wohlhabenheit des Landes und der Herbeischaffung von Mitteln zur Hebung der Würde des Reiches und der Wohlfahrt seiner Einwohner. Nun lassen Sie uns bitte sehen. In welcher von all den Städten dieses enormen Landes haben Sie Krankenhäuser bauen lassen oder Asyle (Herbergen) und Waisenhäuser errichtet oder für die Erziehung von verlassenen Kindern aus dem Volke Gewerbeschulen angeordnet? Ferner nach welchen Flecken unserer Heimat haben Sie zur Erleichterung des Transportes Chausseen gebaut und für welche Mittel zum Fortschritt und zur Hebung des Ackerbaues und der Bauern gesorgt, worauf doch hauptsächlich die Existenz des Reiches und Volkes beruht? Was nun den Fortschritt des Handelswesens betrifft, welches die anderen grossen Reiche nicht eine Minute unbeachtet lassen, sondern zu seiner weiteren Ausdehnung Millionen ausgegeben und, wenn es das Schicksal so fügte, zur Erreichung ihrer Ziele ihr Blut geopfert haben, welch ernstliche Anstrengungen sind von Euch dafür gemacht worden? — Habt Ihr keine Ahnung, wieviel jährlich von persischen Waren nach dem Ausland verladen und transportiert wird, und wieviel Kaufgut vom Ausland hier ins Land kommt? Wunderbarerweise ist davon nichts Eurem gesegneten erhabenen Geiste eingefallen. An Euch ist es, es dahin zu bringen, dass das Quantum von Waren und Produkten des Inlandes, welches nach dem Auslande geht, dasjenige übersteigt, welches vom Auslande nach dem Inlande eingeht, dann werden die Einnahmen unserer Heimat stärker als die Ausgaben sein, die Untertanen würden dadurch vermögender und der Staatssäckel würde runder werden. Warum sind die Untertanen Irans darauf angewiesen, die nötigsten Lebensbedürfnisse vom Auslande her zu decken, wie Kampfer und Lichter? Hat diese Gott mit seiner vollkommenen Kunst geschaffen, oder sind sie Menschenwerk? — Regnet es etwa Zucker vom Himmel? — Seltsamerweise findet man auf dem Boden des persischen Reiches keine Neigung Zuckerrüben anzupflanzen noch hat man Zuckerrohr. Könnte man nicht das Fett der Kühe oder Schafe in Iran ebensogut wie das Fett der Vierfüssler und

Lasttiere bei anderen Völkern durch Reinigung benutzen? — Ist es nicht sonderbar, dass all die Baumwolle aus Iran, welche man zu halben Millionen nach dem Auslande fortführt, nicht für die Kleidung seiner Einwohner genügt? — Haben Eure Exzellenz, Herr Minister, von der Seelen- und Einwohnerzahl Irans keine Kenntnis? — Ist Ihnen die Zahl der Geburten und Nachkommenschaften, auf welchen die lange Dauer des Fortbestandes unserer Bevölkerung und Nationalität beruht, bekannt? — Haben Sie bis jetzt die Gründe untersuchen lassen, warum all diese Perser auswandern und sich über Russland, die Türkei und Indien verteilen? — Haben Sie Vorkehrungen zur Verhinderung dessen getroffen? — Warum richten Sie nicht Ihre Sorge darauf, dass zur Bestreitung der jeweiligen Bedürfnisse des Volkes mindestens in einigen Bezirken kleinere Fabriken, zum Teil auf Ihren werten Namen erbaut und installiert werden? — Sie werden einwenden, der Bau von Fabriken sei nicht Sache und Pflicht des Ministers. Das mag richtig sein, aber den Anstoss zu geben zum Beginn und weiter zur Aufmunterung des Volkes und zur Verbürgung dafür, dass man die Rechte der Untertanen respektiert, dass ist die Aufgabe eines fähigen Ministers, der Weisheit und Gewissenhaftigkeit in sich vereint. Bei Gott, in fremden Ländern gehört alles, was ich Stück für Stück aufgezählt habe, zur Pflichterfüllung eines Ministers des Innern. Er muss den Faden seiner Beglückungen allerorten finden und der Hand der Untertanen überweisen. Wenn er das nicht tut, dann ist er zu tadeln und man muss ihn zur Rechenschaft ziehen. Warum forschen Sie nicht nach den Gründen des Verfalles und des Elends im Volke, was die Veranlassung dazu sein könnte? -- Jährlich nehmen so viele Tausende von Einwohnern Irans Abschied von Haus und Hof und ergiessen sich über das osmanische Reich, Russland und Indien, und in der Fremde vor Freunden und Ausländern bringen sie in solcher Erniedrigung und solchem Elend ihr Dasein dahin. Ist die Zeit noch nicht gekommen, in welcher in Iran Minister die Untertanen an die Gouverneure und die Gouverneure an ihre Vertreter, und die Vertreter an den Begler Beg*) und den Daroga**) und jene wieder den verschiedenen Kad Khudas***), diese aber an den

*) Oberstatthalter.

**) Polizeimeister.

***) Ortsvorsteher.

Feraschbaschi und Naib*) nicht mehr verkaufen dürfen? — In welchem Lande hat man es erlebt, dass man das Darogaamt in der Stadt vermietet und zwar an Leute von solcher Niedrigkeit und Unwissenheit? — Endlich muss man bedenken, ob bei diesen achtbaren Beamtenstellen — in zivilisierten Ländern bezeichnet man sie als Polizeikreise — es würdig ist, wenn der Polizist ein Mann ohne Kopf und Fuss sein darf. Aber abgesehen davon, heisst es nicht sich aller Würde begeben, wenn sie die Söhne achtbarer Kaufleute allerhand bei den Haaren herbeigezogener Vergehen, aller Arten von unpassenden Handlungen beschuldigen, und deren guten Ruf und Ansehen für fünf Toman in den Staub treten oder von ehrsamen und edlen jungen Leuten, die sich vor Vater und Brüdern schämen, ohne irgend eine Schuld ihrerseits 40—50 Toman als Strafgeld nehmen? — Haben Sie ferner von den lottrigen Zuständen der hiesigen Zollhäuser, die keinen Tarif haben und deswegen tausenderlei Schadenfreude bei Freund und Feind verursachen, keine Ahnung? — Von einer Art Waren des Imports und Exports nimmt man von irgend einem zwei Toman, von einem anderen einen Toman und von wieder einem anderen, sei es nun dass dessen Vater Infanterist oder sein Bruder Artillerist ist, 50 Kran. Zur Abstellung aber hiervon braucht man kein Geld auch keine Leute mit himmlischer Staatsweisheit.**) Wie lange noch wird es in der Hand der gewalttätigen Gouverneure über die Behandlung der Untertanen oder die Steuererhebung kein Buch für Verhaltungsmassregeln und kein Verzeichnis von Schemata und Beispielen mehr geben? Bis wann werdet Ihr Euch um das Los dieser von Gott anvertrauten kostbaren Pfänder, deren Name Untertan ist, nicht weiter kümmern? — Diese habt Ihr dem tyrannischen Willen von mitleidlosen Gouverneuren überantwortet und werdet sie hilflos dazu anhalten, den niedrigen Wünschen dieser gemeinen Leute zu willfahren. Hat das 3000-jährige Iran nicht die Kraft in jeder grösseren Stadt hygienische Aufsicht anzuordnen und drei oder vier verpflichtete Ärzte dort anzustellen, um die Leute dieser Städte vor der drohenden Todesstunde, welche durch Toren und unwissende Quacksalber herbei-

*) Hofmeister.

**) اسمان auch der Genius, welcher über den 27. Tag jedes persischen Sonnenmonats wacht.

Bastonnade. (S. 96.)

geführt wird, zu retten? Warum darf es zur Heilung der Syphilis und des Aussatzes, deren Heilung im Anfangsstadium sehr leicht ist, keine Hospitäler geben, sodass in jeder Stadt die Reisenden nicht gleich bei ihrer Ankunft mit diesen Unglückseligen zusammentreffen? Sie, welche diese ekelhafte Krankheit so heimsucht, dass sie Lippen und Nasen verlieren, die Augen und der Mund sich verziehen, strecken ihre Bettelhand Einheimischen und Fremden entgegen und führen

Das betende, dumpf brütende und verzagende, und zukünftige Persien.

wie die wilden Tiere ein Leben im Freien. Von Haus und Hof sind sie verjagt und Kind und Kegel sieht voller Verachtung auf sie. Bei Gott, für jemand, der sein Vaterland glühend verehrt, wird der Tod beim Anblick dieser unglückseligen Wesen leicht und wohl. Ich habe sie nur einmal gesehen, und noch zittert und fiebert mir das Herz. Ihr könnt sie alle Tage ansehen. Kein Staub reicht bis zum Saume Eurer Hoheit. Sind jene nicht Söhne Eurer Heimat und Brüder Eurer Religion?*) Die Fremden dagegen, welche Mühe

*) Christliche Anschauung.

nehmen sie auf sich zur Erhaltung des Lebens eines Einzigen von ihren Landsleuten und ihrer Rasse, wieviel Geld geben sie dafür aus! Zur Verbesserung dieser Zustände, welche in den Augen des Auslandes zur Schande für unseren Staat und unser Volk gereichen und zu tausenderlei Vorwurf bei Einheimischen und Fremden dienen, bedarf es nicht etwa unermesslicher Ausgaben, um durch ihre Beseitigung Staat und Volk wieder rein dastehen zu sehen. Bei Gottes Einheit schwöre ich, dass man aus dem Volk selbst heraus das Mittel zur Abstellung dieser Übelstände, welche dazu dienen die Würde unseres Staates in den Augen der Ausländer herabzusetzen, auf die allerleichteste Art nehmen kann. Wie kann man von den armen Untertanen so viel Straf- und Bestechungsgelder nehmen? Aus diesem Grunde sind nach Verlauf von 20—30 Jahren die Kinder oder Verwandten oder Anhänger eines Mannes, der im menschlichen und göttlichen Gesetz wohlbewandert ist (fakihe) und der selbst durch Vermittelung von einigen Personen vom Reiche nur jährlich 60 Toman Gehalt für geistliche Fürbitte hatte, jetzt Herren geworden von Hab und Gut im Werte von 2½ Millionen (5 Kurur*). Aber zur Beseitigung von nur geringen Übelständen in der Heimat da ist es unmöglich auf allgemeinen Beistand zu rechnen und solch geheiligtes Werk zu fördern. Was in dieser Hinsicht nötig ist, das ist nur guter Wille, Leitung, Rechtschaffenheit und Unbestechlichkeit. Hierdurch wird das Volk an sich die Regierung und die Regierung das Volk kennen lernen und verstehen, was ihnen ohne Unterschied not tut, dann sind sie in der Bezeichnung zweifach, aber im Sinne eins. Alle schwierigen Geschäfte könnten dann ausgeführt und in Angriff genommen werden. Dann kann der Staat infolge des glücklichen Zusammengehens dieser beiden teuren Elemente des Vaterlandes für lange Dauer keine Schwierigkeiten mehr antreffen. ‚Der Staat steigt empor, durch Eintracht; Gesetzlosigkeit aber steigt empor aus Zwietracht.' Mit Hilfe von Edelmut und dem Sinn für Gleichheit kann man gemeinsam die Schwierigkeiten besiegen. Im Verlauf meiner Reise, in der ich einen geringfügigen Teil des persischen Reiches sah, blutete mir das Herz. Überall ein elendes Reich, ein elendes Volk, ein elender Handel, die Gedankenwelt elend, der Glaube elend, ‚die Stadt und ihr König elend'. Gott, was ist

*) 1 Kurur = 500000.

das für ein Elend! — Ich wundere mich nur, wozu man bei all dem Elend noch diese Unmasse Minister nötig hat. Meine Petition geht nun dahin, Euch nach den Ursachen für all dieses Elend zu fragen.

Wenn der Prophet Gottes Euch fragen würde: O Minister von Iran, ihr Führer meines Volkes, wo ist mein göttliches Wort, wo ist Euer heiliges Kriegsgerät, wo Eure Religionsstreiter, wo Euer frommer Glaube? — Ich habe neben ihm die Liebe zum Vaterlande geboten. Welche Antwort werdet Ihr darauf geben können, und welche Entschuldigungen werdet Ihr vorbringen? — Und wenn Euch nun ein Freund oder Feind fragt: Was war der Hinderungsgrund in einer Zeit von 50—60 Jahren des Königreiches, welches Ihr ohne Verwickelungen mit dem Auslande in grösster Unabhängigkeit und Ruhe beherrscht, dass Ihr nicht imstande waret von diesen 25 Kurur*) Einwohner von Iran nur 25 Leute zu unterrichten, so dass sie auf würdige Weise die Obliegenheiten der Zollverwaltung unseres Landes erfüllen können und Ihr nicht mehr nötig habt von Europa fremde Angestellte mit enormen Gehältern zu mieten und in Euren Zollhäusern zu installieren? Was werdet Ihr dann zur Antwort sagen? — Wenn ferner ein Ausländer Sie interviewt: Welch Hindernis liegt für Euch vor, dass Ihr im Zeitlauf von 60 Jahren das Einkommen dieses ausgedehnten Landes nicht um eine Million Toman vermehren könnt, welche zur Bestreitung der vermehrten Verteidigungsmassregeln des Vaterlandes dienten? Welch schlagende Antwort könnt Ihr darauf geben? — Um wieviel Mal mehr als früher hat man gegenwärtig im Verlaufe von diesen 60 Jahren das Einkommen bei den übrigen Staaten nah und fern vergrössert, und hat sich in gleichem Masse so ihre Wohlhabenheit und Volkszahl vermehrt.

Wenn Euer eigenes Ehrgefühl Euch fragt, welche Vorteile Ihr geniesst allein aus den Einnahmen im Lande durch Bestechungsgelder, Geschenke und Strafgelder, wie Ihr dagegen völlig ausser acht lasset, Mittel und Wege zu finden zur Vermehrung des Staatseinkommens und der Ausdehnung der Handelskreise und des heimatlichen Ackerbaues, wie wollt Ihr da Rede stehen, die Euch aller Schuld entheben könnte? — Fürchten Sie vielleicht, dass durch Aufforstung der Wälder im Lande, oder durch Bearbeitung der herrenlosen Bergwerke, oder die Herbeischaffung von Transport-

*) $12\frac{1}{2}$ Millionen.

mitteln das Vaterland weniger Nutzen ziehen würde als durch Gewalttaten und Plünderung? — Oder wisst Ihr nicht, dass die Untertanen Hand und Fuss des Staates vorstellen. Man muss sie zur Arbeit anhalten aber sie ihnen nicht nehmen. Die Untertanen sind Verteidigungsglieder am Körper des Staates. Ihr heutiges Elend wird nach weiteren fünf Tagen Euren eigenen Fall und Euer Elend nach sich ziehen."

Der Minister sagte: „Ist Euer Geschwätz zu Ende oder habt Ihr noch etwas auf Lager? Ich kann nicht länger auf dein ungereimtes Zeug hören. Verrücktes Menschenkind, welcher Sohn eines verbrannten Vaters hat dir diese Faseleien eingegeben? Bin ich der Prophet der letzten Zeit,*) dass ich ‚o mein Volk'**) sage. Jeder hat für sich selbst tausend Schmerzen und Gedanken. Dummkopf, es sind nun zwei Stunden, dass du die Kinnbacken bewegst und ich mein Ohr spitze, was wird er sagen? Verrückter Mensch, steh auf und scher dich an deine Arbeit! Du bist ein sonderbarer Kauz, erhebe dich und packe dich fort, erhebe dich!" Ich stand notgedrungen auf, ging hinaus und ging denselben Weg, den ich gekommen war, zurück. Ich fand Meschhedi Hassan im kleinen Hofgärtchen unter einem Baum aus Langerweile eingenickt vor und sagte: „Bruder, stehe auf und lass uns gehen. Wir brauchen nicht auf Antwort zu warten." Er fragte: „Bist du fertig mit deinem Geschäft mit dem Minister?" — Ich lächelte. Auf dem Wege wurde ich unschlüssig, ob ich noch zum Minister des Äusseren und dem Kriegsminister gehen sollte oder nicht. Dann aber sagte ich zu mir selbst: „Man muss Herr seines Entschlusses sein. Jedenfalls wird für die Krankheit, an welcher das Vaterland leidet, von ihnen kein Heilmittel zu holen sein, aber es ist besser, ich versuche es noch einmal, um wenigstens mein schmerzbekümmertes Herz durch eine Aussprache gewissermassen zu erleichtern." Ich sagte also zu Meschhedi Hassan: „Lass uns zum Minister-Palais des Äusseren gehen." Er erwiderte: „Was kann es schaden?" — Nun kamen wir an das Tor des Ministeriums des Äusseren. An dem Tore sah ich einige Ferraschen und einen russischen Kosaken stehen. Ich erkundigte mich bei den Ferraschen nach Mirsa Kasem Beg, und sie wiesen

*) Der 12. Imam, der vor Anbruch des Weltgerichts kommt.
**) Mohammeds Worte.

mich hin. Vor mir erschien ein Mann mit schönem Gesicht. Ich grüsste und gab ihm den Brief von Hadschi Khan. Er las und fragte mit grösster Liebenswürdigkeit auf arabisch: „Versteht Ihr arabisch?" — Ich sagte: „Ja" (auf arabisch). Er hiess uns niedersetzen und lud uns auf arabisch mit „Bitte" ein: Wir setzten uns, er befahl Tee, man brachte ihn herbei, und wir tranken. Darauf stand er auf, ging hinaus und nach einer kleinen Weile kam er wieder und sagte: „Geduldet Euch ein wenig. Der erste (Naïb) Attaché der russischen Gesandtschaft ist beim Minister, und sie verhandeln heimlich." Nach kurzer Überlegung fand ich heraus, dass die russische Gesandtschaft sich durch das soeben erfolgte Zugeständnis der Konzession an die Engländer beunruhigt fühlte, und dass man sich nun unter vier Augen über gerade diese Angelegenheit unterhielt, ob sie vielleicht störend eingreifen würde, oder ob man selbst nicht eine ähnliche Konzession erhalten könnte. Zufällig stellte es sich später heraus, dass es so war. Nach einer Stunde ging Mirsa Kasem Beg abermals fort, und bei seinem Wiedererscheinen kam er zusammen mit einem Kämmerer des Ministers und forderte mich zur Audienz beim Minister auf. Wir gingen durch viele Zimmer, dann blieb er stehen, hob den Vorhang auf, und ich trat in das Zimmer. Ich sah der Minister war aufgestanden und wandelte hierhin und dorthin. Ich grüsste und verneigte mich. Er geruhte: „Was ist los?" — Ich schickte nun dieselbe Einleitung auch hier voraus, die ich beim Beginn meiner Audienz beim Minister des Innern vom Stapel gelassen hatte und bat um die Erlaubnis zum Sitzen. Er fragte: „Du bist aus Ägypten?" Ich bejahte. Ich begriff, Mirsa Kasem Beg hatte ihn orientiert. Er fuhr fort: „Untertan von welchem Staate?" — Ich sagte: „Persischer Untertan." Er sagte: „Ich hörte in Ägypten hätten sich sämtliche vermögende Untertanen Irans entnationalisieren lassen und sich anderen Staaten angeschlossen." Ich warf ein: „Ich ausgenommen." Halb lachend setzte er sich und gab mir ebenfalls den Befehl Platz zu nehmen. Abermals stellte ich auch hier das Ersuchen, meine Petition bis zum Schlusse anzuhören. Er erwiderte: „Wenn es nichts ärgerliches enthält, und unter der Bedingung, dass es keine törichten und sinnlosen Worte sind." Ich bemerkte: „Alles, was ich sagen werde, geschieht aus Liebe zum Vaterlande. Ein anderes Anliegen bringe ich nicht vor." Er sagte: „Sprich, damit ich sehe."

Ibrahim beim Minister des Äusseren.

Ich hub an: „Herr Minister, an Eure Exzellenz richtet ein Fremder aber ein Patriot aus dem persischen Volke die Frage, haben Sie Kenntnis über die Schlechtigkeiten, welche Ihre Konsuln in fremden Ländern verüben oder nicht? Wie lange noch werden die Pässe des Staates, welche in den Augen des Auslandes für Beweise der persischen Nationalität gelten, wie Einpackepapier bei den Parfümerien wertlos und nichtig sein? — Bis wann noch wird dieser Wechsel unserer Nationallehre wie Spielkarten an verschiedenen Orten zum Verkauf kommen? — und dies zu wechselnden Preisen, z. B. in Teheran für 5 Kran, in Täbris für 1 Toman, an den Ufern des Arras für 1½ Toman, im Kaukasus für 4½ Rubel, in der Türkei für 75 Gurusch*). Aber abgesehen davon, wie lange noch werden Ihre Beamten überall jedem Gauner und Dieb und Leuten ohne Kopf und Fuss irgend einer fremden Nation, sobald er nur einige Gurusch bezahlt, diese Pässe verkaufen, sodass er im ganzen osmanischen Reiche und in Russland, überhaupt in Europa unter den Namen eines persischen Angehörigen Diebstahl und allerhand Schlechtigkeiten begehen kann, und man uns bei 72 Völker verspottet? Manches Mal, sobald sie in die Hand der Obrigkeit gefallen sind, stellt sich dann bei der Untersuchung heraus, dass dieser Gauner und Taschendieb entweder ein Armenier oder ein Georgier des Kaukasus ist, oder einer von den türkischen Wegelagerern und Strassenräubern, denen unsere Konsuln Pässe verkauft hatten. Wird in diesem Falle noch jener Konsul auf Würde und auf Wertschätzung jener Pass, welcher ein Zeichen und ein Beweis für unseren Staat und unser Volk sein soll, Anspruch erheben dürfen? — Oder ist es etwa würdig, dass einige von Ihren Gesandten sogar wissentlich und absichtlich für die Summe von einigen unreinen und stinkenden Lire auf ihrem hohen Posten sich nicht genieren, sich dieser grossen Schlechtigkeiten schuldig zu machen? — Dies unheilvolle Bestechungsgeld, wann wird es Euren Beamten endlich auf irgend eine Weise verboten werden, und wann wird es dafür einen Verweis und eine Verantwortlichkeit geben? — Ist seltsamerweise die Zeit dafür noch nicht da, dass man dem Spotte Zügel anlegen darf, und sich Staat und Volk von dieser schweren Last an schlechtem Rufe und an Schande frei macht? — Bis wann werden

*) 1 Gurusch = 20 Pfennige.

die Konsuln der fremden Staaten wegen dieser Ungehörigkeiten in unserer Heimat tun, was sie wollen, während im Gegensatz dazu Eure Konsuln im osmanischen und russischen Reiche wie Untergebene (die Hände aufeinandergelegt dastehen) den dortigen Walis und Gouverneuren Schmeicheleien und Komplimente zu machen pflegen? Eure Gesandten werden, um ihre eigenen Vergehen zu bemänteln, diese Frechheiten und Gewaltakte der ausländischen Konsuln der Machtlosigkeit des persischen Staates zur Last legen, und Ihr werdet nicht erfahren, dass diese Ansicht falsch ist. Da es nämlich in der Welt viele schwache Staaten giebt, so wird es demgemäss geschehen, dass die Starken die Schwachen mit den Füssen treten. Die Weltgesetze (Völkerrechte) werden willkürlich behandelt, ja mit jedem Staate, welcher kein festgegründetes und zusammenfassendes Recht hat, machen sie was sie wollen, und auch ein anderer wird nicht daran verhindert. Gegenwärtig kann weder der englische Generalkonsul noch der französiche oder russische, wenn sie Einsicht haben, in Bulgarien, welches ein neues Fürstentum ist und dessen Volkszahl nicht mehr als drei Millionen beträgt, sich in die Geschäfte mischen oder etwa zu einem bulgarischen Untertan sagen: ‚Hebe dich fort von hier und lass dich dort nieder.' Noch denselben Tag reissen sie ihm die Sohlen ab,*) wie man sie auch bis jetzt gar viele Male abgerissen hat. Vielleicht haben die Gesandten und Konsuln des Auslandes sich diese Frechheiten, welche sie sich in Iran herausnehmen, erst von den Gesandten und Beamten Irans zum Vorbild genommen, aber während jene die Rechte der Untertanen achten, werfen die Einheimischen vor aller Welt diese Rechte über den Haufen. Was kann man von den Beamten des Auslandes erwarten, wenn wir selbst Recht und Gerechtigkeit nicht haben! Wie kann man zu ihnen sprechen: ‚Behandelt uns mit Recht und Billigkeit!' Gottes Schutz stelle ich diesen jammervollen Zustand anheim, denn jeder Ort, wohin nur der Fuss tritt, ist voll von den herzverzehrten Persern, und der Rauch ihrer Seufzer steigt empor und macht den Himmel dunkel und düster. Vor der Vergewaltigung im Lande laufen sie fort und ziehen sich im Auslande nur noch schlimmere Grausamkeiten zu. In allen Ortschaften und Dörfern, wohin man auch im türkischen oder

*) D. h. dann kann er keine Arbeit tun.

russischen Reiche kommen mag, wird man ein Gesindel finden, ehrlos und arbeitslos, welches unter den Namen von Feraschen jemanden umgiebt, dem man den Namen Konsul beigelegt hat, und im Verein mit ihm haben sie sich zu Raub und Plünderung dieser unglücklichen Heimatslosen gegürtet, von ihnen aber steht weder der Name in den Staatsakten noch Art. Erstens, warum schliesst man im Lande nicht die Tore der Grausamkeit für sie, damit sie nicht mehr aus der Heimat ziehen müssen? Zweitens, warum nehmen die Konsuln von jedem dieser armen Kerle jährlich fünf Rubel unter dem Vorwande von Passgeld, welches in ihren Beutel fliesst? Solltet Ihr aber einwenden, diese geben wir ihnen an Stelle von Gehalt, dann seid Ihr sehr im Irrtum deswegen, weil dieses Geld von den Untertanen genommen wird. Wenn nämlich der Staat es nehmen und diesen schamlosen Unmenschen dann Gehalt geben würde, so würden jährlich grosse Summen zum Nutzen des Staatsschatzes einkommen, und auch solcherart Verspottungen bis zu einem gewissen Grade zu nichte gemacht werden. Heutzutage sind in der Türkei oder Russland bei jedem Perser, von welcher Klasse er auch sein mag, bei seinem Tode zuerst Erben jene Gesandten und Konsuln. Wenn aber seine Erben und Gläubiger durch ihre Stellung etwas vermögen, so können sie auch einen Teil davontragen, sonst nichts. Ganz so verhält es sich bei richtiger Berechnung mit der Passfrage. Wenn für die Hin- und Herreise zur Wallfahrt nach dem hochgerühmten Mekka ein Perser an jedem Grenzpunkte, den er berührt, 40—50 Toman bis zu seiner Rückkehr nach diesem Punkte für Pass und Visierung desselben bezahlen muss, und wenigstens alle Jahre 4000 persische Untertanen nach Mekka gehen, so beläuft sich der Betrag für ihre Pässe jährlich auf mehr als 160000 Toman, mit welcher Summe man an allen wichtigen und notwendigen Punkten in Russland und der Türkei Konsuln mit Gehalt und besonderen Verhaltungsbefehlen anstellen könnte; diese aber müssten, sobald eine Klage oder Beschwerde erhoben würde, zur Verantwortung gezogen werden und eine Rüge erhalten. Im Hafen von Dschedda, welcher die Eingangspforte zu unserer Kibla*) ist, worauf der ganze Islam hinblickt, warum können da die Konsuln nicht vornehm, gebildet und fromm sein, dem Könige bekannt, von anständigen

Mekkapilger.

*) Gebetsrichtung, hier Mekka selbst, zu dem der Betende sich wendet.

Familien und gelehrte und schreibkundige Leute sein? — Und zwar vertraut man alle Jahre durch ‚Kauf von dem Meistbietenden' (arabisch) das Konsulsamt dort jedem Strolche ohne Abkunft und jedem ordinären Kerl und Analphabeten für 1—2000 Lire*) an, und macht ihn über Gut und Blut der Mekkapilger, welche rücksichtsvoll zu behandeln und in ihren Rechten zu achten der Staat die dringendste Pflicht hat, zum Herren nach eigenem Gutdünken. Er nimmt weiter von jedem Pass, für den der Staat nicht mehr als 1 Toman annimmt, ohne Scham und Scheu ½ Lire,*) was gleich 2¼ Toman ist, und seine Hand lässt auch nicht ab. Mit den Trägern und Trossknechten verbindet er sich, um jene zu berauben und auszuplündern. So für die Miete eines Kamels oder Esels, für welche von Dschedda nach Mekka die anderen, d. h. Mohammedaner, von der Türkei, Russland, Ägypten und Algier, holländisch Indien, Indien und dem Kaukasus 30 Gurusch geben, nehmen sie von persischen Untertanen 200 Gurusch, was sechsmal so viel ist. Alle Jahre freilich werden Berichte hierüber in die Zeitungen gebracht, und der Klageruf der vergewaltigten Pilger (Hadschi) schreit zum Himmel. Niemand hört darauf. Die schamlosen Frevler werden niemals zur Rechenschaft gezogen. Allein das, was die Konsuln von den persischen Pilgern in Dschedda im Zeitraum von drei Monaten nehmen, ist genügend für den Gehalt eines Gesandten. Wenn Ihr dies nun, was ich soeben dargelegt habe, wisst, und dies nicht der Beachtung und der Mühe für wert haltet, so ist das unqualifizierbar. Wenn Ihr aber keine Ahnung davon habt und es nicht wisst, dann haben alle das Recht, Euch für leichtsinnig zu halten und für nicht würdig dieses hohen Titels zu erachten. Amen."

Der Minister gähnte, dann setzte er sich aufrecht und sagte: „Wird man in Arabien nicht besser erzogen? Seltsam, Mann, was bist du für ein sinnloser Schwätzer! Verrückter Mensch, du hast den Ausdruck Gesetz gehört, wälzt ihn auf der Zunge und machst dich fortwährend gross mit dem Gesetz, weisst aber nicht, dass, während bei anderen Staaten ein Gesetz in einem Jahre noch nicht zur Geltung gelangen kann, in unserem Lande jedes Ministerium sein gesondertes Gesetz hat, dessen Vorschriften ein jedes von ihnen in einer halben Stunde zur Vollstreckung bringt. Ich habe mich

*) 1 Lire = 5 Toman weniger 2 Kran. 1 Kran = 40 Pfg.

über eine deiner Handlungen gefreut, nämlich, dass du deine Nationalität nicht aufgegeben hast, wenn dem nicht so wäre, dann würde ich mit dir anders verfahren. Pack dich zur Hölle, pack dich!" Ich merkte, es gibt nichts mehr zu sitzen. Ich stand auf und machte mich auf den Weg. Ich geriet in Schweiss vor Scham. Mirsa Kasem Beg kam äusserst freundlich zu mir heran und fragte: „Hast du dich über den Konsul von Kairo beklagt?" Ich erwiderte: „Nein, es handelte sich um etwas anderes. Lebt wohl." Ich ging mit Meschhedi Hassan hinaus und sagte, so sehr die Zeit auch beschränkt ist, so muss ich doch das Vorhaben heute zu Ende bringen. Wir gingen also zum Palais des Kriegsministers. Als wir dort ankamen, sah ich, wie die Wächter vor dem Tore ihre Bajonette kreuzweise aufgepflanzt hatten, sie selbst aber sassen jeder in einer Ecke und rauchten Pfeife. Ich wollte eintreten. Sie fragten: „Wohin?" Meschhedi Hassan sagte: „Gut, gut. Wenn wir wieder kommen, bei der Rückkunft!"*) — Wir gingen hinein, und ich erkundigte mich nach dem Feraschbaschi Asad Beg. Man wies mich nach seinem Zimmer. Ich sah einen schönen Jüngling im Alter von 17 Jahren, angetan mit einem Rock ganz aus Goldbrokat, mit vollendeter Grandezza sitzen. Ich brachte meinen Gruss vor und gab ihm mit vornehmsten Anstand den Brief von Hadschi Khan. Er las und fragte: „Von wem ist er?" — Ich erwiderte: „Er muss doch Siegel und Unterschrift haben." Er sagte: „Siegel und Unterschrift ist von Mehemmed Ali, jedoch ich kenne ihn nicht." Ich sagte: „Es ist Hadschi Khan." Er warf mir den Brief zu und sagte: „Heute geht es nicht", und wandte sein Gesicht nach der anderen Seite. Ich ging den Brief aufheben, steckte heimlich einen Imperial in seine Hand und bemerkte: „Geehrter Herr Feraschbaschi, ich bin Fremder und Tourist, ich habe eine Bitte." Noch war meine Rede nicht zu Ende, als er den Imperial sah sagte er zu jemand: „Sagt dem Kämmerer, Mirsa Agha, er solle hierherkommen." Ich sah einen jungen Mann kommen, lieblicher als er, dessen Backen wie die strahlende Sonne erglänzten. Asad Beg fragte ihn: „Ist der Minister allein?" — Er sagte: „Nein, — — — der Oberst aus Gerus**) ist dort und liefert Geld ab.

*) Die Soldaten wollen Trinkgeld wie die Bettler.

**) Westpersien, grenzt an Kurdistan.

Der Verwalter (Nasir) ist ebenfalls da." Er sagte zu mir: „Nehmt ein wenig Platz." Mirsa Agha trug er aber auf: „Sobald der Minister allein ist, benachrichtige mich!" Nach einer halben Stunde kam Mirsa Agha und sagte: „Sie sind fort." Der Feraschbaschi ging ebenfalls fort, kam nach einer Weile zurück und gab mir ein Zeichen zu folgen. Ich stand auf, und er sagte mir ins Ohr: „Gib diesem Kämmerer etwas!" Ich sagte: „Jawohl bei meinen Augen." Ich hatte drei Stück 5 Hissari*) (Dinare) und gab sie. Er hob den Vorhang auf, und ich sah wie der Nasir zwei Feraschen mit zehn Geldbeuteln belud, und diese zu einer anderen Tür hinausgingen. Auch einiges Goldgeld fand sich dazwischen. Der Minister wog es Stück für Stück in einer Geldwage ab. Ich machte nun meine Verbeugung und stellte mich mit über der Brust gebeugten Händen hin. Mehr als zehn Minuten verharrte ich so, bis er die Goldstücke gewogen und in einen Beutel aus Schalstoff gelegt hatte. Dann wandte er mir sein Gesicht zu: „Was wünschest du?" — Ich erwiderte: „Ich habe ein Anliegen." Er sagte: „Sprich." Mit denselben Worten, welche ich in der Audienz beim Minister des Innern und Äusseren bei Beginn vorgebracht hatte, leitete ich das Gespräch ein und bat um Erlaubnis zum Sitzen. Voller Verwunderung schaute er mich von Kopf bis zu Fuss an und sagte: „Herr Phrasenheld, kannst du nicht dein Anliegen stehend vorbringen? — Du bist ja nicht krank." Ich bemerkte: „Es ist gar lang." Er sagte: „Was es auch immer sei, sprich!" Ich merkte, er wollte die Erlaubnis zum Sitzen nicht geben, denn er war hochmütig über die Massen. Wenn ich ein Wort davon sagen würde, so würde er ausser sich geraten. Ich hub an zu sagen: „Herr Minister, ich beschwöre Eure Exzellenz beim Reiherbusch**) des Königs, der Zuflucht des Islams, gebt diesem Euren Sklaven die Erlaubnis zum Sitzen, ich bin krank und muss sprechen." Er sagte nun notgedrungen: „Setze dich!" und ich sass nieder."

Ibrahim beim Kriegsminister.

Ich begann zu sagen: „Euer Diener ist ein Reisender. Ich bin ein Muslim und Anhänger von Dschàfer.***) Ganz Europa habe ich bereist und die Soldaten aller Staaten gesehen. Von der Gestalt

*) 1000 Dinar = 1 Kr. oder Hissar.

**) Agraffe aus Reiherfedern mit Diamanten übersät. Zeichen der königlichen Würde. (Dschekke.)

***) D. h. Schiih (Dschàfer-i Sadik 6. Imam.)

ihrer Armeen, der Art und Weise ihrer Kriegsminister bin ich unterrichtet. Vom heiligen Meschhed aber bis hierher, der Hauptstadt des Landes, habe ich von Grenzgarnisonen oder Landeswächtern oder Kanonen und Arsenalen und Militärprovisionen, Festungen und Befestigungen, Burgen und Zinnen keine Spur gesehen. Nur im heiligen Meschhed sah ich einige Soldaten, gekleidet wie Tagelöhner und Erdarbeiter, o dass ich sie doch lieber nicht gesehen hätte! Nun frage ich Euch, der Ihr der Kriegsminister dieses altehrwürdigen Staates seid, ist der persische Staat nicht eine Doppelgestalt? — Wenn er mit allen Nachbarn in Frieden lebt, und Ihr sicher wisst, dass es keinen Krieg geben wird, was sind dann alle diese Obersten, Mirpändsch,*) Amir-i Tuman,**) Serdar-i Akrem,***) Serdar-i Afkhem,***) Serdar-i Asem***) und das Kriegsministerium und die 200000 Soldaten, welche auf dem Papiere stehen, vonnöten? — Zur Wache in der gesegneten Ark†) genügen höchstens zwei bis drei Regimenter. Ferner überantwortet Ihr jede Stadt einem Gouverneur. Mit 30—40 Feraschen ohne Gehalt, Türken und Persern (Irak), können sie diese Überwachung ausüben, weil die persischen Untertanen es für erspriesslich halten, ihrem Könige gehorsam zu bleiben. Wir kommen nun zur zweiten Gestalt. Sobald die Vermutung nahe liegt, der persische Staat fände möglicherweise einen Gegner, er möchte hilflos somit Krieg machen, wo sind dann Eure erprobten Soldaten, welche ihre gehörige Zeit geübt haben? — Eure Kriegsprovisionen und Euer Proviant, Eure Verteidigungsmittel gegen den Feind wie Kanonen und Flinten, wo? — Waffen und militärische Kleiderdepots, wo? — Die Garnisonslager an Eurer Grenze werden von wieviel Regimentern gebildet und an welchen wichtigen Grenzpunkten sind sie stationiert? Eure militärischen Krankenhäuser, wo sind sie? — Ärzte und Wundärzte für die Truppen, wer sind sie? — Apotheken und das nötige Verbandzeug für diese Garnisonen, wo habt Ihr das angeordnet? — Die Verwundeten und Gefallenen unseres Vaterlandes und Volkes, wie wollt Ihr die

---

*) General (fünf Obersten unter sich).

**) General über 10000 Mann.

***) Generalkommandant. Generalissimus.

†) Palast des Schah in Teheran. Die Wache hat ein Regiment à 1000 Mann, ein zweites bewacht die Gesandtschaften etc. Alle Türken aus Aserbeidschan, wohin sie nach einem Jahre zurückkehren, bleiben dann zwei Jahre zu Haus.

Infanterie am Duschantepe bei Teheran. (S. 108.)

vom Schlachtfeld heimschaffen? An welchen Punkten habt Ihr im Lande zum Aufenthalt der Religionsstreiter und Vaterlandsverteidiger Kasernen erbauen lassen, und um den Ansturm des angreifenden Feindes zu zügeln, wo habt Ihr starke Festungen und befestigte Bastionen aufführen lassen, damit sie im Augenblick der Not von Nutzen sein könnten? Kann man etwa mit sechzigjährigen Soldaten und zwanzigjährigen Obersten alle die Feinde zügeln, welche von allen vier Seiten ihre Augen auf unser Vaterland heften? — Alle diese zwanzigjährigen Obersten, was für einen Dienst haben sie Staat und Volk geleistet, dass sie des Säbels und Bandoliers eines Obersten für würdig befunden worden sind?" Als ich in meiner Rede bis hierher kam, sah ich alle Farbe war aus dem Gesicht des Ministers entwichen. Mit fürchterlicher Stimme schrie er: „Asad! Asad! Asad! Asad Beg!" Der Feraschbaschi kam, und er rief: „Diesen Sohn eines verbrannten Vaters, der heillosen Unsinn schwatzt, welcher Vater eines Hundes hat ihn hierher kommen lassen?" — Er erwiderte: „Ich bin dein Opfer. Hadschi Khan hatte an mich ein Schreiben gerichtet." Er rief: „Möge er Dreck fressen mit seinem Vater! Schlagt ihn, diesen Hundevater, schlagt ihn, schlagt ihn, schleppt ihn hinaus!" Ich weiss weiter nichts mehr, als dass fortwährend Faustschläge und Maulschellen mir auf Kopf und Gesicht vom Himmel wie Regentropfen niederfielen. Mit der Zeit merkte ich, dass ich weder den Mantel über der Schulter, noch die Mütze auf dem Kopfe mehr hatte. Fünf bis sechs Personen hängten sich mir an die Hand, den Fuss und den Hals und zogen mich nieder. Von der Treppe herab gab man mir Fusstritte in die Magengegend, sodass ich von der letzten Treppenstufe bis zum Boden eine Figur beschrieb. Auch noch unten fielen einige über mich her, um mich zu greifen und ins Gefängnis zu bringen. Ich rief: „Papa, Gott zu Liebe, lasst ab! Der Minister befahl: werft ihn hinaus, Gefängnis hat er nicht befohlen." Sie erwiderten: „Das ist nicht möglich." Meschhedi Hassan kam ebenfalls hinzu und sagte auf englisch: „Barmherzigkeit, lieber Bruder was bedeutet das?" -- Ich erwiderte: „Was geschehen muss ist geschehen, aber der Haftbefehl ist nicht ergangen. Macht dass wir auf irgend eine Weise von hier herauskommen." Er fragte: „Hast du Geld?" Ich erwiderte: „Ich habe nichts mehr." Er sagte: „Gib deine Uhr heraus!" — Aber wie gern ich auch meine Uhr herausziehen wollte, meine Hand zitterte zu sehr.

Ibrahim wird durchgeprügelt.

und ich vermochte es nicht. Meschhedi Hassan zerriss meine Tasche, holte sie heraus und händigte sie mit der Kette den Feraschen ein. Da liessen sie von mir ab und machten sich daran den Preis der Uhr zu bestimmen und jenen zu teilen. Wir aber drückten uns aus ihrem Kreise der Tür zu. Einmal draussen vor dem Palais wurde ich erst gewahr, dass mein Kopf unbedeckt war, und mein Mantel meine Schultern nicht mehr umhüllte. Ich sagte: „Bruder, ich will zugeben, dass man ohne Mantel auf der Strasse gehen kann, aber mit unbedecktem Kopfe geht es nicht."*) Meschhedi Hassan versprach nun einem anderen Feraschen einen Kran, der ging, brachte die Mütze an und empfing seinen Kran. Jetzt kam die Reihe an die Wache, denn jene verlangten auch etwas. Ich weiss nicht, was Meschhedi Hassan gab. Wir kamen los „mit Fallen und Erheben, mit gebläutem Körper und weinenden Augen." Ich befand mich in einem Zustande, dass ich kaum den Fuss vorwärts bewegen konnte. Wir steuerten nun auf unser Quartier los, und ich flehte unterwegs Meschhedi Hassan an, nichts von meinem Erlebnis an Jusuf Amu zu verraten. So gelangten wir in das Quartier. Als Jusuf Amu mich erblickte lief er mit grosser Angst herbei. „O weh, was ist dir geschehen, edler Beg, sprich, warum bist du so bleich und zitterst du am ganzen Körper?" — Ich erwiderte: „Jetzt kann ich dir nicht antworten. Bringe Matratzen und Kissen herbei!" Er brachte sie, und ich fiel bewusstlos nieder. Als ich das Bewusstsein wieder erlangte sah ich helles Lampenlicht. Mehrere Personen umgaben mich, und jemand hielt meinen Puls in einer Hand, und die andere Hand hatte er mir auf die Brust gelegt, ich begriff, es war der Arzt. Der Arzt fragte mich: „Wie steht's? — Wo tut es dir weh?" — Ich erwiderte: „Nirgends." Er wandte sich Jusuf Amu zu und sagte: „Habe keine Angst, bei Gott, es ist nichts zu befürchten." Ich sah, wie Jusuf Amu weinte und sagte: „Ach, Erbarmen, ich bin sein Verwandter, Hakim Baschi,**) ich kann nicht wieder vor seine Mutter treten, ich muss mich selbst töten." Der Arzt wiederholte: „Kind Gottes, ich habe geschworen, es sei nichts. Sein Herz ist etwas erregt und in Unruhe, und dies wird durch das Ärgernis veranlasst, welches plötzlich über ihn gekommen ist.

Ibrahim ist krank und wird behandelt.

*) Gilt als unpassend, nur bei Derwischen üblich.

**) Eigentl. Hauptarzt.

Es ist nicht der Rede wert und wird vorübergehen. Wenn er es gewöhnt ist, so gebt ihm etwas Cognac oder alten Wein zu trinken, damit er sich ausschläft." Jusuf Amu sagte: „Bis jetzt hat er ihn noch nie getrunken, wenn es aber gut ist, dann muss man ihm es geben, es hilft eben nichts." Ich sagte: „Gott verhüte es! und wenn ich sterben sollte, ich trinke es nicht.*) Ich bin nicht krank, geliebter Amu, sei ohne Furcht!" Ich richtete mich halb auf. Der Arzt sagte: „Habt Ihr etwas ihn zu beschäftigen, mit irgend etwas, was er gern hat, wie ein Gedichtbuch? oder lasst ihm vorsingen oder vorspielen, dass er sich daran ergötzt." Jusuf Amu versetzte: „Am liebsten ist ihm das Geschichtsbuch von Nadir Schah." Der Arzt lächelte und hielt dies für eine Einfalt von Jusuf Amu. Dann sagte er: „Holt etwas Pfeffermünzessenz, macht gleich Tee fertig, tut zwei bis drei Tropfen in den Tee und gebt es ihm zu trinken." Weiter schrieb er zwei Flaschen Arznei nieder, welche man aus der Apotheke holen sollte. „Alle zwei Stunden gebt ihm eine halbe Kaffeetasse voll zu trinken. Weiter wird nach dem Wunsche Gottes ein Arzt und dergleichen nicht nötig sein. Sollte es aber nötig werden, dann gebt mir Nachricht, und ich komme nochmals. Lebt wohl!" Meschhedi Hassan gab dem Arzt fünf Kran. Er ging dann selbst fort, um die Arzneimittel zu holen und brachte sie. Ich nun, mitten in dieser grossen Konfusion, machte Meschhedi Hassan fortwährend Zeichen, den ganzen Vorgang vor Jusuf Amu geheim zu halten. Plötzlich kam mir in den Sinn, dass der arme Kerl Meschhedi Hassan noch kein Frühstück genossen hatte. Ich bat darob um Verzeihung. Er erwiderte: „Redet nicht davon, möge es Euch gut gehen!" Jusuf Amu fragte mich: „Und du, wo hast du dein Frühstück gehabt?" — Ich erwiderte: „Ich habe es anderswo gehabt." Ich sah wie Meschhedi Hassan lächelte.

Noch konnte ich mich von dem Schlage dieses Vorfalles zwei bis drei Tage lang nicht erholen und unser Quartier nicht verlassen. Am vierten Tage sah ich Hadschi Khan zu Besuch bei mir kommen. Aber Ghulam Ali, sein Koch wie bekannt, hatte im Gegensatz zu früher neue Kleider an, eine Mütze frisch wie ein Hühnerei auf dem Kopfe, einen Dolch im Gürtel und mit einem langen Gewand aus

Besuch von Hadschi Khan.

*) Der sonst so aufgeklärte I. B. weigert sich Wein selbst als Arznei zu nehmen. Oft ist dem Mohammedaner der Geschmack des Weines, an den er nicht gewöhnt ist, allerdings ebenso unangenehm wie uns Arznei.

Tuch angetan folgte er hinter Hadschi Khan. Als dieser mich gelb und schwach sah, sagte er: „Mögest du nicht krank sein, was hat es gegeben? — Heute hat es mir Meshhedi Hassan erzählt.“ Ich liess ihn nicht weiter sprechen, wie fürchtete ich, Jusuf Amu könnte es erfahren. Ich sagte also: „Amuseele, macht schnell den Samovar heiss!“ Er ging fort und Hadschi Khan sagte: „Aber lieber So und So,*) was war das für ein grosses Missgeschick, was dich betroffen hat!“ — Ich erwiderte: „Es ist vorüber, es ist nur geschehen, was geschehen musste.“ Er sagte: „Was hast du verbrochen, dass sie alle auf dich losschlugen?“ Ich erzählte es. Er staunte: „Bist du verrückt geworden? — In diesem Lande vor dem Kriegsminister, welcher sich in seinem Hochmut und Dünkel höher als Pharao und Schidad**) hält, kannst du solche Rede halten! — Diese haben ausser für die Plünderung des Landes und für Betrügereien gegen den Staat und das Volk, für nichts anderes von den übrigen Zeitfragen Interesse.“ Ich fühle mich durch den Titel Khan, welchen ich mir selbst aufgebunden habe, sehr bedrückt und beschämt, aber was hilft das, da alle wie ich oder noch schlechter als ich sind. Ihr ganzer Gesichtskreis ist ausschliesslich auf einen Gedanken und eine Absicht beschränkt, und ihre Gedanken sind nur auf einen Punkt gerichtet. Wenn ich sogleich durchschaut hätte, was Ihr mit Eurem Besuche dieser Unmenschen beabsichtigt hattet, dann hätte ich niemals Euch zu ihnen gehen lassen, sondern hätte dich zu einem teuren Wesen geführt, welches ein leuchtender Edelstein an Männlichkeit und Menschlichkeit und der personifizierte Patriotismus und die Vaterlandsliebe ist. Sein reiner Körper aus Wasser und Lehm***) ist mit Liebe zu seiner Nation geformt, und auf dem Blatte seines Herzens ist nichts als der Name des Vaterlandes und die Liebe zur Heimat eingeschrieben. Dieser Meister in der Kategorie der Vaterlandsverehrer fühlt mit dir denselben Schmerz. Ich werde dich zur Vergeltung für das Ungemach, welches dich für deine Vaterlandsliebe betroffen hat, zu einem Schatz geleiten, dass du alle die Widerwärtigkeiten, welche dir bis jetzt zu teil wurden, vergessen sollst. Ich gehe jetzt diesem vornehmen Manne aufzuwarten, und ich will alles daran setzen, dass er dich zu sich ruft und dir die übervollen

Der Kriegsminister

*) Ibrahim selbst.

**) Name eines Tyrannen, Gründer der Gärten von Iram.

***) Aus diesen Elementen ist der Mensch geformt.

Persischer Palast. (S. 113.)

Becher aus der Quelle Kauser*) seines Patriotismus reicht, damit dein Durst gestillt werde." Er fragte dann: „Wie ist jetzt dein Befinden?" — Ich erwiderte: „Es ist nichts zu befürchten, alles dies geht vorüber, es ist dies noch die erste Liebe."

Nun wurde der Tee fertig, und wir tranken, dabei unterhielten wir uns etwas, auch scherzte und neckte sich Hadschi Khan eine Weile mit Jusuf Amu, dann sagte er uns Lebewohl und ging fort. Anderen Tages um die Mittagszeit sah ich wie jemand den Türhüter nach mir und meiner Wohnung fragte. Man wies ihn zurecht, und er kam heran. Mit grösster Höflichkeit grüsste er und sagte: „Man wünscht dich dort und dort. Man hat den Wunsch geäussert, dass Ihr, sobald Ihr Gelegenheit hättet, Euch dorthin bemühen möchtet, als Zeichen möge Euch dabei dienen, dass Hadschi Khan Euch etwas versprochen hat." Ich verstand sogleich wovon er sprach, und sagte: „Bitte nehmt einen Moment Platz, bis ich mit komme." Ohne Zeit zu verlieren ging ich nach dem Basar, kaufte einen Mantel für vier Toman,**) kehrte dann zum Quartier zurück und sagte: „Lasst uns gehen!" Kurz, wir machten uns auf den Weg. Als wir dann ein gutes Stück Weg hinter uns hatten, fragte mein Begleiter: „Habt Ihr Lust auf die ‚Tramway' zu steigen?" Ich erwiderte: „Nein, es ist besser wenn wir marschieren." Wir gelangten dann an die Haustür eines grossen Gebäudes, dessen Pracht die hohe Stellung seines Besitzers verriet. Wir traten durch das Tor ein, und ich erblickte einen schön gepflegten Vorgarten voll von allerhand bunten Blumen. Von einem Heer von Dienern und Lakaien war jeder mit seiner Arbeit beschäftigt, und niemand hatte etwas mit dem anderen zu tun. Wir stiegen die Treppe empor, gelangten zum zweiten Stock des Palastes und gingen durch einen grossen Saal (Talar). Ein Lakai stand vor der Tür des Zimmers, er hob den Vorhang auf, und ich sah jemanden auf dem Stuhle sitzen, dessen lautere Stirn die Zeichen von Grösse und Adel aufwies, man könnte sagen ein Engel in menschlichem Gewande. Als ich auf das Antlitz dieser hochverehrten Persönlichkeit schaute, geschmückt mit den Tugenden der Männlichkeit und Anmut, da waren alle meine Kümmernisse vergangen und hatten von mir Abschied genommen. Ich grüsste

Ibrahims Audienz bei einer „hochverehrten Persönlichkeit."

*) Quelle des Paradieses.

**) Ohne Mantel geht nur der gewöhnliche Mann aus.

aus tiefster Seele. Er erwiderte den Gruss mit hocherfreutem Antlitz und grösster Liebenswürdigkeit und sagte: „In Gottes Namen bitte." Ich setzte mich nun auf den Teppich, aber er befahl: „Kommt näher!" — Er wies auf einen Stuhl, der neben ihm stand, und bestand fest darauf, dass ich dort Platz nähme. Dann nach Erkundigungen nach meinem Befinden und den üblichen Begrüssungsformeln fragte er: „Du heisst Ibrahim Beg?" — Ich versetzte: „Jawohl." Er sagte: „Das Klima von Kairo ist sehr warm. Wie könnt Ihr dort so lange Zeit leben? — Ich hörte, dass Ihr lange Jahre schon dort wohnt." Ich bemerkte: „Alle Schwierigkeiten sind durch die Gewohnheit leicht zu ertragen! Wir haben uns eben an das Klima von dort gewöhnt." Er versetzte: „Ja, ja, alles ist Gewohnheitssache." Dann fuhr er fort: „Ich habe gehört, dass gestern einer der Grossen mit dir sehr gewalttätig und rücksichtslos verfahren ist. Ich war davon in der Tat sehr betroffen und habe es mehrfach bedauert, aber was kann man machen! Man muss sich bescheiden und leiden! Hundertmal Schande, hundertmal aber Segen über dich und dein Leben! Gott möge ihnen Einsicht verleihen! Wahrhaftig, mein Herz trug Verlangen in einem Gespräch mit Euch herauszufinden, worauf diese Eure Reden hinzielen, was Ihr beabsichtigt und wozu Ihr nach Persien kommt. Woran fehlt es unserem Iran in Euren Augen? — Ihr mögt vielleicht auch einen Irrtum begangen haben." Ich erlaubte mir zu sagen: „Eurem Sklaven schwebte auf dieser Reise kein anderes Ziel vor, als den reinen Boden des Vaterlandes zu besuchen und zu bereisen. Zuerst jedoch muss ich dies eine vorausschicken, dass der Patriotismus meiner Familie ein dermassen hoher ist, dass er, was die Neigung zum Vaterlande anbetrifft, ohne Beispiel dasteht. Ja wir achten sogar den Boden Irans

Ibrahim erzählt, warum er nach Persien gekommen ist.

für teurer als unser Leben, denn unsere geheiligte Heimat ist der Platz, wo unsere Vorfahren entstanden und aufwuchsen, und die Begräbnisstätte unserer Vorfahren. Auf dem Boden Ägyptens, welches weit von diesem lauteren Reiche liegt, habe ich oft unsanfte Ausdrücke über die heillose Unordnung der vaterländischen Zustände und die Unlauterkeit seiner Heimatskinder, den Unverstand seiner Grossen und ihre Gewalttätigkeit gegen Schwache und Untergebene hören müssen, aber aus übergrosser Zuneigung zum Vaterlande wollte ich es nicht glauben, bis ich schliesslich mich entschloss, hinzugehen und mit eigenen Augen zu sehen. Noch weht mir der

Hauch der Jugend ums Haupt, daher machte ich mich ohne weiteres auf die Reise. Aber von Anfang an, wo ich die Grenze erreichte, bis zu meiner Ankunft in dieser Hauptstadt musste ich in allem, was ich erlebte, zu meinem Leidwesen erfahren, dass jene Ankläger nur zu gut die Wahrheit gesagt hatten. Da gibt es nichts mehr zu beschönigen. Ich beschloss nun also bei mir selbst, bei den Ministern des Landes nach den Gründen dieses Zerfalles, des Unverstandes und der Schlechtigkeiten Nachforschungen anzustellen Vielleicht gäbe es einen vernünftigen und zufriedenstellenden Grund. Da fand ich mit tausenderlei Mitteln einen Weg und erhielt die Erlaubnis zu einer Audienz bei ihnen. Als Antwort auf meine Fragen fühlte ich nur Ohrfeigen und Faustschläge und hörte nur Schimpfworte und Beleidigungen, wie Ihr gehört habt." („Die Moslims sollen nicht hören und die Ungläubigen sehen.")*) Er sagte: „Zuerst möchte ich über das Gesetz einige Fragen stellen. Was verlangt Ihr vom Gesetz und was soll man tun?" Ich erlaubte mir zu sagen: „Den Begriff Gesetz deutlich zu machen ist ziemlich umständlich, Der Begriff Gesetz. aber ihn in aller Kürze zu kennen, das gehört zu den Pflichterfüllungen seiner Rechte." — Er versetzte: „Sprich, damit ich sehe, welche Rechte es sind, wie viele es von diesen Rechten gibt, und welcher Gestalt sie sind?" — Ich gestattete mir zu erwidern: „Wenn das Gesetz ein Recht vorstellen soll, welches die Nation sich wünscht, und auf das sich alle Reden beziehen, so besteht dies aus vier Begriffen:

1. Das Recht, welches sich auf das Vaterland selbst bezieht.
2. Das sich auf die Kinder des Vaterlandes bezieht.
3. Das Recht, welches die äussere allgemeine Form der einzelnen Individuen des Vaterlandes betrifft.
4. Das Recht, welches sich auf Angelegenheiten der heimatlichen Verwaltung bezieht.

Diese viererlei Rechte, welche gleich den vier Elementen den Körper des Vaterlandes bilden, und welche mit all' ihren Zweigen und Teilen eng zusammengehören, bezeichnet man in ihrer Gesamtheit mit den Namen von „Nationalrechten". Ihre zusammengefasste Darstellung und ihre systematische Anordnung nennt man Gesetz (Kanon). Seine Gebote erstrecken sich auf jedermann ohne Unterschied.

*) Koran.

Die Rechte, welche auf die Heimat selbst Bezug nehmen.

Sie bestehen aus Aufrechterhaltung der Freiheit und der Unabhängigkeit des Vaterlandes und in der Herbeischaffung von Mitteln zu geordneten Zuständen und zur Wohlfahrt der Bewohner jenes geheiligten Bodens, welchen wir Iran nennen und als unsere Heimat ansehen. Wir dürfen nicht zulassen, dass ohne unsere Erlaubnis und Einwilligung einer von den Ausländern einen Schritt über die Grenze setzt, um es nicht dahin kommen zu lassen, dass er sich eines Teiles von ihm mit weitspähendem Blick bemächtigt und in einem Winkel der Heimat Zelte und Stallhütten aufschlägt.

Die Rechte, welche sich auf die einzelnen Individuen im Vaterlande beziehen.

Sie bestehen aus fortdauerndem Schutze des Lebens, Ehrgefühls, des Besitzes und Ansehens der Vaterlandsindividuen vor Gewalttat und Unrecht, sowohl der eigenen wie der fremden Untertanen. Nicht wie zur Jetztzeit, wo den jugendlichen Sohn irgend jemandes von gutem Rufe die Feraschen eines Khans Soundso am hellen lichten Tage unter irgend einem Vorwand ergreifen, ins Gefängnis bringen und ihn Lösegeld bezahlen lassen. Seine Vergehen aber mögen nur darin bestehen, dass er ein gehöriges Vermögen und guten Ruf und Achtung besitzt. Und alle beide richten sie zu grunde. Oder wenn um einen Händler, welcher in seinem Laden mit Erwerb beschäftigt ist, auf einmal 30—40 Feraschen sich scharen, die eine Frau zu Pferde begleiten, die Gattin eines Gouverneurs Soundso, dann aus ihrem Kreise Stockhiebe auf seinen Kopf niedersausen lassen und schreien: „Werde blind, bedecke deine Augen, scher' dich fort, laufe hinab, geh hinauf." Oder wenn einer von den nächsten Verwandten jemandes etwas begangen hat, so ergreifen sie diesen jemand zusammen mit 10 seiner anderen Angehörigen und schleppen ihn mit Handschellen und Ketten fort. Nach einigen Monaten Gefängnis nehmen sie ihm all sein Habchen-Babchen und lassen ihn laufen. Jene sagen dann hilflos Haus und Hof lebewohl und erwählen sich die traurige Fremde als Heimatsstatt. Im Auslande gehen sie dann elend zu grunde.

Die Rechte der vaterländischen Verwaltungskreise.

Es ist klar, dass die einzelnen Individuen im Vaterlande ihren Bestand haben durch die Einsetzung einer führenden Stelle für das

Gesetz und einer führenden Stelle, das Gesetz in Gang zu bringen, d. h. die Glückseligkeit des Vaterlandes anzuordnen. Der Führer für diese beiden absoluten leitenden Stellen ist allein die höchste Person, der König, welcher durch Erbschaft und durch seinen rechtlichen Anspruch Herr der beiden grossen Ämter wird. Jetzt lassen Sie uns nun die Rechte des Heimatlandes betrachten, d. h. die Erfordernisse zur Glückseligkeit des Landes, deren erste Pflicht es ist, die Verwaltung zu schützen und ihre Söhne zu lieben. Sind sie vorhanden, und wenn sie vorhanden sind, welcher Gestalt sind sie? Doch lassen wir diese jetzt beiseite. Die Hälfte des Reiches Beludschistan, welches die Hauptstütze der Macht und des Ruhmes des persischen Staates war, hat der englische Staat ohne Grund und Mühe an sich gerissen, und Herat, welches ein Teil der Grösse unseres Vaterlandes war, befindet sich jetzt in der Hand der Afghanen. Sarakhs*), auf dessen Boden noch gestern das Blut von hunderttausend Persern vergossen wurde, liegt dem Namen nach in Iran, aber tatsächlich befindet es sich in fremder Hand. Was aber in bezug auf das Ebenerwähnte das kaukasische Reich betrifft, welches im Vergleich zu anderen Orten lange entstanden ist, so kann man den Grad der Liebe zu den Kindern der Heimat schon aus dem einen entnehmen, dass alle Jahre mindestens 50000 Personen von ihnen wegen der Gewalttätigkeiten der Gouverneure und der Machthaber sich entschliessen nach dem Auslande zu flüchten, und niemand kümmert sich um sie, wohin sie gehen und warum sie sich von Heimat und Familie auf Nimmerwiedersehen abwenden.

Die Rechte der Allgemeinheit im Vaterlande.

Sie bestehen aus der Gesamtheit jener Wohlfahrten im einzelnen, sodass die Rechte eines jeden Individuums von den Individuen diese allgemeine Grundform in sich bergen und gerade zu eben diesen Verordnungen der Wohlfahrt**) gehören. Die Individuen jedoch vermögen, wenn sie auf sich selbst angewiesen sind, nichts zur Erlangung dieser Wohlfahrt, wenn sie auch noch so sehr danach streben. Aber in der Form der Vereinigung liegt der Grund zu ihrer Wiederbelebung, und der allgemeine Wohlstand wird durch sie herbeigeführt.

*) Stadt in Khorasan. Grenze von Turkestan (Turkmenia).

**) تنظيمات die neuen polizeilichen, kriminal- und zivilrechtl. und politischen Verordnungen.

Die Söhne des Vaterlandes müssen aber zu ihrer Heimat mehr Herzensneigung haben als blosse Kindesliebe, und ebenso wie sie verpflichtet sind an ihrer Religion festzuhalten, so müssen sie auch in gleichem Grade es für eine Notwendigkeit erachten, an ihrer Heimat festzuhalten, auf dass sie dem heiligen Gebote treu handeln „die Heimat zu lieben aus Glauben". Jetzt werden wir sehen, dass zur Beständigkeit gerade dieses Glückszustandes, zur Aufrechterhaltung der göttlichen Vorschriften, der Volkseigentümlichkeiten und der Regeln des Islam, des allgemeinen Reichtums und allgemeinen Lebens des Vaterlandes Truppen notwendig sind, und Kriegsausrüstung für die Truppen sind vonnöten, Kasernen braucht man, Flinten sind notwendig. Gerechtigkeit und Ordnung braucht man. Aber unglücklicherweise merken wir, dass in unserer lieben Heimat heutzutage an Verteidigungsmitteln gegen den Feind nichts als heisse Seufzer und kalte Tränen der Volkspatrioten zu finden sind, d. h. es findet sich rein nichts vor, was man sehen könnte. In einem Lande, so uralt und gewaltig, gibt es für den Unterricht und zur Erziehung der Kinder im Lande weder eine Schule noch hygienische Aufsicht noch ein Gesetz, welches die Grenzen der Rechte der Einwohner dadurch festsetzt, auch nicht einmal der Name von Künsten und Wissenschaften ist bei ihm zu finden." Auf die hochverehrte Persönlichkeit machte ich einen so heftigen Eindruck, dass er zu zittern anfing, bald schlug er sich mit der Hand vor Kummer auf das Knie, bald seufzte er aus tiefstem Herzensgrund. Ich sagte: „Was habe ich Unglücklicher verbrochen, dass mich, nur weil ich nach den Gründen dieser Jammerzustände forschte, abgesehen von den derben Schimpfworten, welche ich zu hören bekam, wie ich sie zeit meines Lebens noch nicht gehört hatte, so viele prügelten, dass ich 3 Tage bettlägerig war?" Hier schnürte mir die Scham die Kehle zu, gegen meinen Willen kam mich das Weinen an, und ich weinte in lauten Tönen. Die geliebte Persönlichkeit kam noch stärkeres Weinen als mich an, in dieser Stimmung legte er mir seine beiden geliebten Hände um den Nacken, zog mich in grösster Freundlichkeit an sich und küsste mir Haupt und Augen. Noch immer weinend, ergriff er meine Hand und sagte: „Komm mit mir!" Ich sah hinter der Tür einen Kämmerer und einen Jüngling von 10—12 Jahren, sie hielten Taschentücher in den Händen und weinten geradeso wie wir, aber so viel wurde mir klar, sie wussten nicht um was es sich eigentlich handelte*) und weinten nur aus Mitgefühl mit uns.

Wir gingen nun durch ein oder zwei Zimmer, vor der dritten Zimmertür blieb die verehrte Persönlichkeit stehen, holte aus ihrer Tasche einen Schlüssel hervor und öffnete die Tür.**) Ich sah, es war das Bibliothekzimmer. Ringsherum standen Bücher wohlgeordnet in Reihen, und ein Stuhl und Tisch war daneben gerückt. Er befahl Platz zu nehmen und holte selbst 6 Bände und legte sie auf den Tisch. Er sagte: „Wir haben sehr viele Bücher, aber kein einziges von ihnen hat mehr Bezug auf dein Lebenswerk. Ihr mögt Euch mit seiner Lektüre beschäftigen, ich aber muss fort. Heute ist grosser Audienztag (Salam)***), und es ist nicht unwahrscheinlich, dass ich erst spät wiederkomme. Alles ist für Euch bereit. Zur Frühstücks- und Teestunde gebt Befehl, wenn sie es bringen sollen. Eine Schachtel mit Cigarretten stellte er ebenfalls vor mich und sagte: „So lange Ihr Euch in Teheran aufhaltet, bleibt Ihr hier als mein Gast." Ich stattete meinen Dank ab, er aber sagte: „Gott mit dir" und verliess mich.

Die Bibliothek der „verehrten Persönlichkeit".

Ich widmete mich nun der Besichtigung der Bibliothek. Auf einer Seite sah ich die Gesetzbücher der Staaten zusammengereiht; was mir vor die Augen kam war das Gesetzbuch des osmanischen Reiches, ferner das Gesetzbuch von Russland, England und Frankreich. Auf einer anderen Stelle waren auch Bücher über die Wissenschaften und Vorschriften des Islam, welcher das ewige Heil verleiht, nebeneinandergestellt. Ich war über derart Bibliothek entzückt. Als ich anfing jene 6 Bände durchzulesen, welche er mir selbst gegeben hatte, sah ich, dass es Handschrift war, und zwar war es mit der grössten Feinheit geschrieben. Ich merkte, dass das meiste von der verehrten Persönlichkeit selbst herrührte. Von den englischen und französischen Gesetzbüchern hatte er die ganze Materie, welche im Gegensatze und Widerspruche zu den Gehorsam fordernden Geboten der göttlichen Vorschriften des reinen Islam steht, in einem Bande gesammelt und hatte als Beweis für ihre Schädlichkeit in

*) Dies ist wichtig, weil es zeigt, wie leicht der Perser zu rühren ist. Man weint leise und laut, was sehr ansteckend wirkt (cfr. die religiösen Schauspiele).

**) Die Türen bleiben sonst in der Regel unverschlossen und haben nur einen Haken.

***) Beim Schah Empfang.

dieser und jener Welt vernunftgemässe Argumente angeführt,*) für ein jedes hatte er einen besonderen Teil für sich niedergeschrieben und detailliert, dass die Gebote jener nicht wert der hohen Würde der Menschlichkeit seien; die Hälfte derselben hatte er als „Verfluchte Gesetzbücher“ bezeichnet, und in den Bänden selbst hatte er ebenfalls diese Worte mit grossen Buchstaben eingezeichnet. Auch aus dem osmanischen Gesetzbuche hatte er einige Stoffe ausgesondert und mit der Bezeichnung: „Abtrünnig“ vermerkt, ferner hatte er einige Materien herausgesucht, unter welche er schrieb, dass sie vortrefflich seien. Aber heutzutage passten sie auf die Gestalt von Iran und den persischen Charakter nicht. Den Rest hatte er als richtig bezeichnet, weil ihre Gebote den göttlichen Vorschriften des reinen Islam nicht zuwiderlaufen. Sie sind sämtlich übereinstimmend mit den gesunden Urteilen und von fehlerlosem Verstande und können als Beweise dienen. Für ihre Krankheit und Gesundheit führt er auch aus der Rechtskunde des Islam**) und aus den heiligen Überlieferungen der Worte des Propheten und Aussprüchen von grossen Männern schlagende Beweise an und schreibt Abhandlungen darüber. Mir wurde beim Lesen von alledem die Seele verjüngt. Über solch hohe Gelehrtheit und Kenntnis, solch Begriffsvermögen jener hochverehrten Persönlichkeit im spekulativen und tradionellen Wissen und über seine grossartige Beherrschung der Politik und der neueingeführten Wissenschaften geriet ich in staunende Bewunderung und sagte zu mir: „Mein Gott, wie kann dieser Patriot mit all den täglichen Beschäftigungen, die er hat, Zeit zur Lektüre von all diesen Büchern, seinen eigenen und fremden finden, und ein jedes von diesen bis zu solchem hohen Grade durchstudieren. Hier erschien mir die Grösse der Schöpfung in ihrem ganzen Glanze, und ich geriet über die Kunst des Schöpfers in Erstaunen, wie er in der Formung dieses Stück Lehms und Wassers, dessen Name Mensch ist, alle diese Kraft und Machtfülle, die materielle und virtuelle, entstehen lassen kann. Hieraus verstärkte sich bei mir nur noch die Lehre und das Bekenntnis von Gott in seiner absoluten Einheit***), und in meinem tiefsten Herzen sagte ich Gott Lob und Preis.

Verfluchte Gesetzbücher.

---

*) علوم عقلیه ونقلیه das spekulative rationelle und das empirisch traditionelle Wissen, dieselbe Einteilung im Recht شریعت

**) Fakihe — hadise. Rechtskunde — Überlieferung.

***) Die fünfte Stufe der sufischen Spekulation توحید

Noch dachte ich darüber nach, als plötzlich ein Kämmerer ins Zimmer trat und sagte: „In Gottes Namen bitte, das Frühstück ist fertig." Ich versetzte: „Mein geliebter Bruder, der Genuss der Lektüre hat mich satt gemacht, ich kann nicht von dieser Seelenkost zu leiblicher Speise übergehen. Bringt mir nur ein Glas Tee und einen Bissen Brot und Käse hierher, etwas anderes ist nicht nötig." Er sagte: „Man hat mich geheissen, allen Euren Wünschen und Befehlen, was es auch sei, Gehorsam zu leisten. Ich werde also jetzt, ob Ihr wenig oder viel befehlt, Euch gehorsam sein. Ihr sollt zufrieden sein." Er ging fort und brachte einen Bissen Brot mit einem Stück Käse und ein Glas Tee. Jener kleine Junge, welcher am Morgen mit dem Kämmerer über uns geweint hatte, kam dann ebenfalls zu mir und grüsste mich mit vollendeter Höflichkeit. Der Kämmerer ging fort, während das Kind sich setzte und sich mit Anschauen eines illustrierten Buches beschäftigte, bis ich meinen Tee trank. Auf einmal mit grösster Schüchternheit, wie sich das bei solch wohlerzogenen Kindern von selbst versteht, fragte er mich: „Warum habt Ihr mit dem Agha*) so geweint, dass Ihr uns auch zum Weinen brachtet?" Ich erwiderte: „Es kam eben so." Er sagte: „Nein, ich bitte Euch, gebt mir den Grund dafür an. Ich bin nämlich zu meiner Mutter gegangen und habe es ihr gesagt. Sie befahl mir Euch zu fragen." Ich sagte: „Es wäre besser, du fragtest deinen Agha selbst." Er erwiderte: „Der Agha sagt es uns nicht, auch kommt er wenig zu uns. Wenn er im Hause ist, dann sitzt er hier im Zimmer und ist mit Lesen und Schreiben beschäftigt." Ich sagte: „Dann will ich es sagen: Dein Agha hat ein Dörfchen, ‚Iranabad' mit Namen. Dort nun ist eine Krankheit ausgebrochen, und wir haben über den Zustand der Bewohner jenes Dorfes geweint." Ich fragte: „Gehst du zur Schule?" Er erwiderte: „Ja, ich gehe zur Der el Funun-i Nasri."**) Ich sagte: „Sei recht fleissig, so Gott will, wirst du einst Minister werden!" Er versetzte: „Sollte ich einmal mich in der Wissenschaft vervollkommnet haben, dann werde ich es natürlich." Ich bemerkte: „Und wenn du keine Gelehrsamkeit erworben hast, wirst du dann nicht Minister werden?" — Er sagte: „Nein, Gott verhüte es!" Ich fragte warum? — Er erwiderte: „Mein Agha verflucht immer die ungebildeten Minister.

Der Sohn der „verehrten Persönlichkeit".

*) Vater wird Agha genannt.

**) Colleg der Wissenschaften Nasr-ed din Schahs, gegründet 1850.

Ach, wie können sie ohne wissenschaftliche Bildung ihr Ministeramt ausüben! Wenn ein Mensch mit dem Turban auf dem Kopfe und mit dem Gürteltuch angetan auf die Kanzel steigt, und einer käme, der an ihn Fragen stellte, wenn er diesem nun nicht passende Antwort geben kann, dann wird er sich natürlich schämen. Ist es nun nicht gerade so, wenn man einen ungebildeten Minister etwas fragt, und er versteht es nicht? Dann wird es klar, dass er sich unter seinen Mitmenschen schämen muss." Bei dem Namen Gottes, ich war über den Verstand und die reine Unschuld dieses Kindes voll Staunen und betete für ihn. Ich sagte: „Bravo, bravo, ich bete für dich, dass du einst ein Minister mit Gelehrsamkeit und wissenschaftlicher Bildung wirst. Schade, dass ich jene Zeit nicht erleben werde, mein Alter wird es mir nicht gestatten. Aber so Gott will werden unsere Kinder jene glückliche Zeit schauen und der Seligkeit der Tage, wo ein gelehrter Minister wie du sein Amt ausübt, teilhaftig werden. Er fragte: „Wie alt seid Ihr denn?" — Ich sagte: „29." Er sagte: „Wenn ich wissenschaftlich gebildet bin und gut studiert habe, so kann ich mit 50 Jahren Minister werden. Jetzt bin ich 12 Jahr alt, also nach 38 Jahren." Ich bemerkte, wie er beschäftigt war an den Fingern zu zählen. Dann nach einiger Überlegung hob er den Kopf empor und sagte: „Dann werdet Ihr gerade 67 Jahre alt sein. Habt keine Angst! Habt keine Angst! Es gibt Menschen, welche 90 und 100 Jahr alt sind. Mein Agha hat jetzt 60 Jahre und kann ohne Brille schreiben." Ich sagte: „Der gütige Gott möge dies Kind behüten! Die Kinder Irans haben eine besonders reine Unschuld, was eine natürliche Anlage ist; aber was frommt es! Das Haus der Torheit muss verderben! Schade!!!! Schade! —"

Persische Kinder.

Ich bemerkte, die Zeit verging und die verehrte Persönlichkeit liess nichts von sich hören. Ohne die Erlaubnis des Hausherrn fortzugehen würde aber gegen die Gebote der Höflichkeit verstossen. Ich bat nochmals um Tee, man brachte ihn, und ich trank. Dann stand ich auf, nahm erneut die religiöse Waschung vor um zu beten, und aus dem, wie die Sache sich anliess, wurde mir klar, dass ich die Nacht hierbleiben müsste. Ich betete also und ging wieder an meine Lektüre. Durch das Lesen jener Bücher wurde ich so frohgelaunt, dass ich hätte aus der Haut fahren können.*)

*) Nicht mehr in meine Haut passte.

Kinder. (S. 122.)

Die Sache mit meiner Durchprügelung und handgreiflichen Behandlung, die Fortnahme meiner Uhr und meines Mantels und alle die groben Schimpfworte, das alles schwand mir aus dem Gedächtnis. Ich sprach bei mir: „Wenn ich diese hochverehrte Persönlichkeit nicht kennen gelernt hätte, dann hätte ich mit dieser Widerwärtigkeit die Stadt verlassen, und dann hätte mich jedenfalls der Kummer getötet."

Schliesslich wurde es eine halbe Stunde vor Sonnenuntergang als ich die verehrte Person in Uniform durch die Tür kommen sah. Er sagte nur: „Verzeiht, die Zeit drängt, wenn ich gebetet habe, komme ich. Er ging fort. Der Asanruf, d. h. der Ruf zum Gebet,*) wurde gerade laut. Als er wieder zur Tür hereintrat, hatte er seine Kleidung gewechselt und einen Mantel aus weissen Schaltuch angezogen. Er grüsste, ich sprang vom Sitze auf und küsste ihm die Hand, er dagegen küsste mich auf die Stirn und setzte sich. Er geruhte zu sagen: „Den heutigen Tag musstet Ihr allein bleiben, so Gott will, ging er für Euch nicht schlecht vorüber!" Ich erlaubte mir zu erwidern: „Kann es jemandem im Paradies schlecht ergehen?" — Er lächelte, und ich fuhr fort: „Vom Geschmacke und freudigen Genusse des Weines, welchen Ihr mir reichtet, bin ich so trunken, dass ich keine Ahnung von mir selbst mehr habe. ‚Was soll ich Geblendeter von dem Unbeschreiblichen sagen!'**) Ich, der ich nicht die Kraft habe alle diese scharfsinnigen Punkte herauszufinden, bin trotzdem schon so zufrieden gestellt, als dass ich Verlangen nach etwas anderem haben könnte. Wahrhaftigen Gott, ich fühle mich frei und ganz ausser Rand und Band!" Er sagte: „Ich erlaube sonst niemandem den Zutritt zu diesem Bibliothekzimmer, aber da ich Euch so tieftraurig sah und verstand, dass du den Glauben hegst, in ganz Iran hätte man von dem Wesen des Gesetzes keine Ahnung, so wollte ich dir zeigen, dass wir ein Gesetz besitzen, aber man hat es eingeschlossen und den Schlüssel zerbrochen." Ich bemerkte: „Die allerbeste Auswahl habt Ihr mit einigen schädlichen Materien aus den europäischen Gesetzbüchern getroffen, die Ihr an einer Stelle zu sammeln geruhtet und denen Ihr den Namen ‚Verfluchtes Gesetz' beilegtet." Er bemerkte: „Mein Teurer, was die

Das europäische Gesetz vom Islam entlehnt.

*) Ruf des Muessins.

**) Sâdi „Gulistan". Eingangspforte 3. Kite (Vers).

Europäer an gutem Gesetz haben, das haben sie alles dem heiligen Buche des Islam entlehnt. Das meiste von ihnen stammt aus dem hochgelobten Koran, aus den heiligen Überlieferungen des Propheten, aus den heiligen Geboten des hochheiligen Führers (Imam) der Gläubigen Assadullah, des Siegers, Ali Ibn Abu Talib (Gruss ihm), und den Büchern der islamitischen Rechtskunde, weil es in der christlichen Religion keine Rechtssprüche weder gab noch gibt. Was in ihren Rechtsvorschriften sich schädliches für die zivilisierte Welt vorfindet und den Geschöpfen der hohen Menschlichkeit widerspricht, das mögen sie von sich selbst her haben. Am Anfang der Sache konnten sie nicht wissen, was das, was sie geschrieben hatten, für Früchte in der Zukunft zeitigen könnte, aber so viel weiss ich, dass sie jetzt selbst von der Abscheulichkeit dieser üblichen Rechtsvorschriften überzeugt sind, aber geschehen ist einmal geschehen. Sie können nichts ändern, da sie fürchten müssen, es könnte dies Ursache geben zur Entstehung eines Für und Wider oder eines Aufruhrs oder gar einer Revolution, da sich bis jetzt Gebildete und Ungebildete daran gewöhnt haben. Aber das osmanische Gesetz ist mit grosser Vorsicht aufgestellt, obwohl man seinen Namen von der Fremde hergenommen hat,*) aber nirgends hat man die Achtung vor den Geboten des reinen (Islam) Glaubens aus der Hand gegeben. Für den Kläger und seinen Widersacher steht meistens der Weg zum Appell an den Gerichtshof (wo der Kadi sitzt) offen." Ich wandte ein: „Über diesen Stoff habt Ihr keine Abhandlung geschrieben." Er erwiderte: „Eine Abhandlung darüber würde sehr lang werden. Ich habe vermerkt: Teile davon befinden sich mitten in der Schrift. Die Grundlehren für diesen Stoff hat der verstorbene Mirsa Takhi Khan, der Amir-i Nisam, erdacht, aber selbst hat er keine Abhandlung geschrieben, er hat sie nur kurz gesagt und hinterlassen. Jetzt wird es durch die Abhandlung, welche ich geschrieben habe, bestätigt, in welchem Grade sie zur Vermehrung des Wohlstandes im Vaterlande von Nutzen sind." Ich sagte: „Alle diese Schätze, reich an kostbaren Kleinodien, die zu sammeln Ihr solche Mühe auf Euch genommen und Euer Leben hingegeben habt, wie können sie, wenn sie so verborgen vor anderen Augen in dieser Schatzkammer verschlossen bleiben, zur Beglückung von Iran und

*) Dem französischen nachgebildet.

Ausfahrt des Schah. (S. 125.)

zum Gewinn für die Perser nutzbar gemacht werden?" — Als er diese Worte vernahm, seufzte er so schwer aus tiefstem Herzensgrund, dass ich selbst zu zittern anfing. Dann sprach er: „Mein Lieber, was muss ich Staub auf mein Haupt streuen! — Es gibt niemand, der in der Verfolgung dieser heiligen Ziele mit mir freundlich übereinstimmte oder zugleich die Stimme erhöbe. Eine Weile suchte ich nach der Gelegenheit, einige von diesen Forderungen in Privataudienz vor dem Könige darzulegen und Majestät zur Ausführung derselben zu überreden und ihn zu veranlassen, einen Befehl zur Durchführung derselben ergehen zu lassen. Jedoch vier Personen würden sich über diesen Befehl freuen, 40 aber ärgern. Jene 40 Personen würden auf jede Weise, die es gibt, die in Szenesetzung dieses Befehles verhindern und durch tausenderlei Art Listen und Lügereien dies Gebot zweideutig und den König davon abspenstig machen. So würde ein Befehl, dessen Tinte noch nicht trocken wurde, wie der Dampf, der von heissem Wasser in die Luft steigt, in seinem Fluge aufwärts ein Teil der Luft werden und nicht wieder zu seinem Ausgangspunkte zurückkehren. Der König ist nun bald auf einem Sommersitze, bald auf der Jagd. Und die meiste Zeit, die er sich in der Stadt aufhält, kommt er wochenlang nicht aus den Frauengemächern heraus. Dann suchen Minister ohne Verstand und ohne Patriotismus, welche nur Schmeicheleien und Fragen nach dem Befinden, aber keine wissenschaftliche Bildung kennen, heimlich die Erlaubnis zur Audienz nach und machen so ihr Geschäft. Ich fragte: „Was können jene denn durch eine Verbesserung der Lage für Schaden leiden?" — Er erwiderte: „Gar keinen, sie fürchten dann nur, dass man die Geschäfte Sachverständigen überträgt und sie dann auf das trockene gesetzt würden. Welchen Vorteil hat man da aus Vorschriften für Minister und Gouverneure? Sogleich ist man dabei zwei Lügenwörter miteinander zu verbinden und dies als Gedicht zu bezeichnen. Einige erheben vermittels dieser gebundenen Worte den König zum Himmel und verleihen ihm eine Himmelfahrt.*) Andere wieder holen Darius und Alexander aus dem Grabe hervor, geben ihm eine Flinte über die Schulter und setzen ihn als Wächter und Türhüter über den Sitz des Königtums. Eine Schar vergleicht ihn an Edelmut mit Nuschirewan, an Frömmigkeit

Intriguen am Hofe.

Des Königs Lebensweise.

Lobhudeleien vor dem König mit Gedichten.

*) معراج Himmelfahrt des Propheten.

und Tugend mit dem zweiten Abasir und Selman,*) und eine Kategorie schreibt sogar von ihm ohne alle Scham, wenn der König den Bären in den Wäldern erlegt, so sei das wie ein Schlag von Assadullah dem Sieger**) am Tage von Khandak.***) Der Deutsche Kaiser erlegt alle Jahre 100 mal mehr als der Schah von Persien auf der Jagd reissendes, fliegendes und weidendes Wild mit seinem Geschoss, aber keiner von den deutschen Dichtern singt zum Lobe seines Pfeiles und Bogens eine Ode, weil sie wissen, dass er zweifelsohne dasteht. Eine Klasse wieder, welche sich auf Schreiben in Prosa legt, hält seine Reise nach Europa für erhabener als die Reisen des Sohnes Philipps,†) welcher sich mit der Eroberung der Welten umgürtet hat, und seiner Begegnung mit der Königin von England geben sie einen ähnlichen Glanz wie in den Erzählungen von Belkis und Suleiman.††) Und jenen Armen täuschen sie mit diesen Worten, welche weitentfernt von einem Sinne sind, und machen ihn mit sich selbst beschäftigt. Sie selbst aber machen sich ihrerseits daran, die Untertanen auszurauben und auszuplündern und das Land zu ruinieren. Bei Gott, ihre Zerstörung im Vaterlande ist weit schlimmer als das Elend, welches aus dem Raub und der Plünderung von Dschengis Khan über den Boden Persiens kam." Ich warf ein: „Wenn das so fort geht in unserem Lande, wohin soll das dann noch führen?" — Er erwiderte: „Wahrlich, noch ist die Hoffnung für uns nicht ganz vergangen, und ein Weg der Hoffnung noch geblieben, weil nämlich eins der Natur-Gesetze lautet, dass Geschmack und Liebhaberei des Menschen bei jedem Ding vom 36. bis zum 50. Jahre andauert, und danach alle Kräfte ihrem Verfall entgegengehen. Unser König ist über diese Dinge hinaus. Aber eine Hoffnung gibt es, die wir für die Zukunft hegen, das ist nämlich der Kronprinz des Reiches. Wenn er durch Gottes Fügung die Zierde eines weltbeherrschenden Thrones geworden ist, dann wird der Körper von Iran eine neue Seele erhalten, weil Seine Hoheit der Thronfolger, in dem die Religion den Sieg davonträgt,†††) eine

Der deutsche Kaiser.

Der Kronprinz Musafer ed Din.

*) Freunde von Ali.

**) Imam Ali.

***) Graben um Medina (Grabenkrieg) Kampf Alis mit Amr Ibn Abd.

†) Alexander der Grosse.

††) Salomo und die Konigin von Saba.

†††) Anspielung auf den Namen Musafer ed Din. Jetziger Schah.

Menge wohlgefälliger Eigenschaften besitzt, sodass man annehmen kann, er werde Iran Leben verleihen.

Erstens ist er von reiner Gläubigkeit und Gottesfurcht und er ist überzeugt von der Versammlung der Menschen am jüngsten Gericht und der Auferstehung der Toten*) Er weiss, dass der Tag des Verhörs und des göttlichen Gerichts bevorsteht, an welchem man ihn über alles ausfragen wird. Natürlich kann er im Hinblick darauf sich nicht zufrieden geben, wenn andere Grausamkeiten begehen, die ihm zum Schaden für diese und jene Welt gereichen. Zweitens weil er nicht verschwenderisch und ausschweifend ist. Selbstverständlich wird er nicht zugeben, dass sich in seinen Frauengemächern 100 Damen und Dienerinnen aufhalten, dann wird er auch die Minister von Verschwendung und Unmässigkeit abhalten. „Die Menschen wandeln des Wegs wie der König."**)

Drittens: Gibt er sich natürlich nicht mit der jetzigen Gestalt der Regierung zufrieden, weil er weiss, dass die Untertanen unzufrieden sind.

Alles dies trägt dazu bei unsere Hoffnung zu verstärken, aber abgesehen davon wurde Seine Hoheit der Thronfolger zu einem schönen Wesen erschaffen. Hochmut und Dünkel fanden keinen Weg zu seinem Charakter. Sinnlosen Luxus liebt er nicht. Er kleidet sich einfach. Alles wünscht er sich einfach. Von der Art und vom Wirkungskreis der Minister des Landes und der Befehlshaber der Armee ist er keineswegs ohne Kenntnis. Die meisten ihrer Handlungen weiss er gut abzuwägen. Er hält die Wage für alles in seiner Hand. Dies alles zum Lob der ganz besonderen Art des Erwählten des Reiches, der völlig im Gegensatz zum Charakter eines Jemands im Königreich steht.***) Was aber an dieser Stelle am stärksten bedauert werden muss, ist dies, dass dann, wenn die Zügel zum Schalten und Walten über die Regierungsangelegenheiten in seine fähigen Hände gelangen werden, auch nichts mehr von dem früheren Willens-Vermögen für ihn übrig bleiben wird, um mit diesem

*) حشر و نشر

**) Wie er sich räuspert und wie er spuckt etc.

***) Jetzt allerdings urteilt man anders und gedenkt voller Wehmut im Lande des verstorbenen Königs, da Musafer ed Din Schah zu gut für sein Land ist, das eines energischen Despoten bedarf.

Stoffe die Besserung der Zustände im Reiche in Angriff nehmen zu können. Wenn nur nicht durch die Schar von nichtsnutzigen Menschen, Komplimentemachern und Schmeichlern, Bestechlichen und Bösewichtern, welche Minister des Reiches genannt werden, und denen zu allererst der wilde Wirrwarr im Lande zu verdanken ist, der arme Mann schon am Anfang das Fadenende aus der Hand gleiten lässt, und er selbst durch solcherlei Zerrüttung zerrüttet wird. Er würde ein grosses Kunststück vollbringen. Jedenfalls wäre in der Zeit ein kundiger Minister und ein fleissiger Herr vonnöten, der die Zügel der auswärtigen Politik fest in die Hand nähme und seinen Nachbarn keine Gelegenheit geben würde, in die inneren Angelegenheiten unseres Reiches hineinzutappen. Dann würde der neue Padischah, wenn er sich mit Hand und Fuss zusammennähme, den das Land erhaltenden Geschäften wieder Auferstehung verleihen."

Er fuhr fort: „Dies ist die jetzige und zukünftige Gestalt unseres Vaterlandes, ich habe es summarisch aus jener ausführlichen Darstellung wiedergegeben, jedoch es zu erschöpfen würde zu weit führen. Wenn Ihr ein anderes Mal hierherkommt, so sollt Ihr alles auf dem Papier stehen sehen." Ich erlaubte mir zu bemerken: „Edler Herr, man sagt, die allgemeinen Gründe für diesen Verfall, die Schlafmützigkeit, Interesselosigkeit und Gesetzlosigkeit seien auf die frommen Herren Geistlichen zurückzuführen. Dieselben sollen die Regierung verhindern, in ihrem Lande Verbesserungen ins Werk zu setzen." Er sagte: „Nein, da verleumdet man die verehrten Herren Geistlichen. Es ist eine Sünde, wenn jemand dergleichen Beschuldigungen gegen sie ausstösst. Du hast selbst gesehen, dass ich in der Gesetzabhandlung 24 Abschnitte besonders darüber geschrieben habe, dass man unbedingt Ehrfurcht vor den Geistlichen des Volkes haben müsse. Der Sinn davon hat für Persien nichts besonderes. Die Achtung vor dem geistlichen Stand und den Führern der Seelen gilt in allen Staaten als ein notwendiges Gebot der Politik, und überall gehört die Ehrfurcht vor der hohen Klasse der Geistlichen zu einem der wichtigsten der staatserhaltenden Gebote. Der Rang der Geistlichen ist ein sehr hoher. Deshalb können die Geistlichen des Volks niemals zum Könige sagen: „Du musst gegen die Aufrechterhaltung der nationalen Ehre, des Wohlstandes im Reiche und des Glücksgefühls seiner Einwohner die Augen verschliessen." Wünschten etwa die Geistlichen nicht, dass ihre Heimat blühend

Die Geistlichen.

Die Mollah (Geistlichen). (S. 128.)

und ihr Volk frei dastände? Wie? — Könnten die Geistlichen des Volkes sich nicht zufrieden geben, wenn alle Geschöpfe des majestätischen Schöpfers gleichen Besitz an den Rechten hätten? — Sollten die Geistlichen etwa nicht wissen, dass das Gesetz nichts anderes ist, als die Ausführung der göttlichen Rechtsvorschriften? Im göttlichen Recht liegt der Ursprung des Gesetzes. Der Sinn dieser beiden Worte besteht aus der Ausübung der Gerechtigkeit durch Gleichstellung. Wenn jemand sagt: „Wie kann ich mich zufrieden geben, wenn ich mit meinem Diener gleiche Rechte haben soll, das heisst mir die Ehrfurcht und Achtung verkleinern", dann muss ich sagen, eben dieser jemand wird mit den Leuten am jüngsten Gericht zusammengerufen werden, welche ihren heiligen Eid gebrochen und sich vom Gebote Gottes abgewandt haben. Sollten ferner die Geistlichen nicht damit zufrieden sein, wenn die Untertanen die Staatssteuern erheben und bezahlen, und wenn nicht mehr erbarmungslose und grausame Beamte über ihre Köpfe hinweg für 100 Toman Steuer noch 50 Toman, vielleicht auch mehr, unter dem Vorwand von Einnahme oder Dienstleistung von ihnen nehmen und noch dazu mit Stockschlägen? Wie können die Geistlichen es ungern sehen, wenn einer von den Erben sein Erbe von der Hinterlassenschaft seines Vaters oder seiner Mutter gemäss dem göttlichen Gebot und der Vorschrift des Propheten in Empfang nimmt? — Wissen die geehrten Herren Geistlichen etwa nicht, dass die Pflicht und Aufgabe eines Daroga nur darin besteht, den Basar zu schützen und zu beaufsichtigen gegen Diebe und Spitzbuben, aber nicht darin, Leute zu ergreifen und zu fesseln, zu verleumden und Strafgelder von ihnen zu nehmen? Wer ist so unverständig und sieht nicht gern, wenn ein Pferdewärter oder Maultiertreiber jeden Herrn, der sich unredlich gegen einen Kaufmann oder Händler benommen hat, unsanft anfasst? — Wer kann die verrückte Behauptung aufstellen, der Staat sei für die Abgaben und Steuern, welche er von den Untertanen empfängt, nicht verantwortlich für Gut und Blut und Ehrgefühl derselben? Wer sitzt so tief in der Finsternis des Unverstandes, dass er etwas dagegen hätte, wenn man nicht mehr einen Bruder an Stelle seines Bruders, den Nachbar für seinen Nachbar ergreift, gefangen setzt und Lösegelder bezahlen lässt oder für die Schuld des Seïd Soll und Haben den Händen des Omar entreisst? Jeder, der solcherlei zustimmt, ist kein Moslim und wird nicht zum Volke des Propheten gerechnet. Gott und der Prophet Gottes sagen sich von solchem Menschen los, und er macht sich des Todes schuldig.

Bei einem Geistlichen, der dies eben erwähnte nicht weiss oder aber geflissentlich und wissentlich es zu leugnen sich erkühnt, ist Torheit bei weitem ehrbarer als Gelehrsamkeit, sonst steht er ausserhalb der Sphäre der Menschlichkeit.

Was jedoch im Gesetz den Lehren der Geistlichen widerspricht, das ist folgendes: nämlich, dass in einer Stadt zur Rechtssprechung etwa 50 Gerichtshöfe sein müssen, sodass Zeit seines Lebens der Kläger und Beklagte durch Aufhebungsurteile, durch Spezifikation über das, was aufzuheben und aufgehoben worden ist, hingehalten werden. Vielmehr sollte man wegen der Grösse von mancher Stadt und Flecken Gerichtshöfe an bestimmten und festgesetzten Punkten errichten und ihre Verwaltung einem Geistlichen, welcher mehr als die anderen durch das von den Leuten ihm entgegengebrachte Vertrauen und durch Biederkeit, Gläubigkeit, Frömmigkeit und Gottesfurcht einen Ruf erlangt und besser als die Übrigen ist, übertragen werden. Auch die anderen (Beamten) sollten von Seiten der Regierung oder von dem Ministerium für die Wakf*) Gehalt und ein Fixum bezahlt erhalten. Ferner die Moschee und Kanzel, und das Amt eines Vorstehers und der Predigt, das ist ebenfalls ihr Recht. Ich aber wie ich bin habe nicht die Stirn die Kanzel zu besteigen. Für diese Funktionen sind Geistliche vonnöten, dann nur werden unsere Moscheen und Tekaja**) glänzend dastehen, und sie werden noch mehr als bisher voller Ehrfurcht betrachtet werden. Natürlich muss man wissen, dass Moscheen Gotteshäuser sind. Die Verehrung dieser reinen Stätte, wo der Gottesdienst vor sich geht, muss man vor Geringschätzung ihrer hohen Würde bewahren. Man soll verschiedene Diener anstellen, welche sie immer rein und sauber in Stand halten. Die dafür nötigen Gelder muss man vor der Zeit zur Verfügung stellen, denn es ist eine Religionspflicht***) und das Auge der religiösen Pflichten (d. h. die wichtigste). Weil ohne diese weder der Islam noch Mohammedaner bestehen bleiben, und wenn

Bestand des Reiches mit dem Islam verknüpft.

*) Stiftungen der toten Hand.

**) Takije Platz, wo Marsie gelesen wird während des Moharrems oder die religiösen Schauspiele stattfinden.

***) فرض عين eine jedem Moslim streng zu erfüllende Religionspflicht.

dieser Fall eintreten sollte, dann bleibt auch vom Königreiche und Staate weder ein Name noch Zeichen, denn unsere ganze nationale Ehre und unser Ehrgefühl ist damit verknüpft. Dies ist sogar eine von den vielen Erfordernissen zur Unterstützung der Politik. Nämlich alle Staaten haben ihre Unternehmungen durch eben dieses Mittel vorwärts gebracht, sonst würden sie ihrer Auflösung entgegen gehen.

Wenn jedoch die kaiserliche Regierung daran festhält, dass die Geistlichen auch das Recht der Einmischung und ein Wort mitzusprechen haben sollten, dann müsste auch den Seïden das Recht an die Hand gegeben werden. Warum sollten sie auch dazu kein Recht haben? — Mit Rücksicht darauf, dass ein Major oder Oberstleutnant, vermittelst der Behauptung sie gehörten zu ihm oder seien verwandt, 50 Personen vor Stockprügel schützen und sie vor der Unbill der Vergewaltigung bewahren kann, da müssten auch die Gelehrten ihre Häuser zu Zufluchtsorten (Bast) und allgemeinen Asylen hergeben können. Wahrhaftig, das ist ungerecht. Der Stand der Geistlichkeit ist im Vergleich zu jenen, von welchen wir sprachen, ein sehr hoher, und jeder Geistliche hat das Recht seine Angehörigen und Jünger der Faust von grausamen Gouverneuren zu entreissen und, wenn die Sache auf Schwierigkeit stösst, zu sagen: „Die Beseitigung dieses Tyrannen ist im Krieg gegen die Ungläubigen geboten." Was kann dann aber, wenn Gerechtigkeit und Gleichheit herrschen und abgewogen und abgerechnet würde, ein Mollah oder Seïd oder irgend ein anderer sagen, oder was könnten sie tun? — Ich habe Euch nun dermassen viel gesagt, aber mein Herz ist immer noch voll. Bete, bete. So Gott will werden alle Dinge zum Besseren gekehrt und wieder gut werden." Dann rief er: „Jungens, bringt das Abendessen!" Die Unterhaltung mit der verehrten Persönlicheit machte mich so seelenvergnügt und lustig, dass ich unbewusst die Arme zum Tanze ausbreiten wollte.*) Da kam der Kämmerer: „Bitte, das Abendbrot ist fertig." Der Tisch sah sehr vornehm aus, und es gab verschiedene schmackhafte Gerichte. Ich weiss nicht, ob es alle Abende so zugeht, oder ob es mir zu Ehren war. Wir setzten uns. Es war niemand zugegen ausser seinem jungen Knaben. Ich erlaubte mir zu sagen: „Heute habe ich mich mit dem Agha, Eurem

---

*) Man schnalzt mit den Fingern dazu. Liebe zum Tanz bei den Persern sehr alt.

9*

Sohne, unterhalten und sehr verständige Worte zu hören bekommen. Gott möge ihn bewahren! Wenn unsere alten Leute so viel Verstand und Einsicht wie dieser junge Knabe hätten, dann brauchte uns keine Sorge zu beschleichen." Er fragte: „Ist er zu dir gekommen?" — Ich erwiderte: „Ja, er brachte mir mit dem Lakaien Tee, und es entspann sich zwischen uns ein Gespräch." Die hochverehrte Persönlichkeit sagte: „Wenn Ihr etwa Lust habt, so will ich mich mit Euch in aller Kürze besonders über die Staatserhaltenden Vorschriften in wissenschaftlicher Beleuchtung unterhalten." Ich versetzte: „Ich wünschte es von Herzen gern." Er sprach: „Mein Lieber: Dies eine ist jedermann bekannt, dass der wahre Geist und das Wesen eines Staates, dessen Name das Reich und seine Regierung ist, aus der Vereinigung von Formen der Menschlichkeit besteht, welche mit einer besonderen Gestalt in einem Punkte zusammengefasst werden.

Staatserhaltende Vorschriften

Einige von den erfahrenen weitdenkenden Männern und Weisen von lobenswertem Charakter, welche die schwierigsten Fragen der theoretischen und praktischen Wissenschaften beherrschen und die Rätsel der Wesen der Dinge ergründen, sind der Meinung, dass der Zustand der Vereinigung der Kinder des Menschengeschlechts in Wirklichkeit dem Zustand seiner Individuen gleich sei. Wenn jemand mit Aufmerksamkeit beobachtet, so wird er finden, dass in den meisten Fragen des Lebens die Art der Vereinigung und der gesonderten menschlichen Individuen übereinstimmend und einander ausgleichend ist. Wie es in den erhabenen Versen: „Ich habe Euch geschaffen in Arten" mit demselben Sinn als Zeichen und Merkmal verkündet worden ist.

Die weisen Gelehrten, welche nach Kenntnis streben, sagen: „Wie das menschliche Lebensalter in drei Zeitabschnitte eingeteilt ist, nämlich in erstens das Alter des Wachstums, zweitens die Zeit des Verstandes und drittens das Alter der abnehmenden Kraft, so gibt es für die Staaten und die menschlichen Vereinigungen gleichfalls drei Zeitabschnitte, aber mit der Einschränkung, dass wegen der Zusammensetzung des Körpers von schwacher und starker Organisation auch in jenen drei Zeitabschnitten bis zu einem gewissen Grade sich ein Unterschied zeigt. D. h. die Zeit des Kräfteverfalles jemandes von schwacher Natur muss eher als der Kräfteverfall und die Hinfälligkeit eines Mannes von Kraft und Stärke eintreten. Dieser

Grundsatz tritt, ebenso wie es im Alter der menschlichen Individuen sichtbar ist, auch in den Formen der Staaten und der menschlichen Vereinigungen zu Tage. D. h. im Alter des Wachstums und dem Alter des Verstandes und dem des Kräfteverfalles gibt es gleichfalls bei den Staaten wegen ihrer Zusammensetzung aus schwachen und kräftigen Organisationen folgenden Unterschied, nämlich den, dass einige von den Formen der alten Vereinigung wegen ihrer schwachen Naturanlage ihren Halt verloren haben und zurzeit des Wachstums schon in den Zustand des Verstandes und im Zustande des Verstandes bereits in den Kräfteverfall eingetreten sind und, dem Todesengel verfallen, in schnellerer Zeit, als es ihnen von Natur bestimmt war, verdorben und gestorben sind. Und im Gegensatz hierzu erreicht bei einigen anderen auf Grund ihrer gesunden Konstitution und ihrer Körperkraft die Zeit des Wachstums und des Verstandes längere Dauer; so können schon bei geringem Nachdenken über die Geschichte der Vergangenheit diese beiden scharfsinnigen Punkte jedermann klar werden.

Für diese drei Zeitabschnitte der Individuen und der Vereinigung der Kinder des Menschengeschlechts gibt es besondere Zeichen und Merkmale, welche die Leiter der Geschäfte und die Kommissäre der öffentlichen Angelegenheiten gut kennen, und diese sind ausgewählte Formen der Vereinigung; die Erhaltung der gesunden Konstitution der Formen aber ist dem Bereiche ihrer Fähigkeit übertragen worden, nämlich, dass sie sich bei etwa eintretender Veränderung im Befinden des Landes und der Formen seiner Zusammensetzung ohne Zögern um heilsame Behandlung und Vorkehrungsmittel gegen die Krankheit bemühen. Denn beim Eintreten dieses Falles würde auch ein geringes törichtes Versehen ihrerseits eine grosse Verantwortlichkeit nach sich ziehen. Wie es ja im Falle der ärztlichen Behandlung von Krankheiten des Körpers und der Seele als allgemeine Regel gilt, man müsse sich vor der Anwendung von schlechten Mitteln hüten und während der Pflege acht geben, weil es bekannt sei, dass man ein Heilmittel, welches bei einem alten hinfälligen Mann angebracht ist, einem Kinde, das noch säugt, nicht geben kann und umgekehrt ebenso. Es muss sich die ärztliche Behandlung nach der Konstitution richten, sonst wird anstatt Nutzen daraus nur Schaden entstehen.

Wie es nun gleichfalls feststeht, dass die menschliche Gestalt besonders aus den vier Elementen gebildet*) und zusammengesetzt wird, und dass die Zügel ihres unbeschränkten Gebrauches vermittelst der Leibesbeschaffenheit und des Gefühles dem Bereiche der Fähigkeit der sprechenden Geschöpfe überlassen wurde, so wurden auch die Zügel der Verwaltung von den Formen der Zusammensetzungen vermittelst der Minister und Leiter der Geschäfte, welche Gefühl und Leibesbeschaffenheit vertreten, den festen Händen des Sultans oder Königs übertragen, welcher an Stelle der sprechenden Geschöpfe steht. Seine vier Elemente und Hauptfaktoren sind aber der Stand der Geistlichen, der Minister, der Kaufleute und der Untertanen. Der Stand der Geistlichen im Vergleich mit der menschlichen Gestalt stellt „die gelobte Mischung" dar, d. h. das Blut, dessen Überströmen in das Herz gelangt, den Träger des Stromes aus einer gemeinsamen Quelle, welches die Quelle des menschlichen Lebens ist.

Die vier Stände.

Da nun die lebendige Seele selbst eine ätherische Essenz ist, welche durch ihre ausserordentliche Zartheit im Körper selbst nicht zu fliessen vermag, so nimmt ohne Zweifel das Blut, dessen Stromkraft bekannt ist, sie mit sich fort, geht durch den Lauf von sehr feinen Adern hindurch und dringt in die Tiefe des Körpers hinein; so gelangt sein Strom in sämtliche Extremitäten und erwerbende Glieder in solchem Grade, dass der Körper, durch sein Hindurchströmen belebt, neue Frische empfindet. Auch die Geistlichen des göttlichen geschriebenen Gesetzes und der geistigen Doktrin lassen die hohen religiösen Wissenschaften, welche die lebendige Seele im Körper vertreten, von der Quelle des Stromes selbst oder durch Übertragung an einen Vermittler mit sanften Worten an die Volksmassen, welche an Stelle des Körpers Formen der Vereinigung bilden, gelangen. Wie nun der menschliche Körper von der lebendigen Seele Nutzen zieht und der Körper Leben erhält, so werden auch diese durch den Gnadenstrom der Wissenschaften gekräftigt, und dadurch werden sie für ewige Zeit und eine lange Dauer ein Leben voll Würde und Ansehen führen.

Die Truppen ferner nehmen im Reichskörper den Platz des „Schleimes" ein, die Kaufleute stehen an Stelle der „Galle", die

*) Die persische Heilkunde hat sich aus der arab. (Humoralpathologie des Galenus) entwickelt und aus der indischen vieles übernommen. Begründer der Heilwissenschaft sind Hippokrates (Bugrat), Plato (Iflatun), Aristoteles (Aristu) und Galen (Dschalenus), als Ideal gilt Jesus Christus (Hasrat-i Issa). Dr. Polak, Persien.

Untertanen und Bauern gleichen der „schwarzen Galle",*) deren natürliche Beschaffenheit von Erde ist. Diese viererlei Mischungen, unbeschädigt voneinander, ziehen einer von dem anderen Nutzen. Wenn diese vier Grundelemente der Natur nahe kommen, dann wird dieser Umstand zu einem Mittel für eine gesunde Konstitution, und diese selbst werden auch von ihrem gegenseitigen Tun und Lassen Nutzen ziehen. Und durch diesen ihren Nutzen wird auch im Verhältnis die Ordnung der Form der Vereinigung grösser werden, und auch das Befinden der Regierung wird, wie es sein soll und muss, Kraft und Beständigkeit erhalten. Dann aber wird es notwendig, dass immer diese viererlei Elemente in den Grenzen des Gleichgewichts gehalten werden, damit durch das quantum et quale (das wieviel und wie) eines von diesen nicht die Oberhand über das andere oder ein Zuviel erlangt. Sobald man auf diesen Punkt nicht acht gibt, dann wird auf Grund der Störung des Gleichgewichtes der körperlichen Gesundheit Schaden erwachsen und Unpässlichkeit im Befinden des Staates eintreten. „Wenn Sieger bleibt eins von den vieren, wird das süsse Leben die Form verlieren."**)

Wie ich gesagt habe, stehen die Untertanen und Bauern in der natürlichen Beschaffenheit des Landes, welches aus den Formen der Vereinigung eines Volkes gebildet wird, an Stelle der schwarzen Galle. Wie nun in der Heilkunst und der Anatomie es gewissermassen unbestritten ist, dass nach dem Verschlucken der Speisen, wenn das Essen nicht in den Magen gelangen sollte, die Milzsucht eintritt, man also in der Erkenntnis, dass der Magen keinesfalls leer bleiben darf, ein wenig schwarze Galle giessen muss, damit kein Grund zur Störung der Magentätigkeit entstehe, ebenso bringen in den Staatsschatz, welcher den Magen des Landes vorstellt, sobald er leer an barem Gelde wird, die Untertanen und Ackerbauer durch ihre Mühe und Arbeit Geld und Gut, welches die Speise für jenen Magen vertritt, auf jede Weise von ringsum herbei und lassen es dorthin fliessen, damit er nicht leer bleibt und so Veranlassung

*) Vier Elemente des Körpers. Der Perser kennt trockene und feuchte, kalte und warme Krankheiten. Ihre gleichmässige Mischung bringt das Gleichgewicht der Kräfte. Nach der Schule von Galenus haben Blut, Galle, Schleim und schwarze Galle den ersten Platz in der Aetiologie. Eigentümliche wichtige Bedeutung haben Leber und Galle (Dr. Polak).

**) S'adi Gulistan, Mukadime.

zur Störung des Befindens des Staates gäbe. Somit ist für die Regierung die Rücksichtnahme auf die Untertanen mehr als anderes vonnöten. Daher kommt es, dass eine grosse Zahl von früheren grossen Herrschern diesen wichtigen Punkt, welcher das allererste Mittel für die Dauer eines Reiches und die Macht einer Regierung bildet, erfasst haben und ihren ganzen hohen Ehrgeiz dareinsetzten, die Untertanen zu schützen und Mittel und Wege zu finden für ihre Wohlfahrt. Für den Wohlstand der Dörfer setzten sie alle Mittel in Bewegung und die Dörfler und Bauern hielten sie vor jeder Art Anzapfung und Unbill wohlverwahrt und geschützt, damit sie ihre Stätten nicht im Stich liessen und mit Seele und Leib der Vermehrung des Ackerbaues und der Pflügung oblägen.

Dies eine ist ferner bekannt, dass wenn die schwarze Galle im Reichskörper die Oberhand gewinnt, natürlich die Veranlassung zu einigen trockenen Krankheiten gegeben ist, wie Versuchung des Teufels, Angstgefühl, Schlaflosigkeit und anderen Gedanken, sodass dadurch die Seele schwach und der Körper einigermassen mager wird. Manchmal kommt es auch, dass man ausser Streitigkeiten untereinander um die Ableistung der Staatssteuern sich auch gegen die Obrigkeit empört, aber da die Krankheiten der schwarzen Galle selbst nicht allzu gefährlich sind, so ist von den Untertanen und Dörflern für Regierung und Land grosser Schade nicht zu erwarten. Mit ein wenig Wasser*) als Vorkehrungsmittel stillt man das Feuer ihrer Wehklage und ihres Klageschreies. Jedenfalls darf ihre Wohlfahrt und ihr Freiheitsgefühl nicht die Grenzen des Gleichgewichts verlassen.

Von dem Stande der Handeltreibenden und Kaufleute haben wir gesagt, dass sie im Landeskörper die Gallenmischung vertreten, deswegen, weil die Galle das Abstossen von Unrat und Beschwerden im Reiche des Körpers durch den natürlichen Fluss nach aussen hin notwendigerweise veranlasst. Natürlich bringt dieser Vorgang eine Vermehrung und Kräftigung des Körpers mit sich. Aber was das Gleichgewicht betrifft, so muss, falls sich auf seiner Wage ein Übermass ergibt, selbstverständlich in der Obliegung der Geschäfte und der Regelmässigkeit der Handelsgeschäfte eine Störung eintreten. Und durch das Übermass an Essen, Kleidung und Ausschmückung

*) Die trockenen Krankheiten werden durch Feuchtigkeit ausgetrieben.

der Häuser und die vermehrten Ausgaben für ihre Unternehmungen wird immer stärker der Neid und die Gier, die Zurückhaltung des Kornes und dadurch die Preissteigerung und die Hinterziehung der Rechte anderer herbeigeführt, und daraus entsteht das hitzige Fieber der Armut und des Elendes innerhalb der Formen der Vereinigung und gibt Veranlassung zu einer allgemeinen Verarmung der Einwohner des Landes.

Von dem Militär ferner erwähnten wir, es träte an die Stelle des „Schleimes" in der körperlichen Konstitution des Landes. Wie nun das Übermass und das Zuviel des Schleimes in der körperlichen Gesundheit eine Störung hervorruft, sein Gleichgewicht aber Dauer und Unveränderlichkeit der lebendigen Seele begründet, ebenso ist auch die Regelmässigkeit der zusammengesetzten Formen an das Gleichgewicht dieser vier Grundelemente gebunden. Obwohl es nicht möglich ist diese auf einer bestimmten Wage so festzuhalten, dass ein richtiges Gleichgewicht erlangt wird,*) so muss man dennoch es so einrichten, dass ihr Bestand, ungemindert eines von dem anderen, über eine bestimmte Grenze nicht hinaustritt, sodass die Krankheit sich äusserte und im Befinden und in der Gesundheit des Körpers eine Störung eintreten würde.

Bei einem Menschen wird, nachdem er das Verstandesalter überschritten hat, ohne Zweifel, durch das natürliche Greisenalter veranlasst, der „Schleim" im Reiche des Körpers die Oberhand gewinnen, und aus diesem Grunde entsteht Feuchtigkeit und Erkaltung im Körperbefinden und lässt seine Wirkungen einfliessen, und bei jedem Mal, wo eine Austreibung und Beruhigung eintritt, füllt die eigne Natur die Stelle jener (Krankheiten im Körperbefinden) aus, und dann werden die übrigen Mischungen auch von Natur aus dahin streben, sich in diese umzuwandeln.

So kommt es, dass, wie durch Versuch festgestellt wurde, die Zahl der Truppen eines jeden Staates sich nach dessen Verstandesalter vermehrt hat. So sehr auch ihre Anzahl eingeschränkt wird, so streben dennoch die übrigen Klassen der Formen der Vereinigung noch mehr danach. Sobald sie tatsächlich davon ausgeschlossen sind in den militärischen Stand einzutreten, werden sie wenigstens sich bemühen die Manier und das Aussehen, Kleidung und Gang

*) Das Gleichgewicht wird nie ganz richtig sein können.

dem Militär nachzuahmen. Somit wird auf alle Arten die Anzahl des Militärs eines jeden Staates nach dem Verstandesalter vermehrt werden mit der Anschauung, dass ebenso wie ein Mensch, welcher hilflos zulässt, dass der Schleim in seinem Körperbefinden obsiegt, d. h. dem Gebote der Natur keine Zügel ihn zu bezwingen anlegen kann, es auch dem Staate, welcher die lebendige Seele des Körpers der Formen der Vereinigung vertritt, zukommt, dass er sich unter der Bedingung von keiner Schädigung der anderen Elemente mit dem Überhandnehmen der Zahl der Truppen, welche an Stelle des Schleimes im Körperbefinden der Formen stehen, zufrieden gibt. Weil es in dieser Hinsicht vergeblich ist, soviel man sich auch anstrengen mag, die Zügel zu seiner Unterdrückung in die Hand zu bekommen. Die Natur wird zur Erlangung dieses Zieles nicht Gehorsam leisten.

Da wir die vier Mischungen, d. h. die viererlei Elemente, den vier Klassen der Formen von Vereinigungen verglichen und gesagt haben, dass die „sprechenden" Wesen an Stelle des Königs und die Verstandeskraft für den Minister und das Erkenntnisvermögen anstatt des Richters steht, so treten der Magen an die Stelle des Staatsschatzes, das Geschmacksvermögen an die des Geldwechslers, das Vermögen zu fassen und festzuhalten für den Schatzmeister und die Verdauung für den Rechnungsaufseher und Kontrolleur, die übrigen Kräfte aber ebenfalls an Stelle der übrigen Regierungskommissare des Landes. Somit teilt sich das, was aus den Steuern in den Staatsschatz einkommt, welcher der Magen des Landes ist, auch den übrigen Kräften nach einem bestimmten Masse mit, gleichwie der Materie der Speisen sich das Vermögen sie zu fassen und zu behalten bemächtigt. Dann fängt die ganze Kraft an ihre Teile zu verwenden, und alle Formen der Vereinigung werden ebenfalls gemäss ihrer Bemühungen und Verrichtungen durch ihre Verwendung von Nutzen sein. Dies bedeutet die Verteilung betreffs des Gleichgewichts. Wenn man in der Verteilung auf die Wage des Gleichgewichtes nicht achtet, dann wird die Kraft des einen und die Schwäche eines anderen Veranlassung geben zu Streitigkeiten und Korruption, und zum Befinden des Landes werden Störungen Zugang finden. Schliesslich werden die Kreise der Korruption sich immer mehr vergrössern und dem Befinden des Staates Schwäche und Erschlaffung zuteil werden. Obwohl in diesem Zustande bis zum Ende des Verstandesalters der Staat dauern kann, so wird er doch nach diesem in der Kraft der Verdauung Schwäche und Krankheit zeigen. Auch wird der Magen allmählich seine Arbeit aufgeben und schwach und elend werden. Dann aber muss man auf jede Weise der Grösse und dem Ansehen jener Formen der Vereinigung lebewohl sagen, und der Staat wird von seinem Piedestal herabfallen, und alles schlechte Volk, welches das Eintreten dieses betrübenden Zustandes verursachte, wird bis zum jüngsten Gericht die Zielscheibe des Pfeiles von Hass und Verfluchung der Welt sein. Und auch die Geschichte wird ihre Namen in der Reihe der Namen der Schandbuben und Bösewichter in Erinnerung bringen.

Es geht nun aus diesen Aufzählungen hervor, dass, ebenso wie es beim Menschen im Falle der Individualität drei Lebensabschnitte gibt, erstens die Zeit des Wachstums, zweitens das Verstandesalter und drittens die Zeit des Kräfteverfalles, auch bei jedem Lande und jeder Regierung, welche aus den Formen von menschlichen Vereinigungen bestehen, mehr oder weniger dieselben drei Einteilungen sich vorfinden, jedoch nur insofern als die Erfordernisse einer jeden von diesen drei Arten im Gegensatz zu dem stehen, was von jenen anderen unzertrennlich ist. Wie nun ein Mensch in der Zeit des Wachstums der Anleitung des Vaters und der Pflege seiner Mutter bedarf, so hat auch jeder Staat gleichfalls im Anfang der Anordnung und Bildung nationalen Eifer und gegenseitige Hilfeleistung von klugen und wohlwollenden Leuten nötig, sodass nachher ein jeder von den einzelnen Individuen der Formen von Vereinigung auch durch die Hilfe von weitblickenden Gedanken Wege finden muss, einen Lebensunterhalt für sich zu gewinnen. Die Regierungen werden dadurch, dass sie durch die Segnungen von edlen und gewissenhaften Gesetzen das Material sammeln, Abgaben und Steuern zusammenbringen und in den Staatsschatz fliessen lassen, in der Zeit der Notwendigkeit auf immer und ewig für die Wohlfahrt und die Zufriedenheit der Formen der Vereinigung Verwendung haben, und sie werden durch diese Mittel die Ordnung der Allgemeinheit aufrecht erhalten.

Wie nun jeder Einzelne von den menschlichen Individuen in der Zeit des Wachstums von Tag zu Tag Fortschritte macht, so ist auch ein jeder Staat im Anfang seines Entstehens und in der Mitte alle Tage bestrebt Fortschritte zu machen. Auf Geld und Gut, Ehre und Hoheit bedacht, schreitet er vorwärts bis er zu dem Verstandesalter gelangt. Sobald nun sein Vorwärtsschreiten bis zu jener Zeit mit den Geboten von Gerechtigkeit und Gewissenhaftigkeit in Einklang steht und im Gleichgewicht seinen Weg nimmt, dann wird jedenfalls die Zeit seines Verstandesalter eine Verlängerung erfahren und er in Würde und Grösse sein Leben führen, denn es stehet geschrieben: „Gute Werke sind in der Mitte."*) Auch im Alter des Kräfteverfalles geht es, ebenso wie einen Menschen das schwache Greisenalter kraftlos und unvermögend macht, und alle Tage Gefühl und Kraftvermögen dahinschwinden, mit dem Zustande der Vereinigung auf dieselbe Weise. Zurzeit des Kräfteverfalles findet alle Tage zu ihren Grundbedingungen eine Schwäche den Weg, d. h. die animalische natürliche Wärme und Feuchtigkeit, welche die Quelle des Kraftvermögens und des Gefühles ist, vermindert sich, und schliesslich zieht sich der Magen schwache Verdauung und Unzuträglichkeiten zu. Sollten die Minister des Landes, welche an Stelle der animalischen natürlichen Wärme und der Feuchtigkeit im Reiche des Körpers stehen, mit den Stützen und Dienern, dem Gefolge zum Schmucke der königlichen Macht, welche die übrigen Körperkräfte vertreten, über das wieviel und wie der Geschäfte in Widersprüche geraten, dann wird durch ihre schlechten und Widerspruch herausfordernden Mittel auch zu der Natur der vier Klassen des Reiches, welche wir mit den vierfachen Mischungen der Zusammensetzung des Körpers verglichen haben, Schwäche und Störung ihren Weg nehmen, und diese eine allgemeine heftige Krankheit veranlassen.

Wie nun ein weisses Barthaar oder Runzeln auf der Stirnhaut Anzeichen des Greisentums und des Alters der menschlichen Individuen sind, ebenso ist auch innerhalb der Formen der Vereinigung das Erscheinen von Neigungen zu Schmuck und Verschönerungen ein Merkmal für das Greisenalter und den Kräfteverfall, weil die Hauptelemente der Formen nach dem Verstandesalter nach Ruhe und Behaglichkeit trachten, und ein jeder dem anderen durch immermehr Verschönerungen und durch Vergrösserung der Kreise seiner Würde und seiner Titel Konkurrenz zu machen wünscht; so werden sie die Grundlagen zu ihrer eigenen alten Ehrenstellung mit dem Fusse umwerfen, und allmählich wird dieser Gedankengang auch die

*) D. h. die Mitte ist stets gut, von Jugend und Alter ist nicht allzuviel zu erwarten.

übrigen Klassen anstecken, und die Mittelklassen werden in Wohnung und Kleidung den Ministern, wenn nicht sogar den Fürstlichkeiten, Konkurrenz machen. Da nun Schritt für Schritt die Ausgaben und Aufwendungen der allgemeinen Formen eine Vermehrung annehmen, so werden auch die Kriegsleute und Kämpfer in Nachahmung dieses Herkommens und Gebrauches die Bequemlichkeit und ein Plätzchen im Schatten den Strapazen des Marsches vorziehen. Den Kampf mit dem Feinde und Schutz des Vaterlandes werden sie für Torheit ansehen. Somit wird nach dem Ausspruch: „Für jeden Tod gibt es eine Vorsehungsschrift"*) dann durch Gottes Gericht alles, was unterschrieben wurde, im Laufe sich wenden und in Bestätigung des Inhaltes der erhabenen Verse: „Gott lässt irren, wen er will, und leitet, wen er will"**) im schwebenden Tode auslaufen, und was über die schwebende Todesstunde gesagt worden ist, das wird sich bewahrheiten. Somit steht in Hinsicht hierauf fest, dass zur Zeit des Kräfteverfalls es bei einigen von den Formen der Vereinigung möglich ist, dass derselbe vor dem natürlichen Zeitraum in die Erscheinung tritt, wie z. B. dann, wenn jemand Gift nimmt oder dadurch, dass er sich ins Meer stürzt, natürlich wird er, bevor die für seinen Tod bestimmte Zeit herangekommen ist, sterben. Ebenso wird auch ein Staat, welcher in der Ausübung von edlen und gerechten Gesetzen nachlässt und den Pfad von Gewalttätigkeit und Ungerechtigkeit wandelt, selbstverständlich daran arbeiten, den eigenen Untergang zu beschleunigen oder sich beeilen auszusterben und gänzlich zu verschwinden; und es herrscht kein Zweifel, dass die Grundlage einer solchen Regierungsgewalt schon, bevor die Zeit des Kräfteverfalles eingetreten ist, ohne Halt umstürzen wird.

Wenn nun der Wille des Ewigen dahin geht, dass das Leben jemandes bis zum letzten Grade des Körperverfalles gelangt, oder ihn persönlich dahin bringt, dass er die Gründe zur Erhaltung seiner

---

*) Aus dem Koran. Sure 35. v. 9.

**) Es gibt zwei Arten أجل, nämlich Katmi حتمی ein von der Vorsehung bestimmtes Ende und معلق ein selbstverschuldetes Ende. Alles steht auf der Lau-i mahfus der Schicksalstafel verzeichnet. Koran Sure 85, 22. Der Mensch kann also sein Schicksal verschulden, dies ist ihm aber bestimmt, er kann es nur beschleunigen.

Gesundheit selbst sich beschafft, oder dass er ihn zu einem tüchtigen Arzt führt, sodass durch dessen Behandlung in der Gesundheit seines Körperbefindens keine Störung eintreten kann, da werden ebenso, wenn Gottes Bestimmung es so gefügt hat, dass ein Staat in den letzten Grad des Kräfteverfalls eintritt, die weisen Männer jenes Staates auf dem Wege des Heiles und der Rechtschaffenheit zu Führern ernannt werden, und er legt den umsichtigen Ministern und Staatsmännern von lauteren Charakter, welche an Stelle der tüchtigen Ärzte treten, nahe, dass durch geschickte Politik und ihre Massregeln jener Staat bis zur letzten Zeit des Kräfteverfalles Bestand erhält und Festigkeit erlangt.

Die Politik. Kurz für immer und ewig ist jeder Staat an geschickte Politik gebunden, und diese Politik besteht aus zwei Teilen: Aus Verstand und göttlichem Gesetz (Satzung Mohammeds). Und zwar, was den Verstand betrifft, so besteht er aus praktischem Wissen, und dies nennt man die Politik der Herrscher. Die Politik der religiösen Satzung besteht aus der Befolgung der göttlichen Gebote und dem Gehorsam der Vorschriften des göttlichen Glaubens. Wie die Politik der göttlichen Satzung nun abhängig ist von der Politik des Verstandes, so müssen auch die Herrscher des Islams notwendigerweise das, was sich in der Beurteilung der Angelegenheiten auf die Rechte der Diener Gottes bezieht, als Reglement bestimmen, und jeder Minister muss auch mit seinen Massregeln sich danach richten, damit sie mit der Kraft Gottes begnadet und in dieser und jener Welt erhöht werden. Deshalb wird jeder von den Befehlenden und Ministern, der von diesem richtigen Fusssteig sich fern hält und nach Herzenswunsch auf dem Pfade der Leidenschaften und sinnlichen Begierden einherschreitet, natürlich nach seinem eigenen Untergang und Verderben trachten.

Wie geschrieben steht: „Das Reich bleibt mit Ungläubigen bestehen,
aber nicht mit Gewalt.“ *)

Hierauf erlaubte ich mir zu bemerken: „Edler Herr, Gott sei Dank verstehen Eure Hochwürden vollkommen die Fragen der Politik und beherrschen die Philosophie der Ausübung der richterlichen Gewalt. Was ist nun der geheime Grund für den Umstand, dass Ihr diese wichtigen Punkte in der Versammlung der

*) Koran.

Staatsmänner nicht als Vorlage zur Besprechung zu bringen geruht und dass Ihr die übrigen Minister und Bevollmächtigten des Staates in den notwendigsten Verbesserungen und Einrichtungen im Staatsbereich nicht mit Euch in Einklang bringt, sodass mit ihrer Hilfe und ihrer Übereinstimmung die Dinge vorwärts gebracht werden, und das Vaterland und die Söhne des Vaterlandes von dieser Gefahr erlöst werden?" Er erwiderte: „Die Wunden meines Herzens reisse nicht weiter als bisher auf. Wie ich auch in dieser Hinsicht meine Stimme erhoben und gewehklagt habe, es drang nicht durch. „Wo ist ein Ohr, das hört, und wo Augen, die sehen?" — Wer ist es, der diesem Klageschrei sein Ohr leiht und derartige Worte vernähme? Um dergleichen Ratschläge anzunehmen, auf deren Befolgung Glückseligkeit und hohes Ansehen beruht, sind zwei Dinge nötig. Eins das Wissen und das andere Gewissenhaftigkeit. Leider sind wir Unglücklichen von allen beiden ausgeschlossen. Unter dem Gefolge der königlichen Herrlichkeit*) besitzen heutzutage mehr als 200 Personen grosse Titel, und ein jeder von ihnen trägt für sich allein das Verlangen nach dem Amt eines Grossveziers oder Ministers. Während sie auf eine Gelegenheit warten, zählen sie die Tage und sind der Meinung, dass zu diesem Ziele ausser durch Geldspenden und Bestechungsgelder kein Weg sich finden lässt. Daraus folgt, dass man von allen Seiten sich zur Plünderung der Untertanen gürtet, mit allen Mitteln, die sich bieten, raffen sie hinreichende Summen zusammen und geben sie in dem nötigen Moment aus, um hierdurch den Weg zum Ziele zu finden. Alle ihre Massregeln sind nur allein darauf gerichtet, mit was für Listen sie einander Seife unter die Füsse streichen und sich so die Füsse entziehen können, um dann einander sich die Stellen zu nehmen. Was bis zu ihrem Sinne nicht dringt, das ist Vaterlandsliebe und Nationaleifer.

Grund für die elenden Zustände in Iran.

Weiter, wie ich wiederholt gesagt habe, wissen sie, dass sobald ein Gesetz Platz gegriffen hat, sie den Weg zu diesen ihren Zielen nicht mehr finden können. Dann ist es klar, dass ein jeder der 30–40000 Toman jährlichen Einkommens ebenfalls verlustig gehen würde, und sie mit Rücksicht darauf der pharaonischen Prachtentfaltung, welche sie jetzt führen, — denn ein jeder ist Besitzer von Ställen und Handpferden, von so und so viel Dienern und An-

*) Der Hofgesellschaft.

hängern — dann ebenfalls Lebewohl sagen müssen. So kommt es, dass sie den Namen des Gesetzes nicht hören wollen, wie sollten sie gar es bilden und vollenden wollen!

Darum muss durch den unseligen Einfluss dieser unwürdigen Gedanken Iran, welches der Rosengarten auf Erden war, so wüst werden, und seine Einwohner, welche in früheren Tagen das bevorzugteste der Völker auf Erden waren, mussten in dem Masse, wie wir es heute sehen, niedrig und gering an Zahl werden. Und niemand gibt es, der den Mut hätte sie nach dem Grund aller dieser Zerrüttung des Landes und dem Elend seiner Untertanen zu fragen. Ihr wisst, dass das Gebiet des italienischen Staates bedeutend kleiner als das persische Gebiet ist. Im Beginn des neunzehnten Jahrhunderts betrugen die Finanzen jenes Landes alles in allem 5 Millionen Toman, aber heute belaufen sie sich auf 50 Millionen Toman. Die Zunahme der Bevölkerung jenes Landes gleichfalls auf dieselbe Weise. Die übrigen Staaten ebenso. Wenn wir erzählen würden, dass das Einkommen der Druckerei der Zeitung „Times", welche in London gedruckt wird, die jährlichen Finanzen von Iran übersteigen, so würden unsere Minister ohne Bildung natürlich das nicht anerkennen. Obwohl dieser Umstand klarer ist als die Sonne, so wissen dennoch die Minister unseres Landes, vielleicht sogar der Grossvezier noch nicht, was das in Kursbringen von Papiergeld und die Errichtung von Banken und die Bedeutung von Abgeordneten „Parlament" sei und welcher Art. — Bis jetzt erinnern wir uns nicht, dass einer von den Ministern Irans heilsame Massregeln für die Vermehrung der Finanzen des Landes zur Stelle gebracht und Schriften in dieser Hinsicht verfasst hätte, weil die meisten von den Ministern unseres Landes, im Rufe von Tugend, Kenntnis und Wissenschaft, den Rechten von Staaten und Nationen und den Verträgen eines Staates keine Art von Vorzug und Vorrang vor ihren Pferdewärtern und Mundschenken und Lakaien einräumen. Die Art ihrer Bevorzugung ist entweder das Verstehen des Sinnes von arabischen Gedichten, oder dass ihre Vorfahren ihnen das Amt als Erbe hinterlassen haben, d. h. von Vater und Grossvater wurden sie Feinde des Staates und Volkes, und auf Grund dieser treulosen Unterschlagungen, welche ihre Vorfahren im Hinblick auf den Staatsdienst begangen haben, dürfen sie 20 Kurur Menschen in Iran für ihre gekauften Sklaven halten und diese rechnen sie nicht als wirklich vorhandene Wesen.

Wenn nun ferner jemand diese Schar gottloser Minister fragte: „Meine Herren Minister, jedesmal wenn eines von den Individuen des Volkes irgendwohin eine Reise unternimmt, dann wird es natürlich bei seiner Rückkunft etwas nützliches davon als Geschenk mitbringen. Ihr habt dreimal eine Reise nach Europa gemacht und Geldsummen des Landes auf dieser Fahrt ausgegeben, als Entgeld für alle diese Reisestrapazen und enormen Aufwendungen was für ein Geschenk und kleines Andenken bringt ihr dem Vaterlande und euren Landsleuten?" Sie werden darauf nichts erwidern können. Ich werde dann aber selbst sagen: „Schande und Schurkerei!" —

Ich erinnere mich, einstmals kam eine Schar von Japanern auf einer Reise nach Deutschland. Eines Tages gingen sie zur Besichtigung einer Kanonengiesserei dort. Ausser, dass sie nun in ihren Händen eine Feder und Papier hatten, und die Deutschen sie deswegen scheel ansahen, zog auch ein jeder von der Schnur der feinsten Details jener Künste mit dem Griffel einer weitsichtigen Überlegung auf den Seiten seines inneren Sinnes einen Plan, und bei der Rückkehr zu ihrer glückseligen Heimat fertigten sie Maschinen mehr oder weniger wie diese an und stellten eine grosse Anzahl Kanonen durch sie her, welche von den deutschen Kanonen nicht zu unterscheiden waren. Ihr müsst die Berichte davon zu jener Zeit in Euren Zeitungen gelesen haben. Was soll ich erst von dem Grade von Tugend und Wissen, Nationaleifer und Vaterlandsliebe und Verehrung für den König und Zuneigung für das Volk und Frömmigkeit und Glauben dieser schlechtdenkenden, niedrig gearteten Minister sagen, welchen du aufgewartet hast! — Ich habe aus Furcht vor ihrer Bosheit alles, was ich niedergeschrieben und fertiggestellt habe, niemandem anders ausser dir und einigen anderen Personen von teuren, prüfenden und erprobten Freunden gezeigt. Aber das weiss ich nur zu gut, dass diese Gedanken zur gegenwärtigen Zeit Grund zur Ermordung und zur Absetzung des Urhebers dieser Gedanken geben, und das genügt." Ich wagte zu bemerken: „Edler Herr, wessen Los kann in der Welt schöner sein als jemandes, der auf dem Pfad der Verehrung für das Vaterland Werke vollbringt, welche für ewig ihm einen guten Namen verschaffen. Wie ich nun weiss, dass den Namen des Fürsten Bismarck, des deutschen Reichskanzlers, jedes Kind von 8 Jahren und jede Frau von 80 Jahren, sei es nun als Freund oder als Feind, bis in Ewigkeit mit Ehrfurcht

Die Japaner.

Bismarck.

erwähnen wird, so habe ich, obwohl aus der Zeit des verstorbenen Amir Atta Beg Mirsa Taki*) Khan von dem unglückseligen Vaterlande nichts zur Erinnerung blieb, d. h. die Schlechtdenkenden und Feinde des Reiches und Volkes besassen keine Fähigkeit, trotz alledem ausser einem gottlosen und schmeichelhaften Geschichtsschreiber bis jetzt niemand von den Persern gefunden, welcher den hohen Namen dieses grossen Mannes ohne Ehrfurcht erwähnte oder seine reine Seele nicht durch Segensspruch erfreute. Jedermann lobt ihn wegen seiner hohen Gedanken voller Vaterlandsliebe. Aber abgesehen davon, wenn sie sagen „der Marktmeister ist im Basar",**) so hörte ich, alles was diese grausamen, d. h. die Reste von Pharaonen und Nimruds, von den Untergebenen mit Gewalt nehmen, das nehmen die Vorgesetzten auch von ihnen, und wenn es von ihnen selbst nicht geht, dann nach ihrem Tode von ihren Nachkommen auf alle möglichen Mittel, die sich bieten, in verdoppelter Verdoppelung." Er sagte: „Es ist wahr! Jene tragen Grausamkeiten davon, andere Gold." Jedoch denken diese weder an ihre eigenen Kinder noch haben sie Furcht vor dem Verhör am jüngsten Gericht.

Amir Atta Beg Mirsa Taki.

Wie Betrunkene ohne Bewusstsein, deren Hirn von dem heissen Weine umnebelt wird, singen sie berauscht diese Worte:

„O Sadi. Gestern entschwand, und morgen ist noch unbekannt,
Zwischen dieser und jener Gelegenheit zähle auf heute."***)

Diese freigeistigen Verse, welche sie von der Zeit der Kindheit her noch in Erinnerung haben, sagen sie so oft her, dass es für ihr Leben zu einem Schirmdach wird. Wir hören alle Tage und lesen es in den Zeitungen, dass der Minister eines beliebigen Staates ein Entlassungsgesuch nachsuchte. Dies Entlassungsgesuch hat mehrere Gründe. Entweder geschieht es wegen schlechten Befindens, dass er auf Anraten der Ärzte einige Zeit sich von der Arbeit zurückziehen und sich der Pflege des Körpers und der Ruhe widmen muss, um von neuem nach Wiederherstellung der Gesundheit durch die geistige Erholung sich für den Vaterlandsdienst zu gürten. Oder ein anderer Grund kann Alter und Unvermögen sein, derentwegen er

*) 1849—51 Grossvezier.

**) Der zur Untersuchung der Masse und Gewichte bestellte Polizeikommissar محتسب.

***) Sâdi.

nicht, wie er sollte und müsste, seine Dienste ausführen kann. Jedoch der gewöhnliche Grund zum Entlassungsgesuch, welcher sich öfters bietet, ist der, welcher auf die Liebe zum Vaterlande Rücksicht nimmt. Nämlich dass jenem Minister eine Massregel zum Nutzen des Vaterlandes oder im besonderen für Krieg und Frieden in den Sinn kommt, und dass er eine Denkschrift zur Ausführung dieser Massregel der Versammlung von Staatsmännern „dem Parlament" überreicht. Und, wenn man seine Ideen nicht für heilsam befindet und über seine Denkschrift zur Tagesordnung übergeht, dann wird jener Minister auch um seine Ehre, sein Ansehen und sein Ehrgefühl aufrecht zu erhalten, um an künftigen möglichen Übelständen frei von Schuld sein zu können, davon abstehen, seine Führerstelle und die Würde eines Ministers länger zu bekleiden. Schade, dass unsere Minister, auch wenn sie 100 Jahre Minister wären und das Land in tausend Fährlichkeiten wüssten, sich weder der Schlechtigkeit ihrer Verwaltung schämen noch sich selbst von den Geschäften zurückziehen!

Der gewöhnliche Grund auf immer und ewig für diesen unwürdigen Zustand ist Unwissenheit. Was ich bis jetzt auch meine Stimme erhoben habe, dass uns nämlich vor allen Dingen Schulen nötig sind, Wissenschaft nötig sei, dass unsere Lage nicht Verbesserung fände wenn nicht durch das Wohlwollen von tugendhaften und kenntnisreichen Männern, welche in der modernen Wissenschaft und Kunst Erfahrung sich erworben hätten, das dringt nicht durch und geht nicht ins Ohr hinein. Diese Leute ohne Augen sehen nicht, dass die Gründe zu all der Grösse und dem Ansehen der Leute des Abendlandes nur in ihrer Wissenschaft und Erfahrung zu suchen ist, und der Grund zur Niedrigkeit und Armseligkeit der Morgenländer in deren Unwissenheit und Torheit liegt. Diese Unverständigen beachten nicht, dass in dieser letzten Zeit des Chaos in Iran und der Unbeständigkeit des Königtums in einer Kette und Familie, die jeden Tag wie der Ring am Finger wechselt, ausser Unwissenheit und Gesetzlosigkeit nichts vorhanden war. Und gewöhnlich wurde dieser Zerfall durch Grausamkeit verursacht, und ein Hauptfaktor war auch die bodenlose Unwissenheit. Zum Beweise für diese Behauptung mögen wir als das schlagendste die Herrschaft von Nadir anführen, nämlich, dass durch die abscheuliche Unwissenheit von all diesen Eroberungen und Erwerbungen im Verlaufe einer

10*

kurzen Spanne Zeit keine Spur übrig blieb. Es liegt auf der Hand, dass weder Kopf noch Turban blieb. Was musste dieses Stück persischer Boden nicht durch Dummheit alles an Unbill erfahren. Vor Nadir und nach ihm wurde es verwüstet durch fortwährende Überfälle von Truppen und Zeiten von Bürgerkriegen. Wenn wir die Gründe zu alle diesem untersuchen, so werden wir finden, dass es Torheit und Unwissenheit war. Man muss wahrhaftig über den Zustand dieses unglückseligen Landes weinen. Ich habe zum Beweis für die Gründe von all diesem langen Ungemach, welches eben Torheit und Unwissenheit ist, ein Buch verfasst und mit 700 Seiten vollendet. Wenn Gott mir gnädig gestattet es zu drucken und herauszugeben, so werde ich Euch ein Exemplar davon schicken. Nach seiner Lektüre werdet Ihr verstehen, um was es sich handelt."

So assen wir also zu Abend. Man räumte den Tisch ab, und er erzählte mir etwas von seiner Vergangenheit und geruhte nach dem Stand des Handels in Ägypten und anderem zu fragen. Was ich wusste, das gab ich kund. Die Uhr ging auf fünf.*) Ich bat um die Erlaubnis heimzukehren. Er befahl man solle den Wagen anspannen. Trotz seiner dringendsten Bitte gab ich es nicht zu. Dann zündete man die Laterne an. Er trug zwei Dienern auf mich nach der Wohnung zu begleiten. Ich erhob mich, um ihm die Hand zu küssen, er wehrte ab. Ich versetzte: „Alle Schläge, welche bis jetzt mir Armen während meines Forschens nach den Gründen der mangelhaften Zustände im Vaterlande zuteil wurden, entschwanden völlig durch das Übermass von Glück in Eurer verehrten Nähe, Hochwürden, zu sein, und jede Wunde, empfangen durch Worte, welche von einigen Unmenschen mein kraftloses Herz trafen, wurde durch die Arznei Eurer trostbringenden Worte geheilt. Dank für diese unermessliche Wohltat steht nicht in meiner Macht. Ich hege die Hoffnung, dass Ihr mit Gottes Willen später, wie Ihr gesagt habt, eine Verbesserung der Umstände herbeiführen werdet." „Sei ohne Sorge, Gott ist gütig. So Gott will; wird es gut werden! Soviel an dir liegt, bete dafür, dass das Leben des Sohnes länger als das des Vaters währe und die Kinder von jedermann nach dem Vater sterben mögen. Dies Gebet erflehe ich für die Gesamtheit nicht allein für eine Person." Ich verstand wohin dieser Wink

*) Nach persischer Zeit nach Sonnenuntergang.

Eine Strasse in Teheran. (S. 149.)

hinaus wollte. Ich versetzte: „So Gott will.“ Dann sagte ich ihm lebewohl und war im Begriff hinauszugehen. Er sagte: „Solltet Ihr nicht sobald abreisen, dann kommt wieder hierher.“ Ich sagte: „Ich beabsichtige noch früher abzureisen.“ Ich wollte mich auf den Weg machen, da sagte er: „Mir fällt ein Traum ein. Ich habe eine Traumbeschreibung, warte, ich werde es dir zu lesen geben.“ Ich sass nieder, und die hochverehrte Persönlichkeit sagte: „Eine Person wie du, welche vom Übel des Nationalpatriotismus und von der Krankheit der Vaterlandsliebe heimgesucht ist, hat mit mir Bekanntschaft. Manchmal kommt er zu mir. Eines Tages kam er auch zu meinem Hause und ebendieses Papier, welches ich dir geben werde, zeigte er mir und sagte: Diese Nacht hatte ich einen Traum. Nach Ein Traum. dem Erwachen schrieb ich ihn nieder, damit ich ihn nicht vergässe. Dies ist er, lest ihn und deutet ihn bitte. Als ich ihn las, wurde mir seine Deutung klar. Ich sagte: Die Deutung dieses Traumbildes ist so überaus klar, dass sich keine Schwierigkeit bietet. Der, welcher kommt, Wasser reicht und mit Rosenwasser besprengt, ist der Kronprinz. Nimm und lies. Dies ist die Aufzeichnung des Traumes von deinem Leidensgenossen.“ Ich ergriff das Papier: Es stand geschrieben: Gestern vor dem Schlafengehen überdachte ich bei mir die traurige Lage des Landes und befand mich mit mir selbst im Kampfe. „Unberechenbarer Mensch, was geht dich das an, dass ein kleiner Haufe von Verächtlichen im Lande Gewalttaten begeht und so viele Millionen vergewaltigt werden, diese aber mit all ihrer Mehrzahl und Menge zur Beseitigung jener Grausamkeit sich nicht verbünden! Was fällt dich an, dass du allein und als einziger durch die Schläge und Gewalttaten, welche alle Tage ihnen zustossen, dich elend machst und dein süsses Leben selbst verbitterst. Und Tag und Nacht in Sehnsucht und Verlangen, Fortschritte im Vaterlande zu sehen und die Glückseligkeit des Reiches und Volkes und die Ordnung der Geschäfte des Landes und die Ruhe der Untertanen und allgemeine Gerechtigkeit, dein Leben mit Kummer und Sorgen vollendest. Was geht's dich verrücktes Menschenkind an!“ Am Ende dieser Betrachtung überkam mich Schlaf.

Mir träumte, ich sah wie sich auf der Strasse „Naserie“*) ein alter Mann zeigte mit weissem Barte und wirrem Haar und

*) Strasse in Teheran östlich von der königl. Burg.

schwachem Befinden, von mittlerer Statur und Ebenmass der Glieder, welcher mit prächtigen Kleidern angetan war, und ein Jüngling führte ihn an der Hand. Der Greis ging voll höchster Angst im Gespräch mit dem Jüngling des Wegs, und jeden Augenblick schaute er sich ängstlich um. Plötzlich entstand auf einer Seite ein gewaltiger Tumult. Ein Haufe von Basarleuten und Menschen ohne Kopf und Fuss und von niedrigem Pöbel umgab den alten Mann, und jeder raubte ihm etwas. Einige schlugen ihn auch und fügten seinem Kopfe und Antlitz Wunden bei, und wieder einige zerfetzten ihm Hand und Fuss und Körper entzwei, und der Haufe plünderte die Juwelen an seiner Kleidung, bis sie ihn von allem entblösst hatten und ihn halbtot auf die Strasse warfen. Der Arme fing an ganz schwach und kraftlos mit trauriger Stimme zu klagen: „O entartete Kinder, Undankbare,*) die ihr die Pflicht nicht kennt, und ohne Einsicht seid, was ist mein Vergehen, dass ihr mich in dieser Erniedrigung in den Staub zieht? Zur Strafe für welche Missetat lasst ihr so schwere Züchtigung über mich ergehen?" Und von der Heftigkeit der empfangenen Schläge überkam ihn eine Ohnmacht, und weinend brach er zusammen.

Einige Personen von fern und nah redeten mit lauter Stimme den Jüngling an und sagten: „Bist du noch ein Mohammedaner? — Reiche diesem armen Gefallenen hilfreich die Hand! Spritze Wasser auf sein Gesicht, und seine Feinde rings verjage!" Dieser alte Mann, dessen Leben zerrüttet war, lag immer noch bewusstlos da. Der Jüngling ging nun fortwährend einen bittend an, alle Augenblicke flehte er jemanden um Hilfe. Was sollte er tun? — „Der Ertrinkende greift nach dem ganzen Haschisch,"**) jedoch bei keinem fand er Hilfe und Beistand. Einer kommt, um ihm die Wunden zu salben und bringt ihm eine neue bei. Ein anderer naht sich, um sein Kleid zu flicken, als er ganz nahe gekommen ist, reisst er ihm das Hemd ab. Über die Abscheulichkeit dieses Vorganges wäre beinahe meine Seele dem Körper entflohen. Ich sprach bei mir: „O Gott, was ist das für ein Auftritt, und wer ist dieser alte Mann? — Und was ist seine Schuld, dass sie meinen, er verdiene alle diese

*) Eigentlich Salzessende. Das Salz spielt eine grosse Rolle, Gastfreundschaft. Dankbarkeit.

**) Sprichwort.

Musafer-ed Din Schah. (S. 151.)

Beschimpfungen, und niemand ihm hilft oder beisteht?" — Ich fragte einen: „Wie heisst dieser alte misshandelte Mann?" — Er erwiderte: „Kennst du ihn denn nicht?" — Ich verneinte. Er sagte: „Sein Name ist ‚Iran Khan'. Jene Räuber sind alles seine Kinder, welche durch ihren Ungehorsam und ihre Unfolgsamkeit dem Vater gegenüber, wie es die Folge von Nichterziehung ist, der Herrschaft und Macht, des Ansehens und der Grösse verlustig gingen, und jetzt, da sie allen Reichtum und das Vermögen ihres Vaters klein gemacht haben, haben sie seine königliche Würde in den Wind gejagt. Sie haben sich auf Diebstahl und Räuberei gelegt und, wie Ihr seht, über ihren Vater diesen grausigen Tag gebracht und ihm die Hoffnung auf weiteres Leben geraubt." Als wir noch im Gespräch begriffen waren, zeigten sich plötzlich von der Seite her Staubwolken. Ein tapferer Ritter wurde von weitem sichtbar, dem ein Regiment Bogenschützen nachfolgte. Sie sprengten in Eile mit ihren Pferden auf den Greis zu. Ich sagte: „Um Gottes Willen, was wollen alle diese Leute voll Kraft und Saft von diesem zusammengebrochenen Greise? Sollten diese auch zur Plünderung herbeikommen? — Es ist nichts mehr da. Beabsichtigen sie etwa ihn zu morden? Er selbst ist schon dem Tode nahe. Wenn es wäre, um ihm das Leichenhemd anzulegen und ihn zu begraben, dann hätten sie keine Lanzen und Schwerter dazu nötig. Was sollen die Waffen zu Stich und Hieb?" — In diesem Augenblick kam einer von den Reitern an mich heran, und ich fragte ihn: „Ich beschwöre dich bei deinem Jüngling,*) wozu kommt ihr hierher, und wessen Leute seid ihr?" — Er erwiderte: „Dieser junge Mann zu Pferde mit süssem Antlitz ist unser Anführer. Sein geehrter Name ist ‚Musafereddin'. Er hat uns zum Beistande und zur Hilfe für diesen ‚Iran Khan' herbeigeführt." Noch waren seine Worte nicht zu Ende, da sah ich, wie Musafereddin an den Iran Khan herantritt, sogleich vom Pferde stieg und das Haupt von Iran Khan vom Boden emporhob und auf seine Knie legte. Er flösste ihm ein wenig Scherbet in die Kehle ein und besprengte sein Gesicht mit Rosenwasser. Seine Leute nun drangen von allen Seiten gegen die aufrührerischen Rebellen vor und jagten sie rings davon. Der junge Mann bestimmte einige von seinen Vertrauten und Nahestehenden zur Pflege jenes Greises und eine andere Schar, um ihm Kopf

*) Dem Anführer.

und Gesicht zu waschen, und er befahl neue Kleider für ihn. Beim Anblick von all diesen Hilfeleistungen und Aufmerksamkeiten des Musafereddin dem zusammengebrochenen Greise zu Liebe wurden die Tore der Freude vor mir aufgetan. Ich trat vor, um die Wunden des Greises zu betrachten. Ich sah, sie waren gefährlich. Einige von den Wunden hatten geschwärt, und Blut und Knochen des Körpers waren faulig geworden auf eine Art, dass jeder Arzt, der diese Wunden behandelt und ihnen Genesung gibt, entweder ein Meister wie der heilige Lokman oder ein Schüler des heiligen Jesus, des Sohnes der Maria, wäre.*) Aus Schrecken über diesen Zustand fing ich an mich so entsetzlich zu fürchten, dass ich zitterte. Und von dem heftigen Zittern erwachte ich. In diesem Augenblicke traf der Ruf des „Asan" mein Ohr, und der Muezzin rief: „Ich bekenne, es gibt keinen Gott ausser Gott." Als ich zu mir kam merkte ich, es war der Gebetsruf (Asan) in der Frühe. Ich erhob mich, nahm die Waschungen vor und verichtete 2 Rakat**) zur Ehre des einigen Gottes, und im Anschluss an das Gebet sprach ich eine Fürbitte; und besonders die Gesundheit und Grösse von Iran Khan erflehte ich am Throne des Wünsche-Erfüllenden. „Schluss."

Nachdem ich diese Traumgeschichte gelesen hatte, bemerkte ich: „Die Deutung dieses Traumes ist klar wie die Sonne." Ich fragte: „Nur dieser Jüngling, zu welchem man sagte: Bist du noch ein Mohammedaner? Diesem zusammengebrochenen und misshandelten Greise leiste Beistand und Hilfe! Wer ist das?" — Er erwiderte: „Dieser Jüngling ist eben dieser Träumende, welcher wie du und andere vor dem Zorn und Groll des Ministers des Äusseren und Inneren keine Scheu hegt und sich vor dem Stock des Kriegsministers nicht fürchtet und nicht an Verwundung und Beschimpfung durch andere denkt."

„Ihr müsst überall Eure Stimme erheben und laut den Ruf erschallen lassen, dass Gott der beiden Weltsphären***) dem heiligen Ruhm der Welt†) und dem tugendhaftesten der Geschöpfe (auf ihn und seine Nachkommen die höchsten Lobpreisungen), dem aus-

---

*) Christus als Ideal eines Heilkünstlers.

**) Rakât ركعة Verbeugungen beim Gebet.

***) Dieser und jener Welt.

†) Titel Mohammeds.

erwählten Gesandten, auftrug, die Wurzel der Grausamkeiten aus dem Boden zu reissen und die Fundamente der Gerechtigkeit und der Billigkeit zu befestigen. Dieser Heilige hat auf den Befehl Gottes Beschwerden, welche von Beginn der Schöpfung bis zu ihrem Ende niemand zu ertragen vermöchte, auf sich genommen. Zuzeiten mit Ergebung und in gegebenen Fällen mit der Kraft des Schwertes und Einsetzung des Lebens. Jenes heilige Gebäude, dessen Name Gerechtigkeit ist, hat er befestigt. Was geschah gegenwärtig nun, dass das Volk jenes ‚Verstorbenen Endzweckes der Geschöpfe'*) unter der Last von all diesen Grausamkeiten, welche die Kraft sie zu tragen überschreiten, vernichtet und existenzlos wurde, Haus und Hof lebewohl sagt und in der Fremde herumirrt und elend wird? Genug von Leuten gibt es, welche nach der zweiten Hochzeitsnacht wegen der Grausamkeit gewissenloser Gouverneure sich von ihren Familien trennen und umherschweifen, und seine Gattin von 15 Jahren, die ihn einige Nächte bei sich sah, wird silberweiss in der hoffnungsvollen Erwartung auf seine Rückkehr.

Verlassene Frauen.

Ist denn dass nicht mehr dasselbe Iran, welches der Rosengarten auf Erden und ein Gegenstück zum höchsten Paradiese bildete? Warum erscheint es heutzutage wie ein Acker voll Unkraut? War nicht dieser reine Boden hier für Zeiten eine Wiege der Civilisation der Welt? Was geschah, dass jetzt seine Bewohner, welche anderen Bildung beibrachten, als ungebildet bezeichnet werden? Und während damals die Perser wegen ihrer Wissenschaften und Kenntnisse einen hohen Ruf hatten, überlassen die Europäer sie gleich bösen Dämonen (Diw) und reissenden Tieren der Welt der einsamen Wüste. Die Vorschriften voll Gerechtigkeit eines Pischdadian könnten auch jetzt noch als Muster für rechtliebende Herrscher gelten. Der Ruf der Gerechtigkeit eines Nuschirewan**) klingt noch fort in den Ohren der Welten. Der Zweck, warum ich diese Geschichten der Vorzeit anführte, ist der Euch zu trösten. Über die Missachtung, welche jene törichten Minister dir gegenüber gezeigt haben, trage keinen Kummer! Auf derlei Wegen ist ein fester Schritt vonnöten, man muss mit festem Entschlusse die Widrigkeiten überwinden oder auf dem Wege sein Haupt zum Pfande geben.

Ibrahim wird getröstet.

*) Titel Mohameds.

**) Während seiner Regierung wurde Mohammed geboren.

„Man muss für seine Ziele das oberste des Himmels nach unten kehren,
oder mannhaft auf mühevollen Pfad sein Leben hingeben"*)

Ich selbst weiss am besten, dass von den Persern die, welche im Ausland, wie in Bombay oder Kalkutta oder in Kairo und den übrigen Ländern der Türkei oder im russischen Reiche, ein tüchtiges Kapital zusammengebracht haben, aus Furcht vor den Plünderungen und Heimsuchungen ihrer Gesandten und Bevollmächtigten und Konsuln Iran gegenüber hilflos sind, dass sie ihre Nationalität ablegen um sich ihr Gut und Ansehen zu erhalten. Der unglückliche Fanatiker, welcher dies nicht tut, verliert alles, und keinen trifft dafür, dass er sich hat entnationalisieren lassen, Tadel oder Vorwurf, sobald man an sie mit Gerechtigkeit und Gewissenhaftigkeit Fragen stellt. Denn ‚der Schuldige kann tausend Entschuldigungen für sein Vergehen sagen'. Wenn sie nun aber ihre persische Nationalität behielten, würde das nicht dem Staate und Lande zum Nutzen gereichen und dadurch nicht ein Werk gefördert werden, welches den Wohlstand des Vaterlandes herbeiführte? Die Worte der Vorfahren liest und kennt jedes Kind in der Schule, nämlich dass ‚das Königtum nicht bestehen kann ausser mit Militär'. Das Militär kann man nicht zusammenbringen ausser mit Geld. Geld kommt nicht herbei ohne Sicherheit und Zutrauen und Zufriedenheit der Untertanen. Die Freiheit der Untertanen bietet sich nur durch Ausübung von Gesetzen der Gerechtigkeit und Gleichheit. Schade, dass die Art und Weise unseres Königtums und Landes völlig in diesen Punkten das Gegenteil zeigt. Die Folge davon ist genügend bitter und jammervoll. Gott möge unser Leben verkürzen, damit wir diese traurigen Tage nicht mehr sehen!"

Hierauf geleiteten mich die Diener der verehrten Person zum Quartier, und ich ging schlafen.

Persische Zeitungen.**)

Anderen Tages kam Meschhedi Hassan und hielt ein Stück Papier in der Hand. Ich fragte: „Was ist das?" — Er sagte: „Es ist die Zeitung ‚Iran' genannt. Einmal in der Woche an den Mittwochen wird sie gedruckt und erscheint am Sonnabend."

*) Nasir-i Khosrau.

**) Es gibt deren fünf grosse: اطلاع einmal wöchentlich, über das Ausland; ایران einmal wöchentlich, Lokalklatsch; شرف einmal wöchentlich in Täbris; اختر einmal wöchentlich, Ausland Stambul, jetzt eingegangen; تربیت täglich, freisinnig.

Unter dem Titel „Nachrichten aus dem Innern" stand nach einem Berichte, dass das grossherrliche Heerlager sich zur Jagd zu begeben geruhte, und, nach einer Fürbitte für die hohe Person Seiner Königlichen Herrlichkeit, dass eine Versammlung am Hofe der Regierung in der Woche drei Tage im gesegneten Gebäude „Khurschid" unter dem Präsidium von N. N. stattfinden werde: „Gottlob, alle Staatsgeschäfte und Unternehmungen am Hofe der Regierung und die wichtigsten inneren Angelegenheiten wickeln sich in höchster Ordnung ab, und was die Nachrichten aus den Provinzen anbetrifft, so schreibt man ebenfalls das Gleiche. In Gulschan*) leben, Gott sei Preis, dank dem hinreichenden Wohlwollen des Gouverneurs Soundso die Untertanen in beschaulicher Ruhe und Freiheit und widmen sich dem Gebete für ein ewiges Leben und eine lange Regierung Sr. Majestät. Stroh und Gerste gibt es hinreichend, und auch die übrigen Sorten sind billig zu haben. In Isfahan gleichfalls, Kirman dito, Schiras dito und alles sonst ebenso etc." Was die Nachrichten vom Auslande anbetrifft, so schreibt er von der Geographie der Insel Cuba und dergleichen einiges, und von dieser seiner Aufgabe hat er selbst keine Idee noch irgend einer von den Persern.

Als ich so etwas sah, da rauchte mir der Kopf, ich warf die Zeitung weit von mir und sagte: In sämtlichen Provinzen Irans dringt der Klageschrei der Leute über die Gefühlslosigkeit der Gouverneure zum Himmel empor. Diesen Gewissenslosen aber rufen sie zum Zeugen ihres Gerechtigkeitssinnes an. Der ist kein Moslim, welcher sich an diesen gottlosen Zeitungsschreiber wendet. Da in ganz Iran nicht 50 Personen zu finden sind, welche eine Ahnung von der Geographie ihrer eigenen Heimat haben, die Grenzen oder Grenzplätze des persischen Reiches kennen, welchen Nutzen kann für sie das bringen, wenn sie von der Geographie von Cuba lesen es aber nicht verstehen? An Stelle von solchen Stoffen ohne Sinn und Verstand muss man nützliche Ratschläge niederschreiben wie: „Ermahne die Untertanen zum Gehorsam gegen den König und den König zur Milde gegen die Untertanen und mache ihnen Lust dazu. Schreibe über die Schönheit des Edlen und die Schlechtigkeit des Grausamen Abhandlungen, tadele die grausamen Handlungen, gute Taten preise

*) In Aserbaidschan nahe Maragha.

und rufe die Ansicht in das Gedächtnis zurück, dass die Untertanen nicht ohne Herrscher und der Herrscher nicht ohne Untertanen bestehen können." Diese beiden Elemente sind notwendig und erfordern sich gegenseitig. In Worten sind es zwei aber im Sinne eins. Die Untertanen müssen den König als gütigen Vater und der König die Untertanen als geliebte Kinder ansehen, damit beide glücklich werden.

Meschhedi Hassan merkte, ich war erbittert und sagte: „Erhebt Euch und lasst uns einen Spaziergang machen!" Ich fragte: „Wohin?" — Er erwiderte: „Überallhin." Ich sagte: „Jusuf Amu stehe auf und lass uns gehen!" Als wir unser Quartier verlassen hatten, stiessen wir im Basar auf zwei Personen, eine war ein Seïd mit Turban, die andere war ein Mann von 40 Jahren. Diese waren mit Meschhedi Hassan bekannt. Einer erkundigte sich beim anderen nach seinem Befinden, dann fragten sie: „Wohin geht Ihr?" — Meschhedi Hassan erwiderte: „Wir gehen spazieren, wenn ihr nichts zu tun habt, so lasst uns zusammengehen." Sie erwiderten: „Meinetwegen." Meschhedi Hassan stellte sie vor. Der Seïd hiess Agha Mir Habib ullah. Der andere, welcher einen Paletot anhatte, war von Karabagh*) her. Er sagte: „Ich habe mich in Stambul und der Stadt Moskau längere Zeit aufgehalten." Wir gingen also alles ansehen, bis wir zum Manöverplatz kamen. Wir erblickten einen sehr grossen Platz, man hatte ihn gesprengt, und er war gereinigt und sehr rein. Einige Abteilungen Infanterie exerzierten dort. Wir sahen lange zu. Der Instrukteur dieser Infanteristen war ein junger Mann von 35 Jahren und aus Ungarn gebürtig. Es kränkte mich tief, dass jener junge Mann persische Offiziere von 50 Jahren einexerzierte. Wir gingen von dort fort. Ausserhalb des Platzes befindet sich ein sehr grosses Bassin, seine Reinlichkeit lässt nichts zu wünschen übrig. Wir gingen eine Weile in seiner Umgebung spazieren, mit dem Gesicht nach oben blickend dorthin, wo das Denkmal Sr. Majestät des Schah zu Pferde aus Eisen und Zinn gegossen aufgestellt war. Es war äusserst kunstvoll. Man könnte meinen der Schah selbst stände zu Pferde vor uns. Eine Weile spazierten wir neben ihm. Dann setzten wir uns dem Denkmal gegenüber und rauchten unsere Cigaretten. Der Mann aus Karabagh sagte: „Dies Denkmal steht

Der Exerzierplatz.

Europäische Instrukteure.

Monument des Schah.

*) Provinz in Transkaukasien.

völlig im Gegensatz zu dem Herkömmlichen, nirgends gibt es so etwas." Der Seïd sagte: „Wieso nicht? — Überall in Europa gibt es dergleichen in Menge. In Russland habe ich eine Masse davon gesehen." Der Karabaghe versetzte: „Ich habe gesagt, nirgends gibt es so etwas, Ihr täuscht Euch." Der Seïd fluchte aus Ärger und sagte: „Dergleichen habe ich im Ausland eine Masse gesehen." Der Karabaghe versetzte: „Nein, es ist so." Der Seïd wurde zornig, und der Karabaghe sagte: „Agha, Euer Hochwürden haben Recht. Das, was du gesehen hast, habe ich ebenfalls gesehen, aber davon spreche ich, dass ein jeder von ihnen zahlreiche Dienste seinem Staate oder Volke erwiesen hat, und als Lohn für jene Dienste ist er nach seinem Ableben dieser Ehrung teilhaftig geworden. Z. B.: Wenn einer eine sehr starke Festung dadurch, dass er beim Angriff sein Leben gab, erobert hat oder eine feste Mauer der kraftvollen Feindeshand entriss oder einen Weg zur Glückseligkeit seiner Landeskinder ausfindig gemacht oder ein Gesetz verfasst hat. Oder zum allgemeinen Nutzen des Vaterlandes einen Dienst geleistet oder die Beseitigung von Grausamkeit und Unglück für seine Landsleute verursacht und Mittel zum allgemeinen Wohlstand im Lande geschaffen hat. Dann sammelt Regierung und Volk zur Vergeltung für diese herrlichen Taten, sei es nun eines Königs oder Feldmarschalls oder irgend eines Weisen oder Gelehrten, nach dessem Tode zum öffentlichen Beweise ihres rechtlichen Empfindens aus eigenem Beutel, freiwillig und auf eigenen Wunsch Geld in der Absicht, die Gestalt jener grossen Persönlichkeit solle stets vor aller Augen sichtbar dastehen. So schafft man ein Denkmal für ihn und errichtet es zu seinem Andenken. Aber nicht so, dass sich jemand bei Lebzeiten ein Monument von sich kauft, an einem Platze des Verkehrs aufstellt und zu den Leuten sagt: ‚Ich bin ein grosser Mann, lernt mich kennen.' Wenn ich z. B. jetzt vor Euch mich loben würde, ich bin ein Mann so und so geartet, dann würdet Ihr hinter meinem Rücken natürlich sagen: ‚Das ist ein ganz sinnloser Mensch, da er sich selbst erhebt.'*) Den Selbstgefälligen aber halten Gott und der Prophet und die hochheiligen frommen Imame, die Weisen und Gelehrten, die Dichter und vortrefflichen Menschen für tadelnswert. Und so ist es auch.

Ansichten über die Berechtigung eines Denkmals.

*) احمق را ستایش خوش میا ید Lob gefällt Toren.

Ausserdem aber sind dergleichen Denkmäler in den reinen göttlichen Vorschriften des Islam verboten. Es sind nun 1300 Jahr her, dass aus dem Islam grosse Könige hervorgingen, aber niemals liessen sie von sich etwas wie dieses Denkmal zu ihrem Gedächtnis zurück, obwohl von ihnen der Welt des Islam und der Menschlichkeit eine Menge Dienste erwiesen wurden. Wenn dem so wäre, dann müsste man zu Ehren des Sultan Mahmud, des Eroberers, zehn solcher Denkmäler aus Gold und Silber zum Gedächtnis errichten. Der auch das Recht dazu hätte, weil gar viele von den grossen Kalifen und Sultanen des Islams sich besonders um die Eroberung von Stambul bemühten, aber keinem von ihnen die dortige Eroberung gelingen wollte, bis jener Preis der Glückseligkeit, Sultan Mahmud Fateh mit Namen, geboren wurde. Jener König nämlich, ein Meister von Energie, zog, wie in den Geschichtsbüchern berichtet wird, die Schiffe über das Land und gelangte so mit tausenderlei Arten von Selbstaufopferung zum Ziele. Trotz aller Fortschritte der Neuzeit und der modernen Wissenschaften erscheint heutzutage noch die Beschreibung dieser Eroberung schwierig, aber durch die Kraft der Energie und das gute Glück jenes Herrschers ward ihm diese grosse Eroberung zuteil. Da der Herr des leuchtenden göttlichen Gesetzes*) menschliche Darstellung und Denkmäler versagte, so dient aus diesem Grunde eine grosse Moschee — Kathedrale — (Dschami) zur Erinnerung an Sultan Mahmud, den Eroberer, welche für lange Jahre zum herrlichen Ruhme und zu frommen Gebeten für das Wohl jenes grossen Herrschers stehen wird. Deswegen gereicht es für einen grossen Moslim, wenn er von sich auch nicht eine Spur von guten Taten zur Erinnerung gelassen hat, zur grossen Schande, ein solches ehernes Bildnis auf einem Verkehrsplatz von Mohammedanern zu errichten, ja es ist eine Sünde. Das ist nichts als Eigenlob und Hochmut, welches beide zu den tadelnswerten Eigenschaften zählen."

Sultan Mahmud der Eroberer.

Ich sagte: „Papa, lasst doch das alles beiseite, was geht uns das an! Lasst dies; gehen wir lieber in Ruhe noch ein paar Schritte weiter." Der Karabaghe fragte mich: „Hast du einen Bleistift?" — Ich bejahte. Er sagte: „Gib ihn mir!" und ich gab ihn. Er riss nun ein Blatt aus seinem Taschenbuch heraus und fing an zu schreiben. Ich ahnte, was er schreiben würde. Ich nahm ihm den

*) Mohammed.

Stift aus der Hand und sagte: „Lasst es gut sein mit diesen Dingen, kommt, gehen wir an unser Vorhaben! „Der Seïd sagte: „Jedenfalls hat der Mittelpunkt der Erde*) selbst in Europa viel von dieser Art Denkmälern gesehen. Wenn er das nicht gut wüsste, so hätte er es von sich selbst nicht zum Gedächtnis aufgestellt." Der Karabaghe versetzte: „Die Europäer haben selbst noch ein Erinnerungszeichen hinterlassen, welches für lange Jahre dauern wird." Der Seïd fragte: „Was für ein Erinnerungszeichen?" — Der Karabaghe erwiderte: „Auf der letzten Reise Seiner Majestät des Schah nach Europa Die Reisen des Schah. haben die Zeitungen von Paris offen geschrieben, dass das französische Volk die Ausgaben für die fortwährenden Reisen dieses lieben Gastes nicht bezahlen wolle: ‚weil wir wissen, dass die Minister der persischen Regierung das Verlangen danach haben, von Zeit zu Zeit zum Besuche nach Europa zu kommen, um eine Reise zu machen und sich zu amüsieren. Wir aber bewilligen kein Geld, die Kosten für ihre sinnlosen Verschwendungen zu bezahlen, damit sie ihre Zeit angenehm verbringen können.' So geschah es, dass Monsieur Carnot, dem Haupte der Republik zu der Zeit, nichts anders übrig blieb als 10000 Franken aus seiner Tasche zu bezahlen. Und zur Erinnerung daran schrieb man ein Memorandum für Iran und liess es in der Welt als Andenken zurück, und zwar so, dass an jener Schande unsere Nachkommen bis zum jüngsten Gericht genug haben. Für Iran aber ergab sich als Ersatz für die Ausgaben von vielen halben Millionen Toman für diese fortwährenden Reisen**) ausser dergleichen schlechten Nachreden kein Nutzen." „Reisen sollte man machen wie Peter der Grosse. Von 18 Millionen hat sich durch Peter der Grosse. die segensreichen Folgen dieser Reise die russische Volkszahl auf 118 Millionen gehoben.

Aber es gibt auch genug energische Herrscher, welche überhaupt nie Reisen gemacht haben, sondern ihre Völker nur durch glückliche Kombinationen und durch ihre eigene Klugheit lebenskräftig gemacht haben! Wie z. B. der Kaiser von Japan, der, ob- Der Mikado. wohl er niemals aus seiner Heimat hinaus einen Schritt setzte, in ganz kurzer Zeit seinem Volke und seinem Reiche einen so grossen Fortschritt verschaffte, dass die Augen der Sehenden davon geblendet

*) Titel des Schah.

**) Des Schah Nasr-ed-Din.

wurden. Eines Tages nämlich kam er plötzlich hinter dem Vorhang mit all seinem Schmucke hervor und entbot seinen Nachbarn Gruss: ‚Freunde, wie ist Euer wertes Befinden?' — Und alle Staaten gerieten über seine wider Erwarten erfolgten Fortschritte in Schrecken. Gegenwärtig steht er Schulter an Schulter mit allen grossen Mächten, und in allen politischen Fragen der Welt zeigt sich der Finger seiner Einmischung, und alle Grossmächte haben heute mit ihm abzurechnen." Hier suchte ich das Gespräch auf ein anderes Thema überzuspielen und sagte: „Es wäre besser, wir gingen die Hauptmoschee des verstorbenen Mirsa Mohammed Hussein Khan, des Muschir ed Daule, besichtigen, welche zu den grössten neuen Gebäuden gehört. Wir gingen also hin." Diese Moschee des Muschir ed Daule, des vorvorigen in Stambul beglaubigten Gesandten von Iran, welcher noch das Amt eines Sipahsalars*) und Grossveziers von Iran erlangte, ist ihrem Plane nach eine der vornehmsten Moscheen in Stambul nachgebildet.**) Neben ihr ist auch eine grossartige Schule (Medresse) erbaut. Gott möge ihm Gnade verleihen! Ich hörte, er hätte noch drei sehr grosse und nutzbringende Landgüter gekauft und sie als Stiftung für diese Moschee und hohe Schule bestimmt. Für die Vollmacht der Abtretung und des Erwerbes hätte er ausserdem eine Verleihungsurkunde in schärfster Bestimmtheit und sorgfältiger Anordnung, wie es von einem so erfahrenen Manne zu erwarten ist, verfasst, aber jammerschade, dass die Lebensdauer jenes grossen Mannes und Patrioten die Vollendung des herrlichen Gebäudes und die Ausführung seiner segensvollen Pläne nicht gestattete und alles unvollendet blieb. Aus sicherer Quelle hörte ich dann zu meinem tiefsten Bedauern, dass heutzutage weder von der Abtretungsurkunde eine Spur noch von seinem Legat an die Moschee eine Ahnung existiert. Durch das Unheil der Gesetzlosigkeit sind die Fundamente zu dieser heiligen Gebetssätte noch nicht vollendet und verfallen. Eine Weile betrachteten wir alle vier Seiten, dann sagte ich zu meinen Begleitern: „Setzt euch, und jeder von uns soll eine Sure aus dem hochgelobten Koran lesen als Dankgebet für die an göttlicher Gnade reiche Seele des Erbauers dieser erhabenen

Die Moschee des Muschir ed Daule.

*) Feldmarschall.

**) Früher war es umgekehrt, persische Baumeister und Künstler schufen im Abendlande, und persische Kunstwerke galten als Vorbilder.

Unvollendete Moschee des Muschir ed Daule in Teheran. (S. 160.)

Moschee. Er war in der Tat ein guter Mensch und grosser Mann." Zeugnis seiner Taten gibt es noch eins, nämlich ein äusserst vornehmes Gesandtschaftshotel, welches in Stambul für den persischen Staat erbaut in Wahrheit für den hohen Rang des Staates und Volkes von Iran in jener grossen Hauptstadt eine Hauptstütze bildet. Jedenfalls, wenn jener Verstorbene dieses grossartige Gebäude nicht errichtet hätte, dann würden bis auf den heutigen Tag die persischen Gesandten in Stambul ihr Haus auf der Schulter tragen (d. h. fortwährend umziehen). Man muss es beklagen, dass der Todesengel nicht zugab, dass Staat und Volk von der Existenz dieser patriotischen und weltweisen Persönlichkeit, wie es hätte sein können und müssen, Nutzen ziehen konnte. Aber auch dies ist eines der Merkmale für das Unglück der Perser. Hierauf sagte ich zum Seïd: „Hochwürdiger Agha, ich kenne zwei persische Männer in Stambul, deren Namen noch lange Jahre nicht von der Erinnerungstafel bei den Persern verschwinden werden. Den einen wird man immer mit Segnungen und den anderen mit Flüchen nennen. Von keinem, der in Stambul ansässig ist, habe ich gehört, dass er bei Erwähnung des Namens vom verstorbenen Mirsa Hussein Khan, dem Muschir ed Daule, nicht gleich für seine Seele einen Segen sprach, und ebenso fand ich niemanden, welcher bei Nennung des Namens von Mirsa Nedschef Ali Khan nicht beginnen würde dessen Namen nur mit Flüchen zu erwähnen. Jetzt da alle zwei gestorben sind, so wird ihnen nur als Frucht der gute und der schlechte Name bleiben. „Gebet Acht, ihr Sehenden!"

Der Muschir ed Daule Mirsa Mohammed Hussein Khan.

Mirsa Nedschef Ali Khan.

Der Seïd fragte: „Den verstorbenen Mirsa Hussein Khan Muschir ed Daule weiss ich, aber wer ist dieser Nedschef Ali Khan? — Ihn kenne ich nicht." Ich erwiderte: „Jener war noch zurzeit der Gesandtschaft unter Schech Muhsin Khan in Stambul Generalkonsul? — Dann ging er zur Verwaltung des Konsulats nach Kairo und Bagdad. Er war der grösste Räuber unter den Leuten seiner Zeit. Noch sind seine neuen Steuern etc. in Stambul und den übrigen osmanischen Ländern in Fluss und verzehren das Heim armer Perser ohne Einfluss. Die Schande, welche aus seiner Grausamkeit und seinen Neuerungen über Staat und Volk von Iran bis jetzt hereingebrochen ist und noch bevorsteht, die zu berichten und zu beschreiben, das vermag die Zunge nicht."

„Für alle die Arten von Schandtaten, die jener Ungläubige beging,
mehr als dies Wort muss eine Lippe künden."*)

Gott möge ihn verfluchen! Wie auch die Verhältnisse waren, wir lassen eine Sure und Segensspruch (fatihe) und erfreuten dadurch die Seele jenes Verstorbenen. Danach gingen wir von dort zurück. Meschhedi Hassan sagte: „Wo wollen wir hingehen?" Ich erwiderte: „Führe die Karawane nach der Schule Dar el Funun!"**) Er sagte: „Bei meinen Augen, wenn ihr mich als Kameltreiber (sarban) annehmen wollt, so habe ich gar nichts dagegen." Ich versetzte: „Ich will das Kamel sein, aber ich weiss nicht, ob der ehrwürdige Agha darin einwilligt oder nicht." Wir spassten eine Weile und dann machten wir uns wie wir waren auf den Weg. Als wir zum Tor der Medresse gelangten, stand vor dem Tore ein Ferasch. Ich sagte: „Werter Herr, wir sind Fremde und kamen auf unserer Reise zu dieser Stadt hier. Ist es möglich, dass wir die Schule besichtigen können?" Der Ferasch erwiderte: „Es ist möglich, aber heute ist Freitag,***) und es ist niemand da." Wahrhaftig, wir hatten es ganz vergessen, dass jener Tag Freitag war. Ich fragte: „Können wir uns wenigstens die Schule innen ansehen?" — Der Ferasch erlaubte es und führte uns in die Dar el Funun hinein. Ich fand alles an seiner Stelle wohlgeordnet. Hocherfreut kamen wir heraus. Man hatte einige schwarze Tafeln für Arithmetik und Proben von Rechtsschreibung und Briefsteller an der Wand aufgehängt. Ich ging eine von diesen zu küssen und rieb meinen Kopf und mein Gesicht daran. Der Seid fragte: „Was soll dein Gebahren? — Was hat das für Sinn, eine Tafel zu küssen?" — Ich erwiderte: „Agha, diese Tafeln sind gesegnet. Möchte es doch in jeder von den Städten Irans tausend Orte geben, wo diese gesegneten Tafeln hängen, denn diese sind die Mittel zu meinem und Eurem Ansehen." Der Seid versetzte: „Das ist sonderbar! — Wie kann von einer trockenen Tafel für mich und dich Ansehen herkommen?" — Ich erwiderte: „Ehrwürdiger Herr, ich bin nicht mit Euch." Wir gingen sodann von dort wieder heim und kamen zu unserem Quartier. Wir waren sehr müde geworden. Schnell assen wir unser Abendbrot und gingen schlafen. Anderen Tages sass ich bis zur Frühstückszeit im Quartier.

Dar el Funun.

*) Sadi Gulistan.

**) Haus der Wissenschaften.

***) Der mohammedanische Sonntag.

Meschhedi Hassan kam nicht. Nach dem Frühstück schlief ich eine Weile. Nach einiger Zeit fühlte ich, Jusuf Amu weckte mich auf. Ich fragte: „Was gibt es?“ — Er erwiderte: „Hadschi Mohammed Hussein,*) der Münzeverwalter, hat einen Diener geschickt und verlangt nach Euch.“ Ich erwiderte: „Sage, ich sei nicht zu Haus.“ Er versetzte: „Das geht nicht, denn man fragte zuerst, und ich sagte du seiest zu Hause.“ Notgedrungen stand ich auf aber ich hatte keine Lust hinzugehen, da ich ihn von Anfang an gesehen und sein Wesen mir nicht zugesagt hatte. Es ist eine Person ohne Wahrhaftigkeit. Er war zweimal nach Mekka gezogen und alle beiden Male war er für einige Tage in unserem Hause zu Gast gewesen. Mein verstorbener Vater hatte viel Unannehmlichkeit durch ihn gehabt. Jedoch nach dem Tode meines verstorbenen Vaters hatte er mir einen Kondolenzbrief geschrieben. Ausserdem ist er ein sehr geiziger und habsüchtiger Mann. Jedem armen Schelm, den er nur in seine Finger bekommt, dem wird er rettungslos einen Türkis von 10 Toman im Umdrehen für 50 Toman verkaufen, und im Gegensatz hierzu, wenn er an der Hand irgend jemandes einen Diamantring für 100 Toman sieht, so wird er auf tausenderlei Art ihn so beschreiben, dass er ihn vielleicht für 10 Toman von der Hand seines Besitzers erhält. Niemals grüsst er jemand um Gottes Willen. Es war klar, dass er bei unserer Einladung die gleichen Absichten im Auge hatte. Wiederum fühlte ich, ich müsste notgedrungen hingehen. Als ich aus dem Zimmer trat, sah ich einen alten Mann im Turban dastehen, der sagte: „Der ehrwürdige Hadschi Amin-i Sarb**) verlangt nach Euch.“ Ich ging nun mit ihm zusammen und trat in das Bureau des Hadschi ein. Ich entbot meinen Gruss. Der Hadschi: „Ach! Und Euch zum Gruss. Agha Mirsa Ibrahim Beg. In Gottes Namen, in Gottes Namen! Unberechenbarer Mensch! Es sind nun schon viele Tage, dass du hier bist, warum bist du nicht zu mir gekommen? Gestern sagte es mir Hadschi Khan. Euer wertes Befinden? — Vom Ableben des Hadschi, Eures verstorbenen Vaters, war ich tief betroffen. Gott möge ihm Gnade verleihen! Mögt Ihr und Eure Verwandten gesegnet seien! Von wo kommt Ihr her?“ — Ich erwiderte: „Vom heiligen Meschhed.“

Hadschi Mohammed Hussein, der Münzverwalter.

*) Amin-i Sarb.

**) Siehe oben. Münzverwalter.

11*

Ibraim Beg sagt dem Münzverwalter die Wahrheit.

Er sagte: „Saht Ihr Hadschi Malik?" — Ich verneinte. Er fuhr fort: „Warum?" — Ich versetzte: „Wir haben keine Bekanntschaft, und es fand sich niemand, der mich zu ihm geführt hätte." Er fragte weiter: „Was habt Ihr in Meschhed gekauft?" — Ich erwiderte: „Gar nichts." Er versetzte: „Gut. Ich habe hier einige ‚Sultanabadteppiche'. Es ist vortreffliche Ware und nach Art von Kairo und Stambul.*) Nimm diese mit dir! Ich rechne sie auch billig. Es ist eine sehr Nutzbringende Ware." Ich erwiderte: „Ich werde nichts kaufen." Er versetzte: „Wenn du kein Geld hast, so kannst du es später schicken." Ich sagte: „Nein, nichts werde ich kaufen." Er fuhr fort: „Ich besitze 10 Man Türkisen, welche in Kairo gut gehen, nimm diese doch." Ich erwiderte: „Ich habe es gesagt, dass ich nichts kaufe." Er versetzte: „Warum bist du eigentlich gekommen?" — Ich sagte: „Um eine Reise zu machen." Er sagte: „Gut. Wie findest du Teheran?" — Ich versetzte: „In Teheran gibt es nichts, dessen Anblick einen Menschen froh machen könnte." Er fragte: „Wieso gibt es nichts?" — Ich versetzte: „In dieser Stadt müssten vermögende Leute wie Ihr bis jetzt für Umlauf des heimischen Handels und die Vermehrung von Waren und Produkten Kompagnien und ‚Nationalbanken' errichten. Von hier bis Täbris müsste man eine Eisenbahn bauen, welche für Euch eine Vermehrung Eurer Gewinnste und für das Vaterland die Mittel zum Wohlstand schaffen würde, und für unsere Landesbrüder würde sie zu einer Hauptstütze für die Ausbreitung der Handelsverbindungen und zur Bequemlichkeit dienen. Doch abgesehen davon, in dieser grossen Stadt, welche die Hauptstadt ist, sollten da von Euch nicht einige vermögende und grosse Persönlichkeiten an irgend einem Orte zusammenkommen können, um einmütig ein Krankenhaus für Waisenkinder oder Verlassene im Volke zu erbauen, was in dieser Welt für Euch hohes Ansehen und Ehre und in jener Welt Euch Gnade einbringen würde?" Er versetzte: „Wahrhaftigen Gott, Ibrahim Beg, du zählst ununterbrochen alle diese grossen Erfordernisse her, aber wo ist das Geld dazu? — Dies alles geht mit Geld." Ich erwiderte: „Hadschi Amu, was wollt Ihr damit sagen? — Es sind nun 20 Jahre, dass das ganze Einkommen von Iran Eurer Hand anvertraut wurde. In Kairo habe ich

*) D. h. sie sind dort gesucht. Sultanabad ist die moderne Teppichstadt, wo Teppiche nach zum Teil alten Mustern in den Häusern geknüpft werden unter Überwachung der Firmen Ziegler & Co. und Hotz & Co.

Frau mit burkā' (Kopftuch). (S. 166.)

selbst von Euch gehört, dass Ihr ein Juwel von 100 Toman Wert dem Rate (Diwan) oder den Insassen im Hause (den Damen) für 500 Toman verkauftet. Aber das beiseite, in den Basaren von sämtlichen Städten Irans, wohin man blickt, liegt Sack neben Sack und Haufen neben Haufen von Kupfergeld, das Ihr geprägt habt. Wie die Leute sagen habt Ihr 25 Kurur Kupfergeld in Iran verstreut. Sein Kapitalwert beträgt höchstens 300000 Toman. Sieh den Unterschied, von wo geht der Weg bis wohin!" — Ich sah, wie die Anwesenden im Kreis mit den Zähnen ihre Lippen nagten und mir ein Zeichen machten zu schweigen. Auch war es klar, dass der Hadschi durch dies Gespräch erzürnt wurde. In voller Wut stand er von seinem Platze auf und sagte: „Geschwätz ist dir vererbt." Er krempelte seine Ärmel auf, was heissen sollte, dass er zur Gebetswaschung gehen wolle, um dann sein Gebet zu verrichten.*) Unter diesem Vorwande begab er sich zur Tür und ging so dem weiteren Anhören meiner bittren Worte aus dem Wege. Ich aber blieb, und alle die Versammelten verwunderten sich über meine Furchtlosigkeit im Gespräche mit dem Hadschi, und einer blickte den andern an. Einer aber fragte mich: „Meschhedi, von woher seid Ihr?" — Ich erwiderte: „Von der Hölle" und stand auf. Es lag auf der Hand, der Grund meiner Einladung war der, der ehrwürdige Hadschi, wie er selbst es sehr deutlich machte, wollte mir ein paar Teppiche und Türkisen verkaufen, damit auch ich mein eigen Hab und Gut ihm überliesse. Und auf solche Weise zahlte er das Recht auf seinen Gruss und die alte Freundschaft ab.

Wir waren noch vier weitere Tage in Teheran. Am 14. Tage des Monats sandte ich Meschhedi Hassan ab, um im Posthause ein Viergespann zu mieten, welches uns nach Kaswin bringen sollte. Ich selbst aber machte mich auf, um Hadschi Khan lebewohl zu sagen. Als ich zu seiner Haustür kam erblickte ich Gulam Ali, ich fragte: „Sage Hadschi Khan, es sei N. N. da." Hadschi Khan kam herbei: „In Gottes Namen bitte." Ich versetzte: „Ich bin gekommen Abschied zu nehmen." Er sagte: „Was sagst du?" — Ich erwiderte: „Jawohl, ich muss fort." Er fragte: „Wann und wohin?" — Ich erwiderte: „Heute nach Kaswin und von dort noch nach Aserbaidschan." Er versetzte: „Papa, was für Eile habt Ihr?" — Ich sagte:

*) Eine beliebte Entschuldigung.

„Es ist genug, es war eine gar schlimme Zeit. Mein Herz wurde nur einmal froh in diesem Landstrich durch die Begegnung mit der hochverehrten Persönlichkeit, und das genügt. Aller Dank ist zu gering, den ich als Vergeltung dafür, dass Ihr meine Zusammenkunft mit diesem grossen Manne herbeigeführt habt, Euch abstatte. Er ist wirklich ein grosser Mensch. Sagt ihm von meiner Wenigkeit, niemals werde ich vergessen für ihn zu beten." Er fragte: „Hast du den Amin-i Sarb gesehen?" — Ich erwiderte: „Siehst du ihn gern?" — „Ihn gern sehen? Woher sollte ich ihn gern sehen? Möge ihn die schwarze Erde gern sehen! So manches Mal hat er mich Aufträge ausführen lassen, und die Mühe trug ich davon. Als Entgelt dafür schenkte er mir eines Tages einen Türkis und er pries ihn hoch an. Als ich ausging zeigte ich ihn jedermann, und man schätzte ihn auf 1 Kran. Ich schenkte ihn also eben diesem Gulam Ali hier. Gulam Ali ist es nicht so?" — Der sagte: „Jawohl, ich habe ihn in der Tasche." Hierauf sagte ich ihm lebewohl, wie sehr er auch darauf bestand mich bis zur Tür zu begleiten ich nahm es nicht an. Ich gab 2 Toman Gulam Ali als Trinkgeld, empfahl mich und kehrte zu meiner Wohnung zurück. Meschhedi Hassan langte auch an und sagte: „Der Wagen ist in zwei Stunden da." Der Torhüter kam herbei, ich sah seine Rechnung durch und gab ihm $5^1/_2$ Toman. Er war äusserst zufrieden. Wir packten nun unsere Sachen zusammen, verschnürten alles und übergaben es einem Lastträger. Ich sagte: „Wir müssen etwas zur Wegzehrung kaufen."*) Meschhedi Hassan versetzte: „Dann kann Jusuf Amu mit dem Träger gehen. Wir wollen durch dieses enge Gässchen gehen, welches ein näherer Weg zum Posthause ist, denn auf diesem Wege findet man sehr viele Obstverkäufer." Jusuf Amu und der Träger gingen also fort. Und auch wir verliessen aus einer Nebentür die Karawanserai und gelangten zu

Flucht der Frauen.

einer schmalen Gasse. Ich sah wie eine Frau ohne Umhüllung aus einer Tür lief. Auf jener Seite der Gasse verschwand sie in einer anderen Tür. Ich fragte Meschhedi Hassan: „Ist hier ein Bad?" — Er sagte: „Nein, das ist ein Haus." Ich fragte weiter: „Warum war denn dieses Weib unangezogen?" Er erwiderte: „Nicht doch, sie war nicht unangezogen, sie hatte Hemd und Unterröcke an." Ich

*) Früchte, Mandeln, Nüsse etc. vor jeder Mahlzeit genossen. Der Perser muss immer etwas zu kauen haben.

Frau mit sirdschamä (Hosen) ohne Tschader (Umhüllung). (S. 160.)

versetzte: „Nein, Papa, ich sah selbst, dass sie ein Hemd anhatte, aber Unterröcke hatte sie nicht.“ Er sagte: „Hier zu Lande tragen die Frauen ganz kurze Unterröcke, auch haben sie Hosen darunter wie Männerhosen, aber im Hause ziehen sie manchmal die Unterhosen nicht an. Da dies eine Privatstrasse ist, so ging die ‚schöne Schwache‘*) in der Vermutung, dass niemand da wäre, ohne Umhüllung (Dschadir) zum Haus der Nachbarin, und zufällig stiess sie auf uns.“ Ich rief aus: „Gott helfe mir, wie schamlos ist das! Bei keinem der Völker des Islam gibt es solche Kleidung. Wenn man die Verse (Aje) der ‚Verhüllung‘**) so in Ehren halten muss, dann bin ich ein Ungläubiger, wenn dieses Volk glaubensstark ist.“ Ich war höchlichst verwundert und sagte: „Das werden ihre Männer gewiss nicht sehen.“ Er lachte und versetzte: „Wieso sollten sie das nicht sehen? — Alles kleidet sich so. Die Frauen der Geistlichen, Minister, Seiden, von Reich und Arm, ganz Iran geht so.“ Ich versetzte: „Sprich mein Todesurteil gerade heraus, Eure Gattin trägt auch solche Kleidung.“ Er erwiderte: „Etwas Besonderes gibt es für mich und andere ausser mir nicht. Ich habe es gesagt, sämtliche Weibertrachten sind so wie du es eben gesehen hast.“ Endlich kamen wir zum Posthause. Noch waren Jusuf Amu und der Träger nicht da. Ich ging nun selbst einen Wagen nach Kaswin mieten, welcher $14^{1}/_{2}$ Toman betrug, und bezahlte ihn. Ich sah dort jemand in der Tracht eines persischen Kaufmanns stehen, als wenn er auf etwas wartete. Er trat an mich heran, grüsste und sagte: „Ich möchte auch gern nach Kaswin reisen und wartete von früh bis jetzt hier, ob sich vielleicht ein Reisegenosse finden würde. Bis jetzt kam er nicht daher. Wenn Ihr es zufrieden seid, so bezahle ich $4^{1}/_{2}$ Toman und wir fahren zu dreien.“ Ich überlegte, ob uns nicht aus seiner Begleitung eine Unannehmlichkeit entstehen könnte. Da ich ihn nicht kannte, so sah ich Meschhedi Hassan fragend an. Er machte mir ein Zeichen, dass es nichts schaden könne. Ich gab also zustimmende Antwort. Er versicherte wie angenehm es ihm wäre und dankte. In diesem Augenblick langte

Ein Reisekamerad nach Kaswin.

*) Titel für Frauen. Es ist seltsam, dass Ibrahim die Tracht der persischen Frauen nicht kennt, welche der von Balleteusen gleicht. Allerdings wird er in Kairo keine Gelegenheit gehabt haben Bilder von Perserinnen zu sehen, Photographien gibt es erst seit ganz kurzem.

**) Koran Sure.

Jusuf Amu an. Wir befestigten unser Gepäck hinten am Wagen. Ein wenig Nascherei aber, welches gut ist zur Hand zu haben, verteilten wir im Wagen und nahmen Platz. Zwei Imperial noch schenkte ich Meschhedi Hassan. Ich bat ihn um Entschuldigung. Er dankte und gab uns Segen mit. Wir nahmen nun voneinander Abschied. „Gott mit dir! Gott mit dir!" Dieser Meschhedi Hassan ist ein vortrefflicher Mensch. Er hatte viel Mühe mit uns. Wir traten somit unsere Fahrt an. Hier kam mir der Gedanke, über meinen Besuch in Teheran einen kurzen Auszug zu geben, in der Idee es könnte einmal in der Zukunft dienlich sein.

Bericht über Teheran. Dies ist das Summarium jenes Berichtes. Der König des Landes nimmt den persischen Kalender vor und denkt darüber nach, an welchem Tage eine Stunde zur Jagd günstig sei. Alle Minister, Fürsten und Staatsbeamten oder einfache Beamten sind darauf bedacht, für sich einen neuen Titel ausfindig zu machen und von dem Posten, den sie inne haben, durch alle möglichen ungesetzlichen Mittel, welche sich bieten, höher zu steigen und ihre Nebenbuhler durch allerhand Verleumdung und falsche Anschuldigung von der Stelle, die sie besetzt halten, zu verdrängen. Alle haben diesen Wunsch. Sogar ein Portier hegt die Hoffnung auf einen Gouverneursposten in der Provinz, und wie er gibt es eine Menge. Auch die Klasse der Kaufleute ist niemals auf den Fortschritt des Handels und die Ausdehnung der Handelskreise bedacht. Und sie wandeln den alten Weg, wie sie es von ihren Grosseltern gesehen haben, ruhig weiter. In ganz Teheran wurde nicht eine einzige Kompagnie oder Handelsgesellschaft für den Umsatz der Waren und der Landesprodukte ins Leben gerufen, obwohl es so viele Leute gibt, die genügend Kapital besitzen, aber niemand hat zu dem anderen Vertrauen. Die Kaufleute. Ja sogar im Handelsverkehr handeln sie untereinander mit der grössten Vorsicht. Und alle denken nur daran, dem anderen ein Bein zu stellen, ganz wie die englischen und russischen Staaten. Ihre Augen sind fortwährend gegenseitig auf ihre Bewegungen und Handlungen gerichtet.

Kupfergeld. Die Gilden und Handwerker schimpfen und streiten über das Kupfergeld. Heute hat ein Kran 70 schahi, morgen 80 schahi. Die armen Leute sorgen sich um die Erlangung von Brot. Heute kostet ein Man davon zwei Kran, morgen drei Kran. Die Gesandten zweier benachbarten Grossmächte sind dahinter her, ihren politischen Plänen

Station mit Extrapost zwischen Teheran und Kaswin. (S. 169.)

Boden zu gewinnen. Niemand kümmert sich um das Vaterland. Und von Liebe zu ihm findet sich weder öffentlich noch im geheimen eine Spur. Alle sind von kurzem Verstand und arm an Glauben. „Sie sind tot und doch leben sie, sie leben ja, aber sie sind tot."

Fahrt nach Kaswin.

So fuhr unser Wagen weiter nach Kaswin zu mit Gerassel. Ich fragte unseren Reisegefährten: „Wie ist Euer werter Name?" — Er sagte: „Hadschi Gulam Risa." Er fragte mich gleichfalls, und ich erwiderte: „Ibrahim." Weiter sagte ich: „Wo seid Ihr her?" Er sagte: „Aus Kaswin." Ich begriff, dass es angenehm sei einen Reisegefährten mit sich zu haben, der den Weg gut kannte. Die Strasse von Teheran nach Kaswin hat viel lobenswertes. Die Chaussee ist allerorten gerade und glatt, und die Quartierhäuser sind mit Schmuck versehen. Man kann mit Recht sagen, dies ist die beste von den persischen Strassen, d. h. ausser ihr gibt es nämlich keine Strassen. Hadschi Gulam Risa beschrieb uns die Dörfer am Wege und die Stationen Stück für Stück. In jeder Poststation wurden gleich bei unserer Ankunft die Pferde gewechselt, und man hielt uns nicht lange auf. Nur eine Nacht nahmen wir auf halbem Wege Quartier. Allerhand Bequemlichkeiten für die Reisenden waren vorhanden. Bei unserer Ankunft brachte man einen Samowar, und wir liessen den Tee ziehen. Die Bedienung fragte und gab Antwort wie es sich gehörte. Nach dem Morgengebet spannte man die Pferde an, wir stiegen ein und fuhren los. Kurz vor dem Abendgebet kamen wir in Kaswin an. Ich fragte den Hadschi: „In welcher Karawanserai nehmen wir am besten Quartier?" — Er erwiderte: „Gleich am Eingang der Stadt liegt ein Gasthaus. Dort ist es gut und passend für Euch. Wenn Ihr dort Quartier nehmt, so seid Ihr gut aufgehoben. Als wir zum Gasthaus gelangten, sah ich, dass es wirklich ein schöner Ort war. Es hat mehrere Zimmer. Man gab uns eins davon für zwei Kran die Nacht, was recht billig ist. Von Gegenständen und Möbeln fand sich noch vor eine Schlafpritsche, ein Tisch, Stuhl und anderes Notwendige, ein Bett etc. Wir nahmen Abschied vom Hadschi, und er ging fort. Der Aufwärter des Gasthauses machte den Samowar zurecht und fragte: „Wünschen Sie zum Abendessen Dschillau oder Pillau?" Ich erwiderte: „Führt Ihr denn auch Küche und Mahlzeiten?" — Er versetzte: „Es ist alles da." Ich sagte: „Es wäre besser, Ihr gebt uns Dschillau mit Beilage von jungen Hühnern." Er erwiderte: „Bei meinen Augen." Wir tranken

Das einzige persische Hotel für Europäer.

Gerichte.

unsern Tee und beteten dann. Nach einer Weile brachte man das Abendbrot, eine Schüssel, wie sie sein muss, mit Dschillau und Beilage, mit Scherbet, saurer Milch (Dugh), Käse und Grünzeug. Ganz wie wir es sonst gewohnt und auf das reinlichste assen wir. Anderen Tages kam Hadschi Gulam Risa uns besuchen. Wir unterhielten uns eine Weile, und als er fortging, lud er uns für morgen abend ein. Er ging fort, und wir verliessen ebenfalls unser Quartier. Wir erkundigten uns nach dem Wege zum Basar und man sagte: „Diese Strasse führt direkt zum ‚Ali Kapu',*) von dort auf der linken Seite geht der Weg nach dem Basar." Wir machten nun einen Spazier-

Kaswin

gang und gingen bis zum Basar. Die Stadt Kaswin hier war einst Hauptstadt, aber gegenwärtig ist sie mit ihrem Glanz dahingesunken und sehr schmutzig und zerfallen. Man kann sie nicht einmal mit einem kleinem Dorf geschweige denn mit den fränkischen Städten vergleichen, weil in den Städten in Europa die Türen und Wände ebenfalls sozusagen Seele und Gefühl haben. Aus dem gewaltigen Verkehr der Kommenden und Gehenden und dem geschäftlichen Treiben und Hasten kann jemand die Grossartigkeit des dortigen Handels ermessen. Nicht eine Person kann man in sämtlichen Städten ohne Arbeit sehen.(!) Alle sind mit ihrer Arbeit beschäftigt und bedacht, den nationalen Reichtum und den Wohlbestand des

Persische Städte.

Landes zu mehren. Im Gegensatz dazu sind im persischen Reiche allerorten, wohin man schaut, die Leute faul und arbeitslos.**) In allen Winkeln sitzen sie haufenweise. Die Städte sind sämtlich in Trümmern und gleichen Begräbnisplätzen. Wenn jemand mit offenen Augen darauf achtet, so kann er von Tür und Wand der Städte hören, wie sie mit lauter Stimme klagen: „Ich habe keinen Herren, und zu meinem Gedeihen macht man nicht die leisesten Anstrengungen." Es schmerzte mich tief, aber was kann man dagegen tun? — Ich sagte dann zu Jusuf Amu: „Lass uns gehen und in einer Garküche einen Bissen frühstücken!" Wir erkundigten uns nach einer Garküche, und man zeigte uns den Laden eines Dschillaukochs, dorthin gingen wir. Ich sah aber ein, dass er dermassen schmutzig war, dass es unmöglich war einzutreten, wie hätte man

*) Hohe Pforte.

**) Hier urteilt Ibr. B. zu hart. Der Perser ist fleissig von Natur, aber er sagt sich „was du erarbeitest wird dir wieder genommen".

Hotel in Kaswin. (S. 169.)

Europäische Ärzte.

da gar essen sollen. Wir kehrten also um. Ich hörte Jusuf Amu sagen: „Die Ärzte, diese Söhne verbrannter Väter in Europa sagen, doch fortwährend Lügen, nämlich dass die Mikroben von Krankheiten aus Schmutz entständen. Wenn dem so wäre, warum werden denn die hier mit all ihrem Schmutz nicht krank?“ Ich sagte: „Gehen wir zur Moschee, und wenn wir gebetet haben, lass uns zum Quartier heimgehen und unser Frühstück dort verzehren!“ Wir suchten also die Moschee des Schah auf.

Inneres der Moscheen in Persien.

Es ist dies tatsächlich eine ganz grossartige Moschee, aber was nützt das, dass sie von aussen einen so prächtigen Anblick bietet und im Innern so hundertfach elend ist. Alle ihre Matten sind zerfetzt, zerstückt. In eine Ecke hatte man zwei Steine gelegt, und zwei Personen zerbrachen damit Nüsse und holten die Kerne heraus. Auf der anderen Seite sassen einige und assen Granaten, und wieder in einer anderen Ecke ass man Melonen. Die Schalen und Kerne hatte man hingeworfen auf eine Weise: „Gott sei mir gnädig!“ Es findet sich gewiss kein vaterlandsliebender Moslim, welcher mich beim Anblick dieser unwürdigen Zustände verhindert hätte zu weinen. Ich sprach bei mir: „O Gott! Ist dies hier ein Gebetsort für die Anhänger des Islam? Warum halten diese Menschen ohne Ehr- und Schamgefühl ihn nicht in Ehren? — Dies Haus gehört dir. Die Ehre deines Islam muss von hier sich ausbreiten.“ Noch in Kairo und Stambul haben wir Moscheen und Kathedralen gesehen, welche alle mit kostbaren Teppichen belegt waren, und von Wand und Tür stieg ein herrlicher Duft zum Himmel empor. Gebetsrufer und Aufwärter gab es mehrere.

Fünf Gebetszeiten.

Zu den fünf Gebetszeiten*) ertönte von sämtlichen Moscheen der Ruf Mohammeds (Asan) laut durch die Luft. Wie können wir im Vergleich damit sie hier zu Lande Moscheen und Gotteshäuser nennen? — Ich weiss nicht, welches Unheil über dies unglückselige Volk gekommen ist, dass alle taub und blind geworden sind. Gesetzt den Fall wir sagten, es gibt im Volke Individuen, die

---

*) Für das namas-i wadjib (geforderte Gebet):

1. vor Sonnenaufgang namas-i subh;
2. fünf Minuten nach 12 Uhr bis eine halbe Minute vor Sonnenuntergang } namas-i àsr we suhr;
4. nach Sonnenuntergang namas-i scham;
5. beim Schlafengehen namas-i khuftan;

sonst namas-i sunnät we fars (freiwilliges Gebet).

töricht und ungebildet sind. Aber die Geistlichen, Gelehrten, Seiden und grossen Männer, sehen sie diesen Zustand auch nicht? — Oder kennen sie nicht die Bedeutung einer Moschee? — In den Moscheen hier pflegt die Menge seltener Gebete zu verrichten. In jedem Winkel hatten manche ihre Taschentücher an Stelle der Gebetteppiche ausgebreitet und verrichteten allein für sich ihr Gebet. Da der Boden voller Staub und Sand war, so taten wir desgleichen. Nach verrichtetem Gebet verliessen wir die Moschee.

Einige Schritte weiter vernahm ich ein lautes Geschrei und Gezänk. Ich horchte wohl auf und merkte, es waren die Stimmen
Theologische Studenten. von Theologen, welche aus der Medresse herausdrangen. Wir gingen in die Schule hinein. Es war ein sehr grosses und ansehnliches Gebäude. Man sagt, einer der Sefavikönige habe es erbaut. Auf der Plattform einer Kammer erblickte ich einen Lehrer, welcher eben die Waschungen*) vornimmt. Aber in jener Kammer-Nische zankten sich zwei Personen mit lauter Stimme. Ich sprach bei mir: „Obwohl dieser Akhund**) sieht, dass sich zwei Mohammedaner streiten, so zeigt er sich doch nicht gefällig und nimmt seine Waschungen vor." Ich verwunderte mich sehr über ihn und schaute zu. Ich sah zwei von den Studenten der Theologie in der Nische gegenüber sitzen, in der Hand eines jeden ein Buch, gaben sie sich
Disputation. dem Streite und der Disputation hin. Manchmal hob einer das Buch mit grösster Heftigkeit in die Höhe, sodass man meinen konnte, er wolle den andern damit auf den Kopf schlagen, und jener wieder ebenso. Schliesslich ist es der Ruf: „nicht in Zukunft",***) der zum Himmel emporsteigt. Es war ein wunderbares Schauspiel. Eben jenen Akhund, der seine Waschungen verrichtete und eben fertig damit sich anfing zu streichen†), fragte ich: „Ehrwürdiger Akhund, warum streiten diese sich?" Er erwiderte: „Es ist kein Streit." Ich fragte weiter: „Siehst du sie denn nicht?" Er versetzte: „Sie haben eine Disputation, keinen Streit." Ich fragte:

*) Zum Gebet, siehe unten.

**) Lehrer.

***) Dem Propheten Lot antwortete die Menge: Nicht jetzt, aber auch nicht in Zukunft werden wir Mohammedaner.

†) مسح vor dem Gebet streicht man mit drei Fingern vom Mittelkopf bis zur Stirn, wo die Haare aufhören, dann rechten Fuss von Zehen bis Gelenk aufwärts mit rechter Hand und dann ebenso links.

Verfallener Palast. (S. 170.)

„Worüber disputieren sie?“ Er sagte: „Über die Wissenschaft.“ Ich fuhr fort: „Warum sprechen sie denn nicht mit freundlichen und sanften Worten zueinander?“ Er entgegnete: „Kann man etwa mit Lächeln und Sanftmut Wissenschaft lehren?“ Ich versetzte: „Ich habe nicht gesagt, sie sollten sich einander anlachen, sondern wie ich mit Euch spreche, so sollten sie reden und zuhören.“ Der Akhund, immer gereizter, sah mich von Kopf bis Fuss an und sagte: „Du bist ein Türke.“ Ich sagte: „Ja. Ich bin aus Aserbaidschan.“ Er versetzte: „Das ist es, warum du nichts verstehst! Geh. Geh. Hier ist kein Ort zum Zuschauen!“ Notgedrungen liess ich ab. Aber in jeder Nische ging dieselbe Geschichte vor sich. Ich sagte zu Jusuf Amu: „Lass uns gehen. In diesem Lande schafft alles, was man anschaut, neuen Kummer. Dies eine aber wusste ich noch nicht, dass man, um Wissenschaft zu lernen, schreien, um Hilfe rufen und grossen Lärm erheben müsse.“ Wir waren von der Schule noch einige Schritte weiter gekommen, als plötzlich von einer anderen Seite der Ruf erscholl: „Entferne dich!“ Vom Geschrei der Feraschen: „Bedecke die Augen, kehr dich um, geh hinauf, komm herunter“ wurde das Ohr des Himmels taub.*) Ich sah die Feraschen in zwei Reihen daherkommen, in derselben Weise wie ich es in Schahrud gesehen hatte. Inmitten der Reihen der Feraschen wurde ein Wagen gezogen. Ich sah wie die Leute ihr Gesicht der Mauer zugekehrt dastanden. In Schahrud hatte ich ebenfalls diese Ehrenbezeugungen gelernt, aber dass man sein Gesicht der Mauer zukehrte, das hatte ich noch nicht gesehen. Kurz, wir folgten dem Beispiele der Leute und wendeten unser Gesicht der Wand zu. Unsere Kehrseite**) gegen den Wagen hin standen wir da. Da man Jusuf Amu in Schahrud gelehrt hatte, er solle in dieser Stellung eine Verbeugung machen und sozusagen krumm werden, so machte der arme Schelm mit dem Gesicht gegen die Wand hin eine Verbeugung. Es liegt auf der Hand, dass die Feraschen, weil sein Rücken den Damen zugekehrt war, dachten, dass er diese verhöhnen wolle und besonders seine Hinterseite den Damen zeigen wolle. Ich stand noch mit dem Gesicht gegen die Wand, als ich auf einmal vernahm, dass es „Schlag zu.

Ausfahrt einer grossen Dame.

Missgeschick von Jusuf Amu.

*) So gewaltig war der Lärm.

**) استاری im persischen eigentlich das Futter d. h. die Kehrseite.

schlag zu" hiess. Auf den Kopf und das Gesicht des armen Jusuf Amu waren es Faustschläge, Ohrfeigen und Stockprügel, welche fortwährend aus Tür und Wand hervorregneten. Der arme Tropf schrie dabei: „Papa, warum schlagt ihr mich? Was habe ich verbrochen?" — Ich trat nun ebenfalls hinzu und sagte: „Papa, seid ihr noch Mohammedaner? Warum schlagt ihr diesen armen Fremden?" — Man erwiderte: „Der Sohn eines verbrannten Vaters hat sich gegen die Prinzessin ungebührlich benommen, das ist ein Sohn eines verbrannten Vaters, das Kind einer Hure." Der Wagen fuhr vorbei, aber die Feraschen blieben, um Jusuf Amu mitzunehmen. Ich überlegte bei mir, mein Gott, was soll ich tun? — Mit dem und jenem fing ich an zu bitten und zu flehen: „Papaseele, bei Gott, dieser Mann ist ein Fremder und mit den Sitten Eures Landes nicht vertraut, er hat sich nach seiner Ansicht verbeugt." Ich sah, ich drang nicht durch. Auf einmal fiel mir ein, dass man bei dergleichen Vorkommnissen sich auf die eingewurzelte schlechte Gewohnheit dieses Landes verlassen könne, dass Geld in allen Schwierigkeiten erlaubt sei (d. h. sie aufhebe).

Geld

Ganz sachte holte ich 5 Kran hervor. Und kaum sahen sie das Geld, da war es um ihren freien Willen geschehen, sie wurden wie weiches Wachs, rissen mir jenen Geldbetrag aus der Hand und zogen weiter. Wir waren nun erlöst, aber Jusuf Amu wehklagte. Ich grämte mich über ihn, der arme Schelm weiss jedoch nicht, dass ich in Teheran viel schlechtere und derbere Prügel als er zu kosten bekam. Mit tröstenden Worten suchte ich sein Herz zu beruhigen, und dann gingen wir heim in unser Quartier. Und an Stelle des Frühstücks waren es Cigaretten, die wir hintereinander rauchten, und Rauch, was wir verzehrten. Ich sprach zu mir: „Wenn wir morgen abend nicht bei Hadschi Gulam Risa eingeladen wären, so würden wir sogleich die Stadt hier verlassen." Wir gingen schliesslich 24 weitere Stunden nicht aus unserer Wohnung heraus. Es war anderen Tags gegen Sonnenuntergang, als ein Diener vom Hadschi kam und den Aufwärter im Gasthaus fragte: „Welches ist Ibrahim Beg?" Man machte es ihm kund, und er kam heran, grüsste und sagte: „Wenn ich bitten darf, der Hadschi erwartet Euch."*) Ich sah, dass Jusuf Amu keine

*) Man wird zu einer Gesellschaft von einem oder mehreren Boten gebracht.

Moschee Schah Sultan Hussein in Kaswin. (S 171.)

Lust hatte und sagte: „Das geht nicht, wir haben zugesagt und müssen hingehen. Morgen, so Gott will, brechen wir von hier auf." Wir standen auf und gingen mit dem Diener des Hadschi zusammen hin. Der Hadschi empfing uns an der Türschwelle und führte uns mit grösster Ehrerbietung ins Zimmer. Ich sah, es waren noch 10 bis 12 Personen ausserdem mit eingeladen. Wir entboten unseren Gruss und nahmen Platz. Nach den üblichen Fragen nach dem Befinden und Bewillkommungen entspann sich auf allen Seiten ein Gespräch. Einer aus ihrer Mitte sagte: „Heute brach mir wahrhaftig das Herz über den Zustand des Sohnes vom Hadschi Naurus Ali. Ich sah ihn, wie er eine Eselsladung Grünfutter zum Verkauf herbeizog barhäuptig und barfüssig. Sicherlich fristet er sein Leben nur noch damit." Ein anderer versetzte: „Was geht uns das an, sie haben es verschuldet." Ein dritter entgegnete: „Nein, sie haben selbt keine Schuld. Alle diese Schuld liegt allein an dem Akhund Mollah Achmed, dem Vorbeter. Dieser hat die Bejammernswerten in Staub und Elend gebracht." Ein vierter bemerkte: „Werter Agha, dies alles ist Gottes Werk. Die Gründe dafür sind uns verborgen. Vielleicht hat der Hadschi Naurus Ali all seinen Reichtum und sein Vermögen auf gewalttätige Weise erworben, sodass es im Laufe von 30 bis 40 Jahren verschwand und zu Staub ward." Eine andere Person, welche wie wir fremd war, fragte: „Wer ist der Hadschi Naurus Ali und was ist vorgegangen?" Man berichtete ihm, dass dieser Hadschi Naurus Ali ein angesehener Kaufmann und von Gerus*) gebürtig war. Er habe von drei Frauen acht Söhne und drei Töchter. Als er starb hinterliess er 60000 Toman bares Geld und Güter seinen Kindern als Erbe. Jeder nun von den Geistlichen der Provinz machte sich an einen oder zwei von diesen unglücklichen Erben heran und nutzte ihn für sich aus. Der Imam-i Dschuma,**) dessen Sohn der Schwiegersohn des Hadschi Naurus Ali und der selbst Testamentsvollstrecker war, wusste alles an sich zu bringen. Endlich endete es mit Gericht und Klage. Zweimal wurde der Gouverneur gewechselt, und jeder, welcher einen ansehnlichen Teil von der Hinterlassenschaft jenes Mannes dessen Erben vorenthalten hatte, und die Erben ebenfalls wurden

Ibrahim eingeladen.

Geschichte von Hadschi Naurus Ali.

*) Provinz östlich von Kurdistan.

**) Freitagspriester, der erste Geistliche und Vorbeter.

hin- und hergezerrt. Bald setzte man einen gefangen, bald sass einer im Bäst (Asyl). Dieser nahm, und jener trug es davon. Eine ganze Kleinigkeit gelangte sogar an die Erben. Zwei von ihnen waren obendrein noch ohne Vernunft. Das, was in ihre Hände gelangt war, verspielten sie. Jetzt besitzen sie nichts und sind nach Hadschi Turkhan*) ausgerissen. Ihre Frauen aber darben hier. Von jenem Reichtum von 60000 Toman sind heute im vierten Jahre nach jenem Todesfall nicht 60 Dinar übrig geblieben. Man drückte tiefes Bedauern aus. Immerzu kommt die Wasserpfeife und Tee, auch das Gespräch erwärmt sich. An eine Person von den Gästen, welche den Ehrenplatz in der Gesellschaft innehatte, wendete sich einer der Anwesenden und sprach mit lauter Stimme:
Dichter „Hochwürdiger Schems el Schuara,**) habt Ihr neuerdings etwas gedichtet?" Der gab zur Antwort: „Jawohl. Gestern abend habe ich etwas für Seine Hoheit den Sohn des Amir niedergeschrieben. Morgen ist Freitag, ich werde es mitnehmen und in der Audienz vorlesen." Er langte in seine Brust, brachte einen Papierbogen hervor und fing an zu lesen. Und am Ende eines jeden Verses ertönte es von den Zuhörern: „Gott segne Euch. Bravo, bravo!" im Überschwang. Einer aus ihrer Mitte sagte: „Bravo über Eure gesegneten Gedanken. Be, be, be! Wie habt Ihr das schön gesagt!" — Dann wandte er sich mir zu: „Wie ist es, Meschhedi? — Ich erwiderte: „Ich verstehe von diesen Dingen nichts." Er sagte: „Wieso versteht Ihr es nicht? — Es sind Worte, welche von Kopf bis Fuss beseelt sind." Ich entgegnete: „Es ist gar nicht beseelt, diese Art und Weise zu singen ist veraltet. Die Bedürfnisse der heutigen Zeit haben in solchen Schnurpfeifereien keine Seele mehr gelassen. Für den Wert dieser Lügenworte gibt man nirgends mehr in der Welt einen Heller (Dinar) ausser in diesem Lande. Grund hierzu ist nur die Arbeitslosigkeit, die Armut, Unwissenheit, Torheit und Erniedrigung der Leute, dass man an einem Grausamen wissentlich und geflissentlich Edelmut, an einem Toren vollendete Wissenschaft und an einem Habsüchtigen Verschwendungssucht lobt und vermittelst dieser sinnlosen Lügengewebe aufwärts steigt. Es ist nicht die Zeit mehr zu der Zeit, in welcher ein gebildeter

*) Astrachan.
**) Sonne der Dichter.

Akhund, Lehrer. (S. 172.)

Mann sich durch solche falsche Lügenworte täuschen lässt. Die poetischen Kompositionen, d. h. die würdelosen Lobreden, gleichen einem Schönschreiber, welcher ein Kaf*) oder den Kreis des Nun*) gut ziehen und schön schreiben kann. Dergleichen Sachen aber zählen nicht zu den menschlichen Wissenschaften. Du schreibe deine Aufgabe richtig, mag auch das Kaf schief gezogen sein, alle Gewissenhaften werden sagen es sei recht. Heute sind Locken und der gelockte Haarschopf (die Hyazinthe) auf der Mitte des Kopfes nicht mehr gang und gebe. Die Taille so dünn wie ein Haar findet sich nicht mehr**). Der Bogen der Augenbrauen ist zerbrochen. Die Gazellenaugen sind von der Angst vor ihm befreit. Anstatt der Schönheitspflästerchen der Lippe muss man über das Kohlenmineral sprechen! Mach es kurz mit einer Statur wie eine Cypresse oder wie Buchsbaum. Von Nussbäumen und Pinien der Wälder von Masanderan berichte! Von den Silberbusigen zieh deine Hand fort und hänge an die Brust Silber und Erzminen! Den Teppich der Schwelgerei rolle zusammen und breite aus die Werkstätte der heimatlichen Teppichweberei! Heutzutage handelt es sich um den Augenblick, in welchem man den Pfiff der Eisenbahn vernehmen wird, nicht um den Gesang der Nachtigal im Rosengarten. Den sinnbetörenden Wein überlass dem schamlosen Schenken! Dem Opiumhandel der Heimat gib Aufschwung und Umlauf! Die Erzählung von der Kerze und dem Falter ist veraltet.***) Von der Gründung von Werkhäusern für Kampferkerzen drechsle Worte! Ueberlass das Gespräch süsser Lippen den Liebeskranken und hebe einen Gesang an von den Zuckerrüben, aus denen der Zucker gewonnen wird! — Überhaupt solcherlei unnützen Gedanken, welche den Charakter unserer Nachkommen verderben, enthalte dich! Von der Liebe zum Vaterland, vom Reichtum der Heimat, von den nützlichen Dingen für den Wohlstand des Vaterlandes singe ein Lied! Von diesen Dichtwerken, welche ihr euch vorgenommen habt, was kann da für euch in dieser und jener Welt für Nutzen entstehen? — Ist euer Vaterland durch die Grausamkeiten dieser unbarmherzigen Gouverneure nicht so zerrüttet worden,

Schönschreiberei.

Dichterausdrücke.

Ibrahim hält eine Strafpredigt.

*) Buchstaben ق und ن

**) Auch der moderne Perser ist Materialist, ein Kind der Neuzeit geworden.

***) Sâdi, Gulistan.

als dass man weiter noch an Wohlstand desselben denken könnte! — Dieser grausame Sohn des Amir, welchem ihr wegen seiner Rechtschaffenheit als zweitem heiligen Jusuf*), an Erhabenheit und Würde höher als der heilige Suleiman,**) der Prophet, Lob gesungen habt, ist ein Ungerechter ohne Bildung. Denn welch Ungemach brachte nicht heute im Basar durch einen Unstern die Mutter jenes Pflichtvergessenen, welchen ihr dem Propheten Jusuf nahe gestellt habt, auf das Haupt jenes armen Josef, der hier anwesend ist. Von Stockprügeln, Faustschlägen, Backenstreichen und Fusstritten liess man nichts beiseite, und niemand fand sich, welcher Mitleid mit ihm gehabt oder nach seiner Schuld gefragt hätte. Auch wenn man ihn getötet hätte, so hätte man nicht danach gefragt. Gott hat die Augen zum Sehen verliehen, man muss sie selbst züchtig verhüllen. In die Hand von Leuten ohne Vater***) einen Stock zu geben und das Leben der Leute damit zu bedrohen: ‚Werde blind, schliesse die Augen, kehr das Gesicht gegen die Wand', was hat das für Sinn? — Gehört das etwa zu den mohammedanischen Vorschriften? Wenn du von Dichtung und Dichtkunst etwas weisst, dann reime unser heutiges Erlebnis und erzähle die Fabel in der Stadt, damit die Menschen wissen, was in Iran los ist, und deine Landsgenossen, welche von ihren Menschenrechten keine Ahnung haben, gegenüber den Gewalttaten dieses verlassenen Haufens nicht länger mehr Geduld zeigen. Verglichen mit den anderen Völkern waren die Perser die erste der zivilisierten Völkerschaften auf der Erde, und mehr als die übrigen Länder lebten sie in Ansehen und gutem Ruf. Was ist aber geschehen, dass sie für wilder als alle Völker gelten, und die Ausländer voller Verachtung auf sie niederschauen? Ich selbst bin ein Perser. Fünf Monate ist es nun, dass ich, um das Vaterland zu sehen und dies unglückselige Land zu besuchen, hier ankam. Von all den vielen Widerwärtigkeiten, welche ich jeden Tag auf allen Seiten und in allen Teilen der Verwaltung des Reiches sehe, blutet mir das Herz, und ich habe keine Lust mehr an Essen, Schlaf,

---

*) Josef.

**) Salomo.

***) Arges Schimpfwort, in Persien ist ein vaterloses Kind sehr selten, ebenso ein Ehebruch, wenigstens im öffentlichen.

Trinken und Heiterkeit. Aber euch muss ich ohne Ahnung von diesen Welten sehen, und mich dauert es, dass das Blut in eurem Körper erstarrt ist und ihr die menschlichen Gefühle nicht mehr achtet." Von der heftigen Erregung, welche mich erfasste, wurde mir die Kehle zugeschnürt und wenig fehlte, so wäre ich erstickt. Notgedrungen musste ich stillschweigen. Die Gäste blickten völlig erstaunt und verwundert mir ins Gesicht, dann nach einer kurzen Weile fassten sie sich. Da sie völlig ahnungslos von diesen Weltfragen waren, so begannen sie von neuem der Sonne der Dichter recht zu geben. Einer aus ihrer Mitte sagte: „Meschhedi, Kohlenmineral oder Steinkohle, wozu taugt das? Wir brennen alle Holz. Kohlen haben wir auch. Ich weiss aber auch die Vorzüge dieser gesegneten Gedanken der Sonne der Dichter zu schätzen, wenn Ihr es nicht versteht, so geht uns das nichts an." Ich merkte, das Blatt wendete sich, und sie beschuldigten mich der Torheit. Ich sprach bei mir: „Man muss bei ihnen anders vorgehen." Ich sprach: „Werter Herr, die Nacht ist lang und das Gespräch schon erhitzt, ich möchte Euch ein Gleichnis erzählen." Er erwiderte: „Erzählt, was schadet es." Ich sagte: „Eines Tages gab einer von den afghanischen Geistlichen in einer der Schulen von Herat den theologischen Studenten Unterricht. Zufällig fiel Mehdi Beg aus Schikak,*) dessen Namen Euch allen geläufig ist, in jene Unterrichtsgesellschaft hinein. Völlig unbeachtet kam er und setzte sich neben den Koranständer der Medresse. Der Agha der Medresse erschrak über das Aussehen, das bettlerische Äussere und die bäuerische Kleidung desselben, und seine Gedanken waren verflogen. Aber nach Beendigung des Unterrichts wandte er sich an Mehdi Beg mit den Worten: „Den Unterricht, den ich soeben gab, hast auch du ihn verstanden?" — Mehdi Beg halblächelnd erwiderte: „Jawohl, ich habe ihn verstanden." Jener fragte: „Was war es für ein Unterricht?" — Dieser gab zur Antwort: „Es war eben ein Unterricht." Jener fragte: „Was heisst das, es war eben ein Unterricht? — Worüber handelte die Stunde?" — Dieser sagte: „Von der Zweideutigkeit und bildlichen Ausdrucksweise." Und in der Tat behandelte dies der Unterricht. Jener fuhr fort: „Was ist die Bedeutung der Zweideutigkeit? Erkläre es, damit ich sehe." Dieser gab zur Antwort:

Ibrahim erzählt ein Gleichnis.

---

*) Stadt in Aserbaidschan.

„Es ist eben eine Doppelsinnigkeit." Jener sagte: „Aus diesen Worten geht nicht hervor, dass du den Sinn der Doppelsinnigkeit gefasst hast, wenn du ihn weisst, so sage ihn." Mehdi Beg sprach: „Die Bedeutung der Doppelsinnigkeit ist die, dass ich z. B. einen Burschen habe, dessen Name ‚Mubarek' (gesegnet) ist, und Ihr habt auch einen Burschen, dessen Name ‚Gesegnet' ist. Alle beide ‚Gesegneten' streiten miteinander. Mein gesegneter Bursche schlägt Euren Gesegneten zu Boden und sch . . . auf den gesegneten Kopf von Euch."*) Nun war der Inhalt des Unterrichts klar. Jetzt muss ich nun zu Euch sagen: meine gesegneten Gedanken sch . . . . . auf die gesegneten Gedanken Eures „Schems el schúara". Teurer Landsmann, Euer Vaterland unterliegt der Bedrückung, aber Ihr tut nichts aus übergrosser Torheit sie zu beseitigen, und das Wissen und die Vortrefflichkeit, welche Ihr besitzt, besteht im Aneinanderreimen von einigen sinnlosen Worten und in einigen Geweben von glanzlosen Lügen (die nicht blenden) mit Rücksicht auf eine Schar von niedrigen Leuten; den Verfasser hiervon benennt ihr den König der Dichter, die Sonne der Dichter, und weist ihm den Ehrenplatz in der Gesellschaft an, und den, an welchen ihr die Anrede: „Euer Diener, bei Eurem gesegneten Haupte" und so weiter und so weiter richtet, macht Ihr zu einer zweideutigen Person. Der arme Tor denkt, dass er der weiseste der Menschen auf der Erde ist, obwohl er keinem Schulkinde im Gespräch über Wissenschaft und Kunst der Neuzeit Antwort stehen kann. Die Vortrefflichkeit, die er besitzt, die besteht allein in Lügengeweben oder in fadem Geschwätz."

Persischer Witz.

Jetzt merkte ich, der Hausherr geriet wegen des Schems el schúara in Verlegenheit. Nur einer oder zwei von den Gästen neigte, wie es schien, auf meine Seite. Die anderen dagegen wünschten mich zu morden und mich langsam zu zerstückeln. Einer sagte: „Papa, überlasst das ihnen, es sind Türken. Sie mögen einfältig und unerzogen sein." Ein anderer versetzte: „Es stehet geschrieben: Gib Ehre dem Gast, auch wenn er Ungläubiger ist."**) Man brachte das Abendbrot, und man verzehrte es. Nach dem Kaffee und den Wasserpfeifen löste die Gesellschaft sich auf.

*) Wortspiel mit sär-i mubarek.

**) Koran. Gastfreundschaft eine Haupttugend der Perser.

Der Diener des Hausherrn zündete nun die Laterne an und brachte uns zum Quartier.

Obwohl ich zuerst daran gedacht hatte drei Tage in Kaswin zu bleiben, so stand mir doch wegen des Vorkommnisses mit Jusuf Amu mein Sinn von längerem Bleiben hier ab, wie ich es ja auch Jusuf Amu versprochen hatte. Anderen Tages, als die Sonne noch nicht aufgegangen war, ging ich nach dem Dscharpadar zu sehen und dort unsere Sachen aufzuladen. Der Name des Karawanführers ist Ibrahim, und er ist aus Sendschan gebürtig. Einiges, was wir nötig hatten, kauften wir ein, brachen am Nachmittag vom Quartier auf und schlugen vor der Stadt an einer Stelle, wo die Karawane mit unseren Sachen und Gepäck lagerte, unser Quartier auf, um am Morgen von dort in der Richtung nach Ardebil aufzubrechen.

Summarium der Reise nach Kaswin.

Von Tor und Wand der Stadt regnet es Kummer und Sorge. Bei seinen Bewohnern ohne Ahnung vom menschlichen Leben hat die Furcht so sehr in ihren Adern und Gliedern Platz gegriffen, dass sie über die Fragen der Zeit gänzlich unwissend und Geschöpfe auf jede Weise bar aller Zivilisation sind. Über die Art der Schulen und Moscheen der Stadt ist in Kürze ebenfalls berichtet worden. Sie haben weder einen Teil von dieser noch von jener Welt. Niemand kümmert sich um die Vermehrung des allgemeinen Wohlstandes des Vaterlandes, und von Liebe zur Heimat gibt es keine Kunde. Das Blut in ihren Adern ist erstarrt: „Sie leben, aber sie sind tot, sie sind tot, dennoch leben sie!" *Bericht von Kaswin*

In der Frühe brachen wir also von dort auf mit der Karawane auf Ardebil zu. Mein Hauptzweck mit der Reise nach Ardebil war ebenfalls eine Wallfahrt zu dem reinen Grabe des Seid von hohem Range, dem hochwürdigen Schech Sefi ed Din Ishak von Ardebil. Denn die wahre Religion der 12 Imame*) wurde von dieser hochgelobten Person ausgebreitet, welche ihre Strahlen über die Welt des Menschentumes ausgiesst. „Mein Leben zum Opfer für seine reine Seele!" *Aufbruch nach Ardebil.*

Unterwegs wurde nichts erblickt was wert des Ansehens gewesen wäre. Überall liessen sich grosse und kleine Dörfer sehen.

*) Die Lehre der Schiiten.

Die Bauern. Von den Dörflern kann man nichts erwarten. Nur so viel kann man sagen, dass es alles Leute von Herzenseinfalt und Frömmigkeit sind. Immer sind sie voller Segenswünsche und Gastfreundlichkeit. Unwissenheit gilt bei ihnen als grosse Glückseligkeit, weil sie die schönen Eigenschaften der Frömmigkeit und Gastlichkeit, der Wahrheitsliebe und Aufrichtigkeit ohne Unterricht erlernt haben. Gegen die

Schöne von Teheran.

Keuschheit und Schamhaftigkeit ihrer Männer und Frauen lässt sich nichts sagen, und es steht fest, dass die Frauen Teherans, vielleicht sämtlicher Städte Irans am Tage der Auferstehung im Paradiese den

Die Bauernfrauen. hohen Rang dieser Bauernfrauen beneiden werden. Wenn sie auch oftmals unverschleierten Angesichts erscheinen, so ist doch ihr Herz keusch, und ausser ihren Gatten sehen sie die übrigen wie ihre Brüder an, und unkeusche Gedanken gehen niemals aus ihrem Innern hervor. Man könnte einen Eid leisten, dass unter 10000 von ihnen

Bauern. (S. 182.)

sich nicht eine Person finden lässt, welche ihrem Gemahl die Ehe gebrochen hätte. Auf meiner Reise bin ich nur durch dies eine herzensfroh geworden. Ihr Schmerz und Ungemach auf das Leben der schamlosen Städter! Alle Dörfer Irans sind im Gegensatz zu fremden Ländern Eigentum.

Ankunft in Ardebil.

Am sechsten Tage gelangten wir zur Stadt Ardebil und nahmen in der Karawanserai Hadschi Mehemed Quartier. Jusuf Amu fragte: „Willst du wieder nicht ins Bad gehen?" — Ich erwiderte: „Geliebter Onkel, um mich steht es gar schlecht und mein Körper ist sehr schmutzig. Ich denke daran es dem Torhüter zu sagen, vielleicht nimmt er uns mit in sein Haus und macht uns heisses Wasser zurecht, damit wir unseren Körper reinigen und waschen. Ihr, geht nur, ich werde jetzt ein wenig schlafen, damit ich mich ein wenig von den Strapazen der Reise erhole." Er ging nun fort, und ich schlief ein. Nach einer Stunde wachte ich auf und trug mein Anliegen dem Dalandar vor. „Hier wechselt man das Badewasser monatlich einmal. mein Bruder hat ein Bad für sich gemietet, morgen wird sein Wasser gewechselt werden. Wenn noch niemand hineingegangen ist, werde ich Euch hinführen." Ich war sehr froh und schloss ihn in mein Gebet ein. Anderen Tages geschah es so wie wir es festgesetzt hatten. Nach dem Baden nahmen wir einen der Lastträger der Karawanserai als Führer und traten unsere Wallfahrt zum hochwürdigen Seïd Schech Sefi ed Din an.

Das heilige Grab des Schech Sefi ed Din.

Mit tiefster Demut und Unterwürfigkeit gelangten wir zu diesem reinem Grabe. Einer der Diener jenes hohen Palastes führte uns zu Häupten der Ruhestätte des heiligen Schech.*) Wir lasen das Wallfahrtsgebet und sandten die erste Sure (die Fatihe) ab. Dann ging ich zu Häupten des Grabes des Schah, der den Himmel bewohnt, Schah Ismail. Auch dort lasen wir eine Fatihe, und das hohe Wohlwollen jenes Königs von edler Abstammung, welcher eine Zierde in den Blättern unserer National- und Religionsgeschichte ist, schwebte mir vor Augen. Beim Vergleich mit ihm und der jetzigen Gestalt kam mich unwillkürlich Weinen an. Ich sagte: „O ich will

Schah Ismail

*) Schech Sefi ed Din, direkter Nachkomme des 7. Imam. Schah Ismail (1480 bis 1524), der Gründer der Sefavi Dynastie, stammt von ihm (in der 5. Generation). Sein Sarg aus Sandelholz, mit Elfenbein und Türkisen geschmückt und ausgelegt, ist das Geschenk des Kaisers Humajun von Indien an Schah Tamasp.

mich opfern deinem reinen Grabe! Die Fundamente dieses Staates und der heiligen Religion hast du in deiner 13jährigen Regierungszeit befestigt erhalten. Mag ich das Opfer deines Patriotismus sein! Erhebe jetzt das Haupt aus dem Staube der Gnade und sieh wie sehr deine schlimmen Nachkommen jene Religion und den gesicherten Staat erniedrigt und in Missachtung gebracht haben! Von den Geistlichen der zwölf Imame ist nur der Name übriggeblieben. Alle sind hinter dem Erwerb von Reichtum und Gut und der Erlangung von führenden und leitenden Rollen her. Niemand trachtet danach das göttliche Gebot des Propheten in Umlauf zu bringen. Die Geistlichen. Alle ihre gewöhnlichen Beschäftigungen haben den Zweck, den Lärm ihrer Gefolgschaft zu vermehren (d. h. viel Gefolge zu haben). Sie mischen sich in die Angelegenheiten der Obrigkeit, sei es nun mit Recht, sei es mit Unrecht. Kein einziger von ihnen denkt daran, den Glanz der Erhabenheit jener reinen Vorschriften, welche du ins Leben gerufen hast, zu vergrössern. Ihr Hauptziel ist dies, dass ein jeder auf jede mögliche Weise vor allen Dingen fünf bis sechs nutzbringende Dörfer in die Hände bekomme, dann mit Gemütsruhe auf alle Arten plündere und bei einem Streit dem Kläger und Beklagten so und so viele aufhebende und wieder aufgehobene Verordnungen an die Hand gebe und für das Gedeihen des eigenen Hauses die Häuser von allen beiden zerstöre. Die unveränderlichen Gebote des lauteren göttlichen Gesetzes vermischen sie zu ihren unlauteren Zwecken und wenden sie zur Erlangung von ungesetzlichem Gewinn an und sie bemühen sich anstatt um die Verbesserung der Lage der Mohammedaner um ihre Verschlechterung, und auf dem Weltkreis bewahrheiten sie öffentlich den Satz: „Wenn der Weise schlecht handelt, dann wird die Welt schlecht.“

Schah Tamasp. Nach diesen herzbrechenden*) Gedanken kamen wir zum Grabe des Paradiesbeglückten Schah Tamasp des ersten. Nachdem wir auch dort eine Fatihe und eine Fürbitte für diesen frommen König gesprochen hatten, kamen wir lustwandelnd zu der „Porzellankammer“**), welche man auf Grund der von allen Seiten an diesen Ort erfolgten Zuwendungen zum Fideikommiss (Wakf) bestimmt hat. Porzellankammer.

*) Leberverbrennenden.

**) Hier befand sich auch während des russischen Krieges die unschätzbare Bibliothek von Schah Abbas, welche von General Paskiewitsch nach Petersburg entführt und der kaiserlichen Bibliothek dort einverleibt wurde.

Bauernfamilie unter dem Kursi (Verhülltes Kohlenbecken.) (S. 182.)

In der Tat man könnte viel schönes darüber berichten. In jenem Raume sind genug der kostbarsten Porzellangefässe von allen Formen aufgespeichert worden, sodass das Auge nicht satt wird, sie anzuschauen. Aber viele Stellen waren leer an Gefässen. Man hat gesagt sie wären bei dem russischen Einfall als Beute davongeführt. In der Tat ist dies ein geschichtliches Vorkommnis. Es fiel mir dies ein, und mein Herz wurde über diesen Durchzug sehr niedergeschlagen. Da die Erwähnung jener Berichte viel Kummer bringen und Schmerz verursachen mag, so stehe ich davon ab sie wiederzugeben und zu erklären. Dies Grabmal und die Moschee von höchster Pracht, welche daneben steht, sind mit enormen Kosten gebaut und errichtet worden, was Zeugnis ablegt von dem hohen Wohlwollen ihres Erbauers, jedoch wie es sein sollte und müsste, hat man für ihre Erhaltung kein Wohlwollen erwiesen, es bedarf der Ausbesserung Man sagt es hat gar viele fromme Stiftungen, jedoch ist es unbekannt, welcher Unmensch, der Gott nicht scheut, sie einsteckt oder verzehrt. In Iran ist von dieser Art Stiftungen nur der Name übrig geblieben.

Handschrift der Imame Ali und Hassan.

Dann beteten wir. Man öffnete die Tür des Grabmals, und wir erblickten eine Tafel mit der gesegneten Handschrift Seiner Heiligkeit des Fürsten der Gläubigen, des Löwen Gottes, des Siegers (Amir ul Muminin Assad ullah el Ghalib), Ali bin-i Abu Talib, Gottes Segen auf ihn. Es war mit kufischer Schrift unten auf der Tafel verzeichnet: „Schriftzüge von Ali bin-i Abu Talib“: und noch eine andere Tafel wurde fromm besichtigt mit der gesegneten Handschrift des heiligen Imam Hassan, Gottes Segen auf ihn, am Fusse derselben waren „Schriftzüge von Hassan bin-i-Ali“ vermerkt. Wir besichtigten sie fromm alle beide und küssten sie und legten sie auf die Augenlider. Herz und Augen erhielten von der frommen Betrachtung dieser beiden Juwele, vom Preise beider Welten, erneuten Glanz und Helligkeit, und unser bemächtigte sich eine unendliche Seligkeit. Gott sei Dank, dass manchmal dergleichen selige Stimmungen erscheinen, welche einem gebrochenen Herzen Trost bringen können, sodass der verschüchterte Sinn ein wenig Ruhe findet. Nachdem unsere Wallfahrt beendet war, gaben wir den Dienern ein Trinkgeld und kehrten zum Quartier zurück.*) Anderen Tages gingen

*) Auch der Europäer kann diese Grabmoschee gegen 2 Rubel besichtigen, nur werden ihm nicht die beiden heiligen Tafeln gezeigt. Es ist dies das einzige heilige Gebäude, das der Europäer in Persien betreten darf.

wir zur Besichtigung des „Narin Kale“. Dies ist eine sehr starke Die Festung. Festung. Wenn ich sie auch noch so sehr lobte, es würde nicht hinreichen. Vor dem Tore der Festung stand ein alter Mann, es sollte ein Artillerist oder Wächter sein. Den Säbel in der Hand lehnte er sich gegen die Mauer. Die Festung hat zwei Gräben in Schlangenwindungen, und über einen jeden hat man eine Brücke für das Kommen und Gehen der Leute geschlagen. Wir gingen über die Brücken. Die Festung ist sehr geräumig, und das Gebäude, wo der Gouverneur wohnt, befindet sich in der Festung. Sie besitzt ferner eine grosse Moschee und ein Bad. Zehn bis zwölf Geschütze sah ich von verschiedenem Gusse, welches Andenken von alten Zeiten waren. Heute werden dergleichen Dinge nicht mehr verfertigt. Man könnte sagen wegen des Preises des Metalles seien ihrer noch wenig. Neben dem Artilleriedepot erblickte ich einige Die Kaserne. leere Kammern, es soll das die Kaserne sein, jedoch war kein Soldat zu sehen. Ich wollte, um ihr Inneres zu besichtigen, in eine hineingehen, als der Gestank mir das Hirn verjagte. Ich sah alle waren so und voll. Ich hielt das Taschentuch an die Nase und kehrte um. Und von dort stieg ich auf den Turm, wandte mein Gesicht der Stadt „Kum“ zu und sang ein Klagelied: „O vaterlandsliebender Fürst Schah Abbas*), und du Naib-es sultanä Abbas Mirsa,**) wo seid ihr? Erhebt euer Haupt aus dem dunklen Staub und seht wie eure schlechten Nachkommen eure ihnen anvertrauten Güter erhalten haben! Ihr habt diese festen Türme und breiten Schutzmauern zur Verteidigung des Vaterlandes und zur Abwehr gegen den Feind mit tausend Mühen gebaut und errichtet. Jetzt nun geben die, welche an hoher Stelle sitzen, ungerechte Befehle zur Zerrüttung des Vaterlandes, zur Plünderung und zum Morde der Söhne des Vaterlandes, und Orte unter ihnen, welche für die frommen Streiter des Islam bestimmt sind, machen sie schamlos zu einem Orte von Mist und Unrat. Wo bist du löwenmutiger Herrscher, du vaterlandsliebender und frommer König, — du Zierde des Stammhauses der Sefavi, hochgesinnter Schah Abbas? — und du o Naib- es Sultanä Abbas Mirsa, o Herr, was hattest du

*) Der Grosse genannt 1586—1628.

**) Sohn von Fath Ali Schah Kadschar, dem Urgrossvater von Musafer ed Din Schah.

für Eile von dannen zu gehen?*) — und wie schnell hat dich der unbarmherzige Tod bezwungen!*) Was wärest du gewesen, wenn deine Herrschaft 30-, 40mal sich wiederholt hätte, damit du das, was du durch die Ungeschicklichkeit anderer verlorest, wieder fändest und Iran zum zweiten Male lebensfähig machtest. O Herr, die rechtlich denkenden Patrioten Irans haben dich nicht vergessen und werden es nicht tun! Du warest einer, welcher sein ganzes Leben auf dem Sattel**) zubrachte. Jedoch nach dir ist keiner deinen heiligen Zielen nachgefolgt. Eifer und starkes Ehrgefühl und Liebe zum Vaterlande sank mit dir in die Erde! Durch deinen Tod zerbrach der Gürtel Irans wie das Herz der Iranier! Heimat und wir wurden alle beide unglückselig. Nach dir gürtete sich nur dein Diener Mirsa Taki Khan***) mit dem Dienste für das Vaterland für die Hälfte des Lebens. Er erhob sich um das Zerbrochene wieder zurecht zu machen. Die Feinde des Vaterlandes aber banden ihm beide Hände und gaben ihm im Bade von Kaschan die Waschung der Busse,†) dass sein Mund sich den Worten von Fortschritt in Iran verschloss und das Auge sich vor allen Dingen verhüllte. Und dies war die Vollendung der Unheilsfälle von Iran und den Iraniern. Gott mag sich über euch erbarmen!"

In dieser kummervollen Stimmung, in der mein Herz von selbst zuckte, kamen wir zum Quartier. Am folgenden Tage zur Vormittagszeit kam der Torhüter und sagte: „Warum geht Ihr nicht hin Herr?" — Ich erwiderte: „Wohin?" — Er versetzte: „Heute wird man auf dem Platze von Narin Kale ein Büffelringen und Gefecht veranstalten. Es gibt was zu sehen. Alle Leute der Stadt kommen dort zusammen." Ich sagte: „Jusuf Amu, was kann es schaden. Wir haben nichts vor, lass uns auch hingehen." Wir gingen also auf den Platz. Ich erblickte in der Tat eine erstaunliche Volksmenge. Die Leute aus der Stadt, von jeder Klasse, waren zu diesem Punkte geströmt. Es ist dies ein sonderbarer Fall, und ich musste mich verwundern, dass alle diese Menschen keine Arbeit oder Geschäft hatten. Nachher erfuhr ich, dass von diesen beiden Kampf-

Büffelkampf.

*) A. starb sehr früh, tief betrauert, allerdings fraglich ob mit Recht.

**) D. h. tätig.

***) Grossvezier unter Nasr ed din Schah, der ihm alles verdankte und ihn später aus Furcht tötete.

†) D. h. er wurde gezwungen, sich die Adern im Bade zu öffnen.

büffeln einer dem Oberaufseher des Grabmals des Schech Sefi und der andere dem „Naib es sadr" gehörte, und diese beiden zählten zu den Geistlichen von Ardebil. Und von den Bewohnern der Stadt bildete die eine Hälfte den Anhang des Oberaufsehers und die andere Hälfte waren die getreuen Genossen des Naib es sadr. Schliesslich zerrte man die Büffel auf den Platz. Ich merkte die Anhänger von beiden Seiten waren mit Vorkehrungsmitteln gekommen. Alle waren mit Stöcken und Knüppeln, Dolchen und langen Messern und Revolvern bewaffnet. und wahrscheinlich teilte man aus und empfing noch Prügel. Man lies also die Büffel gegeneinander losgehen. Diese beiden stummen Tiere blickten zuerst eine Weile einander an, als wollten sie mit stummer Zunge ein Gespräch führen, dann fuhren sie Horn gegen Horn, Kopf gegen Kopf auf ihr Leben los. „Geh los, schlag los!" Durch den Zusammenprall mit ihren Köpfen berührten ihre Kniee den Boden, und Brust an Brust fingen sie an sich aneinander zu reiben, bis nach einigen Wunden im Gefecht das Eigentum des Oberaufsehers das Gesicht abwandte. In diesem Augenblick erschallte ein gar seltsames Gebrüll von den Leuten. Die Leute des „Naib es sadr" umgaben das stumme Tier, einer von ihnen küsste seine Augen, ein anderer rieb ihm Vorder- und Hinterfuss. Von einer Seite her brachte man sogar wertvolle lange Schale herbei und warf sie über den Rücken und den Hals jenes Tieres, und unter dem Klatschen der Frauenhände und dem Getrampel mit den Füssen brachte man ihn im höchsten Entzücken nach Haus. Auch ich war ausser mir in höchster Verwunderung und Erstaunen über diesen Vorgang und in Verwirrung über dies Geschwätz und Geschrei.

Kampfparteien.

Ich seufzte aus tiefstem Herzen und sagte: „Gott was geschah, dass ich auf dieser Reise anstatt dieses schrecklichen Schauspiels nicht einer Menge begegne, welche einen persischen Feldherrn bewillkommnet, der das Vaterland verteidigt hat und nun mit Sieg und Eroberung heimkehrt, welcher den übelwollenden Feind besiegt hat und nun mit einigen Geschützen und Kriegsgeräten und anderen erbeuteten Waffen vor und hinter sich in dieser Stadt einzöge. Den die Einwohner als Lohn für diesen dem Vaterlande geleisteten Dienst nun von Tür und Mauer Blumen aufs Haupt streuten. Und an Stelle dieses wüsten Ha- und Hu-Gebrülles erhöben sich laut herzerfreuende Gesänge von mutigen Vaterlandsstreitern: und solche

Schale, wie man sie über den Hals dieses sprachunfähigen Tieres geworfen hat, breitete man aus als Läufer, auf den der Feldherr von wohlgefälligen Taten einherzöge. Und von einer anderen Seite erhöbe sich laut der Ruf von Begeisterung*) und Lobpreisungen**) der Geistlichen des Volkes in Danksagung für jene Eroberung und Triumphe." Der Autor bricht hier in Tränen aus. Den geehrten Lesern ist es überlassen entweder zu weinen oder zu lachen.

Anderen Tages ging ich mir die Umgebung der Stadt anzusehen. Wie bekannt, ist die Stadt Ardebil hier eine der ältesten Ansiedlungen der Welt. Sie bedeckt ein sehr weites und schönes Gebiet, aber Zier- und Fruchtgärten gibt es nicht. Offenbar lässt sein Klima kein Wachstum zu. Der Handel dieser Stadt ist auch wegen des Hafens von Astara, welches nahe am kaspischen Meere und der russischen Grenze liegt, nicht bedeutungslos. Die meisten der Waren, Naturprodukte und Fabrikate des russischen Reiches gehen durch diese Stadt nach Aserbaidschan, darum gibt es ansehnliche und gute Karawanseraien. Aber bedeutende Kaufleute oder Kompagnien und Handelsgesellschaften, welche dem Lande und Handel nützen könnten, gibt es niemals. Ardebil.

Es war am vierten Tage, als ich auf allen Seiten die Leute nach rechts und links laufen sah, und auf alle Arten ertönte der Ruf: „Papa, der heilige Krieg ist da!" — Ich sprach bei mir: „Was ist das wieder für ein neues Spiel und mit wem gibt es heiligen Krieg?" — Ich stand auf um nachzusehen was los war. Jusuf Amu hängte sich mir an den Rocksaum mit den Worten: „Ich lasse nicht zu, dass du hinausgehst, womöglich trifft auch dich mitten unter ihnen ein Unheil!" Ich versetzte: „Papa, lass los, damit ich sehe, um was es sich handelt!" Ich zog den Saum aus seinen Händen und eilte hinaus. Auf meine Erkundigungen hin erwiderte man: „Der Agha Mir Saleh oder der Schech Saleh ist es, welcher mit dem Schwerte in der Hand und dem Leichengewande angetan den Befehl zum heiligen Kriege gegeben hat, und mehr als 2000 Personen von den Einwohnern der Stadt haben sich um ihn geschart. Ich weiss nicht, was einer von den Beamten des Gouvernements verbrochen hat, dass er dem Agha lästig fiel. In dieser Heiliger Krieg.

*) Wiederholung der Worte Ii li als Enthusiasmus.

**) Wiederholung der Worte Allah akbar.

Laune hat er den Befehl gegeben, ihn zu ergreifen und ihn zu seiner Wohnung hinzuschleppen. Man hat ihn so geprügelt, dass er die Besinnung verlor. Eine Menge sagt er sei tot, einige andere behaupten, er sei nicht tot aber werde sterben." Ich sprach bei mir: „Gott bewahre mich! Was ist das für ein Aufstand! Gibt es in diesem Reiche keine Obrigkeit, oder ist kein Herr vorhanden? — Was ficht einen Mollah an, den Beamten der Obrigkeit unter Stockprügeln fortzuschleppen, und die Obrigkeit kann nicht einmal Atem schöpfen. Ich weiss es nicht, aber was wird mein Unglückshaupt noch auf dieser Reise alles erleben?"

Der Schech Saleh. Einmal nach dieser Zeit erzählte man mir, es seien drei bis vier Jahre her, dass dieser Agha von der heiligen Schwelle (Kerbela) gekommen sei und die Türen der übrigen Geistlichen des Landes sämtlich verschlossen habe. Er selbst verzehre ausser seinem Hause mit jedermann nur Gerstenbrot und Essig, aber in seinem Harem warteten alle Arten Gerichte auf, und an Stelle von Wasser und Essig diene Wasser von der Zitrone von Schiras.*) Jawohl!

Heuchelei. „Wenn sie in ihr Privatgemach gehen, kann man sie anders handeln sehen." **)

Wenn er es zehn Jahre so treibt, dann wird zweifellos der Agha Besitzer von zehn Dörfern werden, die auf ein und eine halbe Drachme eingeschätzt sind, ganz auf dieselbe Art haben auch die übrigen früher gehandelt.

Jetzt zieht seine Hochwürden der Agha Mirsa Ali Akhbar, welcher einer der Geistlichen dieses Landes ist, sogar in eigener Person zur Empfangnahme der gesetzlichen jährlichen Religionssteuern***) in sämtlichen Dörfern der Umgegend umher. In dieser Provinz gibt es mindestens zehn von diesen grossen Geistlichen. Jeder einzelne ist eine einflussreiche Person mit vielen Anhängern, von denen ein jeder gewiss mehr Nutzen bringt als zehn Pferde oder Maultiere.

Schliesslich nach einem Aufenthalt von acht Tagen in dieser Stadt mieteten wir vom Dschilaudar, um nach Maragha zu reisen, drei Pferde, ein jedes nach Übereinkommen für 18 Kran, und ich

*) Schiraswein berühmt.

**) Hafis.

***) Im Betrage des 40. Teiles des Vermögens oder Einkommens.

bezahlte im voraus 15 Kran, dass er uns in der kommenden Frühe fortbrächte. Es wurde früh, er kam nicht, es wurde Mittag, er kam nicht, somit schickte ich einen Mann nach ihm. Man brachte die Nachricht, die Dschilaudare sind ausgerissen. Ich fragte warum? — Man erwiderte: „Man nimmt die Pferde fort. Der Gouverneur des Distriktes will fortreisen." Ich fragte: „Wieso, wieso? — Man nimmt die Pferde fort, was bedeutet das?" — Er erwiderte: „Jawohl, wenn es Euch nicht zu viel Mühe macht, geht selbst hinaus. Ihr werdet sehen was man und wie man nimmt." Ich verstand die Sache noch nicht recht und sagte: „Papa, der Gouverneur reist ab, was geht mich das an? — Ich muss fort, ich habe Pferde gemietet und mein Geld durch Eure Vermittelung bezahlt. Ihr sagtet, der Dschilaudar sei ein rechtschaffener und vertrauenswürdiger Mann." Man erwiderte: „Jawohl, wir sagen noch, dass der Dschilaudar ein vertrauenswürdiger Mann sei, aber niemand konnte wissen, dass heute die Pferde eingezogen würden. Geh und sieh wie viele Kauf-Lasten in allen Karawanseraien für Täbris und Hamadan, Kaswin und den übrigen Orten verpackt sind. Alle liegen sie auf der Erde und ebenso, was aus allen Provinzen eine Karawane an Handelsgut nach Ardebil herbeibringt, das haben die Dschilaudare sämtlich aus Furcht vor der Pferdeeinziehung auf den Boden hingeworfen, und sie haben sich selbst aus dem Staube gemacht." Ich fragte: „Bis wann wird dieser Ausnahmezustand währen?" — Man erwiderte: „Das ist nicht gewiss. Zehn Tage, fünfzehn Tage, solange der Gouverneur nicht abreist, ist ‚dieselbe Suppe im Topfe.'"*) Ich merkte die Schlechtigkeit dieser Dämonen zu beseitigen nutzte nicht ausser durch das Gebet: Lahaule (ohne Kraft).**) Ich sprach, es. Schlimmer als alles war, dass wir unsere Sachen eingepackt hatten, wir mussten sie wieder aufmachen. Ich ging zum Basar und sah ein seltsames Treiben. Von einer Seite her liefen mehrere Untergebene des Daroga und in einer Richtung fünf bis sechs Feraschen fortwährend hierhin und dorthin. Überall wo sie ein Kamel oder Pferd oder Maultier sahen, ergriffen sie ohne weiteres es am Zügel oder Zaumzeug und zogen es fort aus den Händen ihrer Besitzer. Diese armen Schelme von Besitzer folgten ihnen

Die Pferdesperre.

*) Sprichwort.

**) Siehe oben Koran.

aber unwillkürlich gleichfalls nach. Von einem derartigen Anblick wurden meine Augen trübe, und mein Kopf wirbelte. In höchster Erbitterung und in elendester Stimmung kehrte ich zum Quartier zurück. Jusuf Amu sagte: „Über das Erscheinen des heiligen Herren der Fürsten,*) Gott möge die Spanne Zeit bis dahin kürzen, haben die Geistlichen des Islam viele Zeichen verkündet, und wir haben sie gelesen, aber dazwischen gab es keine Einziehung von Pferden, Kamelen und Maultieren. Dies eine vermehrt noch unsere Weisheit, und in der Tat es ist äusserst erstaunlich! — Das Gut der Leute auf dem Markte des Islam nimmt man mit Gewalt und führt es fort. Und von all dieser Menge gibt keiner der Klage über solche Gewalttaten sein Ohr, das ist sehr wunderbar!"

Da verhüllte ich vor übergrossem Herzenskummer mein Haupt und legte mich in einen Winkel schlafen. Es war kurze Zeit vergangen, als ich Lärm von Hin- und Widergerede vernahm, ich stand auf und sah zwei Feraschen vor der Tür unserer Wohnung stehen. Einer sagte: „Gevatter, Ihr habt gestern drei Stück Pferde gemietet." Ich bejahte. Er fuhr fort: „Wo sind die Pferde?" — Ich erwiderte: „Der Karawanenführer kam nicht, auch wir erwarten ihn." — „Nein. Ihr müsst eine Verpflichtung geben, dass, wenn sie kommen, ihr nicht etwa fortreist." Ich merkte; er meinte „eine Weide". Ich fragte: „Eine Verpflichtung, was soll das bedeuten?" — Wir haben 15 Kran bezahlt und obendrein keinen Vertrag in Händen." Zank und Streit erhob sich. Sie sagten: „Wir müssen dich vor den Feraschbaschi bringen." Ich überlegte, sobald ich mich nur widersetzte, würden sie mich beim Kragen packen und fortschleppen. Ich versetzte also: „In Gottes Namen gehen wir!" Ich hing meinen Mantel um, und wir schlugen den Weg nach dem „Narin kale" ein, wo der Gouverneur wohnt. Ich sah Jusuf Amu kam mit, so sehr ich auch darauf bestand, er solle zum Quartier zurückkehren, er willigte nicht ein und sagte: „Mein Herz hat keine Kraft dazu!" Als wir dorthin kamen, führte man uns zuerst vor einen gewissen jemand, der ein Naib sein sollte. Einer von den Feraschen flüsterte ihm etwas ins Ohr und empfahl sich. Hierauf führte uns der Naib zu einem anderen, welcher eben jener Feraschbaschi war. Jener sagte ihm ebenfalls ein Wort ins Ohr. Jetzt geriet mein Herz in

Ibrahim wird vor den Gouverneur gebracht.

*) Der 12. Imam, Ende der Welt.

Unruhe. Ich überdachte, vielleicht setzen uns diese Tyrannen hier für ein Jahr ins Gefängnis, und wohin wird unser Klageschrei dringen? Oder der Gouverneur gibt etwa den Befehl uns Ohren und Nasen abzuschneiden. Wer wird uns Hilfe und Beistand leihen? Jeder, der ängstliche Träume gesehen oder von Alpdrücken befallen wurde, der kann in einem gewissen Grade meinen Zustand verstehen, wie sehr mein Herz errregt war.

Nun erhob der Feraschbaschi mit Affektiertheit, wie es derlei Leuten eigentümlich ist, nach einer Weile sein Haupt und mit ausserordentlicher Strenge fragte er: „Menschenkinder, was habt ihr mit den Pferden gemacht?" — Ich erwiderte: „Welche Pferde?" Er sagte: „Jene Pferde, welche ihr gestern gemietet habt." Ich erhob meine Stimme laut und versetzte: „Du weisst selbst nicht, was du sprichst, wie kann ich etwas von deinen Fragen verstehen!" Ausserdem schwatzte ich einiges. Der Feraschbaschi stand ganz wütend auf und sprach: „Komm!" Wir gingen hinein. Es war ein grosser Hof da. Wir gingen etwas weiter, und es zeigte sich ein grosser Talar (offener Salon). Ich erblickte vor dem Fenster des Talars standen einige Bittsteller mit der Hand auf der Brust so still als wäre kein Leben in ihren Körpern. Der Gouverneur sass oben auf einem Stuhle. Einige Personen mit Turban sassen ebenfalls etwas weiter. Der Feraschbaschi schleppte uns heran. Wir neigten das Haupt und blieben stehen. Der Feraschbaschi meldete: „Diese haben Pferde gemietet, aber sie leugnen es." Der Gouverneur fragte: „Wo sind die Pferde?" — Ich erwiderte: „Edler Herr, wir wissen es nicht." Manche Worte sprach ich noch mehr. Andererseits sagte Jusuf Amu: „Edler Herr, wir sind Reisende und Untertanen des Auslandes. Wenn Ihr uns belästigt, so gehen wir direkt und benachrichtigen telegraphisch den englischen Gesandten in Teheran, was das für Zustände sind." Der Gouverneur dachte eine Weile nach und strich sich seinen Schnurrbart. Da er nichts zu sagen wusste, sprach er: „Ihr seid entlassen, entlassen." — Ich fasste Mut und sagte: „Edler Herr, wir mögen fremde Untertanen sein oder einheimische, das ist nicht nötig zu erörtern. Gott sei Dank sind wir Mohammedaner!

Jusuf Amu schwindelt.

Aber ich will Euch erklären, in den alten Zeiten schützte ein jeder König, welcher ein anderes Reich mit Truppen zu überziehen wünschte, einen Religionsstreit vor. Unter dem Vorwande einer Religionsfrage eroberte er das Land.

Ibrahim hält dem Gouverneur eine Strafpredigt.

Aber heutzutage bestimmt ein jeder Staat, welcher in ein anderes Gebiet einen Einfall machen will, unter den allgemeinen Gründen zu jenem Einfall den Handel und seine Bewegungsfreiheit, worauf die Vermehrung des Lebensunterhaltes, das Wohlgefühl der Untertanen, und das Gedeihen des Landes beruht, und zur Vergrösserung der Handelskreise gibt er halbe Millionen aus und vergiesst Ströme von Blut. Es ist erstaunlich, dass Ihr mit Euren eigenen Händen die Tore des Handels vor dem Volke schliesst. Die Transportmittel dieses Landes, welche ausschliesslich aus Pferden und Maultieren bestehen an Stelle von Eisenbahnen und Wagen und tausenderlei Mühen verursachen, die hindert Ihr sogar noch durch Zwang und Pferdeeinziehung und Ihr belästigt die Kinder Gottes. Fürchtet Ihr Euch nicht vor Gott?" — Abermals rief der Gouverneur mit besonders lauter Stimme: „Ihr seid entlassen!" und er wandte das Gesicht von mir ab. Der Feraschbaschi gab mit dem Finger ebenfalls ein Zeichen fortzugehen, und wir empfahlen uns somit. Er sagte zum Naib: „Ihr habt uns einen sonderbaren Gewinn gebracht." Und zu uns sagte er: „Wenn Ihr nichts zu tun habt, geht!" Wir kamen zum Tore der Festung, und ich sah die beiden Feraschen herbeilaufen: „Gebt uns Geld für Reis (Dschillau)!" Ich versetzte: „Was? Was?" — Er erwiderte: „Für die Dienstleistung." Ich sagte: „Sohn eines verbrannten Vaters. Was habt ihr uns für eine Dienstleistung erwiesen?" — Er versetzte: „Sind wir etwa die Diener deines Vaters, oder saugen wir noch an der Mutterbrust. Wir haben usgaben." Ich sprach: „Was geht mich das an. Ihr Knechte Pharaos und Schiddad.*) Schert euch fort von mir. Gott möge die Wurzel von euch und euresgleichen aus dem Erdboden ausreissen! Wollt ihr, dass ich abermals zu jenem ‚Nimrod' zurückkehre und frage, was diese Teufelssöhne für Forderungen an uns haben?" — Der andere sagte: „Meschdi Risa lasst ab: Diese fremden Untertanen, Söhne verbrannter Väter, sind alle verrückt!"

Endlich waren wir den Händen dieser Wölfe entronnen. Unterwegs sagte ich zu Jusuf Amu: „Warum hast du gelogen? — Wir sind doch keine fremden Untertanen. — Vielleicht verlangte er unsere Pässe, was hätten wir dann tun sollen?" — Er erwiderte: „Es war eine nützliche Notlüge. Wo hätten diese so viel Verstand, dass

*) Sohn des Ad, der den Garten Irem geschaffen. Tyrann.

ihnen unsere Pässe in den Sinn gekommen wären! Diese hatten ihren Beutel für Gewinn genäht, was ihnen aber nicht glückte."

Die meisten der Gouverneure Irans, während ihrer Anreden an die Untertanen, führen die Hand zum Schnurrbart und streichen ihn. Sie sprechen die Worte mit einer besonderen Ausdrucksweise ganz schnell und sehr eilig und nicht zu Ende. Z. B.: Nicht, nicht, nicht. Nein: N..., N... N... Sehr gut: Se.. Gu. Angewohnheit der Grossen.

Wir kamen nun zum Quartier zurück und warteten weiter 13 Tage. Während dieser Zeit unseres Aufenthaltes in Ardebil war ich sehr niedergeschlagen, so sehr, dass mein Kummer keine Grenzen kannte. Seltsamerweise war in dieser Stadt ausser mir niemand, welcher diese Vergewaltigung und Tyrannei empfand, und niemand verwunderte sich über diese Art. Man könnte meinen, die Last dieser Gewalttätigkeiten zu tragen bilde ein notwendiges Bestandteil ihrer Natur.*) Von den gesetzlichen Rechten haben sie absolut keine Kenntnis. Dies eine aber schafft mir noch grössere Sorge. Bei solchen Tyranneien schreiben die Zeitungen Teherans alle Tage in den Spalten der Provinznachrichten: „Die Untertanen befinden sich in höchster Zufriedenheit und Behaglichkeit sozusagen wie in den Zeiten von Nuschirewan, dem Edlen." Vor solchen unreinen Kreaturen soll man ausspucken!

Endlich fand man aus, dass der Gouverneur nur 20 Gäule und Maultiere benötigte: Grund für all dies Ha und Hu, dieses Nehmen und Einsperren, für das Aufhalten des Handels und die Schädigung der Leute während dieses Zeitraumes war: Die Feraschen des Gouverneurs hatten mehr als 200 Toman von den armen Trossknechten Gewinn gehabt, und keiner von den Kaufleuten des Landes öffnete nur die Lippe zu einer Klage, wie ungerecht dies sei. Als hätte Gott sie — Allah verhüte es! — zum Ertragen von all diesen Tyranneien erschaffen. Wahrer Grund zur Pferdesperre.

Wie dem auch sei, am 14. Tage geruhte der Dschilaudar, welcher sich in einem Winkel verborgen hatte, zu erscheinen. Wir luden unsere Lasten auf und machten uns auf den Weg. Auf dem Marsche sagte Jusuf Amu: „Kannst du dich gar nicht mehr an eine Geschichte erinnern, welche Achmed Effendi aus Täbris in Kairo erzählte?" — Ich erwiderte: „Wie war sie?" — Er sagte: „Achmed Geschichte Achmed Effendis.

*) Allerdings hat man sich völlig an diese Sperren gewöhnt.

13*

Effendi berichtete also: Eines Tages wurde in Teheran ein ‚Mirpändsch' krank und schickte zur Nachtzeit einen Feraschen zu einem der bekannten Ärzte der Stadt, er solle kommen und den Khan in Behandlung nehmen. Der arme Arzt stand die Nacht von seinem warmen Lager auf und kam zu dem kranken Khan. Nach der Feststellung der Krankheit und der Verordnung einer Arznei ging er hinaus, um nach Haus zurückzukehren. Der Ferasch seiner Hochwürden des Khan Mirpändsch hängte sich ihm an den Kragen: „Gib mir für die Dienstleistung." Der Arzt versetzte: „Teurer Agha, ich bin mitten in der Nacht von meinem Hause fort um hierher zu kommen. Ich habe deinen Agha behandelt. Er hat mir aber nichts für meine Liquidation gegeben, sodass ich dir etwas geben könnte." Der Ferasch erwiderte: „Schwatze keine Märchen. Ich bin nicht der Diener deines Vaters. Du musst mir Trinkgeld geben!" Der Arzt kehrte notgedrungen zum Khan zurück und meldete folgendes: „Hochedler Mirpändsch. Dein Ferasch fordert von mir ein Entgelt, während ich doch selbst nichts von Euch erhalten habe." Der Mirpändsch versetzte: „Hakim baschi, diese Söhne eines verbrannten Vaters sind eben Feraschen. Geh, gib ihm etwas mehr oder weniger und stelle ihn zufrieden!" — Damals schimpftet Ihr den armen Achmed Effendi aus und warft ihm Mangel an Patriotismus vor. Jetzt aber ist es klar, dass jener Mann die Wahrheit gesprochen. Heute habt Ihr mit Euren eignen Augen gesehen, dass man von Euch mit demselben Vorwande ‚Kulluk' Trinkgeld forderte." Ich sprach: „Schweig still. Um Gottes Willen höre auf, denn an diesen Schmerzen, habe ich genug!"

Summarium des Besuches von Ardebil.

Bericht von Ardebil.

In dieser Provinz sind die Einwohner mit dem Spiel mit Geistlichen beschäftigt. In jedem Laden und Hause dreht sich das Gespräch um den Mutschtehid Soundso oder den Schech des Islam und den Vorbeter Soundso. Und einige erhitzen sich im Gespräch über den Kampf von den Büffeln derselben. Einer sagt: „Der Grund zur Niederlage des Büffels vom Agha war jener, in dem Augenblick, als sie mit den Köpfen gegeneinander schlugen, schien die Sonne gerade auf ihn;" und derart Unsinn! — Niemals haben sie von der Welt und der letzten Zeit eine Ahnung. Für den Nutzen der Vermehrung des allgemeinen Wohlstandes und die Kenntnis ihn zu vergrössern und die Liebe zum Vaterlande haben sie absolut kein Verständnis.

„Sie sind gestorben, obwohl sie leben. Sie leben, aber sie sind tot."

Aufbruch nach Maragha.

Ein Dscharpadar und wir zwei Personen zu Pferde marschierten also der Stadt Maragha zu. Das Wetter war sehr kalt. Gegen Sonnenuntergang gelangten wir zum Flecken Nur, welcher auf dieser Seite des Kotal Saïn*) gelegen ist. Ganz wenig fiel Schnee. Wir kamen an die Tür des Hauses eines der Dörfler und baten um Quartier. Man zeigte uns ein Quartier auf der Plattform eines Stalles.**) Ich sagte: „Hier mit den Tieren zusammenzuleben ist lästig. Gebt uns ein Zimmer. Wir bezahlen Euch zur Miete, was Ihr wollt." Man erwiderte: „Einen anderen Platz als diesen haben wir nicht." Notgedrungen nahmen wir also dort Quartier. Der Dschilaudar kochte etwas Wasser im Wasserkrug. Wir bereiteten Tee und tranken ihn. Auch kochten wir ein Huhn und hielten unsere Abendmahlzeit. Es schneite bis früh. Es stellte sich heraus, seine Höhe betrug mehr als eine halbe Elle. Da ich in Ägypten noch keinen Schnee erblickt hatte, und es auch in Iran das erste Mal war, dass ich Schneefall erlebte, so verwunderte ich mich sehr darüber. Alle Wege waren blockiert. Diesen Tag blieben wir. Nachts brachte man die Nachricht, dass auf der Spitze des „Kotal" die Karawanenführer wegen des heftigen Schneefalls die Durchgänge nicht gefunden hätten, sie hätten die Handelswaren hingeworfen und seien umgekehrt. Zwei Personen von den Karawanenleuten und 10 bis 20 Stück Tiere seien im Schnee stecken geblieben und zugrunde gegangen.

Ibrahim wird im Stall einquartiert und sieht zum ersten Male Schnee.

Der Pass ist verschneit.

Nun sassen wir in der Hoffnung das Wetter werde sich aufklären 14 lange Tage auf dieser Plattform des Stalles mit den Tieren, welche sichtbar waren, als Gesellschafter und Mitbewohner. Völlig die niedergedrückte Stimmung, welche uns in dieser Zeit überkam, auszudrücken, das vermag die beredeste Zunge nur mangelhaft, und mit einiger Überlegung werden die geehrten Leser selbst begreifen, was uns betroffen hatte. Wie sehr wird jemand, welcher niemals Schnee und Kälte erlebte und auf Reisen immer in erster

*) Pass im Savalan-Gebirge.

**) Die Ställe haben wie die Karawanseraien erhöhte Plätze oder Logen.

Klasse auf Dampfschiffen und Eisenbahnen gesessen hat, und dessen Quartier sich ebenfalls in den besten Gasthäusern der zivilisierten Länder befand, sicherlich über den gezwungenen Aufenthalt von 14 Tagen in einem solchen Orte ärgerlich werden. Wenn es zwischen Ardebil und Maragha eine Eisenbahn gäbe, so würde diese Reise nicht mehr als sechs bis sieben Stunden dauern und dies noch mit äusserster Bequemlichkeit. Schade dass es das nicht gibt noch geben wird."

Also nach einem Gespräche von 14 Tagen mit den Vierfüsslern kam von jenseits eine Karawane an, und man meldete, dass der Weg frei und es wieder möglich wäre, den Pass zu überschreiten. Sofort stiegen wir zu Pferde und machten uns auf den Weg. An dem Fusse des „Kotal" angelangt lässt es sich nicht beschreiben, welche Mühen sich uns während des Auf- und Abstiegs darboten. Die armen Perser haben sich an diese Reisebeschwerden gewöhnt. Von den fremden Völkern aber wird jeder, dem es zufällt, diese Wege zu passieren, sich natürlich über die Härte des Lebens der Perser und die Torheit der Regierung und der Grossen des Landes verwundern. Wie bekannt ist hat man heutzutage auf dem Erdenrund allerorten Eisenbahnen erbaut und unterhält sie. Die Schwarzen von Abessinien und dem Sudan und die Wilden von Afrika nehmen am Nutzen dieses Mittels teil. Nur die unglückseligen Perser sind von dieser Wohltat ausgeschlossen. Nehmen wir an, Regierung und Volk hätten selbst dazu nicht die Kraft. Warum geben sie es dann nicht an uneigennützige Gesellschaften und befreien die Diener Gottes von den Mühsalen im Durchmessen aller dieser schwer zu passierenden Wege? Und alle Jahre schützen sie nicht das Leben einer Menge von Söhnen des Vaterlandes vor den Gefahren dieser Reisen. Bei Gott, man könnte sagen, dass heutzutage auf keinem Punkte der Welt das Leben der Armen des Volkes bis zu dem Grade missachtet ist! Soviel nur sagt man: „Gestern blieb eine Karawane auf der Spitze eines gewissen Berges oder unten in einem gewissen Tale im Schnee stecken, zehn Personen von den Karawanenleuten und 20 Stück von den Lasttieren sind umgekommen. Weiter zählt man nicht, dass jeder von diesen zehn Personen auch fünf bis sechs Kinder und Ehehälften hat. Niemand grämt sich um ihr Schicksal ausser ihren Hinterlassenen. Das Umkommen von den Lasttieren verursacht sicherlich auch eine Verminderung des Landes-

Muhen beim Passubergang des Kotal Sain.

vermögens. Nun muss man bedenken, dass dieser Schneefall und die Blockierung der Wege als eine unzeitige stattfand, da nämlich der Winter noch nicht gekommen war, und dass er für uns 14 Tage Verzögerung verursachte, was dann bei Reisen in der Winterzeit? Dann Gott befohlen!

Kurz, mit tausend Mühen und Beschwerden gelangten wir im Verlaufe von sechs Stunden zu dem Gipfel des „Kotal Saïn". Fünf Stunden gleichfalls legten wir den Weg hinunter, manchmal zu Fuss, manchmal zu Pferde, zurück und langten bei der Station an. Diese Station (Mansil) gehört zu den Territorien des Fleckens „Serab", einem bekannten Flecken, welcher sehr ansehnliche und nutzbringende Dörfer umfasst. Aber das Klima (Wasser und Luft) dieses Quartierorts war sehr schlecht. Von dort machten wir uns nach einer kurzen Ruhepause auf den Marsch und langten am dritten Tage in der Station „Sarikie" mit Namen an. Der Dschilaudar sagte: „Hier ist der Wohnort der Wegezollbeamten von Maragha. Wir müssen hier den Pferden Wasser und Gerste geben. Wir selbst ruhen uns zwei Stunden etwa aus und brechen dann auf." Wir stiegen also am Rande eines Baches ab und setzten uns nieder. Ich sah wie drei Personen aus einer armseligen Hütte, welche nahebei stand, heraus und an uns herankamen. Sie grüssten und setzten sich nieder. Offenbar waren dies die Wegehüter. Es dauerte nicht lange, da sah ich von Maragha her eine Kamelkarawane dort anlangen. Die Wegehüter riefen die Kamelhüter an und fragten: „Der Schein (Tupe) wo? Zeig ihn her!" — Der Kamelführer holte aus seiner Seitentasche ein Stück Papier hervor in einer Breite von drei Fingern und fünf Fingern Länge und gab es einem der Wegehüter in die Hand. Ich passte auf. Das Männlein von Wegehüter las das Papier nicht, aber auf dem Rücken des Bogens befanden sich mehrere Zeichen, diese zählte er. Ich wunderte mich. Nachher fiel mir die Bedeutung dessen ein, was man über die schreibunkundigen Leute sagt: „Sie lesen das weisse eines beliebigen Papiers aber nicht das schwarze darauf." Ich sagte: „Gevatter, erlaubt mir jenen Pass, damit ich sehe, was man geschrieben hat." Er erwiderte: „Dies ist kein Pass, es ist ein Schein (Tupe)." Ich versetzte: „Mag es ein Schein sein, das macht nichts." Er gab es, ich nahm und las. Sein Inhalt war folgender: Die Anzahl von 43 Lasten getrockneter Früchte im Besitze von Soundso ist gestattet, lasst sie ungehindert,

Serab.

Sarikie.

Die Zollbeamten Analphabeten.

und auf dem Rücken des Papiers waren 43 Zahlen in folgender kreisrunder Gestalt O O O O O O O O O gezeichnet. Hieraus ging hervor, dass keiner von diesen drei Zollbeamten des Schreibens und Lesens kundig war. Dieser Umstand liess meine Verwunderung nur noch grösser werden. Ich wollte eine Rede halten, aber Jusuf Amu beschwor mich nicht zu sprechen. Der arme Schelm fürchtete, dass es Scheltworte in Für- und Widerrede setze, daraus Streit entstände, und man es mir gegenüber an Respekt fehlen liesse. Schliesslich verschloss ich um Jusuf Amus Willen der Ansprache meine Lippen, und wir machten uns auf den Weg. Unterwegs fragte ich den Dschilaudar: „Warum bestimmt der Mudir*), Inspektor des Zollamtes, diese Analphabeten zur Dienstleistung? Wie kann sich die Regierung mit dieser ungehörigen Anordnung zufrieden geben?" Er erwiderte: „Das Zollamt hat nichts mit der Regierung zu tun. Der Chef mietet es und macht jeden, den sein Herz sich wünscht, zum Beamten. Aber abgesehen davon sind in unserem Lande alle derartigen Stellen gemietet wie die Ämter des Zolls, des Darogha eines Kreises (Vilajet), und andere. Häufig geschieht es, dass die Analphabeten selbst Mieter werden, jemanden, der das Schreiben versteht, engagieren und so ihre Geschäfte vollziehen. Und ein jeder von ihnen ist Herr über Stockschläge und Bastonade**) und ermächtigt, die Untertanen schlagen und prügeln zu lassen. Sie werden nur nach dem Betrag der Miete gefragt, und das genügt." Ich versetzte: „Papa, du hast deinen Verstand verspielt. Die Verwaltung der Polizei wird ebenfalls durch Miete erlangt?" Er erwiderte: „Bei deinem teuren Leben, jeder, der morgen in Ardebil um 100 Toman den Betrag der Miete erhöht, der ist übermorgen Darogha, aber mit dem Verwalter der Polizei weiss ich es nicht wie es sich verhält." Ich sagte: „Sehr gut. Aber woher bezahlt er den Mietsbetrag?" Er versetzte: „Von einem jeden unserer Läden nimmt er einen Kran und behauptet dafür Nachtwachen zu engagieren, aber dadurch allein kann er nicht allzuviel verdienen. Sein Verdienst leitet sich von den Anklägern und Söhnen der Kaufleute her; jede Nacht nämlich ergreifen sie einen oder zwei mit der Beschuldigung von Hurerei und Schnapstrinken und erpressen von

Das Zollamt gemietet.

*) مدير Titel der Verwalter kleinerer Bezirke.

**) فلك falak, Holz, auf welches die Fussohlen gebunden werden zur Bastonade.

jedem 40—50 Toman als Strafgeld. Der Darogha hat ein besonderes Gefängnis mit Handschellen und Ketten. Oftmals nimmt er auch mit Foltern das Geld fort.

Jusuf Amu konnte sich nicht länger halten und sagte: „Teurer Onkel, es ist genug. Wendet das Gespräch auf ein anderes Thema!" Und auch zu mir sagte er: „Edler Beg: Wie gern ich Euch auch nichts sagen möchte, ich kann mich nicht länger gedulden; Licht meiner Augen, wenigstens in diesen Tälern und Pfaden unterhalte dich nicht derart mit Leuten wie jene Wegehüter. Ich fürchte, von diesen Leuten ohne Erziehung könne dir etwas respektwidriges zustossen? Wer ist dann da, der uns helfen würde und uns Beistand leistete? Schliesslich hat doch dieses Land die Nasim el mulk, Nasim es Sultanä und Nasim el Ajale.*) Die Ordnung der Geschäfte der Kreise (Vilajets) liegt ihnen ob, was geht uns das an! Was kann durch Eure Einwendungen und Euer Streiten gutes kommen?" Ich erwiderte: „Jusuf Amu, Ihr habt recht, ich weiss es wohl, aber was soll ich tun? Ich kann nicht still sitzen und alle diese Schäden nicht sehen und abläugnen. Wenn du willst, so nähe meine Lippen und Zunge zusammen. Was bleibt mir anderes übrig." Nach Verlauf von acht Stunden Wegs gelangten wir auf allen möglichen Weisen oben auf dem „Tepe Allah akhbar"**) an. Von dort kann man die Stadt Maragha sehen. Von oben stiegen wir herab. Ich sah fünf bis sechs Personen am Wege sitzen und betteln. Ihre Augen und ihr Mund aber war schief und gekrümmt, und ihre Nasen und Lippen waren dahin auf eine Weise, Gott bewahre mich! Ein Mensch kann nicht auf ihr Gesicht sehen. Wir gaben etwas und zogen vorbei, ich aber fragte den Dschilaudar, was das für Leute seien und was sie hier täten. Er versetzte: „Sie sind von der Krankheit des Aussatzes befallen. Allerorten sind sie von ihren Behausungen vertrieben, damit sie nicht andere mit ihrer Krankheit anstecken, und man hat sie hier angesiedelt." Er zeigte auf den Fuss eines Hügels, und ich erblickte ein ganz kleines Dorf. Er fuhr fort: „Alle Bewohner von hier sind Aussätzige. Unter ihnen mögen auch vermögende Leute und Besitzer von Gütern sein. Die, welche arm sind, setzen sich alle Tage hierher in einer Reihe von

Aussätzige.

*) Ordner des Reiches, der Regierung, der Vilajet.

**) Hügel des grossen Gottes.

fünf bis sechs Personen und erflehen von den Reisenden ein Almosen. Sie bestreiten ihr Leben von dieser Durchgangsstrasse her." Als ich diesen Bericht hörte, verzehrte sich mein Herz über ihr Los, und unwillkürlich kam mich Weinen an. Der Dschilaudar fragte: „Hast du denn nicht draussen von Ardebil welche von ihnen gesehen?" — Ich verneinte. Er fuhr fort: „Dort gibt es wie diese hier eine Menge." Eine grosse Bitternis überkam mich. Dies war der erste Kummer, welcher uns bei der Ankunft in der Stadt Maragha den Empfang bot.

Burg in Maragha. Kurz wir zogen dort vorbei, und nach einer kurzen Spanne Zeit kamen wir am Tore der Stadt an. In der Stadt war ebenfalls eine Burg zu sehen. Ich sagte zum Dschilaudar: „Heutzutage haben dergleichen Festungen und Tore für keine Stadt Nutzen mehr." Der Dschilaudar erwiderte: „Diese Stadt lag bis vor kurzem innerhalb von Mauern. Allmählich zerfielen die Mauern, somit beseitigten sie auch die Tore, aber vor einigen Jahren entfaltete der Schech Abid Einfall der Kurden. ullah, der Kurde, in einigen rohen Absichten die Fahne des Aufruhrs, und mit einer zahlreichen Schar von Kurden plünderte er den Flecken ‚Mian-i du ab' (zwischen zwei Flüssen), und eine grosse Menge von armen Einwohnern dort, Frauen und Männern, machte der Bedrücker ohne Mitleid zur Beute des Schwertes. Hierauf wandte er sich mit seinem Gesindel, welches zahlreich wie Ameisen oder Heuschrecken war, dieser Stadt hier zu. Man hatte damals dieses Tor mit einer kleinen Befestigung erbaut." Ich warf ein: „Hatte denn die Stadt damals keine Besatzung?" — Er erwiderte: „Gott möge sich deines Vaters huldreich annehmen! Wann hätten die Städte je die Gesichter einer Besatzung erblickt! — Die Einwohner der Stadt ergriffen selbst die Zügel jener Unheils-Flut und verteidigten sich zwei Monate lang gegen die Kurden und schützten die Stadt. Nach zwei Monaten kam Mohammed Hussein Khan, der Serdar,*) und jagte die Kurden von dannen."

Wir kamen nun in der Stadt an und nahmen in einer Karawanserai, welche als „Serai busurg" („Grosser Serail") bekannt ist, Quartier. Da wir Teppiche und das übrige Notwendige nicht besassen, so sagte ich zum Dalandar: „Wir sind fremd in diesem Lande und haben von Möbeln und den nötigsten Gegenständen

*) Befehlshaber.

nichts mit uns. Mietet vom Basar einige Möbelstücke wie Teppiche und anderes zu jedem womöglichen Preis für einige Tage unseres Aufenthaltes." Er erwiderte: „Hier ist dies nicht Sitte, dergleichen Gegenstände gibt man nicht zur Miete. Ich will aus meinem Hause alles, was ihr nötig habt, bringen." Und wirklich verschaffte er alles, was notwendig war. Ich bezahlte den Betrag der Miete für die Pferde an den Dschilaudar, und er ging davon. Ich merkte die Zeit für das Gebet ging vorüber. Die Sonne war nahe dem Untergang. In Eile nahm ich die neue Waschung vor und sprach mein Gebet. Dann verzehrten wir Tee und etwas Abendbrot und gingen schlafen, um uns womöglich von den Mühen eines fünftägigen Weges, welchen wir in der Zeit von 20 Tagen zurückgelegt hatten, zu erholen. Die Nacht schliefen wir in aller Ruhe.

Als wir erwachten, war die Sonne etwa eine Lanzenlänge heraufgestiegen. Ich machte im Samowar Feuer und sagte zu Jusuf Amu: ‚Bis das Wasser im Samowar kocht, kauf du etwas Brot und Käse und bringe es, damit wir als Morgenimbiss einen Happen essen!" Jusuf Amu ging fort. Nach einiger Zeit brachte er etwas Brot, aber Käse war nicht da. Er sagte: „Ausser dem Bäckerladen sind alle Läden in der Stadt geschlossen. Ich weiss nicht was fur ein Tag ist." Ich rief einen der Hammals (Lastträger) der Karawanserai und fragte warum die Läden geschlossen wären. Er erwiderte: „Es gehöre sich so, denn es wäre Freitag." Ich freute mich sehr darüber, dass in dieser Stadt eine mohammedanische Vorschrift Geltung hätte. Be, be bravo über die mohammedanischen Leute dieser Stadt! Wir nahmen unseren Tee mit Brot ohne Käse ein. In der Nähe unseres Quartiers hatte ein Kaufmann von den Bewohnern des Landes ein Bureau. Ich sah, er hatte sein Bureau offen. Jedoch nach einer kurzen Weile sah ich zwei bis drei Personen zu ihm kommen, da stand er auf und schloss sein Bureau um fortzugehen. Nach einigen Schritten, welche sie sich unterhaltend zurückgelegt hatten, blieben sie stehen und grüssten uns. Einer sagte mit grösster Höflichkeit: „Wir haben eine Bitte an Euch, wollt Ihr sie erfüllen?" Ich versetzte: „Bitte, gebt sie kund." Er fuhr fort: „Sicherlich seid ihr neu angekommen und kennt nicht den Gebrauch dieses Landes. An den Freitagen werden die Läden dieser Stadt alle geschlossen, daher ist niemand in der Stadt. Wir möchten nicht, dass ihr, fremd

Persische Gastfreundschaft.

wie ihr seid, allein in der Stadt bleibt. Wir bitten euch die Güte zu haben, heute unsere Gäste zu sein, damit wir aus der Stadt hinausgehen und uns amüsieren." Ich merkte ihr Vorschlag war aufrichtig und ohne Falsch. Ich sprach: „Bei meinen Augen ja! — Für Eure Gastfreundschaft sage ich Euch vielmals Dank." Wir standen auf und in ihrer Begleitung gingen wir uns unterhaltend aus dem Tore der Stadt hinaus. Ausserhalb des Tores erblickte ich

Kurzweil vor der Stadt am Flusse.

einen sehr grossen Strom, der überall vom Auf- und Abwogen brausend und gurgelnd dahinfloss. Der Anprall des Stromes, der an die grossen Felsen, welche mitten im Flusse lagen, schlug, tönte zur Nachtzeit bis eine halbe Fersangh von der Stadt hinaus. Ich erblickte auf beiden Ufern des Stromes ein seltsames Schauspiel. Auf allen Seiten hatte sich von allen Klassen der Stadtbewohner Gruppe an Gruppe und Schar an Schar zusammengelagert. Etwas weiter von jeder Abteilung waren Teppiche mit Wasserpfeifen und Tee ausgebreitet, und auf einer Seite standen auch Schüsseln mit Pillaw und hochgetürmte Gerichte. Eine grosse Anzahl von jener Menge hatte ihre Mäntel und Leibröcke (serdari), deren Futter meistens von rotem Tuche war, auf Bäume gehängt und sassen nun da in höchster Ungeniertheit und Behaglichkeit. Hier sang und musizierte man, und dort fanden Ringkämpfe und an einer anderen Stelle aller Art Kurzweil statt. Alle Bewohner der Stadt gaben sich der Lust und dem Frohsinn hin. Kurz, es bot sich ein sehr netter und seltener Anblick. Wir schritten an jeder Gruppe vorbei. Man lud unsere Freunde ein mit: „In Gottes Namen, bitte." Diese gaben aber nur zur Antwort: „Es möge euch wohlergehen" und gingen vorüber. Jedoch mehr als an 300 Stellen wurden wir so aufgefordert und eingeladen, man könnte meinen es sei so Landesgewohnheit. Wie dem auch sei, nachdem wir diese ununterbrochenen Reihen passiert hatten, gelangten wir an den Rand eines kleinen Bassins, wo ebenfalls sich eine Menge gelagert hatte. Als sie uns erblickten standen sie auf, und ein jeder entbot uns seinen Gruss. Offenbar bestand diese Schar aus Gefährten unserer Wirte. Wir erwiderten den Gruss und nahmen Platz. Unsere Freunde stellten uns vor, und die gewöhnlichen Aufmerksamkeiten erfolgten von beiden Seiten. Man fragte mich, von wo wir her wären. Ich erwiderte wir seien Perser aber im Auslande ansässig. Man fuhr fort: „Gibt es in jenen Gegenden auch solch liebliche Orte wie hier, und leben ihre Bewohner ebenfalls so gut und lustig?"*) Ich versetzte: „Nein, in jenen Gegenden gibt es zahlreiche Ärzte, dergleichen Übel kurieren sie gar schnell." Einer sagte voll Verwunderung: „Wieso?" — „Ich erwiderte: „Jawohl, in jenen Ländern gibt es derlei Übel nicht." Er fragte: „Sind wir etwa krank?" — Ich sagte: „Ja wohl, dieser Zustand ist eine Art Wahnsinn." Ich sah, dass einige von ihnen erbittert wurden. Ich fuhr also fort: „Liebe Herren, alles was ihr von mir seht und hört, lasst es gütigst durch. Ich bin fremd. Oder gebt gewissenhaft Antwort. Gestern kam ich in eurer Stadt an. Ich sah in der Nähe der Stadt hat sich durch die vom Aussatz Befallenen ein Flecken gebildet. Ihr habt alle den Zustand seiner Bewohner gesehen, bei dessen Anblick ich mich Gott anheim befahl. Es ist bekannt, dass diese Landsleute und Glaubensbrüder von euch sind. Somit hattet ihr nötig, zuerst für ihre Pflege und Wartung, denn im ersten Stadium ist die Heilung leicht, Krankenhäuser zu erbauen, damit eure Mitbrüder und Landsleute dort kuriert würden und nicht in einem Zustande von Elend wie wilde Tiere in Höhlen und am Fusse der Berge dahinleben. Ich werde richtig rechnen. Am Rande dieses Stromes, welchen ihr zu einem Vergnügungsort erwählt habt, sind mindestens 3000 versammelt, und zusammengenommen gibt jeder von ihnen heute wohl als den geringsten Betrag 1 Kran aus, was in Summa 300 Toman ergibt. Diese Summe im Verlaufe von sechs Monaten zur Frühlings- und Sommerzeit, in der ihr alle Wochen euch der Lust und der Kurzweil hingebt, beläuft sich schliesslich auf sechs- bis siebentausend Toman, welche vergeudet und verschwendet werden. Es ist wunderbar, dass ihr mit dieser Verschwendung und Vergeudung aufwachst und dies noch als einen Genuss betrachtet. Leider, hundertmal leider!" — Einer aus ihrer Mitte erhob das Haupt und sagte: „Gast, Bruder mache die Gesellschaft nicht unmutig!" Die übrigen pressten die Zähne heraus und bissen sich in die Lippen. Ich selbst nagte an meiner und verschloss meine Lippe der weiteren Ansprache. Und ich war dankbar dafür, dass ich nicht eine Tracht Prügel erhielt. Wir brachten das Gespräch auf ein anderes Thema. Es war gegen Sonnenuntergang, da sah ich auf einmal die Deckel der Schüsseln

Ibrahim predigt.

*) Der Perser fragt stolz gar oft, ob es auch in anderen Ländern so schön oder so grün wie in Persien sei. (?!?)

von Pillaw und Dschillau von allen Seiten aufheben. Der Lärm der Schaumlöffel*) vom Ufer des Flusses rechts und links erhob sich zum Himmel so laut, dass man das gewaltige Brausen der Strömung des Flusswassers nicht mehr vernahm. Die Länge dieses Lustortes erstreckt sich ungefähr auf zwei Meilen, wo die Stadtbewohner Seite an Seite sassen. Von zwei Seiten hatte man Tischtücher gedeckt und jede Abteilung sass an ihrem Tischtuch**) und machte sich an die Mahlzeit. Nachdem man dann die Tischtücher abgeräumt hatte, und jeder nach einer Seite sich verzogen hatte, brachen etwas vor Sonnenuntergang allmählich die Reihen der sich Vergnügenden auf und wandten ihr Gesicht Schar für Schar der Stadt zu. Auch wir schlugen den Weg zu unserem Quartier ein. Nach unserer Ankunft im Quartier fanden wir heraus, dass die Stadtbewohner seit ältester Zeit diese Gewohnheit hatten. Wegen der Begrenztheit ihres Verstandes und ihrer Begriffe bekümmern sie sich niemals um die Ausbreitung der Handelskreise ihres Landes und bringen ihr Leben mit derart Torheiten dahin. Sie sind sogar vom Donnerstag an alle auf die Vorbereitung zur Lustbarkeit am Freitag bedacht. Das sind alles Zeichen von Müssiggang und Unwissenheit. Die Sonnabende vergeht ihr Tagewerk ebenfalls im Gespräch vom Amüsement am Freitag, und zwar: „die Schar Soundso kam auf solche Weise und ging derart fort. Ein gewisser Soundso war ebenfalls dort. Wir hatten Dschillau mit einem gewissen Gericht gekocht, jene hatten nur Pillaw."

Die Freitagsmoschee.

Kommenden Tages gegen Mittag gingen wir zur ‚Freitagsmoschee', welche in der Umgegend der Karawanserai und nahe unserem Quartier lag, um dort das Gebet zu verrichten. Diese Moschee umliegt in ihrem Umkreis alle Schulen für Theologen, und in der Mitte des Hofes befindet sich eine klare Wasserquelle. Wir wuschen***) uns erneut und traten in die Moschee ein. Ich sah auf einer Seite dieser erhabenen Moschee hatte man ein Melonenmagazin aufgespeichert. Von derlei Anblick wurden meine Augen trüb. Ich schaute nach der anderen Seite und sah zwei Personen sitzen. Ich trat heran

*) Mit denen man den Schaum des Reiswassers abschöpft.

**) Man isst an Tischtüchern auf dem Boden.

***) Man kann mehrere Gebete mit einer Waschung verrichten, wenn man rein geblieben ist körperlich und geistig.

Marsievorlesung im Muharrem. (S. 208.)

und fragte den einen: „Ohm, wem gehören diese Melonen?" Er erwiderte: „Sie gehören mir." Ich fragte ihn weiter: „Wessen ist dieser Laden?" Er versetzte: „Gläubiger (Mumin) siehst du denn nicht, das ist hier eine Moschee, kein Laden, und wo könnte man je einen Laden in solcher Grösse sehen?" — Ich fuhr fort: „Wessen ist diese Moschee?" — Er erwiderte: „Die Moschee kann niemand gehören, sie ist das Haus Gottes." Ich sagte: „Wieviel bezahlst du Miete?" — Er versetzte: „Nichts." Ich fragte: „Ist Gott damit zufrieden, dass du ohne Miete Melonen an diesem reinen Orte aufspeicherst und verkaufst?" — Er erwiderte: „Was weiss ich!" Ich fuhr fort: „Ohm, fürchtet Ihr Euch nicht vor Gott? — Einen Ort, den Gott zu seinem gottesdienstlichen Gebäude ausersehen hat, und vor dem jedermann Ehrfurcht haben muss — jeder Mohammedaner soll mit besonderen Vorschriften dort hineinkommen und ebenso wieder hinausgehen —, habt Ihr zu einer Melonenkammer bestimmt. Dies dein Vorgehen verletzt die Würde der Moschee und des Glaubens und des religiösen Gesetzes. Hast du je gehört oder gesehen, dass die Christen in ihren Kirchen Melonen verkaufen? — Hast du keine Scheu vor Gott und dem Propheten Gottes? — Ein Mohammedaner hat sie hier erbaut, damit die übrigen Mohammedaner sich hier versammeln im Preise des Namens Gottes in seiner Einheit, ihr Gebet sprechen und Gottesdienst verrichten. Die Geistlichen des Islam sollen hier predigen und den Leuten Rat erteilen und sie über die notwendigen Rechtsfragen belehren. Für die gestorbenen Mohammedaner sollen sie von Gott Gnade erflehen und dafür beten, dass Gott den Glanz des Islam vermehre und der Beherrscher des Islam über die Feinde der Religion obsiege und triumphiere und die Mohammedaner in der Erhöhung von Gotteswort einige und verbinde, Zwietracht und Feindschaft aber untereinander beseitige. Gibt es denn in eurer Stadt keine Wissenschaft, oder fürchten die Geistlichen dieser Stadt nicht Gott? — Warum befassen sie sich nicht mit der Abwehr dieser unwürdigen Zustände, welche die Verletzung der Würde des Islam verursachen und im Gegensatze zu den mohammedanischen Vorschriften stehen? Am Tage der Auferstehung und während des Verhörs welche Antwort werden sie Gott geben? — Gott, wo finden wir für diese unabwendbaren Übel ein Arzneimittel? — Ich weiss nicht zur Strafe für welche grosse Sünde ich diesen traurigen Tag erleben muss, sodass auf jedem Schritt ein neuer Schmerz zu

Ibrahim will die Händler austreiben.

meinem Empfange eilt. Wie, ist dies mohammedanisch? Ach, wenn das heute vorbei, so wird ein morgen sein!"

Der alte Mann, welcher mein Jammern und Klagen nicht verstand, war ganz starr. Um sich zu entschuldigen für dies Vergehen und um mich zu besänftigen sagte er: „Herr, immer ist das nicht so. Im Laufe des Jahres lagere ich nur ein bis zwei Monate die Melonen hier." Und zwar hörte ich wirklich, dass in dieser Stadt zwar mehr als 100 Moscheen und Gebetplätze seien, aber diese seien

Die Moscheen nur in einem Monat geöffnet.

ausser im Monat Muharrem, in der Zeit der Trauerspiele (Tasie) für den Heiligen Seïd, den Zeugen*) Gottes, Segen auf ihn! nicht geöffnet. Ihr Glanz leuchtet nur im Monat Muharrem, wo in einer jeder von ihnen mit strengstem würdevollen Ansehen die Vorschriften der Trauer und der Betrübnis erfüllt werden. Überall werden die Armen und Bedürftigen gespeist. Auf der Kanzel tragen Tag und

Die Marsievorlesungen.

Nacht die gelehrten Geistlichen und Vorleser der Marsie*) die Leiden des Imam, Gottes Segen auf ihn! mit herrlichen Predigten vor und die Erzählungen von all den Qualen, welche die heiligen Söhne des erwählten Propheten — die Segensprüche Gottes auf sie! — erduldet haben, was äusserst lobenswert und in der Ordnung ist. Aber die übrigen elf Monate sind die Tore von ihnen allen geschlossen, und Staub und Schmutz lagert sich bis an die Kniee, sodass dies eine in Wahrheit tausenderlei Kummer erwecken kann. Einer sagt, Grund zu diesem unwürdigen Zustand gäben die Geistlichen des Landes. Ein anderer bürdet es auf die Schultern des Gouverneurs

Wer hat die Schuld?

des Distriktes. Eine Menge ferner sagt: „Papa, das alles ist die Schuld des Volkes. Die Geistlichen und der Gouverneur können sie nicht zum Besuch der Moschee zwingen. Sie selbst müssen vor dem Islam und dem Herrn der Moschee Scheu haben. Zum Gebet, welches ein jeder zu Haus allein verrichtet, sollen sie in der Moschee zusammenkommen und es in Gemeinschaft sagen und gute Werke gemeinschaftlich ausüben!" Wer will nun ihre Schuld hieran beweisen? Ich behaupte: alle drei Klassen haben Schuld daran, deswegen weil sie alle drei keine Ahnung von ihrer Pflicht und dem Pflichtgefühl haben, und von den Vorzügen, die Rechte aufrecht zuerhalten und die Liebe zur Heimat und die religiösen Rechte, wissen sie nichts. Weder achten sie die hohe Klasse der Geistlichen ihres

---

*) Imam Hussein.

Gemeinsames Gebet. (S. 208.)

Vaterlandes, noch sind die Fürsten ihren Untertanen zugetan, auch halten die Untergebenen es nicht für nötig den Befehlen der Obrigkeit zu gehorchen. Unter diesen Umständen kann sicherlich eine Verbesserung der Zustände nicht Platz greifen.

Sonst gibt es in diesem Distrikt von Gebäuden und erhabenen Monumenten nichts, was der Erwähnung wert wäre, ausser einer unbedeutenden Spur aus der Zeit von „Hulaku"*) und anderem, welches aus Unachtsamkeit der Herren des Landes zusammengestürzt ist. Und heutzutage ist nichts mehr übrig geblieben als ein Haufen Erde.

Ochsenwagen.

Nach allgemeiner Versicherung gilt die Stadt Maragha als die erste von den fruchtbarsten Städten des Landes Aserbaidschan. Rings um diesen Distrikt auf allen vier Seiten liegen Gärten bis zu zwei oder drei Farsankhen weit. Verschiedene Arten von Trauben und Baumfrüchten gibt es. Alle Jahre gehen ungezählte Mengen von trockenen Früchten von hier nach dem Ausland. Der ganze Handel des Distriktes besteht allein darin. Aber es ist zu bedauern, dass die Einwohner bis jetzt im Gartenbau und in der Gewinnung von Produkten und der Vermehrung der Erträgnisse keinen Schritt vorwärts gekommen sind. Auf alle die Arten, die sie ihren Vorfahren abgesehen haben, ganz so geschieht es. In der Kunst des Acker-

Fruchtbarkeit um Maragha.

Veralteter Ackerbau.

*) Gross-Sohn des Dschengis Khan hatte hier seine Residenz, † 1265. Sein Freund und Berater Nasr ed Din baute hier das berühmte Observatorium.

baues und der Bebauung sind sie völlig ohne Kenntnis. In der letzen Zeit haben einige von den einheimischen Armeniern und Russen diesen Umstand, d. h. die Torheit der Bewohner dieses Landesteiles, sich zunutze gemacht, und mancher von ihnen kam dorthin mit einem kleinen Kapital, und nach einer kurzen Frist wurden sie durch den Handel mit trockenen Früchten Besitzer von Millionen und die Gutsbesitzer des Distriktes ihre Lohnarbeiter. Schlimmer als alle diese Torheiten ist die Verbreitung des heillosen Übels des Opiumrauchens unter den Bewohnern dieses Gebietes. Eine Masse von allen Volksklassen ist nämlich von dieser schwer zu heilenden Krankheit befallen.

Opiumrauchen.

Einige andere schlechte Patrioten haben, um Wege zu finden, los von den vorgeschriebenen täglichen Gebeten und der Verpflichtung von Pilgerfahrt und den Abgaben, die rechte Religion des Islam auf irgend eine Art aufgegeben und sind der Religion des „Bab" nachgefolgt, eines Samiri*) zuzeiten des Islam, und diese besteht aus einer Heidengesellschaft zur Anbetung des Kalbes, wodurch sie in dieser und jener Welt verspielt haben.**) Ihr Glaube gibt die Wurzel ab für all diesen Verfall von Müssiggang und Schamlosigkeit und Mangel an jeder Wissenschaft und Kenntnis. Jeder, der einen Bissen Brot und nur ein wenig Wissen sein nennt, der wird niemals mit dieser Gemeinschaft gehen, deren Ziele ihr eigenes Gedeihen und die Zerstörung der Wissenschaft verfolgt. In dieser Hinsicht tragen auch im stillen die Gewalttaten einiger unbarmherzigen Gouverneure und Tyrannen dazu bei, welche Wissen heucheln, d. h. Weise ohne zu handeln danach, und solche, welche so viele gute Namen in schlechte verwandeln.

Religion des Bab.

So viel ist bekannt, der Führer dieser Sekte, in der Absicht seinem Ketzerglauben „el maut" (des Todes) Leben zu verleihen, benutzte die Grausamkeit der Gouverneure, die Ahnungslosigkeit und Unkenntnis der Bewohner, welche, wie er sich einbildete, seine Anhänger waren, ebenfalls zur Verwirklichung seiner Ziele und erhob sich, um im Anfang mit einigen Ansprüchen auf das Prophetentum, welche dem ungebildeten Volke wohlgefielen, die Leute aufzu-

*) Zauberer zur Zeit Moses, machte ein Kalb sprechend.

**) Ibr. hat sich aus Fanatismus nicht genau über die Babibewegung orientiert. Beha ullah beansprucht zwar Göttlichkeit aber nur auf dem Wege der Offenbarung im auserwählten Propheten.

Der Verfolger der Babi 1852 Mirsa Agha Khan der Grossvezier. (S. 212.)

reizen; hierauf fielen die Köpfe in diesem heissen Verlangen von den Leibern, und die Familien wurden in den Wind verstreut. Schamlos setzte er den Fuss höher auf die Leiter und fing an wie das Kalb des Samiri zu blöken. „Wir sind höher als unser Gott." Der Unselige! Um seine Unheilsseele zu beruhigen und aus Feindschaft gegen einige von den Tyrannen, verhüllte er seine Augen vor der Heimat, der Liebe zur Heimat, und vor den Rechten seiner Landesbrüder und warf den Stein eines grossen Zwiespaltes zwischen sie. Vom höchsten Wunsche nach der Führerschaft beseelt, glaubte er, das Elend der Bewohner des Landes, welches die Wiege und der Begräbnisplatz seiner Grosseltern war, führe die Sammlung seines unreinen Geistes herbei, sein Charakter wurde immer bösartiger, und seine Landesbrüder mit einem Feuer zu versengen, welches er selbst entfacht hatte, fing ihm an Freude zu machen. Ja mit entzündeten Hoden (voller Wind), welche ihm immerfort schmerzliche Qualen verursachten und deren Heilung ihm versagt war, erhob er den Anspruch auf die Gabe des Schöpfers. Und mit einer unseligen Gestalt, vor deren Anblick sich selbst eine Wand entsetzte, legte er sich den Titel „das gesegnete Antlitz" bei.

Seltsamer als alles dies, was von Vertrauenspersonen in Erfahrung gebracht wurde, ist, dass er einsmals bei seinen Prahlereien zu seinen gebildeten Anhängern sagte: „Ich habe in Iran eine List ins Werk gesetzt und ein wunderbares Spiel begonnen, sodass ich in jedem Falle von Gewinn und Verlust das Spiel schliesslich gewinne. „Ich habe den Spieleinsatz gewonnen, wenn auch gerade oder ungerade herauskommt." Weil nämlich Nasr ed din Schah die Perser unter der Anschuldigung Babi*) zu sein tötet und der Meinung ist, dass er einen Babi tötet, obwohl er einen Perser getötet hat, und dass von seiner Hinterlassenschaft einiges wieder an uns fällt. Bei Gott, seht welche Herzensschlechtigkeit dieses Unmenschen! Man könnte glauben er gehöre zu den Leuten aus Amerika oder Afrika.**) Sozusagen besteht sein Teig zum grössten Teil aus Feuer, und der der übrigen Perser aus Erde. Er gibt seine Landesbrüder

*) Der Babismus datiert etwa vom Jahre 1844. Gründer ist Mirsa Ali Mohammed, der Bab, † 1850. Sein Nachfolger Mirsa Hussein Ali, genannt Beha ullah † 1892. Dessen Sohn Abbas Effendi genannt Ghusn Asam (grosser Zweig). Er zählt jetzt etwa sieben Millionen Anhänger, davon drei in Persien, vielleicht die Zukunftsreligion in Iran.

**) Der wilden Völkerstämme.

14*

dem Tode preis und mit diesen fürchterlichen Taten prahlt er noch. Wenn jemand sein Religionsbuch*) mit achtsamen Augen betrachtet,

Grab des Beha ullah (Mirsa Hussein Ali) auf Akka.

ausser einigen dunklen Ausdrücken im arabischen und persischen wie „der Befehl des Grössten", „die Feder der Würde", „das Angesicht der guten Vorbedeutung", „die heiligen Gestalten", „die Äste",

*) Beijan genannt.

Jugendbilder des Behâ ullah und Subh-i Asal, sein Halbbruder.
(S. 212.)

„die Vielfältigen", „der höchste Ast", und dergleichen befindet sich nichts weiter. Auch in seinen Geboten, trotzdem man bis jetzt so viele Male ihre Schlechtigkeiten erkannt und sie geändert hat, sehen wir dennoch heutzutage nur eine Mischung von den Lehren des Serduscht, der christlichen Lehre und der des Masdak und von Ketzern, deren Wesen (Teig) ebenfalls gestützt ist auf Streben nach der Führerschaft, Gottlosigkeit und dem im Islam Verbotenen. Im Lande Italien hat man die Gestalt von Columbus, des Entdeckers von Amerika, in Columbus.
Erz gegossen und in einer grossen Zahl von Städten mit höchster Ehrfurcht errichtet, und unter diesem Heiligenbild steht geschrieben, dass die Einwohner ihn als einen Meister in der Vaterlandsliebe ansehen und ihn deshalb preisen. Dieser Agha, d. h. der Führer der Babi,*) hat sich ebenfalls, deswegen weil er sein Vaterland zerstört und das Blut seiner Landsleute vergossen hat, diesen hohen Titel zugelegt und sich in einem Winkel der Fremde niedergelassen. Alle Tage nimmt er das Geld seiner einfältigen Landsleute mit tausenderlei Listen und Ränken unter den Namen von Spenden und dargebrachten Opfern und gibt sie als Geschenk unter dem Vorwande von Steuern an die Beamtenglieder eines fremden Staates, um womöglich frei leben zu können. „Sieh den Unterschied dazwischen, woher der Weg kommt und wohin er läuft." Diese teure Person hält, weil er einige arabische Wörter in Reimprosa aneinander fügt, diese für vom Himmel gesandte Bücher und zählt sich selbst zu den auserwählten Orten ihrer Sendung; der arme Tor, er weiss nicht, dass:

„Nicht jeder, der die Mütze schief aufsetzt, oder sich stolz hinsetzt,
ist ein Kronenträger und kennt die Art eines Fürsten."**)

Dies alles sind eben Beweise für das Unglück Irans und der Iranier. In Kairo habe ich alle Tage Berichte über die Art ihres Ergehens gehört. Diesem armen Schelm vergeht auch an einem Orte wie Akka keine Stunde in Seelenruhe. Jedesmal, wenn ein Wechsel bei den dortigen Beamten eintritt, oder ein neuer Gouverneur ankommt, finden sie für einige Zeit keinen Frieden, bis sie dieselben durch Überreichung von Geschenken und Gaben sich geneigt machen. Wenn sie durch Bezahlung von Bestechungsgeld und Gaben ein wenig

*) Beha ullah lebte in Akka von den Türken gefangen gehalten.
**) Hafis.

Sicherheit erlangt zu haben scheinen, dann nehmen jene auf jede andere mögliche Weise unter einem Vorwande mit Gewalt. Obwohl man ihn öffentlich den „Schech el adscham"*) nennt, so weiss man doch im geheimen, welchen Pfad er verfolgt. Da die Einnahme der Beamten darauf beruht, so zerreisst man den Vorhang nicht.

Mag auch die Erwähnung dieser Berichte ausserhalb der Erfordernisse dieses Reisebuches liegen und mich nichts die Religion und der Glaube irgend jemandes angehen, Gott allein kennt die Herzen:

„Wenn die ganze Menschheit ungläubig wird,
an den Saum seiner Grösse reicht der Staub nicht."**)

Aber das nicht zu heilende Übel der Vaterlandsverehrung verbarg mir, warum unsere gebildeten Landsleute aus geistiger Verstockung und dem Verlangen nach der Führerstelle — ein Haufe Menschen ohne Urteil, welcher nicht Hand von Fuss unterscheiden kann! — Grund zu so vielen religiösen Trennungen im Volke geben. — Es liegt auf der Hand, dass alle diese elenden Zustände durch die Torheit der Gouverneure und Geistlichen des Landes verursacht werden.

Sonst wurde mein Herz satt am Kommen und Gehen in der Stadt Maragha. Der dortige trostlose Zustand machte mich noch trostloser. Die Leute der Stadt sind, wie wir es gesagt haben, mit der Welt einmütig Tag und Nacht zufrieden. Sie wollen nicht von dem Punkte, wo sie stehen, auch nur einen Schritt vorwärtsgehen. Die Sorge um ihren Leib und Schamlosigkeit hat in den Adern und Wurzeln ihrer Leiber Platz gegriffen. Ein Bruder weilt wegen der Ansteckung der Aussatzkrankheit fern von Haus und Heim, der andere Bruder dagegen am Ufer des Stromes mit anderen in Lust und Freude. Eine Menge ist auch von dem heillosen Übel des Opiumrauchens angesteckt, welches schlimmer als Aussatz ist. Von der Bedeutung des „Die Liebe zur Heimat gehört zum Glauben"***) haben sie alle keine Ahnung. Manche auch, in deren Ohren unter anderem etwas davon gedrungen war, und welche Anspruch auf theosophisches höheres Wissen machen und in Einsamkeit sitzen, legen künstlich die Worte der Grossen der wahren Religion aus, welche gewöhnlich als allgemeine Ratschläge und zum verstehen

*) Führer der Perser. Beha ullah.
**) Omar Chijam.
***) Im Koran.

Mirsa Hussein Ali genannt Beha ullah †. (S. 212.)

und zum erfüllen ausgesprochen wurden. Und zwar dies durch und durch mystisch nach der Lehre der Sufi, was die Zerrüttung aller Angelegenheiten des allgemeinen Lebensunterhaltes mit sich bringt; sie stehen auf und sagen: „Ach Papa: der Sinn des Wortes ‚Vaterland' bezieht sich nicht auf das hiesige irdische Vaterland." Dies Vaterland sei nicht Ägypten oder Irak oder Syrien. Jenes Vaterland sei eine Stätte, welche namenlos ist. Es sei damit das geistige Vaterland gemeint, das heisst die jenseitige Welt. Nun haben sie dies falsch verstanden und sie behaupten falsch. Unser erlauchter Prophet — Gottes Segen auf ihn! — hat zur Erhaltung und aus Liebe zur jenseitigen Welt seinen gesegneten Leib nicht mit der Rüstung angetan und sein Schwert um die heiligen Lenden gegürtet noch am Tage der Eroberung von Mekka jene heiligen Worte, welche lauteten „Die Liebe zum Vaterlande gehört zum Glauben" mit Hinweis auf das jenseitige Vaterland gesprochen. Ich schwöre beim einigen Gott, dass er eben dieselbe weite Flur von Mekka und die Wand und Tür von Mekka, welches das Vaterland des Ursprungs und Wohnsitzes des Hauptes des heiligen Prophetentumes war, öffentlich anredete, was sich selbst aus den Erklärungen der göttlichen Offenbarung seines Verses, einem Zeichen von der Fröhlichkeit des heiligen Sinnes jenes Führers, allen offenbart; und es geziemt sich so sehr, dass patriotische und reingläubige Mohammedaner die Bedeutung der Liebe zum Vaterlande von jener Quelle des göttlichen Überflusses lernen und begreifen, dass das Vaterland, welches wir zu lieben beauftragt sind, eben jener reine Boden ist, auf dem wir zur Erschaffung kommen. Und die Erhaltung und die Liebe zu ebendieser weiten Flur und Tor und Mauer aus Lehm von dem, was der Wohnsitz unserer Frauen und Kinder ist und unser Stolz und die Begräbnisplätze unserer Vorfahren und die Stätte, wo wir aufgewachsen sind, ist für uns Pflicht und vom göttlichen Gesetz geboten.

Was meint der Koran mit Vaterland?

Das Summarium der Reise von Maragha.

Summarisch ist über die Beschaffenheit dieses Distriktes berichtet worden. Soviel steht fest: Im Lande Iran „allüberall wo der Himmel dieselbe Farbe zeigt" findet sich nirgends von Fortschritten des Handels und von Vereinigung zur Ausführung von Geschäften, die für Land und Volk erspriesslich sind, von Liebe zum Vaterland

Bericht von Maragha.

und zu Landsleuten eine Spur. Die Einwohner dieser Stadt, niedrig und hoch, stark und schwach, von allen Klassen, wissen nichts von Fortschritt und Zivilisation.

„Sie sind tot, dennoch leben sie, sie leben aber sie sind tot"

So gegen Mittag brachen wir nun von dort in der Richtung nach
Benab. „Benab" auf und langten daselbst am Nachmittag an. In der Karawanserai, eigens für Reisende, besetzten wir eine Loge und nahmen Quartier. Nachdem wir unser Gebet verrichtet und Tee getrunken hatten, machte ich mit Jusuf Amu einen Spaziergang. Dieser Flecken hat Märkte und Markt-Plätze, aber eine Karawanserai für den Aufenthalt von Kaufleuten gibt es nicht. Wir verliessen den Basar. Obwohl dieser Flecken zum Gebiete von „Maragha" gezählt wird, so ist es doch ein grosser Ort und bedeutender Flecken.
Bauart der Häuser. Die Häuser sind sämtlich aus ungebrannten Ziegeln gebaut, die Wände alle aus gepresstem Lehm. Niemals erblickt man ein Gebäude aus Stein. Die Mittel zum Lebensunterhalt und Vermögen der dortigen Einwohner rühren ebenfalls wie in Maragha von Gartenerzeugnissen und getrockneten Früchten her. Aber fliessendes Wasser
Brunnen. gibt es nirgends. Alle Gärten werden durch Brunnen bewässert.*)

Seine Bewohner sind fleissig und mit wenigem zufrieden. Verschwender und Vergeuder sind sie nicht. Man kann sagen sie sind rechtschaffen, weil es nämlich unter ihnen Bankerott und Zahlungsunfähigkeit nicht gibt. Obwohl die Einwohner meistens schreibunkundig und dumm sind, so findet doch Schlechtigkeit zu ihrer Moral keinen Weg. Streitsüchtige und boshafte Leute sind sie nicht. Ganz besonders sind sie mit den wohlgefälligen Eigenschaften der Gastfreundlichkeit und Liebe zu Fremden begabt. Obwohl ich ausserhalb Irans von den lobenswerten Eigenschaften der Mannhaftigkeit und Frömmigkeit und der Liebe zur Heimat vom Hüter
Agha Ali Kasi. des Paradieses,**) dem Agha Ali Kasi von hier, viele Erzählungen gehört habe, sah ich doch ebenfalls hier alle Leute mit ihm zufrieden, und bei Erwähnung des herrlichen Namens jenes Mannes voll weiser Taten sind alle Einwohner einer Stimme. Unter anderem berichtet man, dass, wenn während der Empörung und des Aufruhrs des Schechs Abeidullah,***) — den Gott zusammen mit dem Abeidullah,

*) Die Perser im Brunnengraben und Bewässern sehr geschickt.

**) Dem verstorbenen, Seligen.

***) Sklave Gottes.

Hinrichtung des Mörders von Nasr-ed Din Schah. (S. 212.)

dem Sohne des Siad,*) von den Toten erwecken möge! — diese hochgepriesene Person nicht gewesen wäre, so hätten die heimtückischen Kurden, welche Anhänger des gottlosen Schechs unedler Abstammung waren, diesen Flecken ebenfalls ganz wie „Miane du ab" zerstört und seine Einwohner unbarmherzig über die Klinge springen lassen. Gott sei gedankt, dass dieser Patriot die Leute zur Abwehr von dieser Art Teufeln, welche zahllos wie Ameisen und Heuschrecken waren, ermunterte und selbst sich mannhaft zeigte, bis jenes Unheil am Eintritt in den Flecken verhindert wurde. Gott, vereint mit seiner Heiligkeit dem Propheten und den gelobten Sprossen des Erwählten, möge ihn in Gnade von den Toten erwecken!

Ich hörte, von seiten der Regierung sei er zum Lohne für diesen erwiesenen Dienst mit dem Titel „Schwert der Geistlichen" belehnt worden. In Iran sei nur dieser eine Titelinhaber auch jenes würdig. Genug davon!

In Aserbaidschan kenne ich noch einen von den Geistlichen des Volkes, welcher im Gegensatz zu diesem gelehrten Patriot handelte und die Tore einer grossen Stadt ohne irgend welche Verteidigung dem Feinde öffnete. Diese Erschliessung der Tore dem Feinde und die Verschliessung derselben und Verteidigung dieser zwei hochgestellten Personen wird man in den Geschichtsblättern lesen. Aber diesen einen mit einem herrlichen Namen und jenen anderen mit Schmähungen.

Hierauf nach einigen Hin- und Herspazieren kehrten wir zum Quartier zurück. Als wir über den grossen Platz schritten, sah ich eine Menge Leute auf einem Platze im Kreise versammelt, und mit lauter Stimme riefen sie: „O Ali!" Ich sagte zu Jusuf Amu wir wollten dort hingehen und sehen, was los wäre. Wir gingen also näher, und ich sah eine sehr grosse Menge von Basarleuten und Bauern im Kreise sitzen. Gar viele standen auch zu ihren Häuptern. Derwische als Schlangenbeschwörer
Inmitten des Kreises gaben sich zwei Derwische und zwei bis drei Derwischkinder einigen Lobpreisungen Gottes und Koranrezitationen**) hin. Einer von den Derwischen sagte: „Jeder, welcher das dritte

*) Gegner vom Imam Ali.

**) اذکار و اوراد = Nennung aller Namen Gottes und Lobpreisungen aus dem Koran.

‚O Ali' stärker als dies hier ausruft, dessen Freund wird mein erhabener Herr Ali im Hause des Grabes sein." Er selbst legte seine Hand an den Mund und mit lautem Gebrüll heulte er „O Ali"! Alle Leute, ungefähr an 200 Personen ahmten ihm gleichfalls nach und brüllten auf einmal laut „O Ali"! Hierauf sah ich, wie der Derwisch unter seinem Mantel zwei bis drei Kasten hervorholte und sich anschickte, hier Zaubersprüche herzusagen und dort die Deckel der Kasten zu öffnen. Schwarzrote, bunte Schlangen waren es, welche fortwährend aus den Kästen herauskrochen. In verschiedenen Melodien sang er nun die Worte: „Ich sprach den Zauberspruch, komm heraus. Bei der Liebe zum reihebrechenden Löwen (Imam Ali)! Süsse, süsse Schlange, Schlange, wilde Schlange!" Eine Menge dergleichen sinnlose Worte sagte er so oft, dass sein Mund schäumte, und während dessen rief er einmal den Leuten zu, alle die Hände hochzuheben. Alle gehorchten und streckten die Hände empor. Sogar ich und Jusuf Amu hoben ebenfalls unsere Hände in die Höhe. Dann sprach er einige Gebete und sagte: „Steckt alle eure Hände in die Taschen!" Wieder gehorchte alles, wir gleichfalls. Dann sprach er wieder ein Gebet und rief: „Alles, was euch in die Hände kommt, werft fort." Beim Kampfplatz des erhabenen Herrn (Ali)! Ich sah, es war fortwährend Kupfergeld, $^1/_2$ Schahi und 1 Schahi, welches wie Regen von allen vier Seiten inmitten des Kreises fiel. Auch ich warf einen halben Kran hin. Ich sah wie Jusuf Amu lächelte, jedoch warf auch er einen Abbasi. Das Mönchs-Männlein hielt diese ungebildeten Leute so in Furcht, wie man es sich kaum denken kann. Das Volk war der Meinung, dass, wenn sie nicht seinen Worten gemäss handelten und kein Geld gäben, sie in dieser und jener Welt nicht gerechtfertigt würden.*) Nach dem Einsammeln des vielen Geldes durch solche List und Gaunerei liessen sie doch ihre Hand noch nicht ab vom Kragen der Leute. Er holte etwa 100 farbige gedruckte Papiere hervor, auf denen einige Bilder und Gebete geschrieben waren, und sagte: „Dies ist das Wort des Höchsten, und ein Unehelicher kann es nicht sehen. Dies ist einer von den auserwählten Namen des Höchsten. Jeder, der fortgeht, ist ohne Zweifel ein Bastard, und ich zeige es nur den ehelich Geborenen." Von dem armen Volke nun, aus Besorgnis die Leute

* Eine Art Suggestion.

Karawanserai für Reisende. (S. 216.)

würden sie als Bastarde bezeichnen, wandte kein einziger das Gesicht ab vom Schauplatz. Ein Derwischkind aus ihrer Mitte rief: „Mönch, dies alles sind echte Schiiten und geliebte Söhne des Propheten. Gott sei Lob, ein Bastard, ein Heuchler ist nicht unter ihnen. Zeigt den Namen des Höchsten und haltet die Leute nicht von jener Gnade weiter ab!" Hierauf zeigte er die Blätter den Anwesenden. Ich erblickte von weitem darauf auch das Bild des Sulfikar.*) Er rief: „Der Preis für ein jedes dieser kostbaren Gaben beträgt mehr als die Welt. Dennoch will ich ein jedes für 1000 Toman verkaufen." Sein Gefährte fiel ein: „Nein, Hadschi Derwisch,**) das ist zuviel, alle Leute haben nicht das Vermögen dazu. Die Gnade des erhabenen Herrn (Ali) soll eine allgemeine sein." Somit fing er an von 1000 Toman auf 500 und von 500 auf 100 Toman und von 100 auf 1 Toman und allmählich jene Gabe auf 2 Schahi Kupfergeld zu bestimmen. Und diese bunten Papiere verkaufte er ebenfalls sämtlich. Dabei gelobte er, dass jedem, welcher dies Gebet behielte, bis zum Ende des Jahres seine Schulden bezahlt würden, und er würde der Pilgerfahrt nach Mekka und den übrigen heiligen Orten teilhaftig werden. Und abgesehen davon, allerart erlaubte Wünsche, welche er im Herzen trage, würden in Erfüllung gehen. Und in jedes Haus, in welchem dies Gebet aufbewahrt würde, würden die Engel morgens und abends zu Besuch kommen, und wenn er es in sein Leichengewand wickelte, dann würden in der Grabeskammer die Engel Ghillas und Schidad***) von ihm ihr Antlitz wenden.

So hatten diese teufelsartigen Derwischfratzen das arme törichte Volk zwei bis drei Stunden in der Sonne mit Feilschen und ihrem Treiben hingehalten und, was sie selbst an Geld bedurften, ihren Händen entzogen. Mein Herz verzehrte sich über diese einfältigen Leute. Ich sprach bei mir: „Wahrhaftigen Gott ist das eine sonderbare Welt! Merkwürdigerweise sind die Grossen dieses Landes alle taub und blind und begreifen nicht, was eine Obrigkeit bedeutet. Der Zweck der Einsetzung einer Obrigkeit ist kein anderer, als dass sie dies arme törichte Volk vor der Bedrückung von derart boshaften Wüsten-Dämonen bewahrt." Kurz, meine alten Schmerzen wurden

*) Zweispaltiges Schwert des Imam Ali.

**) Die Derwische eine Landplage.

***) Die beiden Todesengel, welche den sündigen Gestorbenen im Grabe peinigen.

wieder neu. Ich sagte zu Jusuf Amu: „Es ist genug. Wir sind satt von dem Besuche hier, lass uns zum Quartier gehen!" Wir gingen also hin, und nach dem Gebet und Abendbrot gingen wir schlafen. Früh standen wir auf und, um nach der Stadt Urumia zu reisen, stiegen wir zu Pferd und marschierten dem Ufer des Urumiasees zu. In der Länge und Breite dieses Weges befinden sich lauter Weingärten und solche von den übrigen Baumfrüchten, und überall zeigen sich grosse ansehnliche Dörfer auf allen Seiten.*)

Gärten nahe am Urumiasee.

Unterwegs kam von einer Seite her eine grosse sich drängende Menge. Als sie sich näherten sah ich, dass es Soldaten waren, und nach Erkundigung stellte es sich heraus, dass es das Regiment für Maragha war und aus Tābris entlassen wurde. Der Dscharpadar sagte: „Herr, wenn wir uns etwas mehr abseits hielten, so wäre dies besser, weil sonst die Soldaten Streichhölzer und Tabak fordern und uns so aufhalten. Sollten sie aber herankommen, so lasst nicht zu, dass sie die Zügel der Pferde ergreifen." Ich erwiderte: „Gut." Ich sah nun, dass von den Soldaten jede Abteilung zehn bis zwölf Flinten auf einen Esel geladen hatte und mit grösster Unordnung daherzog, und von beiden Seiten fielen sie Abteilung für Abteilung, Trupp für Trupp in die Gärten der Leute ein und brachten Sack über Sack und Rock über Rock mit Trauben gefüllt an. Die Gartenbesitzer und die Aufseher der Erzeugnisse blickten zwar mit Verwunderung auf sie, aber keinem bot sich die Gelegenheit zu fragen wieso dies und warum das? — Jawohl:

Soldateska.

„Wenn der König aus dem Garten der Untertanen einen Apfel isst,
graben seine Diener den Baum mit der Wurzel aus."

„Mit fünf Eiern gibt sich der gewalttätige König zufrieden,
seine Truppen aber stecken 1000 Hühner an den Spiess.",**)

Der Dscharpadar fragte: „Hast du gesehen? das sind alles Diebe. Wer von den Bewohnern dieser Gegenden Lust zu Diebstahl und Räuberei hat, der geht hin und wird Infanterist oder Artillerist, weil sie dann frei von Verfolgung sind. Sollten sie auch bei einem Diebstahl oder einer Taschendieberei gefasst werden, so hackt man ihnen doch nicht wie den anderen die Hände ab und berührt sie nicht

*) Diese Provinz kann man beinahe die christliche nennen, Nazarener, Armenier, Katholiken etc.

**) Sādi Gulistan. I. Über die Sitten der Könige.

Schlangenbeschwörer. (S. 217.)

weiter. So kommt es, dass sie in grösster Freiheit anderer Leute Gut plündern können."*)

Schliesslich kamen wir dort heil vorbei und gegen Abend gelangten wir an das Ufer des Urumiasees. Ein Schiff stand dort bereit. Aber Schiff können wir eigentlich nicht sagen, es war ein grosses Boot, welches sich mit Hilfe von Rudern vorwärts bewegte. Man hatte es als Schiff bezeichnet und für den Personen- und Gütertransport dem Wasser übergeben.**) Die Gütertransporte bestanden aber aus Weizen und Schafen, welche man von diesseits nach jener Seite hinüberbrachte. Man möchte sagen, diese Schiffe seien, wie sie vor 50 bis 60 Jahren der verstorbene Malik Kasim Mirsa, der Vali von Urumia, welcher zu den gelehrten und gut unterrichteten Prinzen Irans gehörte, zur Erleichterung des Transportes gebaut und ins Wasser gesetzt habe, noch in derselben Form und von demselben Bau wie am ersten Tage übrig geblieben. In der Mitte des kleinen Meeres liegt eine Insel, auf welcher ein kleines Gebäude des verstorbenen Prinzen sich befindet. Die Insel nennt man mit dem türkischen Worte „Ada" (Insel). Es ist nicht unwahrscheinlich, dass auf dieser Insel sich auch einige Minen finden sollten, aber es steht fest, dass bis jetzt niemand auf diesen Gedanken gekommen und ein Suchen danach irgend einen Erfolg gehabt hätte. Die Obrigkeit Irans kümmert sich niemals um dergleichen Unternehmungen, welche die Lebensfähigkeit von Land und Volk mit sich bringen. Wen gibt es, der seine liebe Zeit mit der Hoffnung, durch Graben in der Erde Minen zu finden, verbrächte? Die Wälder von Masanderan, von denen sich in der Welt immer weniger ein Gegenstück finden lässt, hat man für den Entgelt einer geringen Summe den Händen von fremden Dämonen***) überliefert, welche mit grausamer Axt alles von oben nach unten kehren. Niemand aber findet sich, der gegen die Wegnahme dieses Gottesschatzes Klage erhöbe, wie käme man da auf Minen, welche noch im Schosse der Erde verborgen liegen? —

Fahrt auf dem Urumiasee.

Insel „Ada".

Wälder von Masanderan.

*) Sie sind oft sogar die Wegelagerer auf den Karawanenwegen.

**) Jetzt überhaupt nicht mehr vorhanden.

***) Europäern; eine Konzession ist mir nicht bekannt. Von deutscher Seite aus sind Versuche um Teheran gemacht worden mit Neupflanzungen nach dem Vorbilde der Baumarten in den Wäldern von Masanderan.

Das Boot fuhr nun der Insel zu. Gegen Sonnenuntergang kamen wir zur Insel. Der Bootsführer, dessen Ladung sämtlich aus Schafen bestand, lud diese aus. Wir aber nach verrichtetem Gebet und eingenommener Abendmahlzeit legten uns schlafen. Als wir in der Morgendämmerung erwachten, befanden wir uns am Ufer des Sees und zwar nahe der Stadt Urumia. Ohne Zögern stiegen wir aus. Von dort bis zur Stadt beträgt der Marsch zwei farsagh. Wir mieteten sogleich zwei Esel und wandten uns der Stadt zu. Nach einer Frist von zwei Stunden kamen wir zur Stadt und nahmen

Hof einer Karawanserai.

Ankunft in Urumia.

in der Karawanserai „Gülschan“ mit Namen Wohnung. Jenen Tag gingen wir nirgends hin. Nach dem Frühstück sagte Jusuf Amu: „Ich gehe baden.“ Ich erwiderte: „Du weisst schon, geh nur!“ Er ging fort, ich aber wandelte im Hofe der Karawanserai auf und ab. Auf dem Vorplatz einer Loge sah ich, wie man grüne und gelbe Rosinen gereinigt hatte und sie in Kisten füllte, um sie nach Russland zu schicken. Ich blieb eine Weile stehen und schaute zu. Da merkte ich, dass unter den Lohnarbeitern, welche mit der Füllung der Kisten beschäftigt waren, es ein Hin- und Herstreiten gab, so heftig, dass es nahe an Faustschlägen und Backenstreichen war. Ich lauschte gut hin und vernahm wie einer sagte: „Diese Nāmati*) sind

*) نعمتیان Nāmati, die Mammonisten.

Derwisch. (S. 217.)

allesamt feige." Ein anderer von der entgegengesetzten Seite versetzte: „Wer ist in der Welt mehr ohne Ehrgefühl als die Haidari?*) Ist dir etwa aus der Erinnerung geschwunden, wie in dem Streite da und da ihr vor uns wie die Füchse ausgerissen seid?" Da fiel mir nun ein, dass einstmals mein verstorbener Vater erzählte, dass es in den meisten grossen Städten Irans unter den Einwohnern Krieg zwischen den „Haidari" und „Nàmati" gäbe. Und durch die Eifersucht dieser beiden Namen, welche keiner von den Streitenden verstand, werde alle Jahre viel Blut vergossen. Und häufig geschieht es, dass von seiten des Siegers in die Häuser und Läden der Besiegten eingedrungen wird, und man sich sogar nicht von der Plünderung von fremden Gut abhalten lässt. Ich fragte den Besitzer des Rosinenlagers warum er diese nicht zum Schweigen brächte. Was bedeute alle diese Feindschaft, die sich um diese beiden Wörter oder bedeutungslose Namen drehe? Seien dies nicht Bewohner eines Landes und Brüder einer Religion und eines Vaterlandes? — Der arme Mann seufzte schwer zur Antwort und erwiderte: „Lieber Bruder, diesen Toren Rat zu geben ist nicht meine Pflicht. Ihnen Verstand beizubringen ist Sache der Geistlichen und Gelehrten der Stadt. Leider erteilen diese gewissenlos denselben keinen Rat. Das ist selbstverständlich, sie schüren sogar selbst das Feuer dieses Bürgerkrieges, weil von ihnen selbst sogar einige auf seiten der ‚Haidari' und manche in der Partei der ‚Nàmati' sind. Sie wollen durch den Ehrgeiz der beiden Parteien sich selbst die Gunst des herdenartigen Volkes gewinnen. Besonders die gewissenlosen Marsieleser sehen es auf die Anstiftung eines solchen Aufruhrs und die Entflammung dieser Toren ab, und sie haben so viel Samen der Zwietracht in die Äcker der törichten Herzen des Volkes gesät, dass es sich nicht beschreiben lässt. Auf beiden Seiten sind sie der Meinung, dass sie auf Grund der gegenseitigen Feindschaft zu Wohltätern dieser und jener Welt werden und nach dem Tode ohne Verhör in das Paradies eingehen. So kommt es, dass sie miteinander wetteifern, die Börse der Marsieleser voll zu machen und durch Schmuck und Pracht der Tekkie (Platz der religiösen Aufführungen) einander auszustechen suchen. Sie schlagen ihre Brust, rasseln mit Ketten, spalten ihren

Haidari und Nàmati.

Die Geistlichen, besonders die Marsieleser.

*) Eine der Sekten Alis, Haidari-Anhänger von Kutbu d' din Ali, Gründer einer mystischen Sekte حیدری.

Kopf etc. etc., was alles im Gegensatz zu den religiösen Vorschriften steht, und dies besonders aus Heuchelei, während doch die Mehrzahl der grossen Mudschtehid und gelehrten Ulemma dies als unerlaubt kennt. Seht, unsere Moscheen sind alle zerfallen und versinken in Staub und Schmutz! Während ihre Türen meistens geschlossen bleiben, versperren diese gewissenlosen Menschen auf der Strasse, im Basar, in Karawanseraien und auf gebahnten Wegen, welche jedes Volk und jede Menschenklasse das Recht hat dort zu betreten und zu überschreiten, den Übergangsort für die Leute und halten dort ihre Rusevorlesungen*) ab. Und die Tröpfe führen noch die grösste Gefälligkeit für den heiligen Seïd, den Zeugen (Hussein), Gottes Segen auf ihn! als Beweis für sich an, uneingedenk dessen, dass jener Heilige die Qualen des Sterbens und das Sklaventum seiner reinen Nachkommen zu dem Zwecke auf sich nahm, damit der reine Glaube seines erlauchten Grossvaters keine Unterbrechung erfahre und ketzerische Neuerungen beseitigt würden. Diese halten Neuerungen der grossen Religion für unwichtig und sperren die gebahnten Wege des Landes, welche auch Juden und Christen das Recht zu betreten und zu überschreiten haben, und machen sie zu Plätzen für ihre Marsievorlesungen und legen ihnen sogar die Bezeichnung von Gebetsorten bei und haben obendrein keine Scheu vor der Fürsprache des Seïd, des Zeugen (Hussein), und seines gelobten Grossvaters am Tage der Vergeltung. Diese Marsievorleser entfalten ohne Mitleid sogar an einigen Orten, welche speziell zur Aufnahme von Lasttieren und Vierfüsslern da sind, den Glanz der Tasievorführungen. Unser Übel ist nicht nur ein einziges, welches dadurch, dass man es nennt, endet. Es gibt noch deren einen Haufen,
„Die Schauspieler“. man nennt sie die ‚Schauspieler‘; schon bei Erwähnung des Namens dieser Klasse nehme ich meine Zuflucht zu Gott. Jene haben sich selbst dem heiligen Seïd, dem Zeugen, zugesellt. Ein jeder hat eine Menge von schlechten Leuten um sich gesammelt, und jeder einzelne von ihnen benennt sich mit einem heiligen Namen von den Gliedern

*) Ruse, Marsie, Tasie zu Ehren des Imam Hussein. Tasie, die religiösen Schauspiele (Mysterienspiele) in 10 Tagen: 1.—3. Tod des Propheten, der Fatime, Alis. 4. Muslim. Sohn des Onkels von Kussim und zwei Kinder getötet. 5. Abbas, Bruder Husseins †. 6. Ali Akhber, Sohn Husseins. Hurr †. 7. Khasein, Sohn Hassans †. 8. Hussein †. 9. Plünderung. 10. Basar-i Sham. Umzug mit Martern (Rus-i Katl). Gut dargestellt.

Derwisch. (S. 217.)

der reinen Familie, und zwar von Mann und Weib. Wisst Ihr nicht in aller Welt, was sie für fünf stinkige Ghurusch tun? — Bei Gott, jeder glaubenseifrige Moslim muss beim Anblick ihres Betragens, wie sie hinter dem Vorhang tausenderlei Frechheiten und Schamlosigkeiten begehen, sich vor Scham abwenden. Um so seltsamer, dass die Bewohner dieses weiten Reiches, obwohl sie sehr gut die Klasse und den Wert dieser Schamlosen kennen, dennoch nicht auf ihre eigene Würde Rücksicht nehmen. Trotzdem viele Monate nach dem Muharrem das Gespräch über die Frechheiten jener Leute den Gesprächsstoff selbst in der Gesellschaft dieser Herrschaften und Hochgestellten des Landes abgibt. Was soll ich es vor dir verheimlichen, häufig geschieht es, dass mir, von der Übermacht der Gedanken und Betrachtungen über diese unwürdigen Zustände bezwungen, unwürdige Worte in den Sinn kommen und meine Zunge von Lästerreden überfliesst! Ich habe dafür Abbitte getan und hielt dann meinen Sinn mit etwas anderem beschäftigt. In einer Klagerede aber habe ich mich ausgesprochen: ‚O Hussein, mein Körper und meine Seele möge zum Opfer deiner Diener in deinem Grabe sein! Mit all deiner unendlichen Hohheit, die dich umfängt, wären alle irdischen Wesen Kinder deines reinen Daseins. Aber du kannst nicht mehr sehen, wie auf dem sicheren Pfade der allein wahren Religion Neuerungen in den göttlichen Vorschriften des Heils der Neuerungen. himmlischen Boten*) Platz gegriffen haben. Alle die unermesslichen Leiden, welche die höchsten Berge nicht tragen könnten, hast du für dich und deine reinen Sprossen, unmündige und erwachsene, auf dich genommen. Jetzt öffne uns deine das Rechte erkennenden Augen und sieh, wie man bis jetzt Neuerungen den Namen von Gottesverehrung beigelegt hat und was zu ihrer Ausübung die Leiter des Volkes für Listen anwenden. Sie haben, um ihre Führerstelle schirmend zu decken, die Untergrabung des göttlichen Gesetzes sich vorgenommen. Anstatt, dass sie den Ungebildeten im Volk die Gebote deines erlauchten Grossvaters und das Studium von Wissenschaft und Kenntnissen, Einigkeit und Zusammengehen anraten, haben sie sie zum Unverstand und zur Bosheit angehalten, und sie werfen mit der Schleuder der Grausamkeit zwischen sie die Steine des Zwiespaltes. Viele unter dem Titel von Haidari, Nâmati, und manche

*) سيد المرسلين d. i. Mohammed.

unter den Namen von Mutescheri (Gesetzkundige) und Schechi (Anhänger eines Schechs) ziehen sie auf ihre Seite, und jeden Tag gehen sie daran mit eigener Hand durch Heuchelei die Fäden der Eintracht zu zerschneiden. Auf dem Zwiespalt im Volke, das wissen sie wohl, beruht die Sammlung ihrer Wünsche. Auf ihren eigenen unseligen und unedlen Nutzen bedacht, bezeichnen sie alle Unglückliche, welche dem Vaterlande einen Dienst zu leisten sich anschicken, als gewalttätige und schrecken die Leute vor einem näheren Verkehr mit ihnen ab. Jeder, der seine Kleidung etwas kürzer trägt, nennen sie einen Frankenverehrer und sie erwidern seinen Gruss nicht. Sie kennen einen Mohammedaner nur in der Kutte der Büsser und im Derwischmantel,*) und niemals sagen sie: Häufig gibt es auch Teufel mit Menschengestalt!" — Kurz, von allen vier Seiten werfen sie zum Fang dieses Häufleins unseligen Volkes ihre Angeln aus und stellen Fallen auf, auf welche der Sinn keines Menschen verfallen würde. Verzeiht, was soll ich Euch noch weiter sagen, was besser nicht von mir gesagt wird!"

Ich sprach: „Bruder tritt näher und erlaube mir, dir die Lippen und deinen gesegneten Mund zu küssen. In Iran habe ich Euch als die erste verehrungswürdige Persönlichkeit angetroffen, welche diese tieferliegenden Gründe verstanden hat und mit dem Schmerze des Vaterlandes ein Mitgefühl hegt. Während meiner Reise, auf der ich meine Augen nach allen Seiten offen hielt und meine Ohren allen Stimmen lieh, habe ich von all der Menge von Landsleuten keinen gefunden, welcher diese Widrigkeiten herausgefühlt hätte. Dergleichen prächtige Worte habe ich von niemanden gehört. Hast du etwa den Atem des Messias?**) Wahrhaftig du hast mich lebendig gemacht! Gott möge dir langes Leben schenken!"

„Sage mir schliesslich noch, damit ich es weiss. Haben diese Art von Tasievorführung, welche man höher als irgend eine Neuerung stellt, die heiligen gelehrten Ulemma, welche im erhabenen Nedschef***)

---

*) خرقه ودلق

**) Jesus macht die Toten lebendig.

***) oder Meschhed Ali, Begräbnisstätte des Imam Ali in Mesopotamien. Hauptwallfahrtsort der Schi'ih neben Kerbela und Meschhed. Der Besuch von Mekka gilt nicht als unbedingt notwendig.

Berittener Derwisch. (S. 217.)

wohnen, und deren Gebote und Verbote in ganz Iran Geltung haben, nicht gesehen oder kennen sie dieselbe nicht? Wenn sie sie gesehen haben oder sie kennen, warum untersagen sie dies Vorgehen im Gegensatz zum göttlichen Gesetz nicht? nämlich dass man sich vor allen Augen den nackten Körper mit Ketten geisselt, dass von ihren Schlägen das Blut spritzt, oder verbieten sie es? — Oder warum verwehren sie dies Kopfspalten, durch welches eine Vernichtung des Lebens zu befürchten ist, aus irgend welchen Gründen nicht? — Niemand vermag zu behaupten, dass der Imam — Gottes Segen auf ihn! — mit dergleichen Tasievorführungen zufrieden ist. Wo ist es erlaubt, dass unsere Moscheen in diesem Dunkel mit geschlossenen Türen bleiben? Auf einer Seite schlagen die Leute auf Strassen und unrechtmässigen Stellen ihre Brust oder geisseln sich mit Ketten oder spalten ihre Köpfe.*) Und auf der anderen Seite besteigt ein Mollah, ohne Bildung oder mit Bildung, die Bühnenbretter, und mit zwei bis drei gelockten Jünglingen bei lusterweckender Musik ergötzt er die Gesellschaft und nennt das Tasievorführung. Vor Gott und den Propheten haben sie keine Scheu. Als wäre dies die Vorschrift für die Tasieverehrung. Die Tasie (Beileidsbezeugungen) für den Heiligen Seïd esch schahada soll eine ganz besondere und zwar in höchster Ehrerbietung sein. Die Leute sollen in tiefstem Stillschweigen und Trauer sich dem Anhören der Vorkommnisse jener Trauerzeit hingeben. Die Tasiefeier.

Der Marsieleser soll auch keine Lügen weben und kein ungereimtes Zeug schwatzen, die Grenzen der Wohlanständigkeit nicht überschreiten und mit vollkommner Kenntnis innerhalb der Kreise der Gebote des göttlichen Gesetzes für den heiligen Seïd, gesegnet sei sein Name und seine Nachkommen! Segenswünsche und Lobpreisungen auf sie! eine Trauerfeier abhalten. Damit sie Vergeltung erhalten, und den Imam — Gottes Segen auf ihn! — mit der Tasievorführung und mit der Art und Weise ihrer Trauerbezeugung zufrieden stellen, mit den Zähren aber ihrer leidtragenden Augen Wasser über das Feuer ihrer Sünde giessen und in Wahrheit erkennen, dass Tränenvergiessen einst am Tage der Auferstehung das allererste Mittel zur Befreiung vom Feuer der Hölle sein wird."

*) Am 10. Tage des Muharrem auch Rus-i katl, der Tag des Mordens genannt Hier wird das Schauspiel nur zu oft blutiger Ernst.

Er versetzte: „Es ist nicht unwahrscheinlich, dass die heiligen gelehrten Ulemma von diesem unwürdigen Zustande, wie es ja eigentlich sein sollte und müsste, Kenntnis haben. Aber dies weiss ich, dass, wenn jemand diese Einzelheiten kund tut, andre Leute sich etwa mit Zweifeln erheben würden und nicht zuliessen, dass etwas getan würde. Besonders die Marsieleser werden auf jede mögliche Weise ein Mittel gegen die Tat ins Werk setzen. Diese Klasse von Nichtstuern wirft für 10 Toman eigenen Gewinn eine Welt in die Verdammnis und freut sich noch darüber, sogar wenn sie selbst in diesem Feuer braten müssten."

Die Obrigkeit.

Ich fragte: „Warum mischt sich die Obrigkeit nicht hinein?" Er erwiderte: „Gott möge sich deines Vaters erbarmen! Die Obrigkeit erfleht sich sogar, damit das Volk mit sich beschäftigt sei, für ewig diesen Zustand von Gott. Die Politik der Obrigkeit hat selbst diese Sachlage notwendig, nämlich, dass die Untertanen fortwährend hin- und hergezogen würden und so keine Gelegenheit fänden, an sich selbst zu denken und vom Zeitengeist und den Erfordernissen der Zeit eine Ahnung zu erhalten. So kommt es, dass man an allen möglichen Orten zur Aufmunterung und Anfeuerung dieser Klasse, damit sie die Leute nur noch mehr beschäftigt hielten, hohe Titel und Auszeichnungen verleiht, wie an einen: ‚Führer der Marsieleser', und einen anderen ‚Herrscher der Marsieleser', ‚Ehre der Ulemma', ‚Vorsitzender der Ulemma' und dergleichen. In diesem Zusammenhang hat man einem von ihnen den Titel ‚scharfes Schwert der Ulemma' gegeben. Wenn nur irgend jemand sich mit ihm eine halbe Stunde unterhält, der merkt in welchem hohen Grade er Frechheit und Schamlosigkeit besitzt. Bei Gott über die Gespräche, welche er in gebildeter Gesellschaft führt, würden die Luti*) des Basars beim Anhören Scham empfinden. Jeder, welcher die Physiognomie dieses Gauners gesehen hat, wird meinen Worten recht geben. Trotzdem ist er Inhaber eines so hohen Titels und hat sogar überall hin Zutritt. Das ist eben so der Weg der Obrigkeit dieses Landes."

Titel der Geistlichen.

Ich versetzte: „Geliebter Bruder behüt dich Gott! Das sind Übel, für die es keine Heilung gibt. Mit jedermann wollten wir eine Unterhaltung führen, welche unsere Traurigkeit vertreiben sollte,

*) Gerissenes und gefährliches Volk wie Tänzer, Ringer, Nichtstuer etc. bilden in Städten Ringe.

Muharrem auf dem Lande. (S. 223.)

unglücklicherweise sehe ich, dass es nur eine Vergrösserung unseres Kummers und unserer Sorge herbeiführt."

Hierauf sagte ich dem jungen Mann lebewohl und kehrte zum Quartier zurück. Die Leute dieser Stadt hier haben ein offenes Gesicht und sind von schönem Antlitz und schön gekleidet. Im Gegensatz zu den Leuten der übrigen Städte Irans haben sie alle volles Haar.*) Da diese Art Mode ist und zwar eine allgemeine, Haarmode so gilt dies deshalb in aller Augen nicht als unpassend. Es waren vier Stunden vergangen seit Jusuf Amu ins Bad ging, er kam nicht. Ich wurde unruhig. Ich ging im Umkreis der Karawanserai die Läden anzuschauen. Es war fast gegen Sonnenuntergang als der Amu kam. Ich fragte warum er so lange geblieben wäre. Er erwiderte: „Ihr habt gelobt in Iran nicht wieder ins Bad zu gehen. Eure Absicht ist die, Ihr wollt nicht in das Badebassin mit stinkendem Wasser gehen, in das alle Leute hineinsteigen, noch überhaupt in das Bad eintreten. Nun gibt es in den Bädern hier sonderbare Sachen zu sehen. Um meinetwillen last uns morgen ins Bad gehen. Ihr braucht nicht in das Bassin zu steigen, ausserhalb desselben kann man sich mit kaltem und reinem Wasser waschen." Ich fragte: „Was beabsichtigst du mit all diesen Geheimnissen?" — Er erwiderte: „Ihr seid auf die Reise gegangen, um alles, was Ihr seht, niederzuschreiben. Im hiesigen Bade ist gerade eine Menge zu sehen und zu beschreiben." Ich versetzte: „Nun, da Ihr es für förderlich anseht, was kann es schaden, so gehen wir morgen hin." Zufällig war am kommenden Tage Freitag. Ich ging also zusammen mit Die Bäder. Jusuf Amu zum Bade. Wir zogen unsere Kleider aus wie es Sitte ist und gingen in das Innere. Ich hatte kaum einige Schritte vorwärts getan, als plötzlich ein Mann eine Schüssel mit Wasser über meine Füsse goss, eine andere auch über die Füsse von Jusuf Amu. Ich schaute verwundert Jusuf Amu ins Gesicht und fragte durch Zeichen, was dieser Wasserguss bedeute. Er erwiderte: „Kommt und lasst uns am Rande des kalten Wasserbassins niedersitzen, ich werde Euch den Sinn davon erklären." Wir kamen dorthin und setzten uns nieder. Ich sah, ringsherum im Bade hatte man an 30 bis 40 Stellen Badetücher hingelegt, und die Leute streckten sich darauf lang aus und liessen sich Hände, Füsse, Vollbärte, Schnurr-

*) Der Kopf wird sonst rasiert oder im Volk lässt man den Mittelkopf bis zum Nacken kahl, an der Seite zwei lange Locken.

Färben mit Henna. bärte und Haare mit Henna*) färben. Einem brachte man auch eine Tabakspfeife (Dschibuk) und einem anderen eine Wasserpfeife (Ghalian), und wieder einem reichte man Tee.

Jusuf Amu sagte: „Die, welche unsere Füsse mit Wasser begossen haben, sind die Bademeister. Ihnen liegt die Reinigung und das Waschen der Kunden ob. Im Bade drinnen sind noch einige andere Bademeister. Wir gehören nun denjenigen, welche eine Schüssel Wasser auf unsere Füsse gegossen haben. Ein anderer hat kein Recht uns zu bedienen." Ich lachte. Die geehrten Leser werden es wohl selbst begreifen. Kurz, wir mussten so lange warten, bis der Herr Bademeister die Kunden, welche er vor uns hatte, mit dem Wollhandschuh und Seife abgerieben hatte und dann die Reihe an uns käme. Ich bemerkte, es waren ungefähr 40—50 Kunden und 10 Bademeister da. Wir mussten mindestens drei bis vier Stunden sitzen, bis die Reihe an uns kam. Jusuf Amu sagte: „Ich habe dich extra hierhergebracht, damit du dergleichen ansiehst und verstehst, warum ich gestern so spät kam." Ich versetzte: „Sonderbar, ist dies alle Tage so oder sind heute, weil Freitag, welches ein Feiertag ist, die Leute ins Bad geströmt?" Er sagte: „Gestern war es gerade so." Ich fragte, und man erwiderte: In sämtlichen Bädern der Stadt ist es so wie Ihr seht." Ich fragte: „Warum lassen sich diese Männer ihre Hände und Füsse wie die Frauen mit Henna färben?" Er versetzte: „Man sagt, und zwar einer, dass das Henna Hand und Fuss eines Menschen immerfort weich erhalte, ein zweiter, dass es in der Überlieferung (des Propheten) erlaubt und ein verdienstliches Werk sei." Ich entgegnete: „Das sind Beweise für Nichtstuerei und Eigenliebe. Sie haben alle guten Werke fertig gemacht, nur die Farbe ist geblieben. Diese kennen den Wert der Vaterlandserhaltung nicht und der Süssigkeit, dem Vaterlande zu dienen, sind sie nicht teilhaftig. Ihr Blick ist kurzsichtig, ihre Bestrebungen sind niedrig. Den Magen eines Hungrigen satt zu machen ist tausendmal verdienstlicher als sich zu färben und im Bade zu schlafen."

Es färbten sich nun gleichfalls zwei Personen am Rande des Bassins und rauchten dabei ihre Wasserpfeifen. Einen von ihnen fragte ich: „Agha, Ihr seid von dieser Stadt gebürtig?" Er bejahte. Ich fuhr fort: „Was bezwecken alle diese Leute damit, dass sie sich

*) حناء Lawsonia inermis. Hennakraut oder Pulver von den Blättern.

Rus-i katl in Teheran (letzter Tag im Muharre

‹rem der Trauerzeit um die Heiligen). (S. 223.)

ihre Hände und Füsse mit Henna färben lassen?" Er warf mir einen verwunderten Blick zu und sagte: „Erstens ist dies ein verdienstliches Werk, und zweitens erhält es einem Menschen Hand und Fuss weich. Ich stiess einen kalten Seufzer aus tiefstem Herzensgrund aus und versetzte: „Lieber Herr, habt Ihr auch ein Arzneimittel ausfindig gemacht, welches Eure Herzen weich erhält? Wie lange währt es noch, dass ihr auch auf die Fortschritte des Vaterlandes und die Erhaltung seiner Rechte bedacht seid! O Männer von Torheit geschlagen, ihr befindet euch in einem sehr heiklen und gefährlichen Orte. Wisst ihr nicht, dass, wenn die Zeit es jemals erfordert und vom Ausland mit dem Finger nur eine Bewegung gemacht wird, 500—600 kurdische Reiter an einem Tage diese Stadt hier von unterst zu oberst kehren? Ihr habt euch niemals um die Verteidigung des Vaterlandes und eurer selbst gekümmert. In dieser Stadt, welche an einem äusserst exponierten Punkte gelegen ist, habt ihr weder Festung noch Mauern, um euch in ihrem Schutze vor wilden Feinden zu verteidigen, auch keine Mittel zur Abwehr weiter als Flinten und Kanonen. Und auch die Zeit kann euch auf keine Weise vernünftig machen. Gestern noch war es, als das Feuer des grausamen Schech Abeïd ullah das feuchte und trockene rings und die Umgebung dieser Stadt hier verzehrte und zu einem Haufen von Staub machte. Heute aber denkt ihr an das Weichmachen von euren hübschen Händen und Füssen und die Hälfte des Tages schlagt ihr euch im Bade um die Ohren mit Vornahmen, welche für Weiber sich schicken." Jener Mann gab nun zur Antwort: Sicherlich bist du ein Araber. Einen sonderbaren Ort hast du dir ausgewählt, um dich gross zu zeigen. Wie geschrieben steht: „In der Fremde fliegt man hoch im Bade von Hochmut und Aufschneiderei." Menschenkind, zu welchem Volke hälst du dich? Wenn dir an einem verschwiegenen und entlegenen Orte ein Unfall zustösst, wer kann an deinem Leichnam erkennen zu welcher Religion und zu welchem Volke du zugehörig bist? Nach welcher Religionsvorschrift soll man dich einkleiden und bestatten? An allen deinen Gliedern befindet sich kein Zeichen eines Mohammedaners. Wenn ich an Stelle des Badebesitzers wäre, so hätte ich dir den Zutritt zum Bade nicht gestattet.*) Ich merkte die Sache endete mit einem

Ibrahim predigt.

Andersgläubige unrein.

*) In Persien sind die Bäder ebenso wie die Gebetshäuser dem Ungläubigen verschlossen.

anderen Gesichtspunkte. Ich versetzte: „Ich habe das Zeichen eines Mohammedaners.“ Er entgegnete: „Jenes Zeichen haben auch die Juden.“ Hier nun knotete ich den Faden des Gesprächs zusammen und beendete es selbst. Mein Herz wurde kleinmütig, ich rief den Bademeister. Als Antwort vernahm ich ein „zu Diensten“.*) Nach einer Weile sah ich einen Dämon vor mir stehen. In dem starken Dampfe, der ins Bad strömte, hatte ich sein Kommen nicht bemerkt. Ich sagte: „Meister, gebt mir etwas Seife, ich will mich selbst reinigen und waschen! Dennoch will ich alles, was dir zukommt, bezahlen. Das Abreiben mit dem Handschuh und das Abseifen (Massage) will ich nicht.“ Er ging fort und brachte etwas Seife. Mit eben diesem kalten Wasser des Bassins seifte ich mir den Körper zwei- bis dreimal und wusch mich ab. Man brachte mir auch die Wasserpfeife, aber ich rauchte nicht. Jusuf Amu ging in das Innenbassin (Khasine), und, nachdem er sich gründlich gewaschen hatte, kam er zurück. Wir gingen alle beide hinaus. Unsere ganze heutige Zeit wurde auf das Bad verwendet.

Kommenden Tages gingen wir aus, um etwas im Basar der Stadt zu spazieren. Jusuf Amu erblickte gleich vor der Karawanserai den Laden eines Strumpfwarenhändlers und sagte: „Ich habe keine Strümpfe mehr und will ein bis zwei Paar für mich kaufen.“ Ich erwiderte: „Das musst du selbst wissen.“ Jusuf Amu machte sich also daran die Strümpfe zu kaufen. Ich aber nahm auf der Erhöhung des Ladens Platz. Gegenüber von mir befand sich der Drogerieladen eines Jünglings, welcher sehr hübsch und ungefähr 17 bis 18 Jahre alt war. Er sass im Laden, und um ihn herum hatten sich Kunden wie Fliegen angesammelt. Einer war noch nicht fort, da kamen schon zwei Personen an seiner Stelle. Aber etwas erhebliches kauften sie nicht. Ihr höchster Einkauf betrug einen Abbasi, zwei schahi, ein schahi etwa. Es war klar, sie waren liebeskrank. Der Jüngling erwies sich einem jeden von ihnen gegenüber mit besonderer Liebenswürdigkeit auf das allerhöflichste, und sein Verkauf ging mit fröhlichem Gesicht vor sich. Kurzum von Käufern war eine Menge in seinem Laden. Ich sprach bei mir: „Es zeigt sich ‚wer Süssigkeiten verkauft, dem springen Käufer dafür heraus‘.“ Ich erblickte noch jemand, welcher in nächster Nähe des Strumpf-

Knabenliebe.

---

*) لبیکی arab. Hier, Herr!

Kopfspalten der Perser im Kau

...askasus am Kus-i katl (S. 224.)

warengeschäfts sass und Stift und einen Papierbogen in der Hand hielt. Immerfort blickte er auf den Knaben und zeichnete etwas auf. Ich dachte, dieser Mann sei ein Maler und wollte das Antlitz des Jünglings zeichnen. Wie in Europa die Maler von Ruf die Gesichter von hübschen Mädchen malen und nach der Wertschätzung der Kraft ihres Pinsels für enorme Summen verkaufen. Ich dachte bei mir wie gut es sei, dass es auch hier dergleichen Porträtmaler gäbe, und freute mich einigermassen darüber. Den Strumpfhändler, einen alten Mann, fragte ich: „Ohm, wie heisst jener Maler?" — Ich wies mit dem Finger auf das Männlein. Er erwiderte: „Kind, wo ist ein Maler?" — Ich sagte: „Dieser Mann da, welcher das Antlitz dieses jungen Drogenhändlers zeichnet." Er lachte und erwiderte: „Mein liebes Kind, der Mann dort, den du siehst und für einen Maler hälst, ist kein Porträtmaler, sondern es ist ein Dichter. Er verfasst auf diesen Knaben Gedichte. Diese schamlosen Dichterlinge haben mir die Ausübung meines Handels und meines Geschäftes oft verleidet. Jede Stunde, in der einer fortgeht, kommt ein anderer, mit dem Vorgeben sich am Anblicke dieses Jünglings zu ergötzen. Der erhöhte Sitz meines Ladens wird keinen Augenblick leer von diesen Kunden ohne Gewinn und von schlechtem Charakter. Sie machen mir so viel Mühe, dass meine Fassungskraft dahin schwindet, und ich mir in meinem Geschäft nicht mehr zu helfen weiss. Diese Männer besitzen überhaupt kein Schamgefühl." Ich fragte: „Wer ist dieser Jüngling?" — Er erwiderte: „Dieser Knabe heisst Ghulam Ali Beg. Wegen seines bischen Schönheit ist er zum Fingerzeig für die gebildeten und ungebildeten Bewohner dieser Stadt geworden, und sein Name ist in der ganzen Stadt bekannt. Sozusagen sind alle Männer dieser Stadt von seiner Schönheit bezaubert und über die Massen in diesen Knaben verliebt." Ich verwunderte mich sehr und sagte: „Wie kann es Wunder nehmen, wenn der junge Mann nicht auch selbst von schlechten Charakter ist." Er versetzte: „Gott behüte! Er ist ein fleissiger junger Mann und auf sein Geschäft bedacht. Er besitzt auch ein hübsches Vermögen und hat nichts nötig." Ich sagte: „Wozu ist dann dieser Spektakel?" — Er erwiderte: „Aus Schamlosigkeit und Müssiggang. Früh bis abends, überall wohin du in dieser Stadt gehst, dreht sich das Gespräch um eben jenen jungen Mann. Abends allerorten kommen einige Personen zusammen und verbrennen ihre Kerzen und erzählen ihr Ge-

Dichterlinge.

spräch mit dem Jüngling in der Gesellschaft, obwohl er sich niemals um sie kümmert und in seinem Hause in aller Ruhe sitzt." Ich versetzte: „Geliebter Ohm, wir sind Fremde und jüngst in dieser Stadt angekommen. Wo gibt es in dieser Stadt etwas zu sehen und besuchens- oder anschauenswertes?" — Er erwiderte: „Kind, dies ist das Innere der Stadt, was du siehst. Der Vergnügungsort dieser Stadt befindet sich ausserhalb des Tores, und zwar sind es lauter liebliche Gärten, und es ist grün und angenehm da. Besonders zur Frühlingszeit, wenn die roten Rosen blühen, da erweckt die Umgebung der Stadt die Eifersucht des Gartens von Iram*) und ist ein Muster vom Paradiese Adams. Aber jetzt gibt es nichts auf dem weiten Felde. Nach dem Überfall durch die Truppen des Behman und Dai**) auf Garten und Gehege sind offenbar bis aufs Mark unsere Gebeine erstarrt. Ferner in den Strassen von ‚Basardschai' gibt es schöne und sehenswerte Gebäude." Ich fragte: „In welcher Basardschai, armenisches Viertel. Richtung liegt Basardschai?" — Er erwiderte: „Geht gerade durch den Basar bis ihr hinauskommt. Ihr werdet dann einen Bach erblicken, welcher daherfliesst. Geht das Gesicht stromaufwärts, an sein Ende grenzt das armenische Viertel. Dort fehlt es nicht an Pracht." Als nun der Faden unseres Gesprächs mit dem alten Strumpfhändler abgeschnitten war und Jusuf Amu auch das Geld für die Strümpfe bezahlt hatte, machten wir uns auf jene Seite zu besuchen. Es lag vor uns eine grosse Chaussee, wir gingen bis an ihr Ende, und es zeigte sich ein Friedhof. Wir sprachen die Fatihe***) und gingen vorbei. Eine andere Gasse kam zum Vorschein, wir traten in sie ein und sahen die Verkehrenden waren meistens Armenier. Es war offenbar das armenische Viertel. Wir gingen etwas weiter. Da sah ich, über einem der Bogenfenster eines Gebäudes hatte man eine kleine Tafel mit der englischen Aufschrift „Printing" aufgehängt, dass hier eine Druckerei sei. Druckerei. Bei dem Anblick dieser Tafel mit englischer Sprache und beim Lesen des Namens Druckerei versank ich in ein Meer von Erstaunen. Ich sagte bei mir: „Nanu, Druckerei, wie kann da hier die Rede davon sein!" Ich konnte es nicht glauben. Ich schloss meine Augen ein

*) Von Dschiddad angelegt.

**) Behman der 11. Monat des alten pers. Jahres. Dai der 10. Monat.

***) Begrüssungsformel.

Schauspieler der religiösen Muharremfestspiele in Teheran. (S. 224.)

wenig und rieb meine Stirn mit dem Finger, dann öffnete ich sie wieder und sah: „Nein, es ist eine Druckerei wahr und wahrhaftig!" Ich trat näher und einen Armenier, welcher sich dort befand, fragte ich, was macht man hier?" — Er gab mir zur Antwort: „Hast du das Papier gebracht?" — Ich merkte, dieser jemand hielt mich für einen anderen. Ich sagte: „Jawohl ich habe es gebracht." Er fuhr fort: „Er selbst ging aus, jetzt muss er zurückkommen, aber sein Diener ist hier, ich will ihn rufen, er soll den Schlüssel bringen." Er ging fort und kam mit einem anderen Armenier wieder. Auch dieser fragte: „Hast du das Papier gebracht?" — Ich bejahte. Nachher war es klar, dass diese, im Glauben wir seien Kaufleute und hätten aus Täbris Papier zum Verkauf gebracht, Papier vonnöten hatten. Wie dem auch war, sie öffneten die Tür der Druckerei, und wir traten ein. Ich erblickte auf einer Seite viele gebundene Bücher und in einer Ecke auch ungebundene Bücher aufgehäuft. Die Armenier glaubten nicht, dass ein Mohammedaner die englische Sprache verstände. Ich hob daher von den Büchern auf, blickte tölpelhaft darauf und wendete es falsch und richtig von jener Seite nach dieser und sah dabei alle Bücher waren protestantisch, und zwar schrieben sie abscheuliches von den übrigen Religionen. Besonders über den reinen Glauben des Islam haben sie mit ihrem unfähigen Geistesvermögen sozusagen von Gottes Worten (Koran) eine wörtliche und grammatische Erklärung niedergeschrieben und einige von den mohammedanischen Büchern übersetzt. Sicherlich ist ihr Zweck die Leute vom rechten Glauben abwendig zu machen. Obwohl die Mohammedaner durch die Gnade Gottes mit festem Fusse bei diesen sinnlosen Bemühungen nicht vom Pfade des reinen göttlichen Gesetzes gleiten, so weiss ich doch nicht, warum die persische Regierung diesen Leuten von schlechter religiöser Gesinnung, welche die Quelle von tausenderlei Schlechtigkeit und Bosheit sind, Zutritt zu ihrem Reiche gibt und mit dieser Freiheit an den unwissenden Toren des Landes, Mohammedanern und Christen, ihre Gewalt missbraucht. Sodass jene aus Amerika und England hierher gelaufen kommen und die Schlechtigkeit in den Äckern der Herzen der ungebildeten Leute fest einwurzeln lassen, und trotzdem sie in dem Gebiete eines mohammedanischen Landes wohnen, Bücher gegen den lauteren Glauben des Islam schreiben können. Dieser Schmerz übersteigt alle meine übrigen unheilbaren Schmerzen. Meine

Missionsbücher.

Der Regierung Duldsamkeit in Religionssachen.

Augen fingen an sich zu umfloren. Ich sagte: „Bis jetzt sind sie nicht gekommen, auch wir haben zu tun. Wir kommen ein anderes Mal.“ In diesem Augenblick trat der Armenier näher und sagte

Armenische Gerissenheit.

mir ins Ohr: „Es ist nun eine Woche, dass die Druckerei wartet, sie haben kein Papier, bedenke das und verkaufe es nicht billig. Zur Belohnung aber für diese Gefälligkeit musst du mir, nachdem du den Auftrag in Empfang genommen hast, einen Toman als Trinkgeld geben.“ Ich sagte: „Ich bin es zufrieden, sehr gut, ich werde es geben.“ Wir kehrten von dort zurück und gingen heim.

In diesem Augenblick sah ich den Dalandar (Türhüter) lächelnd

Ibrahim in falschem Verdacht.

herbeikommen, er sagte: „Herr, bravo über Euch, wie schnell Ihr das herausgefunden habt!“ Ich versetzte: „Was soll ich schnell herausgefunden haben?“ — Er erwiderte: „Habe ich es etwa nicht gesehen, dass Ihr unter dem Vorwande Strümpfe zu kaufen eine Stunde im Laden des Kerbelapilgers Mohammed Kasim, des Strumpfwarenhändlers, gesessen habt, um das Antlitz von Ghulam Ali Beg anzuschauen? Das macht nichts Herr, wir sind auch keine Kostverächter.“*) Ich merkte, was ich diesem törichten Männchen auch sagen würde, es hätte keinen Zweck. Ich hielt also den Atem an. Zu mir selbst aber sagte ich: „Ist das eine seltsame Welt! Die Männer dieses Landes sind alle verrückt. Wohin man auch geht dreht sich die Unterhaltung um diesen bartlosen Jüngling. Alt und Jung beschäftigen ihre Gedanken und Einbildungen mit ihm. Alle haben von der Welt und den realen Dingen keine Ahnung. Von der Wissenschaft, ein Mittel für den Lebensunterhalt zu finden, haben sie keinen Punkt gelesen oder sie wissen nicht, dass der Schöpfer ohne Gleichen — gepriesen sei seine Grösse! — sie zur gegenseitigen Hilfeleistung und Unterstützung erschaffen hat. Die Laune zum Liebesspiel hat er ausschliesslich mit Frauen gewünscht nicht mit Männern. Ich verstehe nicht, wie diese Männer von schlechter Naturanlage sich nicht vor solchem schlechten Tun und Wandel schämen und von jemandem, der von ihrer Beanlagung nicht das geringste begreift, schamlos annehmen, er schlage denselben unwürdigen Pfad ein wie sie. Man muss, damit nicht ein Unglück uns befalle, aus der Mitte dieser Überbleibsel vom Volke Lots sich

---

*) تکه eigentlich Flicken — zusammengetrottelt.

Hauptdarsteller der Ta'ieaufführungen im Moharrem. (S. 224.)

fortmachen, damit nicht das Nasse wie das Trockene vom Feuer verzehrt werde. (Untergang von Sodom und Gomorrha.)" Wir packten also unsere Sachen für die Reise von dort nach Täbris.

Summarium des Besuches von Urumia.

Die Leute dieser Stadt hier haben aus übergrosser Dummheit und Kurzsichtigkeit keine andere Beschäftigung als ihren Leib zu pflegen und zu schmücken. Wie es schon gesagt wurde. Ihr Tun ist, fades Zeug zu schwatzen und frivole Witze zu machen. Von der Erweiterung der Handelskreise und der Vermehrung des allgemeinen Vermögens, welche an die Einrichtung von Kompaniegesellschaften und das Zusammengehen in grossen Unternehmungen geknüpft sind, wissen sie rettungslos nichts und haben sie gar keine Ahnung. Vaterland und Liebe zum Vaterland gibt es in ihren Augen gar nicht. Ihre Hauptnatur besteht aus Verlangen nach Leidenschaften, und fortwährend sind sie dahinter her, sich Mittel für Lustbarkeit und Schwelgerei zu verschaffen. Von dem gegenwärtigen Zeitgeist und den Erfordernissen der Zeit haben sie gar keine Ahnung und dem Studium von moderner Wissenschaft und Kunst, der Nahrung der Seele, haben sie nicht den mindesten Geschmack abgewinnen können. Bericht von Urumia.

Am kommenden Tag waren wir also zur Reise nach Täbris fix und fertig. Wir gingen Pferde zu mieten und aufzubrechen Wir suchten den Karawanenführer auf und verlangten Pferde. Er erwiderte: „Ihr müsst euch noch vier Tage gedulden. Es sind noch 15 weitere Reisende da, wir wollen mit ihnen zusammen reisen." Notgedrungen zahlten wir im voraus und kehrten heim. Am versprochenen Tage kam der Dscharpadar und brachte zwei Maultiere mit. Wir luden nun unsere Sachen und alles Notwendige auf, und mit dem Gesicht nach Täbris marschierten wir los. Aber die Karawane ging auf dem Marsche und in der Zurücklegung der Tagesreisen sehr schwerfällig vor. Acht Tage wurden im Marsche zurückgelegt, am neunten kamen wir in Täbris an. Unterwegs war nichts der Erwähnung wertes zu sehen. Aber bei der Ankunft in Täbris kam der ganz schreckenerregende Zustand des Landes zum Vorschein. Unter den Leuten der Karawane gab es ein leises Gemurmel, und einer von den Reisegefährten, welcher aus Urumia gebürtig Ankunft in Täbris.

Revolution in Tabris.

war, sagte: „Heute muss in dieser Stadt ein wichtiges Ereignis stattgefunden haben, sodass alle Läden in diesem Viertel geschlossen sind. Unbedingt hat sich etwas von Bedeutung ereignet, denn die Strassen sind leer an allem Kommen und Gehen." In der Tat liess sich niemand sehen, den man nach dem Sachverhalt hätte fragen können, bis wir etwas weiter vorwärts kamen, da erblickten wir von weitem einige Personen, welche schnell vorbeieilten. Einer aus unserer Mitte fragte: „Bruder, was ist in dieser Stadt hier sonderliches vorgefallen, dass die Läden geschlossen sind, und überall sich Spuren von Beängstigung bemerkbar machen?" Er erwiderte: „Offenbar habt ihr nicht erfahren, dass die Einwohner das Haus des Stadtkommandanten ausgeraubt haben, er selbst aber ist entflohen." Ich fragte: „Wer ist der Stadtkommandant?" Er sagte: „Der Gouverneur." — Ich fragte weiter: „Wieso, wieso, das Haus des Gouverneurs?" Das Männlein wurde heftig und sagte: „Ich sterbe, lass mich zufrieden!"*) Ich hatte bis gegenwärtig diesen Ausdruck noch nicht vernommen, und da ich die Gemeinheit desselben nicht verstand, sagte ich: „Bruder, ich beschwöre dich bei Gott, gib eine richtige Antwort, was ist los?" — Er erwiderte: „Papa, das Haus des Stadtkommandanten, d. h. des Gouverneurs dieses Distriktes, haben die Stadtbewohner ausgeplündert." Ich versetzte: „Bis jetzt sah und hörte ich im ganzen Reiche Iran, dass die Kommandanten und Gouverneure der Städe die Häuser der Stadtbewohner ausplündern. Wie ist es nun geschehen, dass die Stadtbewohner die Häuser eben jener plündern?" Er versetzte:

„Das ist so Gesetz des strengen Kreislaufs,
bald auf dem Sattel, bald unter dem Sattel."**)

„Die Zeit erfordert jeden Tag einen Wechsel. Jedes Ding ist zu seiner Zeit angenehm." Das sprachen sie und eilten vorbei. Jetzt ergriff den Dschilaudar und die Reisenden Furcht. Auch ich überlegte, was ich tun sollte. Der Laden meines Freundes und Bekannten, welchen ich in dieser Stadt habe, war natürlich ebenfalls bei diesem Wirrwarr geschlossen. Wohin sollte ich gehen? Schliesslich hiess uns alle voller Furcht zitternd dort im Stadtviertel, welches

*) Auf türkisch من اولوم قمش قوعا Ich sterbe, stecke den .... nicht hinein, d. h. hore auf mit Fragen.

**) Firdusi.

Szene im religiösen Schauspiel. (Der franz. Gesandte drückt seine Verehrung für den Imam Hussein vor Jesid aus.) (S. 224.)

man „die sieben Kahlköpfe" nennt, der Dschilaudar vor einer Karawanserai absteigen. Er selbst ging durch eine kleine Tür in die Karawanserai, dann rief er den Dalandar, welcher kam und das Tor öffnete. Wir traten nun ein, und man schloss sogleich das Tor wieder. Man wies uns eine Loge zum wohnen an. Wir luden unsere Sachen dort ab und quartierten uns ein. Jedoch Jusuf Amu, der arme Tropf, aus Furcht für sein Leben zitterte wie eine Weide und weinend sagte er: „Beg, von hier lass uns direkt nach Ägypten zurückkehren. Ich fühle keine Kraft weiter für die Leiden dieser Reise und dieses Besuches. Ich fürchte, dass wir noch schliesslich unseren Kopf bei diesem Vorhaben verspielen. Vom Beginn unserer Reise, d. h. von der Ankunft auf diesem Boden, ist uns kein Tag ohne Gefahr verlaufen. Ich weiss nicht, was weiter noch hier unser Haupt treffen wird." Ich erwiderte: „Ich hatte eigentlich die Absicht auch noch die Stadt ‚Khoi' zu besuchen. Jetzt gebe ich Euch das Wort, dass, wenn wir hier heil fortkommen, ich davon fernerhin absehe und geradenwegs nach Ägypten zusteure. Und nachher steht es bei Euch meine Reise nach Wunsch zu regeln. Überall dorthin, wohin Ihr die Zügel lenkt, wollen wir hingehen." Die Nacht brachten wir in tausend Ängsten zu, mit der Morgendämmerung aber merkten wir, dass es nichts zu sagen hatte. Der Basar und alle Läden waren offen, und die Provinz schwieg still Auch wir krochen aus unserem Winkel hervor und schlugen den Weg nach dem Basar und dem Laden meines hiesigen Freundes ein. Nach Erkundigung an ein oder zwei Stellen gelangten wir zu seinem Laden und entboten ihm Gruss. Nachdem wir uns vorgestellt hatten, erhob sich jener teure Freund und küsste mich auf das Haupt und Gesicht, und mit grösster Liebenswürdigkeit fragte er mich nach meinem Befinden und sagte: „Aus Kairo erkundigt sich mein Bruder*) alle Wochen bei mir in seinen Briefen nach Eurem Ergehen und Eurer Ankunft. Eure Mutter ist gewissermassen sehr beunruhigt. Am Schlusse seines Briefes schreibt er ganz ausdrücklich, ich solle Eure Ankunft telegraphisch ankündigen." Hierauf verlangte er nach seinem Diener und schrieb ein Telegramm folgenden Inhalts: „Ibrahim ist angekommen." Er gab es seinem Diener mit den Worten: „Nimm das mit und übergib es einem gewissen N. N. an dem und dem

Die Reisenden in Angst.

---

*) داداش türk., in Täbris gebräuchlich.

Orte Und grüsse von mir, er möchte dies doch auf französisch schreiben. Sodann bringt es auf das Telegraphenamt und kommt schnell zurück." Nach diesem Auftrag fragte er mich: „Wo sind denn Euer Gepäck und Eure Sachen?" — Ich erwiderte: „Wir kamen gestern an, da war die Stadt voller Verwirrung, und alle Läden waren geschlossen. Notgedrungen stiegen wir in der Karawanserai ‚in den sieben Kahlköpfen' ab. Wahrhaftig Bruder, was war das gestern für ein Tumult, den die Leute dieser Stadt erregt hatten?" Er versetzte: „Lieber Herr, hier ist eben Täbris, alles was sie wollen, das tun sie auch. Später werde ich Euch davon näheres erzählen." Ich entgegnete: „Ich habe nirgends gehört, dass Untertanen die Häuser der Gouverneure ausrauben." Er erwiderte: „In Täbris tut man, was sonst niemandem in den Sinn kommt." Während dessen kam sein Diener vom Telegraphenamt zurück. Er schickte ihn zusammen mit Jusuf Amu, um unsere kleineren Gepäckstücke aus der Karawanserai in sein Haus zu transportieren. So gegen Nachmittag schloss er auch seinen Laden, und wir gingen zu seinem Hause. Unterwegs kamen wir auch zufällig an einer Gasse vorüber. Dort sah ich, wie vor der Tür eines Gebäudes einige Soldaten ihre Gewehre gekreuzt hatten und Wache standen. Ich fragte: „Wem gehört das Haus?" — Er erwiderte: „Es ist das Haus eines Kaufmanns, der jüngst von einer Reise zurückkam." Ich warf ein: „Ich habe nicht recht verstanden." Er wiederholte es. Ich sagte: „Papa, was hat das für einen Sinn zur Auszeichnung eines Kaufmanns, Soldaten zu schicken und Gewehrpyramiden aufzustellen, wo hat man das schon gesehen und gehört? — Was heisst das? dass ein Kaufmann jüngst von einer Reise gekommen sei, ist schon möglich, aber dass man zur Ehrung jenes Kaufmanns Soldaten vor seiner Haustür als Wächter aufstellt, wozu das? — Dieser jemand hat nichts mit der Obrigkeit der Provinz zu tun. Er gehört nicht zu den Befehlshabern und Offizieren der Armee, und sein Haus ist keines der Regierung. Das ist ein sehr sonderbarer Befehl." Er versetzte: „Das ist nun gegenwärtig mal so Landessitte." Ich rieb mir eine Weile vor Verwunderung die Hände aneinander und sagte: „Es bleibt kein Zweifel mehr, dass die Krankheit dieses Reiches und Volkes ohne Heilmittel ist. Untertanen und Kaufleute haben ebenfalls einen schlechten Weg eingeschlagen. Von dergleichen Kaufleuten ist es für das Land auch eine leichte Sache Gewinn zu ziehen. Deswegen haben auch deren Kinder

Rebellischer Sinn der Leute von Täbris.

Wachen vor Grosskaufleuten.

keinen Nutzen, weil nämlich die Schlauköpfe der Obrigkeit diese ebenfalls durch einige erwiesene Ehrungen an sich selbst irre werden lassen. Hiernach werden sie alles, was sie von sich selbst und den übrigen in der Hand halten, auf Grund von derart sinnlosem hohen Emporsteigen in kürzester Frist verspielen. Diese Leute, welche Häuser über den Haufen werfen, werden durch alle möglichen Listen derartige Kaufleute mit sinnlosen Ausdrücken wie: ‚Sie geruhen, Sie geruhen‘ ‚Bei Eurem gesegneten Haupte‘ ‚Euer Hochwürden‘ und anderem klein kriegen. Ihre armen Nachkommen werden dann nach der hohen Stellung in allerhand Erniedrigungen hineingeraten.“

Er versetzte: „Vor zwei bis drei Jahren hat man den Meschhedpilger, Mohammed mit Namen, einen Kaufmann, ganz wie Ihr sagt, aus ebendemselben Grunde an sich irre werden lassen. Und nach Verlauf einer kurzen Spanne Zeit war sein grosser Verdienst von ihm vergeudet, und alles, was er hatte, machten sie klein. Am Ende vom Lied, als er sogar nicht die Möglichkeit zur Heimkehr ins Vaterland sah, musste er in der Fremde sein Leben hingeben und nichts hinterliess er seinen Hinterbliebenen weiter. Der arme Tor ist gar schlimm irre geführt worden. In dieser Stadt hier werdet ihr gar seltsame Dinge sehen, welche alle im Hinblick auf derlei Ehrungen für scharfsinnige und auf Reichtum bedachte Leute auf tausenderlei Art als Warnung dienen können. Sonderbarer noch, dass so viele, obwohl sie mit eigenen Augen diese merkwürdigen Blüten sehen, dennoch wieder irre geführt werden.“

Als wir zu seinem Hause kamen, sah ich, dass es ein würdiges und schönes Gebäude war. Es wies mehrere äussere Zimmer auf (Herrenzimmer).*) Wir nahmen Platz, und man hatte uns zu Ehren einige grosse Teller mit Süssigkeiten und einigen Früchten vollgehäuft. Wir gaben uns dem Gespräch hin, und während des Gespräches sagte er: „Mein Bruder hat mir aus Kairo Eure ganze Beanlagung geschrieben, nämlich, dass sie in nationalem Eifer und Patriotismus alle Perser übertrifft. Er hat auch den Zweck, den Ihr mit dieser Reise verbindet, geschrieben, dennoch sagt er: ‚O wäre er doch nicht abgereist und hätte Iran nicht gesehen, da ich nur

* Das persische Haus wird in zwei Teile geteilt: in Birun (das Aussere), die Gemächer für den Mann, und Andarun (das Innere) die Frauenwohnung.

zu gut weiss, dass es jetzt für ihn sehr schlecht verlaufen wird'." Ich versetzte: „Was soll man tun! Es ist unser Vaterland, wir müssen es sehen. Ich hatte die Absicht, wenn ich einen Ort wie Meschhed, Teheran zum dauernden Aufenthalte passend fände, mein Haus zu verkaufen und nach meinem ursprünglichen Vaterlande zurückzukehren." Er fragte: „Wie wurde es, hat dir ein Ort gefallen?" — Unwillkürlich seufzte ich und verneinte. Er fragte weiter: „Warum seufzst du?" — Ich erwiderte: „Unwillkürlich entrang sich meinem Herzen ein Seufzer, gibt es aber auch etwa keinen Grund zum Seufzen?" — Er sagte: „Gut. Was hast du gesehen?" — Ich erwiderte: „Alles, was zu sehen und nicht zu sehen war, habe ich gesehen. Nur eines sah ich nicht, womit mein Ziel erreicht wäre." Er fiel ein: „Was ist Euer Ziel?" — Ich fuhr fort: „Der Anblick einer Schule, was die Summe aller Freude und Glückseligkeit ist. Heutzutage ist die Kraft des Staates, die Würde eines Volkes und das Gedeihen des Landes gänzlich mit dem Vorhandensein einer Schule verknüpft, und nun genug davon!" Wir unterhielten uns noch als man das Abendbrot ansagte. Wir gingen und verzehrten das Abendbrot auf dem Tischtuch am Boden. Nach demselben brachte man wieder Tee, und wir tranken ein Glas Tee. Dann nach einer kurzen Unterhaltung sagte der Hausherr: „Ihr werdet Euch noch nicht von den Strapazen der Reise ausgeruht haben, geht daher etwas früher schlafen, damit Ihr Euch erholt." Er hatte dies gar gut herausgefunden. Man legte die Betten zurecht*) und wir gingen schlafen.

Früh standen wir auf und nach eingenommenen Tee gingen wir zusammen mit jenem hochverehrten Freund zum Basar. Wir sassen eine Weile in seinem Laden nieder und unterhielten uns. Er sagte: „Wenn ihr Lust habt, so gehen wir etwas spazieren." Ich erwiderte: „Was kann es schaden!" Wir gingen nun zur Karawanserai, wo die Kaufleute wohnen. Es ist dies ein sehr ansehnlicher und prächtiger Ort. Schon bei wenig Überlegung wird einem klar, dass in dieser Stadt hier der Handel eine Hauptrolle spielt und die Leute auch zum Handel sich hingezogen fühlen. Jedoch was nützt dies, da alle Waren ausländisch sind. Von einheimischen Waren zeigte sich keine Spur ausser an einigen Orten im äussersten

Der Basar.

Handelswaren.

*) Man isst und schläft bekanntlich auf dem Boden.

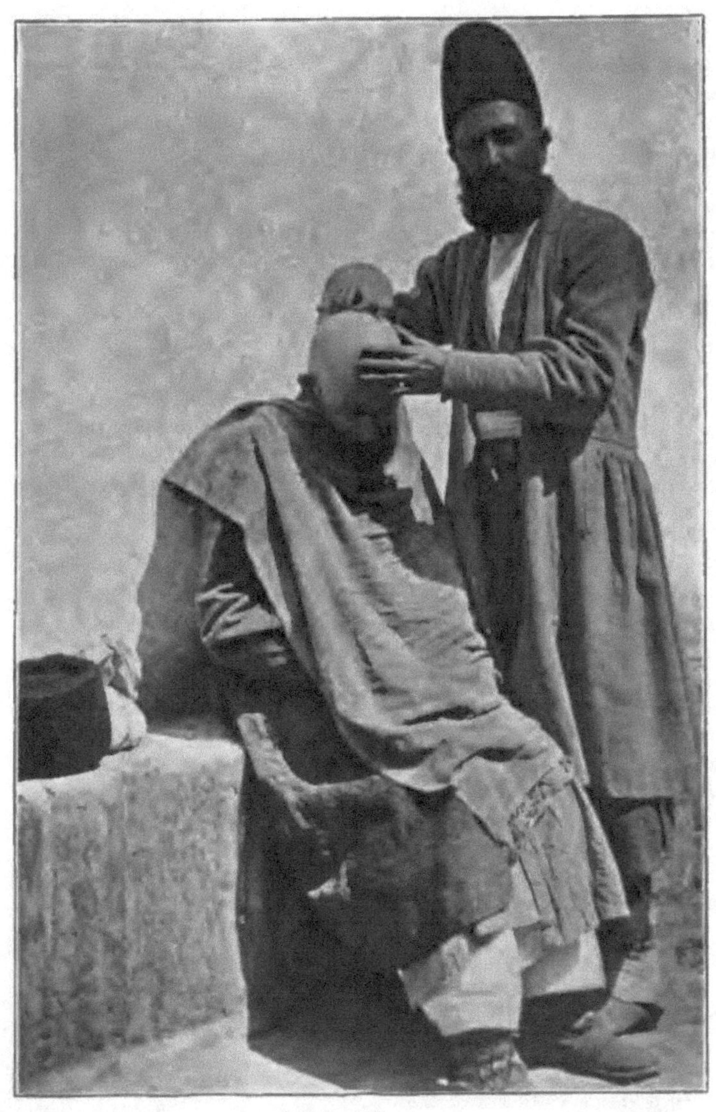

Barbier. (S. 229.)

Winkel, und diese bestanden noch aus Tabak, Henna und Laken von Hamadan*), Umhüllungen für Frauen (Dschadir schab) von Jesd*), und Leinwand von Nain. Da dachte ich darüber nach, wieviel Geld diese Satane von Europäern kraft ihrer Wissenschaften und Künste alle Jahre aus diesem Lande herausziehen. Ich fragte: „Bruder, obwohl ich Euren Distrikt, so wie es sein sollte und müsste, noch nicht gesehen habe, so geht doch aus der Menge von Basaren und dem Gedränge der Kommenden und Gehenden hervor, dass es eine grosse Stadt ist, jetzt sagt an, damit ich sehe, ob in dieser Stadt es irgend eine Kompanie- oder Vereinsgesellschaft gibt oder nicht.“ Er erwiderte: „Keineswegs, eine Kompaniegesellschaft oder dergleichen gibt es nicht.“ Ich versetzte: „Das ist eine sonderbare Welt, wie kommt es, dass es in einer Stadt von solcher Grösse keine Kompaniegesellschaft gibt? Heute geht das Gewerbe eines Leinwandhändlers oder Schuhflickers oder Viktualienhändlers nicht allein auf eigene Faust vorwärts, wie sollte dies sein mit den Handelsgeschäften? — Aus welchem Grunde haben jene Leute aus allen diesen Geschäftsbeziehungen mit dem Auslande nicht Nutzen für grosse Gesellschaften und Kompaniegeschäfte gezogen?“ — Er erwiderte: „Ihr kennt die Täbriser nicht.“ Diese sind sämtlich „1 man“ Die Täbriser.
wert. Unter ihnen gibt es niemand, der ¼ man wert befunden würde,**) sodass sich etwa fünf Personen an irgend einem Orte zusammenfänden und einen für sich selbst als Haupt bestimmen und dann durch gegenseitige Hilfe an ein grosses Unternehmen herangehen würden. Keiner vertraut dem anderen. Daraus folgt, dass sie selbst von dem Segen derartiger grossen Unternehmungen ausgeschlossen sind und ihr Vaterland der Fortschritte weiter verlustig bleibt. Weiter, wenn sich einige irgendwo zusammentun und eine grosse Handelsgesellschaft gründen würden, so würde der Anspruch auf die Leitung und den Ehrenvorsitz, an den ein jeder ausschliesslich für sich denkt, die Veranlassung zu Vorkommnissen von Misshelligkeiten herbeiführen, und nach vier Jahren wird ihre Basis zusammenbrechen. Wenn eine Person aus ihrer Mitte als Prätendent auftritt und alle Anteile in Empfang nimmt, so wird es dennoch nicht lange währen, dass auch dieser auf seinem Posten trocken

---

*) West- und Ostpersien.

**) Jeder ist von seinem Werte überzeugt.

wird, da es doch auf der Hand liegt, dass ein einziger die Last von zehn Personen nicht auf seine Schulter nehmen kann.

Nach einem kurzen Spaziergang hin und her kehrten wir nun wieder zurück zum Laden. Man hatte Frühstück zurecht gemacht, und wir assen. Ich fragte: „Wie steht es mit dem Handel und Wandel?" — Er erwiderte: „Fragt gar nicht danach, recht schlecht und jämmerlich." Ich fragte weiter: „Warum?" — Er versetzte: „Das hat tausend Gründe, das schlimmste von allem ist das Kupfergeld und sein verschiedener Betrag alle Tage, sodass es die Gewerbetreibenden und Armen im Volke rettungslos über den Haufen wirft und alle Familien zugrunde richtet. Abgesehen davon beträgt beim Silbergeld, wie du siehst, eine Lira heute vier Toman und ein halb und morgen fünf Toman. Das ist ein Kampf! Der Schaden und die Benachteiligung, welche in dieser Hinsicht die armen Kaufleute erleiden, lässt sich nicht berechnen. Besonders wer mit Stambul und mit dem übrigen Ausland Handelsbeziehungen unterhält, der wird noch stärker geschädigt. Ein einziger Isfahaner*) kehrt ganz Iran von oberst zu unterst. Gott möge ihm Einsicht schenken!" Ich warf ein: „In Täbris muss es sehr bedeutende Kaufleute geben." Er erwiderte: „Gewiss gibt es derer, aber es ist nicht klar, ob sie gegenüber von all diesen Prüfungen festen Fuss behalten können oder nicht. Aber abgesehen davon, für das Übel selbst der Grossmannssucht und Eitelkeit, welche in Täbris seit kurzem nach dieser Seite hin unter den Kaufleuten herrschen, lässt sich keine Heilung finden. Unter ihnen gibt es einige, die vor lauter Schmeicheleien und Höflichkeitsphrasen anderer sich selbst über ihre Angelegenheiten täuschen, dass wie bei Leuten der Regierung vor ihnen Feraschen als Wachen stehen; in ihren Häusern halten sie Stöcke und Klötze für Bastonaden, und sie haben das Recht gefangen zu setzen und zu binden. Es ist klar, dass diese Art und Weise nicht für den Kaufmannsstand passt. Das Kaufmannsgeschäft geht mit derart äusseren Machtbefugnissen nicht vorwärts. Bisweilen geschieht es, dass es unter den Leuten ein Gerede gibt, nämlich das Geschäft irgend eines von ihnen solle eine Einbusse erlitten haben, da erwidert man jetzt um dieses Gerücht offenkundig zu machen, den Gruss dieses Jemandes nicht mehr, dem man noch zwei Tage vorher eine tiefe

Kurswert des Geldes.

Die Kaufleute.

*) Der Vorsteher der Münze war aus Isfahan.

Armenische Familie. (S. 234.)

Verbeugung gemacht hatte. Hat die Gesellschaft eines hohen Geistlichen mindestens 50 Toman Kosten verbraucht, so wird jeder Kaufmann, welcher von sich selbst oder wo anders her 10000 Toman in seinem Besitze weiss, unbedingt 4000 Toman davon zum Bau eines Palastes für sich aufwenden. Was kann man bei solchen Zuständen von dem Handel dieser Leute noch für Hoffnung auf Fortschritte haben! Gegenwärtig haben sie sich noch einer neuen Mode ergeben. Jeder, welcher von ihnen einige Tomane in seiner Faust weiss, kauft sich Güter, holt sich Dorfschaften. Dieser eine hier sieht, dass ein anderer sich zwei Dörfer kaufte, da brennt es ihn schon wegen der Rivalität mit tausend Feuern, nun ebenfalls Besitzer von Dörfern zu werden. Die Zustände dieses Landes und die Beanlagung seiner Bewohner für dergleichen sinnlose Rivalitäten lassen sich mit keinem anderen Lande vergleichen. Es ist ein Skandal!" Ich versetzte: „Sehr schön, aber gerade mit Rücksicht darauf, dass sie gewissen Reichtum besitzen, warum vereinigen sie sich denn nicht untereinander und gründen eine Fabrik für Leinweberei in ihrem Vaterlande, damit sie ihre Toten darin begraben können, oder richten eine Fabrik ein für Herstellung von bedrucktem Kattun,*) oder stellen Kampferkerzen oder Maschinen für Zucker her, was mehr als zehn Flecken und dergleichen Nutzen bringt? Warum lassen sie sich alle diese nützlichen Fäden entgehen und nehmen aus Rivalität einander als Muster von Preissteigerungen? Sodass sie das Blut der Armen im Volke auf Flaschen ziehen und auf diesem Wege durch Gewinn Reichtum und Vermögen erwerben. Ebendiese, welche Ihr mit dem Namen Kaufleute belegt, deren Handelsgeschäfte ich aber bis zu einem gewissen Grade durchschaut habe, sind keine Kaufleute. Das sind Lohnarbeiter der Europäer und sogar Feinde ihres eignen Vaterlandes, weil sie alle Jahre haufenweise das Bargeld des Landes fortschaffen und nach dem Ausland fliessen lassen, und als Entgeld dafür laden sie unechte und wenig haltbare europäische Waren mit tausenderlei Mühen und Anstrengungen auf und schaffen sie nach der Heimat. Wenn unter ihnen Rechnung geführt würde, dann würde am Ende des Jahres sich herausstellen, dass halbe Millionen vom Gelde des Vaterlandes, welches eine ewige Quelle für den Lebensunterhalt ihrer Landsleute ist, diese Leute ohne edle Menschenfreundlichkeit

Güterkauf.

*) Kalamkar genannt. (Hauptsächlich in Isfahan angefertigt.)

mit eigenen Händen forttragen und im Auslande unter tausend Heucheleien und Schmeicheleien Fremden in den Schoss werfen. Und im Tausch kaufen sie Feldheu*) für Seidenstoffe ein und geben es ihren unwissenden und ahnungslosen Landsleuten, sodass nach einem weiteren Jahre sich von all ihren Tauschwaren keine Spur mehr finden lässt." Er sagte: „Wen gibt es in Iran, welcher diese heiligen Fragen der Vaterlandsverehrung begriffe! Einigung und Verbindung von diesen Leuten wird nicht vorkommen. Es ist selbstverständlich, dass sie alle Tage sich damit beschäftigen, einander Fallen zu legen und allen Gruben zu graben. In der Arbeit, einander Häuser zu zerstören und abzubrechen, sind sie raffiniert. Ganz besonders gehen ihre Anstrengungen ausschliesslich darauf hinaus, von diesem und jenem schlechtes zu sagen und Beziehungen zu suchen. Wenn einem irgendwo zehn Toman Schaden und Nachteil erwächst, dann gehen ihre Bemühungen dahin, jene zehn Toman Schaden öffentlich als 2000 Toman hinzustellen. Sollte ein anderer nach tausenderlei Mühen und Anstrengungen den Faden eines Handelsgeschäftes im Ausland aus den Kreisen des in dieser Gegend gültigen und gebräuchlichen Handels in die Hand genommen haben, da stürzen sich auf einmal alle auf ebendiesen Faden, und mit der Schere des Neides schneidet man ihm den Faden des Gewinnes von Grund aus ab. Sich selbst und auch die, welche jenen Faden aufsuchen, schädigen sie. Kurz, Ihr habt keine Idee was das für ein Skandal ist. Alles, was in dieser Hinsicht gesagt werden wird, wird sein Ziel nicht erreichen. Was gesagt worden ist, ist nur eine kleine Probe von dem Tun und Treiben des Kaufmannsstandes dieser Stadt hier. Ihre Charaktere sind so schlecht, dass es keine Hoffnung auf Besserung gibt, wenn nicht der Gott der Welten in seiner ganzen Güte sie auf den Pfad der Besserung und Rechtschaffenheit führt und sie sich die wohlgefälligen Höflichkeiten ihrer Vorfahren zum Vorbilde nehmen und miteinander freundlich verkehren, ihren eigenen Gewinn aber nicht in der Schädigung voneinander suchen."

Die Gouverneure.

Ich versetzte: „Wir wollen dieses Thema verlassen. Wie ist der Verkehr des Gouverneurs der Provinz mit seinen Untertanen?" — Er erwiderte: „Danach fragt lieber gar nicht. Für den Gouverneur, ob gut oder schlecht, gibt es keinen dauernden Bestand. So-

*) Spreu, nichts nütze.

Typen von Täbris. (S. 243.)

lange der Gouverneur von der Residenz aus kein Reglement und Gesetz in Händen hat oder selbst die Natur des Gouverneurspostens oder seine Verpflichtungen ganz auszufüllen nicht begreift oder für seine gute Führung keine Hoffnung auf Belohnung und für seine schlechte Leitung nicht Furcht vor Strafe und Verantwortung hat, was kann man da Gutes von ihm erwarten! Nehmen wir an, der Gouverneur wäre gut. Zwei Tage weiter so geht er fort und nimmt all sein Gutes mit sich fort, und morgen kommt jener andere an seine Stelle, der Gott sei bei uns! In der Hand eines Gouverneurs sollten entweder ein Gesetz oder Gesetzbüchlein oder Reglement, oder Verhaltungsbefehle, sage etwas geordnetes und zwar unumstössliches auf Papier sein, damit er sich nach den Punkten seines Inhaltes in den Sachen richte, die sich auf Vergehen und Verbrechen und Rechte beziehen, damit die Dinge sich allmählich bessern, die Widerwärtigkeiten verschwinden und Krummes und Unrichtiges im Laufe der Zeit Geradheit erlange. Und anstatt dass man sagt, der König hat den Schuldigen getötet oder der Gouverneur hat ihn gefangen gesetzt, soll man sagen, das Gesetz machte ihn zum Gefangenen und das Gesetz hat seinen Tod angeordnet. Fernerhin soll der hohe Name des Padischah nicht mehr in das Gerede der Leute gezogen werden, und die Gouverneure selbst sollen nicht mehr an sich irre werden und sich selbst nicht mehr in den Rechten der Untertanen auf Willkür ertappen. Dann wird gegen die gesetzlichen Verordnungen kein Einwurf übrig bleiben, ausser wenn innerhalb des gesetzlichen Kreises eine Partikel in Erwägung gezogen würde, welche dann ebenfalls das Gesetz festsetzt. Unter diesen Umständen würde der Name Gewalttat verschwinden und zwischen Untertanen und den Repräsentanten des Königtums Zuneigung und Zusammengehen entstehen. Der König würde seine Untertanen als liebe Kinder und die Untertanen würden ebenso den König wie einen gütigen Vater und teurer als ihr eigenes süsses Leben ansehen, und die Erde wäre reich an Edelmut und Gerechtigkeit, und der Markt der bösen Verleumder und Störenfrieden würde rettungslos flau gehen. Aus der Ungesetzlichkeit von vorgestern hast du gemerkt was die Leute getan haben." — Wiederholt wurden wir aus Ehrfurcht für den Hausherrn an manchen hochangesehenen Stellen eingeladen und uns zu Ehren prächtige Gesellschaften gegeben. Um den Einladungen Folge zu leisten gingen wir jeden Abend irgendwohin. Die Häuser

Luxus der Zimmer.

sind äusserst vornehm. Die Zimmer sind sehr luxuriös und glanzvoll. Überall hat man Gegenstände von Kristall gesammelt. Tritt man in irgend ein Zimmer, so werden einem von der Masse von Leuchtern und dem Glanze der Kristallgegenstände die Augen geblendet. Von der Decke eines jeden Gemaches hängen grosse kostbare Kronleuchter mit den Bildnissen vom Schah und dem Löwen und der Sonne verziert, und buntfarbige Wandleuchter sind angebracht. In den Häusern der Täbriser Kaufherrn ist alles, was man sich an Schmuck nur denken kann, zu sehen. Von Porzellangefässen und Kopfstücken von Wasserpfeifen aus Gold und Silber und Tafelgeschirr gibt es so viel, dass es nicht überboten werden kann. In der Tat dieser Luxus vermag die Gedanken zu verwirren und den Geist in Erstaunen zu setzen. Die Ursache dazu ist gleichfalls Rivalität, welche seit einigen Jahren in dieser Hinsicht unter den Kaufherren dieser Provinz sich eingenistet hat. Es liegt auf der Hand, dass diese Art des Luxus mit dem Kaufmannsstande in völligem Widerspruch steht. Dies Beispiel vor allen verdient von jedermann, wer es auch sei, Tadel und Verwünschung, weil wir von dem ersten Tage an sehen, in Täbris leuchtet die Lampe in keiner Kaufmannsfamilie bis zur Frühe, und mitten in der Nacht erlöscht sie.*)

Gefässe mit Schahbildern und Nationalwappen.

Einmal eines Tages sagte ich zu meinem Gefährten, dem Hausherrn: „Fass es nicht schlecht auf, aber ich kann mich nicht halten ein offenes Wort zu reden. Die Leute dieser Stadt Täbris, welche das Auge und die Leuchte von Aserbaidschan ist, sind verrückter als die Bewohner der übrigen Städte Irans, welche ich besucht habe." Er fragte: „Warum und aus welchem Grunde?" Ich erwiderte: „Aus dem Grunde, weil ich sehe, dass die Europäer die Hochbejahrten dieser Provinz wie Minderjährige beschwindeln mit Bildern und Zeichnungen auf den Topfwaren ihrer Länder und ihres Gewerbes. Und im Jahre zwölf Monate, vielleicht die ganze Zeit, tun diese jenen**) Lohndienste. Von den Glasflaschen und Kopfstücken der Wasserpfeifen angenommen bis zu den Porzellangefässen und anderem, überall auf gemeine Dinge und einfache Gegenstände das Porträt des Königs zu malen was hat das für einen Sinn? — Wir sollen das Königliche Bild als das unseres erhabenen Oberherrn mit kostbaren Juwelen schmücken und den obersten Platz in unserer Gesellschaft mit

*) D. h. es dauert nicht lange.

**) Die Perser den Europäern, weil sie letzteren Geld zufliessen lassen.

dieser heiligen Gestalt nur noch mehr zieren, aber nicht so, dass man es auf Gegenstände zum Kaffeetrinken, auf Wasserpfeifen, Teekannen und dergleichen malt und auf den Wandbrettern der Kaffeehäuser, auf Feuerherden und unter die Hände und Füsse von unsauberen Menschen stellt. Man muss bedenken, dass diese Erniedrigung jemand, der nur ein wenig Verstand hat, für sein eignes Bildnis nicht für schicklich hält, wieviel mehr für den jetzigen Padischah, dessen Geboten und Verboten wir zu gehorchen die Pflicht haben! Abgesehen davon erhöhen die schlauen Europäer wegen ebendieses Bildnisses noch den Kaufpreis für jene Waren. Ihr Betriebsfond bei diesem Geschäft ist Luft und beruht allein auf einer Fingerbewegung, aber Schritt für Schritt fliesst aus unserem Lande das Geld, welches die Seele des Landes ist, in den Magen ihres Landes über. Weiter über ihre Verhöhnung und Verspottung, wenn sie bei der Herstellung und der Vollendung dieser Waren über unseren Verstand und Scharfsinn sich lustig machen, wollen wir nichts sagen. Das Angesicht des Königs soll im obersten Reichsrat, in der Versammlung der Staatsmänner oder der Sitzung von Behörden der Obrigkeit an einer Stätte der Ehrfurcht und Achtung stehen. Die Ehrfurcht vor dem Zeichen des Löwen und der Sonne, welches ein Symbol unseres Staates ist, muss ebenfalls den Rang gleich nach dem königlichen Porträt einnehmen, und man muss es so hoch verehren, dass die Grossen eines jeden Landes zur Erlangung desselben ihr Leben opfern, wie die übrigen*) getan haben. Dies heilige Symbol auf sinnlose Gegenstände zu malen ist unbillig und steht im Widerspruch zu der edlen Verehrung vor dem Staate. Ist es nicht eine Schande, dass jeder Strumpfverkäufer und Viktualienhändler dies heilige Symbol, ohne die Erlaubnis oder Ermächtigung der Regierung nachzusuchen, in seinen persönlichen Geschäften benutzt und auf seine kaufmännischen Papierbogen und Schachteln malt?" Mein Kopf erhitzte sich bei Erwähnung von diesen Widerwärtigkeiten. Weiter weiss ich nicht, was ich gesagt habe. Da empfand ich die Anzeichen von Müdigkeit in mir und verschloss daher notgedrungen meine Lippen weiteren Worten.

Der Hausherr versetzte: „Wahrhaftigen Gott, von dem, was mir mein Bruder aus Kairo über Euren Nationaleifer geschrieben hat,

*) Ausländer.

war dies nur ein kleiner Teil von vielem. Mein teurer Bruder, wenn das königliche Palais und die Häuser der Minister des Landes, der Prinzen und der übrigen Angestellten am Hofe der Regierung von Gefässen und diesen Gegenständen mit Bildnissen voll sind, und niemand diesen Umstand tadelt, wie kommt mir und Euch dann das zu? — Und was haben die Bewohner von Täbris hierin gesündigt und verschuldet? — Aber dass sie verschwenderisch leben und für diese Bilder eine höhere Summe als den ursprünglichen Kaufpreis bezahlen müssen, darin bin auch ich mit Euch einer Meinung, und das Recht liegt auf Eurer Seite, da jährlich die Verschwendung ein Minus von enormen Summen ausmacht." Diesen Abend hatte auch mein verehrter Wirt mir zu Ehren eine sehr glanzvolle Ge-
Gesellschaft sellschaft veranstaltet. Nachmittags schlossen wir früh den Laden und gingen heim. Nachdem wir das Gebet verrichtet und Tee getrunken hatten, fing man an die Lichter für die Gesellschaft anzuzünden. Hei! da gab es Leuchter mit Glasglocken (Lale), dreiarmige Leuchter und Lampen, welche man anzündete. Auf allen Seiten gab es bunte Anhängsel, die wie Blitze funkelten. Die Gemächer des Hauses waren taghell erleuchtet. Es war eine halbe Stunde nach Sonnenuntergang als die geehrten Gäste ganz langsam anfingen zu erscheinen. Einige geruhten eine Stunde nach Sonnenuntergang zu kommen, es sollte das Zuspätkommen zu derart geselligen Festlichkeiten ganz besonders einen hohen Rang anzeigen. Aber ich verstand diesen Trick nicht und vewunderte mich über das Zuspätkommen von einigen der Gäste. Nachdem ich dann aber den Grund erfuhr, so war ich nur um so mehr verwundert und erstaunt. Kurz, die Gesellschaft wurde vollzählig. Die Gäste hatten alle geruht zu erscheinen. Aus der Art und dem Benehmen der Anwesenden ging hervor, dass alle vorhatten einander zu überbieten. Mit besonderer Sprache und gesuchten Ausdrücken unterhielten sie sich. Jedoch aus ihrer Rede und ihren hochgeschraubten Worten wurde es klar, dass samt und sonders hervorragendes Wissen und
Protzentum. prüfende Kenntnis nicht ihre Sache war. Das Gespräch der Gäste bewegte sich meistens in bildlicher Ausdrucksweise und ohne Zusammenhang und war bar jeden Geruchs von Freundschaft und Zuneigung. Ein jeder brachte wahre oder unwahre Worte aus Gesprächen mit dem Khan Soundso oder dem Geistlichen Soundso vor, und zwar beschrieb er sie, um seine eigene Würde höher

Vornehmer Salon mit Kristalleuchtern. (S. 250.)

zu stellen. Einer sagte: „Ja, der ehrwürdige Malik et tudschar*) beehrte gestern mein armseliges Haus und sprach so und so." Ein anderer versetzte: „Gestern habe ich 3000 Lire in dem und dem Preise Wechsel von Stambul erhalten." Alle Reden waren hochtrabend, und es wurde von 50000 und 100000 Toman untereinander gesprochen. Einer sagte ferner: „Soundso wollte mir Dörfer für 18000 Toman verkaufen, ich habe sie aber nicht gekauft. Schade, denn jetzt hörte ich, dass sie für die Summe von 30000 Toman verkauft wurden." Währenddem drehte sich das Gespräch um den Weizen. Jemand sagte: „Die und die Person hat 300000 Kharwar**) Weizen aufgespeichert, jetzt leugnet er es gänzlich." „Der Gelehrte Soundso besitzt zehn einträgliche Dörfer." „Wahrhaftigen Gott, Soundso ist ebenfalls mit grossem Reichtum gesegnet, heute besitzt er beinahe 80 Flecken." Über diese sinnlosen Gespräche wurde ich nervös. So sehr ich auch wünschte an mich zu halten, es war unmöglich. Auf einmal entfiel meinen Händen der Zügel der Geduld. Als sich wieder die Kette des Geschwätzes hin- und herschwang sagte ich: „Meine Herren, auch ich möchte etwas sagen." Einer versetzte: „Bitte, Ihr habt das Recht dazu. Ihr habt Euch noch gar nicht unterhalten." Ich sagte also: „Dieser ehrwürdige Herr, der wie Ihr bemerktet 70 bis 80 Dörfer besitzt, was hat er für eine Beschäftigung?" — Er erwiderte: „Er gehört zu den hohen Geistlichen von Täbris." Ich fuhr fort: „Das habe ich herausgefunden, dass er zur Klasse der hohen Geistlichkeit gehört, aber meine Frage geht jetzt dahin, was er tut und was seine Beschäftigung ist." Er lächelte mit Geringschätzung und wunderte sich, dass ich nichts begriff. Ich merkte das wohl und fuhr fort: „Von diesen 80 Dörfern wird natürlich ein jedes mindestens 15 bis 20000 Toman Wert haben." Er sagte: „Natürlich." Ich fuhr fort: „Gering gerechnet, wie ich es nach ungefährer Schätzung angenommen habe, betragen sie allesamt drei Gurur (1500000) und etwas mehr. Ich verstehe nicht, woher da dieser Reichtum erlangt worden ist. Ja, dergleichen Reichtum kann einmal erworben werden dadurch, dass jemand in einem Landgut kostbare Metallminen entdeckt oder beim Setzen im Doppelspiel, welches es in Europa gibt, wie in der ‚Lotterie' oder

Ibrahim predigt

*) König der Kaufherren.

**) Kharvar-i diwani (Samenlast) = 294.4 kg.

einem anderen ist es möglich, dass jemandem für eine geringere bezahlte Summe ein enormes Kapital in die Hand fällt, oder dadurch dass er als Erbe einer uralten und reichen Familie zurückbleibt oder aus einem grossen Handelsgeschäft Erwerbungen macht, was alle Welt sieht und weiss, oder dass er nach dem persischen Ausdruck ‚den Stein der Weisen'*) gefunden hat. Meine Frage ist nun die, der Erwerb von all diesem Reichtum des ehrwürdigen Agha rührt von welchem dieser verschiedenen Wege her, die aufgezählt wurden? — Aus dem folgenden geht hervor, dass es kein einziger von diesen sein kann, da Ihr ja alle die Familie des ehrwürdigen Agha kennt, auch von ihm selbst alle wisst, dass er nach der Vollendung seiner wissenschaftlichen Studien und seiner Ermächtigung zum Lehramt damals, als er diese Stadt hier beehrte, mehr als seinen Mantel und Stock nichts weiter besass. Daher gibt es keinen Zweifel, dass er diesen seinen Reichtum auf jede mögliche Art vom Volke erworben hat. Nun bitte bedenkt, was tut es dem hochverehrten Agha, welcher Herr aller dieser Besitzungen im Laufe von einer kurzen Spanne Zeit durch die Gunst dieses Volkes geworden ist, wenn er ein Viertel seines Gewinnes in einem Jahre wieder durch ebendenselben Weg, das Volk nämlich, aufwendete, d. h. eine Schule von jener Summe zur Erziehung und zum Unterricht für die Waisen- und Armenkinder des Volkes errichtete und das jährliche Einkommen von zwei dieser Dorfschaften als gute Stiftung (Wakf) für die Bestreitung jener Schule und die Unterhaltung jener Waisenknaben und Armenkinder bestimmte, und so eine Menge von geweihten Seelen durch Wissenschaft und Erziehung lebendig machte. Oder dass er Krankenhäuser für Fremde und Arme im Volke bauen liesse, damit mittellose Kranke im Schutze dieses Wohlwollens Pflege und Heilung fänden und nicht wegen Mangels an Wartung und ohne Pflege in höchstem Elend und höchster Niedrigkeit unter Mauern oder in Winkeln von engen und dunklen Behausungen, besonders die Fremden und Armen, ihr Leben aufgeben; oder geziemt es sich für Euch und ist es Eurer würdig, dass es in dieser grossen Stadt, welche man „Dar es Sultanä"**) nennt, kein einziges Hospital gibt? Bei Gott, heutzutage ist für Euch nichts verdienstlicher als diese

*) كيميا داشتن

**) Die Tür des Reiches.

beiden guten Werke, und diese beiden sind Euch auch nützlicher als die Ableistung der übrigen religiösen Pflichten.

Diese dreiarmigen Leuchter mit dem Bildnis des Schah und dieser verschwenderische Luxus ist es, welcher Euch an Euch selbst irre werden lässt, und wenn Ihr diesen in zwei Tagen vergänglichen Schmuck anschaut, so glaubt Ihr selbst zu wachsen und seid der Meinung, an Scharfsinn und Verstand, Vermögen und Macht die einzigen in der Welt und die reichsten Eurer Zeit zu sein, obwohl Ihr wisst, dass einen Monat weiter das Ereignis dieser glanzvollen Gesellschaft und der Preis von all diesem sinnlosen Luxus veraltet ist und von ihm kein Zeichen mehr übrig bleiben wird. Wenn Ihr Euch alle irgendwo zusammentun wolltet und all die verschwenderischen Ausgaben, welche in dieser Welt Euch den Tadel der Verständigen zuziehen und in jener Welt bei der Abrechnung schwer wiegen werden, unter Euch abschätzen und an Euch nehmen würdet und dann alle Jahre die Hälfte davon zu wohltätigen nationalen Zwecken, wie Hospitäler zur Pflege von Armen und Fremden im Volke oder Gewerbeschulen oder Schulen zur Erziehung und zum Unterricht für Waisenkinder des Vaterlandes aufwenden wolltet, dann würde dies natürlich in dieser und jener Welt Euch zu hoher Ehre gereichen.

Bei Gott, wäret Ihr vor 40 Jahren bei diesen wohltätigen Werken, welche ich einzeln aufgezählt habe, beharrlich geblieben, so würde heutzutage dies unser heiliges Vaterland das blühendste der Länder und unsere hochverehrten Landsleute die beliebtesten der Völker auf dem Erdkreis sein, und durch die Segnungen von Wissenschaft und Erkenntnis würde der Gipfel Eures Ehrgefühles bis an den Himmel reichen. Ach, dass Eure Zeit in Torheit vergeht, Ihr allem nationalen Selbstbewusstsein, unserem und Eurem, lebewohl sagt, und wir dadurch schwach und anderen untertänig geworden sind! — Wenn Ihr vor 40 Jahren jene Schule, wie ich sie meine und sage, aufgetan hättet, dann hätten heutzutage die Gedanken an Ehrenvorsitz und Luxusentfaltung nicht über Euch die Oberhand gewonnen, und in dergleichen Geselligkeiten wie hier hätte ausser über Mittel zum Fortschritt von Land und Volk kein Gespräch stattgefunden. Und mit ein paar sinnlosen Einbildungen, welche das Aufstehen der Leute bezwecken, hättet ihr das gesellige Fest unseres hochverehrten Wirtes nicht kalt und ungemütlich gelassen dadurch, dass Ihr anderthalb Stunden nach Sonnenuntergang die Menschen auf Euer geehrtes Kommen warten liesst: „Ob zu jeder Zeit, in der ich komme, auch mein Platz am Ehrensitz der Gesellschaft innegehalten ist."

Hier merkte ich, der Hausherr war von meinem Gerede unangenehm berührt. Der arme Mann schwitzte vor übergrosser Scham. Heimlich machte er mir ein Zeichen: Bei meinem Tode, es ist genug! — Währenddessen wandte sich einer von den Gästen an den Hausherrn und sagte: „Euer geehrter Gast Soundso ist ein sonderbarer Mann, er versteht zu sprechen." Der Hausherr gab zur Antwort: „Jawohl, er besitzt grossen Eifer für sein Vaterland und Volk. Alle diese Reden hält er aus glühender Liebe zum Vaterlande und zu seinen lieben Landsleuten. In seiner Vaterlandsverehrung und Liebe zum Volke weiss er unwillkürlich nicht was er tut!" — Zwei bis drei andere Personen nahmen ihm das Wort aus dem Mund und versetzten: „Bei Gott, er sagt wahr. Jeder, der andere Länder und das Wohlwollen fremder Völker in derlei Fragen betreffs der Vaterlandsverehrung gesehen hat, weiss was dieser hier sagt, und dass bei allem, was er sagt, das Recht auf seiner Seite ist. Wir haben noch nicht den Wohlgeruch der Liebe zur Heimat empfunden und dem Nutzen der Eintracht sind wir niemals auf die Spur gekommen."

Währenddessen meldete man, dass das Abendbrot bereit sei. Jetzt luden mich alle einmütig ein: „In Gottes Namen, bitte!" — Ich schleppte mich also lächelnd hinterher. Wir kamen nun an einen Tisch, aber was für einen reichhaltigen Tisch! Und was für mannigfaltige Gerichte: „Komm, meine Lust, komm!" Während der Mahlzeit wurden einige verschiedene Unterhaltungen geführt. Dieser Abend verging uns so mit derart Kurzweil. 18 Tage blieben wir in Täbris, aber ausser dem Erscheinen von einigen Personen und trockener Unterhaltung erfuhren wir von den Leuten dort nichts, was dieser und jener Welt von nutzen wäre. Aber die Stadt selbst entbehrt nicht der Reize. Sie hat ansehnliche Basare und Karawanseraien und ganz prachtvolle Kaufhallen. Schade, dass von einheimischen Waren und Produkten sich in ihnen keine andere Spur finden lässt als dass man von Weizen sprechen hört, aber diesen haben die heiligen Herren noch in dunkle Speicher geschüttet, und davor haben sie sieben Schlösser gelegt und ihre Schlüssel in den Fluss

„Arras" geworfen. Und zu den Armen sprechen sie: „Der Preis von einem jeden Man von ihm beträgt 40 Miskal Blut von Eurer Leber, für Geld geben wir es nicht." Wie sehr auch die Armen Wucher mit Weizen.

Karawanserai Emirie in Täbris.

schreien: „Ihr Herren, wir haben kein Blut mehr in unserem Herzen und in unserer Leber, dieser Körper, welchen ihr seht, ist leer und trocken an Seele und Blut," es dringt nicht durch.

Wir hatten nun vor nach „Dschulfa" am Ufer des Flusses Arras, welcher die Grenze zwischen Iran und Russland bildet, aufzubrechen.

Mein hochverehrter Wirt bestand sehr darauf, dass wir noch einige weitere Tage blieben, aber ich brachte Entschuldigungen vor und willigte nicht ein.

Sodann schickte ich einen Diener ab, um zwei Pferde vom Posthause zu bringen. Ich will mit Kurierpferden reisen, um weniger Widerwärtigkeiten zu erfahren und schneller ans Ziel zu gelangen.

Auszug aus dem Besuche von Täbris.

Die Bewohner dieser Stadt sind zum grössten Teil selbstsüchtig und vom Übel des Luxus befallen. Alle sind Meister an Schlechtigkeit und unbekannt mit dem Nutzen, welcher aus Eintracht entspringt. Immer denken sie nur daran, einander das Handwerk zu verderben. Und ihr Herz freut sich darüber, wenn unter zweien von ihnen eine strittige Abrechnung und gegenseitige Feindschaft entsteht, bis sie nun in zwei Teile geteilt eine jede Partei, in der je einer auf beiden Seiten von den Gegnern sich erhebt, mit Gönnermiene sich setzen lassen, damit diese entweder Lösegeld bezahlen oder empfangen; und dazwischen werden die Pillaws verzehrt bis schliesslich auf beiden Seiten alle beide zu Fall gekommen sind. Niemand von ihnen spricht in dergleichen Fällen als Friedenstifter ein Wort. Alle warten gegenseitig auf Vergeltung, sodass, wenn einer mit dem Fuss ausgleitet, die anderen auf ihn treten. So kommt es, sie nehmen Sachen vor ohne Ahnung von den Zeitumständen weder in dieser noch in jener Welt. Ihr ganzes Verlangen geht dahin, dass von der Decke eines jeden Gemaches Kronleuchter mit dem Bildnis des Schah mit so und so vielen Armen herabhängen, und das sehen sie als eine Hauptbedingung an für ihr Selbstbewusstsein und ihre Grösse.

„Sie sind lebendig, aber sie sind tot. Sie sind gestorben, aber sie leben!"

Also der Junge von der Eilpost (Dschaparschagird*) hatte die Pferde gebracht. Wir sagten dem Hausherrn lebewohl und brachen von dort mit einem Herzen voll von einem Berge von
Die Senden. Schmerz und Traurigkeit nach dem Ufer des Arras auf. Als wir

*) Diese begleiten den Reisenden und bringen die Pferde zurück. Flinke, geweckte Burschen, welche die armen Pferde zu Tode hetzen.

Seiden (Nachkommen des Propheten). (S. 256.)

aus der Stadt heraus waren gaben wir den Pferden die Sporen und ritten bis zu einem Punkte, von wo die Umrisse der Stadt nicht mehr sichtbar waren. Dort sah ich einige Personen rechts und links vom Wege sitzen und ihre Augen auf uns heften. Ich fragte den Dschaparschagird: „Warum haben diese den Weg links und rechts eingenommen und sitzen an diesen Stellen weit von einer Ansiedelung?" Er erwiderte: „Werter Herr. Diese sollen zu den Seïden der Stadt gehören. Sie warten auf Eure Ankunft." Ich fragte wozu? — Er sagte: „Es sind Seïden, natürlich fordern sie etwas von Euch. Ihr müsst ihnen auf ihre Bitten hin geben, damit ihr unversehrt weiter reist." Ich erwiderte: „Was schadet das! Jusuf Amu halte fünf bis sechs Kran in deiner Hand bereit und, wenn wir hinkommen, gib es ihnen." Ich sah, dass der Dschapardar unwillkürlich lächelte. Ich fragte: „Warum lächelst du mein Freund?" — Er versetzte: „Ich habe verstanden, Ihr wolltet fünf bis sechs Kran bereit halten, da wird es etwas zu handeln geben." Ich sagte: „Wieviel soll man denn geben?" Er gab zur Antwort: „Wir kommen gerade hin, du wirst es selbst sehen." Es dauerte nun nicht lange, dass wir bei ihnen ankamen. Ich sah 10 bis 15 Personen mit dem offenen Abzeichen und Merkmalen der Seïden, welche in grün und blauen Turbanen und Gürtelschals bestehen, liefen von beiden Seiten des Weges herbei, ergriffen die Zügel meines Pferdes und desjenigen von Jusuf Amu und entboten ihren Gruss. Wir erwiderten nun den Gruss. Im Chorus riefen sie: „Bitte gebt uns unser Almosen. Gott möge Euch gesund erhalten!" Jusuf Amu gab das bereitgehaltene Geld und sagte: „Wir haben nicht mehr Kleingeld, was vorhanden ist, das teilt unter euch." Als sie diese Worte hörten wurden sie auf einmal alle zornig. Sie warfen die Geldstücke Jusuf Amu an den Kopf und ins Gesicht und riefen: „Mit dieser Summe kauf dir Sirup und reibe dir damit den Kopf ein." Ein anderer sagte: „Wenn Ihr kein Bargeld habt, so wollen wir Euch noch einige Kran geben. Menschenkind, schämt Ihr Euch nicht, dass Ihr uns solchen Mumpitz gebt?" In diesem Hin und Her sah ich, wie zwei Personen von ihnen sich von beiden Seiten an die Füsse von Jusuf Amu hängten und ihm den Fuss aus dem Steigbügel ziehen wollten, um ihn vom Pferde herabzuziehen. Und auf dieser Seite wickelten sich zwei bis drei andere Personen den Mantel um ihren linken Arm und die Hand am Stock machten sie sich daran gegen uns im Angriff loszugehen. Ich sah, es war ein sonderbares Schauspiel. Ich sagte: „Meine lieben Herren, Ihr solltet mit diesem alten Manne nichts zu tun haben. Kommt lieber hierher, damit ich begreife, was Ihr von uns wollt." Einer versetzte: „Wir wollen das Eigentum unseres Ahnen,*) weiter nichts." Ich sagte: „Werte Herren, ich will das Opfer Eures Ahnen sein, was aber schulden wir Euch? — Was für Recht und Forderung habt Ihr an uns?" — Er erwiderte: „Welches Recht kann höher sein als dies, dass der fünfte Teil uns gehört von allem, was Ihr habt. Sogar von den fünf Fingern an Eurer Hand gehört einer den Seïden." Ich versetzte: „Werter Herr, erstens woher wisst Ihr, dass wir vermögende Leute sind und etwas haben? Zweitens: Wie wurde Euch bekannt, dass wir bei uns etwas vom Fünftel und der Abgabe an die Seïden haben? Drittens: Woher kennt Ihr uns? — Inwiefern seid Ihr über unsere Religion und Regeln unterrichtet? — Viertens: Woher können wir erkennen, dass Ihr Seïden und Nachkommen des Propheten seid? — Fünftens: Wo hat der Prophet Gottes — der Segen Allahs auf ihn und seine Söhne! — den Befehl gegeben, dass Ihr auf Feldstrassen die Zügel von unbekannten Reisenden erfasst und mit Stockschlägen Geld fordern oder sie ausplündern sollt?" — Einer aus ihrer Mitte erwiderte: „Geschwätz ist nicht am Platze. Nimm den Verstand in deinem Kopfe zusammen. Bedenke und dann rede. Erstens, woher habt Ihr den Mut genommen uns Seïden auszufragen und von uns Beweis zu fordern? Zweitens kennen wir Euch gar gut. Euer Name ist Ibrahim Beg und Ihr seid in Kairo wohnhaft. Dein Vater hat dir 200000 Toman Bargeld als Erbe hinterlassen. Du hast auch noch eine Schwester. Und auf dieser Reise bist du vom Besuch unseres Ahnherrn, des Imam Risa — Segen auf ihn! — nach Teheran und von dort nach Täbris gekommen, und jetzt beabsichtigst du nach Ägypten zurückzukehren. Gott möge deinen Vater in Gnaden aufnehmen! Er gab den Seïden viel Geld, er war ein Herr von wohltätigen und guten Werken, nicht wie du. Jetzt begreifst du, dass wir dich gut kennen, und ohne diese Bekanntschaft hätten wir deine Zügel nicht ergriffen. Halte uns also nicht weiter noch auf, damit es dir nicht zum Schaden ablaufe. Es ist an der Zeit, dass zehn bis zwölf andere Seïden noch hierher kommen. Dann wird deine Pflichterfüllung noch schwerer werden.

*) Der Prophet, von dem die sogenannten Seïden ihre Abstammung herleiten.

du weisst es selbst. Es werden drei Stunden, dass wir, 14 Nachkommen des Gottesgesandten, an dieser Stelle hier fern von jeder Behausung in der Sonne sitzen und auf dein Kommen warten. Je schneller du einem jeden von uns fünf Tomanen gibst, desto wohler ziehst du von dannen. Soviel aber wisst, dass, wenn Ihr mit der Bezahlung dieser Summe länger verzieht, Ihr Euch nur schlechten Dienst erwiesen habt, da du zu guter Letzt noch Zwiebeln essen wirst und dazu den Stock, und auch das Geld wird man dir nehmen." Ich begriff, dass er wahr sprach. Schliesslich würde es zu ebendem Ende führen, wie er es selbst ankündigte. Ich blieb unschlüssig, machte aber dem Dschapar ein Zeichen, er solle als Vermittler auftreten und uns aus der Faust dieser Schurken heraus den Weg zeigen. Der Dschapar war nun ein gerissener und flinker Mann, der mein Zeichen verstand und herankam. Er schüchterte den Seïd ein mit den Worten: „Agha haltet uns nicht länger mehr auf. Wir müssen nach einer festgesetzten Stunde die Station erreichen." Dann, Ibrahim
nachdem er diese Entschiedenheit hatte sehen lassen, zog er den muss zahlen
Anführer der Seïden sanft auf die Seite und nach einer langen Unterredung kam er zu uns zurück und sagte: „Gebt zehn Toman." Ohne das geringste Zögern rief ich Jusuf Amu zu zwei osmanische Lire zu geben. Der arme Schelm holte sie hervor und sprach zum Seïd: „Nimm dies. Die Rechnung werden wir am Tage des Gerichts in Anwesenheit deines Grossvaters einlösen." Der Seïd nahm das Geld und mit der grössten Gleichgültigkeit versetzte er: „Denke daran. Wenn du willst, schreibe dir auch den Dschapar als Zeugen auf." Jusuf Amu erhob das Haupt gen Himmel und im Gefühl der tiefsten Scham sprach er: „Ein Zeuge genügt und der ist Gott."

So waren wir denn mit einer Spende von 10 Toman aus der Faust dieser feigen Schurken befreit. Da musste es nun Wunder nehmen, dass der Dschapar äusserst froh war, dass wir für so gut wie nichts loskamen. „He," sagte er zu uns, „bedankt Euch, das ging gut ab. Die da lassen nicht so leicht ihre Hände vom Kragen irgend jemandes ab." Ich versetzte: „Papa, was braucht man da zu danken! Am hellen lichten Tage gleich vor den Toren einer grossen Stadt wie Täbris nehmen sie uns an und wollen uns ausziehen, und wir sollen noch dafür danken." Er erwiderte: „Arbab,

*) Koran.

(Herr) Arbab! Ich wiederhole es, bedankt Euch! Von Täbris aus kann kein Reiter oder Reisender unter den Kaufleuten und anderen aus Furcht vor dieser Schar am hellen Tage seine Reise antreten. Einige vollführen ihre Reise in dem Gewande von Dörflern, manche in der Verkleidung von Kameltreibern und Kohlenhändlern, und gar viele auf Seitenpfaden, wo obendrein noch tausend Gefahren drohen. Von jedem, der ihnen wie Ihr in die Hände fällt, nehmen sie alles, was ihnen beliebt, mit Stockprügeln. Die da sind eine Art Wegeräuberer, welche jeder Verantwortung und Untersuchung enthoben sind." Ich versetzte: „Weiss denn der Gouverneur der Provinz nichts näheres davon?" Er erwiderte: „Gott möge sich deines Vaters erbarmen, warum sollte er es nicht wissen! Ihr Treiben ist nicht derart, dass es geheim bliebe. Aber was soll er tun, es Macht der Seïden. ihnen zu verbieten geht über seine Macht. Kriegt wirklich einmal ein Ferasch wegen irgend eines Vorkommnisses bei diesen Übeltätern einen von diesen scheinbaren Seïden beim Kragen, so ist denselben Tag die erste Stunde für seine Auferstehung angebrochen. Da werdet Ihr sogleich sehen, dass 1000 Personen von den Theologen und Seïden der Stadt aus den äussersten Winkeln dem Feraschen auf den Kopf kommen und ihn so prügeln, dass er stirbt. Und keiner kann ihm etwa Hilfe leisten." Ich sagte: „Warum können die heiligen Ulemma den Abscheulichkeiten dieser Klasse nicht entgegentreten und dies jeden religiösen Vorschriften Hohn sprechende Treiben verbieten? — Warum halten sie diese Schurken nicht von der Ausübung von solch unwürdigem Treiben und verbotenem Tun ab? Da doch Gott und der Erwählte Gottes über ihre gesetzwidrigen Handlungen erzürnt sind, dass sie bei dermassen abscheulichem Tun und Treiben noch obendrein mit der grössten Schamlosigkeit sich selbst dem Propheten Gottes zugesellen und behaupten: Wir sind Seïden und Nachkommen des Propheten.

„Das Junge eines Löwen bleibt demselben ähnlich.
Du aber, worin gleichst du dem Propheten? Sprich!"*)

Welche Spur findet sich in der natürlichen Anlage und menschlichen Form dieses Haufens von Schelmen und Gaunern von den Charakterzügen des Propheten und den reinen Nachkommen jenes Fürsprechers am Tage des Gerichts?" — Der Dschapar sagte: „Kind Gottes, gerade die heiligen Ulemma, von denen du sprichst, sind selbst der Grund für die Kühnheit dieser Menschenklasse. Sie stützen sich mit ihren Schultern auf diese. Die heiligen Männer haben ihnen selbst die Keule der Gewalttätigkeit in die Hand gegeben, ja jene sind sogar die Feraschen, Infanteristen und Artilleristen der heiligen Ulemma. Vor jederlei Verantwortung schützen sie jene, damit sie zur Zeit der Not dienlich sein können. Hast du nicht vor zwei Wochen in Täbris gesehen, was für einen Tumult jene erregt haben. Wie sie nur auf einen Wink ihres Fingers und das Runzeln ihrer Augenbrauen binnen einer Stunde den Palast des Gouverneurs geplündert und das Gebäude von Grund auf untergraben haben. Sogar die Steinplatten am Gartenhause haben sie ebenfalls fortgeschleppt. Sie sind in dergleichen Taten für die Herren vonnöten. So kommt es, dass sie mit Plündern und Rauben Leute ‚die tun was sie wollen' geworden sind und an alles, was ihnen sich zu wünschen gutdünkt, mit völliger Freiheit und ohne jede Angst mutig herangehen und es ausführen." Ich empfand alle diese Worte hatten Recht, die dieser Mann sprach. Ich sprach zu mir: „Was kann man tun, man muss leiden und sich bescheiden." So kamen wir denn den Umständen angemessen an diesem Orte noch vorbei. Aber ich bitte inständigst die geehrten Leser dieses Reisebuches nur beim Lesen dieses Berichtes nicht zu unterlassen, sich vorzustellen, wie es in diesem Lande zugeht. Welche Höhe das Towabohu erreicht hat. Wie sehr die Rechte des Volkes mit Füssen getreten werden, wohin die Torheit und Ohnmächtigkeit der Obrigkeit gekommen ist! Wie weit die Geistlichen des Volkes, welche die Wächter der göttlichen Vorschriften sind, von der rechten Strasse abgekommen sind. Wahr steht geschrieben: „Wenn der Weise schlecht ist, wird die Welt schlecht!"**) Obwohl die frommen Herren Geistlichen diese Klasse von Landstreichern und schlechten Gesindel, welche sich selbst den Namen Seiden zugelegt haben und dadurch frei von Strafe für jedes unerlaubte und gesetzwidrige Tun geworden sind, Warnung und Zurechtweisung erteilen sollten, sie möchten nicht Gutes zum Bösen kehren, erregen und ermuntern sie dieselben noch. So ist es nun dahin gekommen, dass heutzutage jeder unglückselige Schiih, welcher von weitem eine Person in der Kleidung eines

---

*) Mesnewi, Rumi.

**) Koran.

Seïden sieht, jämmerlich die Kraft über Hand und Fuss verliert und sehnlichst wünscht, sich in einem Mauseloche zu verkriechen, auch wenn jener Seïd an die Leute keinen Wunsch hat. In sämtlichen Moscheen und auf allen Kanzeln dreht sich ihre Predigt ausschliesslich um das gute Werk der Abgabe des fünften Teiles und die Ermahnung der Leute, denselben zu bezahlen. Ich habe keinen Prediger oder Berater gesehen oder gehört, welcher den Seïden mit ermahnenden Worten gesagt hätte, Betteln ist den Nachkommen Sr. Heiligkeit des Propheten nicht erlaubt. Und die Leute draussen vor der Stadt nackt auszuplündern mit Stockprügeln ist Sünde und wider das Gesetz und unerlaubtes Tun. Die Seïden müssen vor allen Dingen an erster Stelle die hohe Würde ihres Seïdentumes bewahren. Der Seïd muss wissen, wo die Kette seiner Familie endigt. Jawohl, es ist die Schuld der Prediger im Volk, dass sie diese Schar nicht mit freundlichem Rate an die erhabene Grösse ihrer Familien erinnern und zum Ablassen von diesem unwürdigen und gesetzwidrigen Tun anleiten, ja im Gegenteil sie noch zur Vergewaltigung gegen die Leute und zur Gewalttat, zu Nichtstun und Faulenzerei auffordern. Wie kann der Prophet Gottes sich damit zufrieden geben, dass die gelobten Nachkommen jenes Heiligen mit ganz gesunden Körpern nicht an die Arbeit gehen, sondern die Leute anbetteln! Gewiss jedem einzelnen aus dem Volk, der schwach und mühselig ist und keine Körperkräfte hat, sei es Seïd oder irgend wer, dem zu helfen und beizuspringen ist die Sache der Vermögenden.

Wir berührten eben die Frage der Fünftelabgabe, diese nun bedarf der Gewissenhaftigkeit und Gläubigkeit nicht der Stockschläge. Es ist doch klar, dass wenn alle diese arbeitslosen Seïden an die Arbeit und ein Gewerbe gingen, ihnen natürlich auch nicht die Tore zur Erlangung ihres Lebensunterhaltes verwehrt würden. Dann würden sie auch ihre persönliche hohe Würde gewahrt erhalten. Und sowohl das Land wie das Volk würde wie von den anderen Leuten aus ihren Bemühungen und Unternehmungen Nutzen ziehen. Sollten sie aber etwa sprechen: „Es geziemt sich nicht der Würde der Seïden sich mit jeder gemeinen Arbeit zu beschäftigen.“ so sage ich: „Dieser ihr Einwand ist leicht zu widerlegen.“ Ihr reiner Ahn, welcher der Gesandte Gottes für beide Welten war, nahm, um seinem Volke als Muster in Zukunft zu dienen, Lohnarbeit bei anderen willig auf sich. Vorläufig sollte jemand, der die Abgabe des Fünftels zu leisten hat, auf der Suche nach einem Seïd Stadt für Stadt durchwandern, und hat er ihn dann gefunden, dann soll er ihm Hände und Füsse küssen und ihn inständigst bitten die Summe des Fünftels von ihm anzunehmen, damit er seiner Schuld ledig würde. Aber nicht so, dass die Seïden Schar für Schar nach fremden Ländern laufen und sich in christlichen Dörfern zur grössten Schande den Leuten an den Hals hängen und von ihnen den Fünfteil fordern, bis es soweit gekommen ist, dass heutzutage die russische Regierung den Eintritt in ihr Land jedem, der einen grünen oder blauen Turban auf dem Kopfe trägt, untersagt. Schliesslich muss man bedenken, dass dies Bettlergewerbe, welches ein unerlaubtes Tun ist, sich auch den Nachkommen dieser Seïden vererbt, sodass ihnen bis zum jüngsten Tage die Tore der Erniedrigung offen stehen; und die schlimmen Folgen dieser Zustände fallen zurück auf das Geschick von Leuten, welche eine Aufmunterung dieser Gesellschaft verschuldet haben.*) Nach meiner Ansicht wird kein Seïd von echter Geburt sich zu solcher Erniedrigung hergeben und wenn er auch Hungers sterben sollte. Amen.

Wir kamen hier weit von unserer Aufgabe ab. Noch hatten wir dies Gespräch nicht vollendet, als von weitem der Flecken „Maränd" sichtbar wurde. Wir gaben nun unseren Pferden die Sporen, und nach einer Entfernung von einer Stunde langten wir an und stiegen im Posthause ab. Der Dschapar sagte: „Wie es allgemein bekannt ist müssen wir uns hier einige Stunden aufhalten. Da nämlich hier ein grosser Eilpostverkehr herrscht von einer Seite nach ‚Arunak und Ansab', und von der anderen Richtung nach Täbris und der Grenze ‚Dschulfa' der Verkehr von Reisenden gewaltig ist, so kommt es aus diesem Grunde recht selten vor, dass im Posthause Pferde zu haben sind." Kurz, als wir abgestiegen waren, sagte ich, man solle uns etwas Tee bereiten und wir wollten uns einigermassen von den Reisestrapazen erholen. Ich sah, drei bis vier andere Personen waren wie wir eben erst angekommen. Sie hatten ihre Kurdschin (Packtaschen) und alles übrige Notwendige und das Reisegepäck auf einer Seite zusammengestellt und sassen dabei. Und einen von ihnen erblickte ich, der war von hoher Statur und hatte seinen Bart

Maränd: Reiseverkehr.

*) Die Geistlichen.

schwarz gefärbt. Seine Hände waren von Henna rot, und auf den Fingern hatte er verschiedene Rubinringe und auf seinem Kopfe trug er als Winterbedeckung*) einen Turban von kostbaren Schalstoff, und einen Rock von sibirischer Eichkatze hatte er angetan. Dieser vornehme Mann hatte sich auch ein schwarzes Taschentuch um den Hals geknüpft und sass da in einem Meer von Traurigkeit und Kummer versunken. Nachdem ich zwei bis drei Glas Tee getrunken hatte, sagte ich zu Jusuf Amu: „Steh auf und lass uns etwas im Flecken hier spazieren gehen." Ich fragte jene Reisenden: „Meine Herren, auf welchem Wege kann man in diesem Flecken hier zum Basar gelangen?" — Eben jener vornehme Mann mit dem Turban übernahm es uns zu antworten, er sagte: „Wenn Ihr Früchte oder derlei kaufen wollt, so geht in dieser Richtung." Ich erwiderte: „Wir wollen nichts kaufen, wir gehen nur ihn anzuschauen." Er versetzte: „Wenn es Euch nur auf das Anschauen ankommt, so geht überhaupt nicht hin, denn im ganzen Flecken werdet Ihr nichts sehen und hören als Weinen der Männer und Klagen und Heulen
Die Pocken. der Weiber. Sämtliche Stadtviertel sind vom Unglück heimgesucht und voll Trauer." Ich fragte: „Was ist denn nur besonderes geschehen, dass Unglück diese ganze Stadt ergriffen hat?" — Er erwiderte: „Es ist nun ein Monat, dass das Unheil der Pocken vom Himmel auf den Boden dieser Stadt herabgekommen ist. Kein Haus gibt es mehr, in welchem nicht ein Kind durch dies Unheil Gottes dahingegangen wäre. Man kann keine Eltern mehr finden, deren Herz nicht durch das Dahinscheiden ihrer Leibesfrucht verwundet wäre. Aus ihrer Zahl bin ich der Unglückseligen einer, dessen Herz durch das Dahinscheiden von zwei geliebten Kindern binnen einer Woche tief getroffen ist. Aber abgesehen von dem Kummer über das Ableben meiner Kinder hat noch das Jammern und Wehklagen ihrer Mütter Tag und Nacht meine Nerven angegriffen**) und mein Leben mir verhasst gemacht. So kam es, dass ich, ausser mir, mich zur Reise entschlossen und mein Haupt in der Einöde (d. h. aufs Geratewohl) niedergelegt habe. Ich weiss nicht wohin ich gehen soll und was ich tun werde." Der arme Mann fing an währenddessen einige für seine Lage passende Klageverse der

*) رضای

**) Eigentlich meine Leber gebraten.

Nauhe*) mit lauter Stimme zu lesen, und dabei fing er an mit Ach und Wehe zu weinen, und wie Quellen huben die Tränen an von seinen Augen herabzurieseln. Mein Herz verzehrte sich seinetwegen. Ich sagte: „Habt Ihr denn nicht die Impfung vorgenommen?" — Er erwiderte: Das Impfen. „Ach Papa, was soll das Impfen? Das sind alles europäische Worte. Gottes Wille hatte ebendiesen Verlauf beschlossen." Derlei Worte zählte er noch gar viele auf. Ich versetzte: „Wie ist Euer geehrter Name, Herr?" — Er sagte: „Hadschi Molla . . . . ., der Rusevorleser von Maränd." Ich entgegnete: „Hadschi Akhund: Wieviel Kinder von dieser Stadt sind durch diesen Schicksalschlag der Krankheit dahingegangen?" — Er erwiderte: „Nach Zählung der Totengräber sind bis gestern 600 der Erde übergeben worden. Dazu sind mehr als 100 Kinder blind, siech und elend geworden." Ich versetzte: „Werter Herr, die Verantwortung für das Blut aller dieser unschuldigen Kinder ruht auf Eurem Nacken und von jedem, welcher solche Ansicht hegt: ‚Das Impfen ist ein europäisches Wort.' Wie lange noch solche Torheit? — Was sind das für Reden? — Dass ihr mit Ibrahims dieser trägen Ansicht die Ursache zum Dahinscheiden von allen Strafpredigt. diesen unschuldigen Kindern geworden seid, genügt das nicht, dass ihr sogar noch schamlos diesen Gedanken dem Willen Gottes zuschieben wollt? — Ich nehme meine Zuflucht zu Gott vor dieser Eurer falschen Ansicht. Das sind alles unheilvolle Folgen Eurer Torheit und Eures Unverstandes. Der Wille Gottes hat sich in dieser Beziehung vorgenommen, dass aus einer Hand voll Wasser und Lehm, ebenso wie ich und du, eine Form in bester Anordnung erstehe, die sprachbegabt sei und das Gute vom Schlechten zu unterscheiden wisse. Durch das Erfordernis von Sinn und Verstand, welchen die Hand der göttlichen Kraft im Gehirn und Herzen des Menschen erschaffen hat, soll er Wissenschaft erlernen, Gott in seiner Einheit erkennen und auf Grund dieser Erkenntnis ihm untertan sein. Gott hat kein Ding ohne Grund erschaffen. Für jede Krankheit schuf er ein Heilmittel. Die Mehrzahl der Gewächse und Blumen und Wiesenkräuter sind Heilmittel für derlei Übel. Unsere gelehrten Vorbilder haben an so vielen Stellen wiederholt ausdrücklich befohlen, der Kranke soll zum Arzt gehen und von ihm Behandlung verlangen. Habt Ihr nicht gehört, dass der Arzt von absoluter Art

*) Aus der Marsie. Totenklage.

(Gott) dem heiligen Moses — Segen auf ihn! — in seiner Krankheit den Bescheid gab: ‚Moses, ohne Mittel und Grund verleihe ich dir keine Heilung, du müsstest denn zum Arzt gehen und dein Übel angeben?‘ Habt Ihr nicht gelesen, dass Seine Heiligkeit, das Ende der Rangstufen (Mohammed) — Segensprüche für ihn und seine Nachkommen! -- befohlen haben: ‚In einer Stadt, in der die Pest oder Cholera aufgetreten ist, dort tretet nicht ein? Und solltet ihr beim Auftreten der Krankheit euch drinnen befinden, so geht nicht von dort heraus bis die Krankheit verschwunden ist.‘ Die Europäer haben ebendiesen reinen Befehl des Propheten Gottes aufgenommen, nur ist ihm der Name ‚Quarantäne‘ beigelegt worden, und nach den Worten jenes Hochwürdigen wird gehandelt. Aber das muss bedauert werden, dass ich und du aus Unkenntnis und Unverstand trotz unserer Zugehörigkeit zu den Bekennern der Vorschriften des heiligen Islam noch nicht den Sinn ihrer Worte und der Gebote unserer gelehrten Führer begreifen. Aber die Europäer mit ihrem fremden Fühlen verstehen sie und führen sie auch aus. ‚Sieh den Unterschied, woher der Weg kommt bis wohin.‘ Das Deutsche Reich

Kindersterblichkeit.

nennt heutzutage 100 Kurur (50 Millionen) Untertanen sein eigen. Im ganzen deutschen Lande gehen im Laufe des Jahres von zwölf Monaten noch nicht 100 Kinder jenes Landes durch den Schicksalsschlag der Pockenkrankheit zu grunde. Aber ihr habt aus übergrosser Nachlässigkeit und Laschheit bar allen Wissens und Verständnisses im Laufe von einem Monat 700 unschuldige Kinder, auf welchen zu allererst die Vermehrung der Volkszahl beruht, in diesem kleinen Flecken zu Reisenden für die Welt des Nichts gemacht. Und dazu schreibt ihr dies ohne Scheu dem Willen Gottes zu. Wenn der Wille Gottes es wirklich demgemäss beschlossen hat, so lasst es euch genügen. Warum klagst und weinst du? — Alle diese heissen Seufzer wozu sollen sie dienen? — Du musst dann fröhlich und heiter sein.“ Schliesslich entfiel bei diesem langen Gespräch mir wieder der Zügel der Beherrschung aus den Händen, und es war mir ganz anders zu Mute. Ich merkte, wie ein anderer von den Reisenden mit gespanntester Aufmerksamkeit sich mir und meinen Worten zuwandte. Er fragte: „Nachbar, von woher seid Ihr?“ — Ich sagte: „Von hier.“ Er versetzte: „D. h. von Maränd.“ Ich sagte: „Nein, ich bin ein Perser.“ Er entgegnete: „Nein, ein Perser führt nicht derlei Worte.“ Ich sagte: „Ich bin ein Perser, aber in Kairo

Apotheke. (S. 268.)

habe ich meinen Wohnsitz." Er versetzte: „Siehst du, ich habe mich nicht geirrt, meine Ansicht ist richtig gewesen. Lieber Bruder, sei nicht hart und nicht so bitter. Dieser Agha ist der Marsieleser der Stadt. Er hat schon an seinem Schmerze genug, warum streitest du mit ihm und beleidigst ihn?" — Ich erwiderte: „Meine Absicht ist nicht mit ihm zu streiten und ihn zu beleidigen, aber mir gleitet jedesmal wenn ich dergleichen Worte, weit ab von Einsicht und Verstand, höre unwillkürlich der Zügel der Selbstbeherrschung aus der Hand. Bitte bedenkt selbst. Habe ich schlechtes gesprochen?" — Er erwiderte: „Ich habe von Anfang an Eure Worte verstanden. Alles hast du richtig und ordnungsgemäss gesagt, aber Ihr müsst auch Zeit und Ort berücksichtigen. Gewiss, in den Ländern, welche Ihr besucht habt, impft man, hält Quarantäne ab, und der Nutzen von allen beiden Einrichtungen ist für die humanen Wissenschaften sogar klar wie die Sonne. Aber das geht soweit, weil in jenen Ländern zwischen Regierung und Volk ein Verhältnis von Vater und Kindern besteht. Wenn nur das Leben eines einzigen Kindes aus dem Volke zufällig oder ohne Todesursache endet, so nimmt die Regierung an, dass jenes Kind von selbst verschieden ist, und geduldet sich keine Minute die Gründe zu diesem Hinscheiden zu erforschen, bis sie die Veranlassung zu seinem Tode herausgefunden hat und für die Zukunft die Tore jenem Krankheitsfall verschliesst. Ich habe selbst, als ich eine Zeitlang in Stambul war, alle Tage gesehen, dass die Ärzte der Regierung Gasse für Gasse, Viertel für Viertel, Tür für Tür der Häuser durchschritten und die Kinder kostenlos impften. Wenn einmal einer sein Kind nicht impfen liess oder derselben Meinung wäre wie der ehrwürdige Hadschi Mehmed, dann würde er, wenn es bekannt würde, der Strafe verfallen. In sämtlichen Städten und Marktflecken, sogar in den Dörfern im äussersten Winkel, wird diese vortreffliche Vorschrift ausgeübt. Die Geburten müssen sogar mit Namen und Kennzeichen in die Personenregister eingetragen werden und auch die Todesfälle auf dieselbe Weise. In jeder Woche macht man die Anzahl der Verstorbenen vermittelst der Tagesblätter bekannt etwa: ‚Im Laufe dieser Woche sind so und so viel von den Stadtbewohnern dahingeschieden.' Auch jede Krankheit wird bezeichnet. Wenn etwa ansteckende und um sich greifende Krankheiten auftreten sollten, dann werden sogleich die nötigen Massregeln ergriffen, um ihnen Zügel anzulegen,

Einrichtungen in Europa.

und die Verwaltung der Gesundheitspflege geht mit ihrer ganzen Beharrlichkeit und Ausdauer zur Beseitigung jener ans Werk.

Jetzt kommt und seht die Art und Weise dieses unseres unglückseligen Landes. Wenn in einer Nacht die Hälfte der Einwohner einer Stadt an schlimmen Krankheitsfällen stirbt, so ist die Regierung niemals hinter der Untersuchung ihrer Beschaffenheit her. Es ist klar, dass sie um die Bestattung der Toten sich nicht im geringsten kümmert, wie käme sie dazu bei Sterbefällen wie an Pocken und Erdbeben! Das, was in den Augen der Regierung von allen Dingen am wertlosesten ist, das ist das Leben der Untergebenen und Untertanen, und nun genug! Sollten die Bewohner einer Provinz auch wegen Teuerung und Hungersnot nahe am Verscheiden sein, so verzieht doch der Gouverneur jener Provinz nicht eine Minute zur Jagd zu gehen. In bedeutenden Städten ist jeder dem Haschisch ergebene Derwisch und jeder Drogenhändler, der Heilmittel verkauft, Arzt und jede alte Bauernfrau Hebamme, und sogar die Barbiere, welche ihren eigenen Stand haben, haben ein Arzneimittel für jedes Übel in ihren Kästen (Geldkatze). Alle Tage töten die Gewissenlosen eine Menge, und niemand fragt sie: „Wo hast du die äusserst schwere ärztliche Kunst erlernt und von welcher ärztlichen Hochschule hast du ein Reifezeugnis? Auch mein Vater war Arzt. Nach dem Dahinscheiden des Seligen versammelten sich die Nahestehenden und Verwandten, Freunde und Bekannte sogleich bei mir, ich solle nicht die Leuchte meines Vaters verlöschen lassen. „Gott sei Dank könnt Ihr schreiben und lesen, hier nimm das Heilbuch deines Vaters, in welchem alle Heilmittel verzeichnet sind, und liege der ärztlichen Behandlung der Leute ob, denn das Amt eines Arztes kommt ausschliesslich Eurer Familie zu." Ich erwiderte: „Papa, ich und die Ausübung der Heilkunde! — woher? — Um Gotteswillen lasst eure Hand mir vom Leibe und lasst mich wie ich bin. Was weiss ich von Krankheiten und ihrer Behandlung! -- Bei unserem gemeinschaftlichen mohammedanischen Blute drängt nicht in mich, ich würde mein Gewissen und mein Ehrgefühl niemals bei dieser Beschäftigung beruhigen können. Kurz, wie sehr sie auch darauf bestanden, ich gab nicht nach. Allein gelassen verkaufte ich das Heilmittelbuch, welches mir vom Vater als Erbe hinterlassen war, an den Agha Simed, den Drogenhändler, für 14 Toman und war die Sache los. Aber der Agha Simed wurde jetzt vermöge

Die Ärzte und Kurpfuscher.

Ein Perser mit Ehrgefühl.

Apotheke und Bäckerjunge mit Brotfladen. (S. 268.)

dieses Buches Agha Mirsa Abdul Simed der Arzt. Er erlangte grossen Ruf, und morgen schon wird er Hakim baschi (der oberste Arzt) werden und von der Regierung auch noch einen Titel erhalten.

Wenn am Ende der Welt etwa wie Maränd auch die übrigen Ortschaften Irans den Sohn anstatt des Vaters mit Stockprügeln und Foltern ergriffen, dann wehe über mein Dasein! Da ich weiss, dass mein verstorbener Vater mehr als 200 Mohammedaner, deren Todesstunde noch nicht gekommen war, mit entgegengesetzter falscher Behandlung und mit schädlichen Arzneimitteln gemordet hat. Der armselige Tor verschrieb für jede Entzündungs-Krankheit und als Speise für jeden Patienten Suppe von Alu-bukhara: (Pflaumen von Buchara), und für jedes Unwohlsein ordnete er Aderlass und Schröpfen an. Eines Tages brachte man einen alten Mann, der länger als ein Jahr elend und bettlägerig war, meinem verstorbenen Vater zur Behandlung. Ich war gerade anwesend. Er sagte: „Man muss ihn schröpfen." Nachdem der Patient fortgegangen war, sagte ich: „Agha, wenn die Verordnung des Schröpfens dazu dient Blut abzuführen, so ging aus der Farbe des Gesichts des Greises hervor, dass in seinen sämtlichen Adern nicht ein Miskal übrig ist, wenn aber das Luftabziehen damit bezweckt wird, dann wird dieser arme Mann sein Leben den Lüften übergeben, und es ist sein letzter Atemzug. Der Verstorbene blickte währenddessen zornig nach mir hin und fragte: „Was hätte man also dem Kranken sagen sollen?" Ich erwiderte: „Was weiss ich!" — Er versetzte „Nun, da du es nicht weisst, so schwatze kein dummes Zeug!" Das Gespräch wurde hiermit beendet. Wahrhaftig, ich hatte niemals einen Perser mit solchem Gewissen gesehen. Es war ein Mann von angenehmen Charakter und ein geistreicher Witzbold. Auch besass er ausländische Bildung. Über seine Gesellschaft war ich sehr froh. Ich hatte noch eine Schachtel guter ägyptischer Zigaretten, die letzte der Mohikaner,*) ganze 100 Zigaretten. Ich gab sie ihm zum Geschenk. Er nahm sie mit grösstem Vergnügen an. Und eben hierdurch wurden wir miteinander bekannt. Ich gab ihm meine „Carte visite" und fragte ihn ebenfalls nach Namen und Stellung und schrieb es in meinem Taschenbuch nieder. Hierauf nach

*) بقية السيف Der Rest des Schwertes, d. h. die das Schwert verschont hat.

4 Stunden Aufenthalt im Posthause nahmen wir von unserer neuen Bekanntschaft Abschied.

Wir brachen somit von Maränd auf, und kommenden Tages gelangten wir so gegen die Mittagszeit am Ufer des „Arras" an. Während ich den Fuss aus dem Steigbügel zog sah ich jemanden gegenüber stehen, der mit der grössten unberechtigten Anmassung sagte: „Der Khan verlangt nach Euch." Ich sagte: „Khan, wer ist das und wie heisst er, und was hat er mit uns zu tun?" — Er erwiderte: „Der Khan-i Amin-i Teskere (der Verwalter des Passbureaus). Er möchte Eure Pässe sehen und visieren." Ich versetzte: „Dann sage, er will Eure Pässe nicht Euch." Er sagte: „Jawohl." Ich gab die Pässe hin, und er trug sie fort. Nach einigen Minuten brachte er sie und forderte 14 Kran für die Visierung. Ich bezahlte sie. Er sagte: „Auch wir haben einen Dienst erwiesen." Ich gab ihm noch 2 Kran. Er gab sich zufrieden und sagte: „Seid willkommen und reist in Frieden," und ging davon. Als wir nun so fertig geworden waren, blickte ich umher und sah ungefähr 200 von meinen Landsleuten armselig und elend, wie ich dergleichen gar viele in Batum und Baku angetroffen hatte, dort in Gruppen in der Sonne stehen. Die Leute des Passvorstehers umringten sie und gingen daran das Passgeld einzutreiben. Von jedem, bei dem sie Geld rochen, forderten sie ungeheuer. Und die, welche ohne Geld waren, ergriffen sie unter Schmähungen, Backpfeifen und Fusstritten. Es gab ein Hin- und Hergeschrei und ein seltsames Schauspiel. Mein Herz verzehrte sich gar sehr ihretwegen. Währenddessen erblickte ich auch auf der anderen Seite eine Menge mit Tamburins und Sackpfeifen und einigen Affen und Tanzäffchen dastehen, auch einige kleine Buben mit langen Haaren und wie Weiber gekleidet waren mit ihnen. Diese befanden sich ebenfalls mit den Passbeamten in Ha und Hu und Nehmen und Festhalten. Ich fragte: „Was sind das für Leute, und wozu ist dieser Lärm und das Geschrei?" — Man erwiderte: „Dieser Haufe wünscht ebenfalls nach jener Seite des Flusses Arras zu gehen. Ihr Geschäft besteht im Wandern von Tür zu Tür im kaukasischen Gebiet und im Tanzenlassen dieser Buben und Affen und Tanzäffchen, um auf diese Weise an jeder Tür etwas zu empfangen und davon ihr Leben zu fristen. Ihr Hin- und Herreden geschieht darum, weil der Khan Passverwalter auch für die Affen und Tanzäffchen Passgeld verlangt, sie aber geben es

Plagereien an der Grenze.

Das fahrende Volk.

Die Tanzbuben, Mutribe. (S. 270.)

nicht und sagen, das sei eine Neuerung. Jetzt sind es drei Tage und Nächte, dass sie sich hier aufhalten, und zwischen den Passbeamten und dieser Schar gibt es alle Tage nach derselben Leier ein Nehmen und Halten wie Ihr es seht." Dieser Umstand machte meine Verwunderung und mein Erstaunen selbstverständlich nur noch grösser.

Da wünschte sich mein Herz eine Stunde früher nach dem anderen Ufer überzusetzen, um dergleichen betrübende Vorfälle nicht mehr zu sehen. Als wir nun zur Furt kamen da sah ich, dass die Transportmittel über diesen Fluss allein in einem „Kuru" (Boot), d. h. einem Kahn, bestanden, der sozusagen an Alter die Familie der Schiffe des heiligen Noah, des grossen Propheten, Segen auf ihn! erreichte. Dies Kaïk führte die Reisenden zum jenseitigen Ufer des Flusses, welches die russische Grenze bildet, hinüber. Wir gaben nun zu zweien zwei Kran und nahmen im Kaïk Platz. Als sich das Boot ein wenig vom Ufer entfernt hatte, blickte Jusuf Amu nach der persischen Seite und sagte: „Gott tausendmal Dank, dass wir heil aus diesem wüsten Lande davon kamen!" Obwohl nun Jusuf Amu diesen Dank in Gedanken an mein Wohlergehen abstattete, so sprach er doch völlig ohne Überlegung, da er doch wusste, dass diese Worte meiner Natur und meinem vaterlandsliebenden Charakter ganz und gar widersprachen. Durch seine unpassenden und unüberlegten Worte wurde mein Herz schwer verletzt, und ich war so betroffen, dass es sich nicht beschreiben lässt, als hätte man eine Schüssel mit kochendheissem Wasser mir über den Kopf gegossen. Rauch stieg aus meinem Charakter hervor (d. h. innen glühte alles, die Worte zeigen wie Rauch den hitzigen Charakter an). Ich sagte: „O Mann ohne Gerechtigkeitsgefühl, was ist die Schuld dieses reinen Bodens? Du scheidest von der Heimat, und anstatt ein Abschiedsgebet zu sprechen und Gott zu bitten, die Möglichkeit zur Rückkehr herbeizuführen, zeigst du dich fröhlich und dankbar. Du hast ein wunderbar hartes Herz." Als ich dies sagte und noch nicht vollendet hatte, kam mich unwillkürlich Weinen an. Ich fing an laut zu schluchzen und sprach: „O teure und geliebte Heimat!*) Leib und Seele von mir diene deinem Boden zum Opfer! Du in meinem Glauben gesegneter als das Paradies! Dein Boden

Abschied von Iran.

*) Also kann der Moslim doch seine Heimat lieben. Man hat behauptet, das gäbe es nicht, nicht einmal das Wort „Heimat und Vaterland" wäre in den mohammedanischen Sprachen zu finden.

ist die Summe des Lebens, und deine Luft hat den Hauch der ewigen Paradiesesluft. Ach, dass deine entarteten Söhne deinen hohen Rang erniedrigt und sich nicht bemüht haben, die Hoheit deiner Würde zu bewahren, und dich in den Augen der Fremden wenig geachtet und ohne Ansehen gemacht haben. Von der Liebe zu dir, welche der reine Prophet Gottes als gleichwertig mit dem Glauben bestimmt hat, haben sie sich losgesagt nicht wissend, dass am Ende von diesem Treiben der Erniedrigung und Geringachtung ihre eigene Zeit und die ihrer Nachkommen wieder getroffen wird. O mein heiliges Vaterland! Deine törichten Kinder haben deinen Rang so minderwertig gemacht, dass heutzutage jeder deiner Unwürdige, welcher von deinem ernährenden Busen scheidet, anstatt bei der Trennung von dir blutige Tränen zu vergiessen und in Erinnerung an deine Liebe und Güte das Gewand der Ergebung zu zerreissen, ohne Scham dafür, dass er von dir zieht, danksagt und frohlockt! Aber ich bin einer, dessen Herz bei der Trennung von dir Trauer empfindet und dessen Augen voller Tränen sind. Von dir zu scheiden ist in meinem Glauben schwerer als vom Leben zu scheiden!

‚Ich gehe, und voller Trauer blicke ich zurück.
Mein Fuss weiss nicht, welchen Boden er betritt.'*)

Gewiss, ich habe noch tausend Klagen auf der Lippe, aber all meine Beschwerden betreffen deine entarteten Söhne, welche das dir zukommende Recht der Verehrung nicht beachtet und dir Gewalt angetan haben. Was hat der Garten für Schuld, wenn der Gärtner faul und müssig ist und ihn verwildern lässt und jämmerlich erhält!

O mein geliebtes Vaterland! Wie oft habe ich mich über deine lieblosen Sprossen, welche meine Brüder sind, beklagt, aber ich weiss, dass jene auch mit mir nicht zufrieden sind. Hinfort werden sie sich über mich in ihren Gesellschaften und Zusammenkünften beklagen und beschweren und werden mich sogar wegen der Zuneigung, die ich zu dir fühle, der Verrücktheit beschuldigen. Es ist nicht unwahrscheinlich, dass sie in ihre Listen meinen Namen als grosssprecherisch, als faden Schwätzer und Geistverwirrten eintragen werden, ebenso wie ich sie, und die persischen Geschichts-

*) Nisami, aber frei wiedergegeben.

bücher auch meinen Namen als verrückt verzeichnen werden. Aber ihnen kommt das nicht zu so zu reden, da sie von dem Sinn der Vaterlandsliebe und den hohen Begriffen der Vaterlandsverehrung keine Ahnung haben."

Mein Weinen nun wurde allmählich immer heftiger, und ich vermochte nicht mehr zu atmen, und meiner Zunge waren weitere Worte versagt. Jusuf Amu merkte, dass er einen Fehler begangen und unpassende Worte gesagt hatte. Er wollte mich durch ein dazwischengeworfenes Gespräch diesen kummervollen Gedanken wieder entreissen. Er sagte: „Edler Beg seht hin, wegen der ausserordentlichen Stille in der Wasserströmung wird es nicht klar nach welcher Seite die Strömung ist." Es war aber klar, dass er seine Rede sehr bereute und sich schämte. Als ich mich dann aus meinem betrübten Zustand aufgerafft hatte, kam auch das Boot am jenseitigen Ufer, der Grenze, an. Wir stiegen beide aus und holten auch unsere Sachen heraus. Zur selben Stunde kamen die russischen Zoll- und Grenzbeamten und visierten unsere Passeports, d. h. sie sahen sie an und zeichneten sie. Hierauf suchte ich den Postbeamten auf und verlangte Pferde. Sogleich machte man sie fertig, wir stiegen ein und machten uns auf den Weg. Unterwegs gab es ausser der Stadt Nakhdschewan keinen Ort, der merkwürdig gewesen wäre. Wir fuhren dort vorbei, und nach einer beträchtlichen Strecke gelangten wir zur Stadt Eriwan, welche zu den bekanntesten Ortschaften des Kaukasus gehört. Im dortigen Posthause waren infolge des zahlreichen Verkehrs von Reisenden Pferde nicht da; wir mussten somit drei bis vier Stunden uns aufhalten und auf das Kommen von Pferden warten. Daher stiegen wir aus und vertraten uns etwas, als ich plötzlich sah, wie ein Ferasch, an dessen Pelzmütze das Wappen der Sonne und des Löwen sich befand, da war und sagte: „Herr, Ihr müsst Eure Pässe vorzeigen." Wir zeigten sie. Er sagte: „Gebt zwei Manat (Rubel)." Ich bezahlte sie ohne wie und warum. Er nahm und ging davon. Einer von den Postbeamten sagte: „Warum habt Ihr das Geld gegeben? Diese haben kein Recht unter solchem Vorwand Geld den Reisenden abzunehmen. Aber obwohl sie kein Recht haben, so kommen sie doch immer wieder und fordern, doch niemand gibt es, und häufig geschieht es, dass sie noch Stockprügel zu kosten bekommen. Nur von einigen schwachen und trägen Leuten kommt ihnen manchmal etwas in die Klauen." Ich

Nakhdschewan.

Verkehr in Eriwan.

versetzte: „Es schadet nichts, auch wir gehören zu jener Klasse von Müden und Trägen.“

Hierauf nach einer Wartezeit von vier Stunden brachte man die Pferde und spannte die Post an. Von dort bewegten wir uns Akstafa zu. Ein Perser war noch unser Reisegefährte. Ich fragte: „Woher seid Ihr?“ — Er sagte: „Ich mag zu den Bewohnern von Khoi zählen.“ Ich versetzte: „Ich hatte auf dieser Reise auch den Besuch von Khoi ins Auge gefasst, aber dieser Jusuf Amu hier hat mich davon abgehalten. Schade, dass ich jene Stadt nicht gesehen habe.“ Danach fragte ich nach den dortigen Zuständen, was es für eine Stadt sei. Unser Gefährte priess sie. Ich fragte nach ihrem Handel und dem Ackerbau. Er erwiderte: „Alles ist vorhanden, aber der Handel mit Stambul ist unwiederbringlich zu Ende. Diejenigen, welche mit Stambul Handelsbeziehungen hatten, sind alle ruiniert und zu Boden gefallen.“ Mich erfüllte von neuem Ärger, warum ich nicht in meinem Entschlusse Festigkeit gezeigt und vom Besuche jener Stadt abgesehen hatte. Er sagte: „O, wenn Ihr doch gekommen wäret und gesehen hättet! Ein neuer Rusevorleser, einer der Schüler des Mollah Hussein Dschini, ist nach Khoi gekommen, und mit jugendlichen Körper liest er wie sein alter Meister die Marsie. Die Schar der Dschinnen*) sagen ihm unter der Achsel hervor die Worte zu und haben ihm neue Marsiedichtungen gelehrt, welche kein Ohr je vernommen hat. Sein Marsiebuch, welches die Dschinnen geschrieben haben, kann niemand ausser ihm selbst lesen. In der Versammlung, in welcher er Marsie liest, kann vor dem Gedränge der Leute nicht jedermann Platz finden. Den Leuten in seiner Marsievorlesung ‚strömt aus den Augen Blut anstatt Tränen‘. Er hat den Glanz des Marktes sämtlicher Rusevorleser gebrochen, und sein Geschäft ist gewaltig in die Höhe gegangen.“ Ich versetzte: „Ich habe eine Bitte, dass Ihr im Gegensatz dazu dies Gespräch herabbringt, denn ich habe nicht weiter mehr die Kraft zuzuhören.“ Auch nicht nach Khoi gegangen, habe ich doch meine Reise beendet. Und ich habe gut herausgemerkt, von welchem Übel die Bewohner jener Stadt befallen sind. Ich sagte: „Werter Herr, dies steht im Widerspruch zu den Vorschriften des Islam, dass die Dschinnen unter der Achsel und dem Gürtel des Menschen

*) Geister.

Khoi.

Aberglaube.

hervor ihm Marsiedichtungen lehren." Hierauf ging ich dieses ganze Gespräch nochmals völlig durch und war mit mir selbst beschäftigt. Als ich wieder zu mir kam waren wir bei der Station angelangt. Vier Stunden sassen wir hier und warteten auf die Abfahrt des Eisenbahnzuges nach Batum. Darauf setzten wir uns Batum zu in Bewegung. Auch schrieb ich mein Reisebuch bis hierher. Das Ergebnis meiner Reise ist folgendes: dass in allen Landesgebieten, Recapitulatio. welche ich in Iran besucht habe, mir in keiner Ortschaft Spuren von Fortschritt und Neigung zur Zivilisation in die Augen kamen, woran ich meine Freude hätte haben können. Im Ackerbau und Handel lassen sie sich an dem genügen, was sie von ihren Ahnen selbst gesehen haben. Und das gibt genügend Anlass zur Verwunderung, dass sie noch damit prahlen, die Sitten der Vorfahren würden bei uns noch sämtlich befolgt. Aber andererseits sind sie auf unnützen Luxus und das Anschaffen von Gegenständen zur Ausschmückung ihrer Häuser in dem Grade verfallen wie niemals ihre Grosseltern derart auch nur im Traum gesehen haben. An Stelle von Kupfergefässen, welche ein Produkt und Gewerbezweig unserer lieben Heimat sind und wofür auf 100 Jahre zur Bestreitung des Notwendigsten einer grossen Familie ungefähr 200 Toman genügten und schliesslich dabei noch ihr Preis in nichts geringer wurde, kauft man heutzutage für 200 Toman einen Kronleuchter und hängt ihn an die Decke des Zimmers auf, sodass bei etwaigem Herunterfallen ausser dem einen Worte „O weh!" seinem Besitzer nichts davon übrig bleibt. Es ist klar, dass ihre Ahnen an dergleichen Dinge niemals gedacht haben.

Kein einziger von dieser Menge Leuten, welche zum grössten Teil Besitzer von Landgütern sind, ist einmal auf den Gedanken verfallen, vom Nachbarland eine Dreschmaschine für die Ernte oder eine Mähmaschine für das Schneiden des Getreides oder eine Maschine den Weizen zu reinigen als Muster zu kaufen und mitzubringen und auf ihren Äckern und Dorfschaften ins Werk zu setzen, um ihre Zweckmässigkeit mit eigenen Augen zu prüfen. In diesem ganzen Lande, von den grossen Städten angefangen bis zu den Flecken und Dörfern, ist kein Schlot von nur einer Maschine oder Fabrik zu sehen, von dem der Rauch in die Lüfte steigt. Und von keiner Seite lässt sich der Schall eines Pfiffes und lärmenden Geräusches der Abfahrt und Ankunft eines Eisenbahnzuges hören. In keiner

Stadt gibt es im Namen der Regierungsverwaltung ein hohes und prächtiges Gebäude. Von Staatsschulen und Krankenhäusern kann man nirgends eine Spur finden.*) An keinem Punkte kann man eine Kompaniegesellschaft oder Bank, welche ein Zeugnis für Fortschritt und Zivilisation ist, erblicken. Jemand, der für den Zustand der Moscheen sorgte, gibt es nicht. Die Gräber der früheren Grossen wie der Sefavisultane und anderer sind alle verfallen. Von den Bemühungen, welche der verstorbene Naib-i-Sultanä Abbas Mirsa und von den Diensten, welche der grosse Amir Mirsa Taki Khan, der selige, für Land und Volk aufgewandt und auf sich genommen haben, gibt es kein Wort unter ihnen, welches als Beweis für ihre Wertschätzung bei den Nachkommen diente. Weder erwähnen sie die guten mit Segenswünschen noch belegen sie die schlechten mit Schmähungen.

Die Ausserachtlassung der Rechte und Nichterfüllung der Pflichten der Blutsverwandtschaft, Mitleidslosigkeit und Gewissenlosigkeit und Übelwollen gegeneinander sind ihr Tagewerk. Dennoch bei diesen Zuständen sprechen sie, wenn sich fünf Personen an einem Ort zusammenfinden: „Papa, die Welt dauert nur fünf Tage, man muss an die andere Welt denken!" Aber alle sagen mit der Zunge Lügen und mit ihrem Tun stellen sie das in Abrede. Was aus ihren Gedanken nicht weichen will, das ist das Verhör am Tage der Abrechnung. Sie tun wohltätige Werke, aber sie speisen die Reichen nicht die Armen. All ihr Tun ist nur um sich zu zeigen, ohne Begehrlichkeit und Wünsche entbieten sie niemandem Gruss. Wenn sie in Gesellschaft beten, so haben sie an den Vorbeter ein Anliegen. Der Charakter dieser Leute ist so schlecht geworden, dass seine Verbesserung schwierig erscheint. Wir können da nur zu unserem Troste sagen: „So blieb es nicht und so wird es auch nicht bleiben."

Unterwegs, überall wo man vorbeikommt, ist der Boden tauglich für jede Art Ackerbau und Bepflügung. Was nützt es jedoch, wenn der grösste Teil brach und unbebaut liegen bleibt. So sind einige von den grossen und kleinen Städten wegen der geringen Anzahl von Einwohnern sozusagen Friedhöfe, weil die Bewohner hilflos zu

---

*) Ibrahim erkennt gar wohl wie hoch die Christenheit mit ihrer aufopfernden Nächstenliebe über dem heutigen Islam steht.

Auswanderern nach fremden Ländern wurden, und die Städte leer an Geschöpfen dem Auge erscheinen. Die unglückseligsten Bewohner dieses Reiches bildet die Klasse der Lohnarbeiter, Tagelöhner und Träger. Die armen Kerle müssen, wenn sie ihr Tagewerk vollbracht haben, noch einen Tag von Laden zu Laden wandern auf Suche nach Brot, bis sie vielleicht am Abend ein halbes Man Brot mit ihrem Gelde ergattern können, womit sie ihre Familie ernähren. Trotz höchster Fruchtbarkeit des Jahres und Überfluss an Lebensmitteln ist es nun Jahre schon her, dass dieser Mangel an Brot dauernd und beständig bleibt, und dies ist nicht nur für ein oder zwei Jahre. Die meisten von den Gutsbesitzern, welche in ihrer Hartherzigkeit wilder sind als die Untergebenen von Dschenghis, speichern den Weizen überall auf und lassen ihn faul werden, und für ihre in Armut und Elend versunkenen Landsleute haben sie kein Erbarmen. Gott möge selbst die Armen für die Gier jener an Gewalt gewöhnten grausamen Tyrannen rächen!

Die Arbeiter.

Brotwucher.

Heutzutage ist auf der gesamten Oberfläche der Erde kein Volk unglückseliger geblieben als das persische, auch die Schwarzen vom Sudan und von Abessinien mitgezählt. Bis zu einem gewissen Grade besitzen sie menschliche Rechte, und Tag für Tag geht ihr Streben nach Fortschritt. Dem traurigen Dasein der Perser jedoch kommt jeder Tag härter als der erste Tag vor. Wenn wir nun sagen, es sei so der Wille Gottes, so sagen wir falsches, sogar eine Sünde. Gott ist weise, edel und gütig, warum soll er das Häuflein Perser niedrig und elend wünschen? Wenn wir aber sagen, wir seien besessen von der Gaukelei eines Zauberers oder Talismans, so ist auch dies eine schlimme Ansicht. Somit müssen wir sagen, dass die Ursache zu all der Erniedrigung und dem Elend ihres Daseins eben der Lohn für unsere unwürdigen Handlungen ist und das unselige Ergebnis von Faulheit, Torheit, Unkenntnis und Dummheit. Wenn wir mit wissenschaftlichen und gewissenhaften Augen hinblicken, so werden wir sehen, dass alle Bedingungen für stolzes Bewusstsein und hohes Ansehen, welches heutzutage die Bewohner des Abendlandes besitzen, von uns herrührt. Wir aber haben wissentlich und geflissentlich mit dem Fusse die günstigen Umstände für unsere Ruhe und Ehre von uns gestossen und von uns entfernt. Die Abendländer haben sie jedoch mit beiden Händen ergriffen und haben sie sich in Dingen der Lebensführung und Zivilisation zum Muster

Der Islam, die Quelle aller menschlichen Zivilisation.

gesetzt. Und eben jene Bedingungen sind die Regeln und Gebote des Gesetzes vom reinen Islam: Edelmut, Gleichheit, Vaterlandsliebe, Eintracht, die Pflicht dem Padischah zu gehorchen, nationale Brüderschaft, Gewissenhaftigkeit, Menschenfreundlichkeit, Hilfeleistung den in Elend Versunkenen, sämtlich Gebote des heiligen allein wahren Furkan*) und der erhabenen Überlieferung des letzten der Propheten und Gesandten und Anordnungen der übrigen Grossen der Religion, welche wir mündlich bestätigen aber jene mit der Tat. Alle verständigen Mohammedaner wissen, dass alles, was die europäischen Gesetze an Schönheiten enthalten, völlig aus den Geboten des erlauchten göttlichen Gesetzes des Islam entlehnt ist, welches man durch unsere Torheit gelegentlich entdeckte und im Raube davongeführt hat. Ach, dass wir sie jetzt in fremder Hand sehen müssen und mit fremden Augen auf sie blicken und jene darum beneiden und nicht wissen, dass die Bedingungen zur Glückseligkeit von uns selbst herrühren, dass sie durch unseren Unverstand in andere Hände gefallen sind und dass man ihre Farbe verändert hat! Nun blicken wir wie die Ausländer von weitem voll Verlangen danach.

„Was er selbst besass erbittet er nun von Fremden."**) Ist das dasselbe Iran, dessen Ruf von Herrlichkeit und Gerechtigkeit von jenem reinen Boden über viele Länder sich ausbreitete? von „Kiumars", welcher der erste König vom Stamme Pischdadian ist, angefangen bis zu den letzten der Sassaniden war dieses blühende Land eine Quelle von Recht und Billigkeit, und der Glanz der dortigen Zivilisation blendete die Augen der Bewohner der übrigen Länder. Noch heutzutage ist das persische Reich infolge seines Klimas und der Ertragfähigkeit seines Bodens eine von den besten Landesstrecken auf der Erde, und wir müssen dankbar für diese Wohltat sein. Aber was nützt es! Trotzdem das gegenwärtige Gebiet und die Bezirke Irans etwa zweimal grösser als Frankreich sind, so hat es doch nicht ein Viertel von Frankreichs Bewohnern und Bevölkerung. Bekanntlich steht fest, dass die französische Bevölkerung heute auf Grund von zuverlässigen Volkszählungen 85 Kurur (42 800 000) beträgt. Die Bevölkerung von Iran jedoch geben, da keine Grundlage zur Zählung vorhanden ist, einige von den euro-

Bevölkerungszahl von Iran.

*) Koran eigentl. Die Unterscheidung des Wahren vom Falschen.

**) Hafis.

päischen Geographen auf 15 Kurur und manche bis auf 20 Kurur (10000000) an.*) Wenn wir zu unserem Herzenstrost etwa den zweiten Fall annehmen, so werden wir doch wiederum sehen, dass wir noch nicht ein Viertel von der Bevölkerung Frankreichs haben. Wenn ihr nun fragt: „Was ist mit der Bevölkerung dieses ausgedehnten Landes denn vorgefallen, dass sie dermassen sich vermindert hat?" so ist die Antwort die folgende, welche an vielen Stellen schon erwähnt wurde. Weil nämlich die Leute vor der Gewalttätigkeit der Gouverneure nach fremden Ländern ziehen und hilflos von ihrem Vaterlande verbannt werden, und ihre Nachkommenschaft erlischt. Geburten und Eheschliessungen hören allmählich auf. Über diese Zustände muss man somit blutige Tränen weinen. Nach den Worten einiger Geographen in der letzten Zeit der Regierung von Nadir schah wurde trotz aller fortwährenden Heimsuchungen durch Krieg und Kampf und Interregnum dennoch die Bevölkerung Irans von 40 bis auf 60 Kurur angegeben. Gegenwärtig sind seit 150 Jahren in dieser Hinsicht 20 Kurur von der Landesbevölkerung nach dem Auslande verloren, und 20 weitere Kurur haben noch die grausamen Gouverneure geschoren und sie dazu gebracht Haus und Hof im Stich zu lassen.

Aber mehr als alles andere gilt es zu bedauern, dass niemand daran geht die Gründe zu diesem Verfall zu suchen. In der Zeit da es in Iran Wissenschaft und Kunst und Zivilisation gab hatten die Bewohner des Abendlandes keinen Anteil an Gesittung und Menschlichkeit. Was ist nun vorgefallen, dass das Gegenteil hiervon eingetreten ist, und wodurch ist dieser unglückselige Boden im Unterschiede zu dem altehrwürdigen und edlen Volke so durchlöchert worden, dass man ihn aller Dinge vom Ausland bedürftig und zum Zielpunkt für die Ohrfeigen von anmassenden Fremden gemacht hat? Von den Schuhen angefangen bis zur Mütze müssen sie die Europäer nötig haben. Einen Tag nur, den wir mit den Europäern nicht freundschaftliche Handelsbeziehungen hätten, was täten wir dann? — Gingen denn unsere Geschäfte etwa nicht vorwärts? — Warum haben sie über uns in jenen ihren Geschäftsbeziehungen die Oberhand gewonnen und uns von ihnen abhängig gemacht? Es ist klar, der Grund dazu ist unsere Torheit, dass

*) Ungefähr auf $7^{1}/_{2}$ Million gewöhnlich geschätzt. Zensus gibt es nicht.

wir aus Kurzsichtigkeit an dem, was wir selbst besassen, uns nicht genügen und uns durch gemalte lügnerische Bilder und vergängliche Waren vom Ausland täuschen liessen und uns nicht um Verbesserung der vaterländischen Waren bemühten und, in dieser Torheit befangen, vom Übel der heutigen Bedürfnisse ergriffen wurden. Wenn wir damals nach den Worten der Dahingegangenen, welche gesagt haben:

„Seinen alten Mantel auszubessern
ist besser als ein Kleid zu borgen."*)

unsere Sache zustande gebracht hätten, so wären wir heute der Fessel ledig der Fremden zu bedürfen. Und das Geld und Hab und Gut des Landes füllte nicht alle Jahre zur Anschaffung dieser Bedürfnisse den Beutel der Ausländer.

Russische Anekdote.

Auf einmal kam mir eine Geschichte in den Sinn. Da ich sie von einem zuverlässigen und wahrheitsliebenden Manne gehört habe, so habe ich sie hier der Erwähnung und Erzählung nicht für unangebracht befunden, zumal zur Aufrüttelung der Grossen unseres Landes. Der angesehene Erzähler berichtete, dass eines Tages einer von den russischen Kaisern im Inkognito im Basar von Moskau lustwandelte. In einem der Läden jener Stadt erblickte er ein wenig (gutes) Tuch, welches man zusammengerollt in eine Ecke geworfen hatte. Über den mangelnden guten Geschmack des Ladenbesitzers wunderte sich der Kaiser und trat in das Geschäft ein. Er fragte den Besitzer auf tadelnde Weise: „Warum hast du diese treffliche Ware derart missachtet und wertlos in Staub und Schmutz geworfen? Dies ist ein Beweis für deine Unfähigkeit in Handelssachen." Der Ladenbesitzer sagte: „Monsieur, erneuert nicht meinen verjährten Schmerz, und in die alte Herzenswunde streut nicht Salz. Überlasst mich mir selbst, für meinen Schmerz lässt sich kein Heilmittel finden!" Der Kaiser bestand darauf: „Wenn du es verkündest, so soll dir kein Schaden daraus erwachsen, sprich, damit ich sehe, was dich schmerzt." Der Ladenbesitzer sagte: „Diese Ware da, welche in Euren Augen trefflich erscheint, wurde die Veranlassung zum Verfall meines Hauses. Ich besass ein tüchtiges Kapital und ging der Handelsgeschäfte halber nach London. Dort besuchte ich eine Fabrik für Tuchweberei und fiel auf den Gedanken in meiner

*) Sâdi, Gulistan.

Heimat einer derartigen Fabrik die Wege zu bahnen und bis zu einem gewissen Grade das Vaterland von jenen Bedürfnissen loszumachen. Die ganze Dauer meiner Zeit habe ich darauf verwendet und auch Summen habe ich dafür aufgewandt, bis ich die Fabrik für diese Ware in meinem Lande errichtete. Nun kam jedermann, warf aus Gewissenlosigkeit ihm einen Fehler vor und kaufte es nicht. Mein ganzer Reichtum und mein halbes Leben wurde auf diesem Wege vergeudet, jetzt habe ich mich selbst verloren und weiss nicht, was ich tun soll." Der Kaiser sagte: „Wahrhaftig Ihr habt recht, aber sei nicht ohne Hoffnung! Gott hat die Macht deine Lage zu bessern. Vorläufig gib mir 20 Ellen." Der Ladenbesitzer gab sie ihm und empfing sein Geld. Der Imperator liess noch am folgenden Tage in den Tagesblättern mit seiner Unterschrift eine Annonce einrücken: „In dem und dem Geschäft gibt es sehr gutes einheimisches Tuch. Ich habe es selbst geholt, man hat mir ein Kleid angefertigt, und ich habe es angezogen. Es ist ganz fehlerlos und vorzüglich. Im übrigen steht die Wahl frei." Jedoch nach dieser Annonce musste man sehen, wer von den Ministern und Fürsten und Grossen des Landes nur den Mut gehabt hätte Kleider von ausländischem Tuche anzulegen. Daher strömten von sechs Richtungen und vier Seiten die Leute nach jenem Magazin, und binnen ganz kurzer Zeit war alles, was vorhanden war, im Verkauf fortgegangen. Und später nahm es solchen Umfang an, dass er umfangreiche Fabriken anlegte, und bis heute wurden durch die glücklichen Umstände mit jener einen Annonce 45 Werkhäuser für Tuchweberei in dortiger Gegend errichtet, welche alle arbeiten und Gewinn bringen. Dies zum Unterschied mit euren dreiarmigen Leuchtern mit dem Schahbildnis und den übrigen Kristallgegenständen!

Geistige Fähigkeiten des Persers.

Wir sind jetzt weit vom Thema abgekommen! Die Perser sind mit Übereinstimmung der Gelehrten jedes Volkes im Besitz von einer angeborenen Geschicklichkeit, klug und geeignet für jederart Fortschritt und Zivilisation, und vorausgesetzt, ihnen würde Anweisung und Unterricht zu teil, so würden sie auch ihrer Heimat Dienste erweisen können. Zum Beweis für diese Behauptung kann man deutliche Hinweise anführen. Erstens finden wir bei ihnen, trotzdem sie weit von allen modernen Wissenschaften und Künsten sind, doch einige Produkte Irans, welche die Ergebnisse von eigenen persischen Ideen und Gedanken und Zeichen von ihren eigenen Handgewerben sind und welche das Staunen und die wiederholte Billigung bei Einheimischen und Fremden hervorrufen. Wenn nur dieses edle Volk sein eigenes Wesen mit den Attributen von neuen Künsten und Wissenschaften schmückte, so würde es natürlich eins der zivilisiertesten Völker an Verstand und Bildung auf der Erde sein. Ebenso steht es mit dem Studium der Wissenschaften. Wir wissen von einer Menge von Aristokraten Irans, dass, wenn sie verschiedene Hochschulen, russische, französische oder englische zwecks ihres Studiums bezogen haben, sie trotz aller Schwierigkeiten als Fremde und Ausländer im Auffangen des Balles*) die Einheimischen bei weitem geschlagen haben. Bei allen diesen angeborenen Fähigkeiten werden jedoch die Leser fragen, warum die Perser in allen Dingen vor den Übrigen zurückgeblieben sind? Der Grund dafür ist klar; weil es keinen gibt, der sie erzieht, keinen, weil es niemand gibt, der ihnen Anweisung zu teil werden lässt. Wie es auch bekannt ist, dass von seiten der Regierung in Iran seit einem Jahrhundert in dieser Hinsicht Wissenschaft und Bildung niemals Gegenstand der Beachtung gewesen sind. Will jemand zu hoher Stellung gelangen, so muss er nach einer Seite hin sehr einflussreiche Konnexionen haben oder Besitzer von vielem Gelde sein. Sollte er über diese beiden Hilfsmittel nicht verfügen können, so würde niemand, auch wenn er in Wissen und Verstand und Sachkenntnis ein zweiter Asaf**) seiner Zeit wäre, seine Würde beachten. Auch ein zweites Mittel gibt es auf einen hohen Posten zu gelangen, ich schäme mich jedoch es zu nennen und gehe darüber hinweg.***) Vorausgesetzt, jemand besässe von jenen drei Hilfsmitteln nicht eines, so muss er wie die von einer ansteckenden Krankheit Befallenen in seinem Hause sitzen bleiben und die Tür vor sich selbst verschliessen. Da es auf Wissen und Verstand nicht ankommt, so geht natürlich ein Teil vom Wissen und der Berühmtheit seines Vaters auf ihn über. Und das genügt. An einem Orte, wo man mit dem Schwerte des Generalfeldmarschalls einen Knaben von

Wie man avanciert.

*) D. h. sie übertreffen alle durch Fähigkeit, siehe den Vers:
ای کوي حسن برده زخوبان روزگار etc.

**) آصف berühmter Weiser Suleimans (Salomo).

***) Günstlingswirtschaft.

14 Jahren umgürtet und ihm einen hohen Namen beilegt, was kann man da von jenem Lande für einen Fortschritt erwarten oder sich wünschen! Vom vierzehnten Jahr an ist trotz natürlicher Talente bis zur Stellung eines Kriegsherren ein Weg von 40 Jahren, auf welchem man an gar vielen Orten schwer zu passierende Stellen vor sich hat. Unter anderem muss jemand zuerst in einer berühmten Kadettenschule studiert haben und sich dort ein Reifezeugnis erster Klasse holen. Hierauf erringt er allmählich das Amt und den Rang eines ersten Leutnants in den regelmässig stehenden Regimentern, und hat er gute Dienste geleistet, so gibt er seinen Rang auf und wird särheng, särtip, mirpändsch und Amir-i-Tuman. Und hat er dann in aufrichtiger Treue gegen Regierung und Volk und Sachkenntnis und Mut vor seinen Kameraden den Vorrang, so sucht er vielleicht auch Beförderung zu jener hohen Stellung**) und durch seine gerechte Beanspruchung macht er jenen Titel hochgeehrt. Wenn die Ernennung zu den Ämtern von diesem Gesichtspunkte aus erfolgte, so würden natürlich die Leute in der Hoffnung zu hohen Staatsstellungen zu gelangen dem Studium von Wissenschaft und Künsten nachgehen, um gerechten Anspruch auf Staatsdienste machen zu können. Dann würden auch sämtliche Sachen geordnet und regelmässig werden. Der Staat würde Festigkeit und Beständigkeit erlangen, und das Volk würde ein Leben voll Selbstbewusstsein mit erhobenem Haupte führen. Das Land würde blühen, von der heutigen Erniedrigung und dem elenden Zustande wäre dann keine Spur mehr zu finden. Würde man dem heutigen Kriegsminister, dessen grösstes Geschick es ist seinen Gehalt und die den Untertanen auferlegten Abgaben zu verzehren, ferner die Anzahl der Regimenter zu vermindern und die Ausgaben für die Bekleidung, Speisung und Bewaffnung der Armee zu beschneiden, jenen Säbel abgürten, seinen Körper der Uniform entkleiden, so bliebe ihm selbst kein Wissen und kein eigenes Verdienst mehr, da alles, was er besitzt, ganz zufällig gekommen ist. Durch ein Wort ist er in dessen Besitz gelangt. Durch ein Wort wird es ihm auch wieder genommen. Die Geschichte weist selbst dergleichen Inhaber von solcherart hohen Posten auf, welche ohne Verdienst zu hohen Stellungen gelangt sind. Die Erlebnisse der Nachkommen von Bermek

Geschichte der Familie Bermek.

—————

**) Eines Generalfeldmarschalls.

braucht man nur zu betrachten. Trotzdem Dschäfer von Bermek während seines Lebens beinahe 30 Millionen Gold aus dem Staatssäckel verschenkte, so kaufte man an einem Tage, an welchem sich einmal die Gunst des Königs von ihm abwandte, für 30 Schahi Kupfergeld Petroleum und eine Strohmatte und verbrannte ihn damit, und übergab so die Ernte seines Lebens und desjenigen seiner Angehörigen dem Winde preis. Eine Zeitlang blieben seine Nachkommen und Kinder hungernd und bedürftig.*) Einer solchen ungehörigen Gabe folgte diese harte Strafe; beides lag ausserhalb des Bereiches von Ordnung und Gesetz. Noch sonderbarer ist, dass man jetzt in Iran jeden Minister loben und preisen will. Man sagt: „In Freigebigkeit ist er ein zweiter Hatem*)." Im Gegenteil, wenn sie einen Minister mit gutem Namen belegen wollten, so sollten sie sagen: „Er ist ein guter Mensch, aber etwas knauserig. Schade, tausendmal schade, dass Geiz den hohen Namen dieses Mannes erniedrigt hat!" Es sind nämlich die Verdienste des ersteren folgende: Er nimmt mit Gewalt und Unrecht von den Leuten, und mit Heuchelei und Vergeudung verschenkt er es an andere. Der Fehler des zweiten Ministers ist aber der, dass er weder mit Gewalttätigkeit nimmt noch mit Verschwendung und ohne Grund verschenkt. Den Unterschied zwischen beiden können die Einsichtsvollen, wenn sie darüber nachdenken, selbst bestimmen.

So wurde dessen, was in Kürze die Lage der Grosskaufleute und Kleinhändler und Untertanen ist, Erwähnung getan. In Summa

Die Grossen des Landes.

ist nun das Wesen der Grossen im Lande folgendes: In Iran gibt es keinen Grossvezier, der sicher wäre, dass ihm nicht morgen die ganze Würde wieder abgenommen würde. Und es gibt keinen von

*) Dschäfer ist der Gründer einer edlen Familie in Balkh, hochberühmt als edel und genial (Barmaciden). Eines Tages ging er mit dem Könige im Garten spazieren. Der Herrscher erblickte Früchte auf einem Baume und verlangte nach ihnen. Sie hingen sehr hoch, und um sie zu erreichen kletterte der Vezier immer höher am König empor, bis er auf dessen Kopfe stehend die Früchte abpflückte. Für diesen Dienst und das schlechte Omen liess ihn der König töten ebenso seine Verwandten. Nur der Gärtner, der den Fall des allmächtigen Ministers vorausgesehen hatte, hatte sich als Gnadenbeweis für die dem König einst gebotenen Äpfel damals eine Bescheinigung ausstellen lassen, dass er kein Bermek sei, worüber sich der Padischah wunderte. Später ebenfalls als Bermek verfolgt und zur Strafe gezogen zeigte er den Schein und der König musste ihn verschonen.

*) Arab. Held (Tai) als freigebig bekannt.

den Türhütern des Königspalastes, welcher nicht nach dem Amt des Grossveziers gähnte. Alle jagen nach Titel und Vermehrung ihrer Leibpferde, Handpferde und Diener ihres Gefolges und Anhanges. Was in ihren Augen nichts gilt ist die Heilighaltung des Vaterlandes, das Gedeihen des Landes, die Sicherung der Zukunft ihrer eigenen Nachkommen und die Beschaffung von Mitteln für Fortschritte und die Macht des Staates. Genug davon:

„Die Leute schlafen, dann, wenn sie sterben, werden sie erweckt werden." (Arab.)

„Sie alle wissen nicht was hinter ihnen ist, man kann
wahrhaftig sagen sie sind wie Schlafende.

Schaden haben sie aus Torheit genommen, wenn sie
sterben, dann werden sie es einsehen." *)

Gewiss, denn wenn die alles überwältigende Flut der Nachbarn über ihr Haupt dahingerollt ist, dann werden sie über ihre heutige Torheit Reue empfinden. Schade, dass dann der Reue kein Nutzen mehr folgen wird.

Hier kommen mir einige von den weitberühmten Dichtungen des beredten im Erbarmen und der Verzeihung Gottes gestorbenen Abu Nisar Fathullah Khan aus Schiban, dessen Seele im ewigen Paradiese wohnen möge, gegenwärtig in den Sinn. Wie bekannt ist, wurde eine Auswahl der Gedichte jenes Philosophendichters gemäss der Anweisung des hochwürdigen Mirsa Risa Khan, dem in Tiflis beglaubigten Generalkonsul von Persien, in Stambul gedruckt. Damals hatte mir einer von meinen Freunden ein Exemplar davon als kleines Geschenk zugesandt. Ich nun, infolge meines bekannten Patriotismus, hatte den Autor und seinen Druckleger geschmäht und jenen beiden Vornehmen Mangel an Fanatismus vorgeworfen. Jetzt, da ich selbst die Zustände gesehen habe, bitte ich alle beide in höchster Demut um Vergebung und erflehe von Gott, er möge die reine Grabstätte jenes Weisen und gewiegten Redners zu einem Orte machen, auf den die glänzenden Strahlen seines Erbarmens herniederfallen, da er so schön dies beredte Gedicht in seinem Perischanname (Buch des Elends) gesungen hat, welches auf die heutigen Zustände passt.

Dichter Abu Nisar Fathullah Schibani.

„Ist der Garten elend, so ist Cypresse und Fichte elend,
ist das Land elend, dann Thron und Krone elend.

*) Sadi Gulistan.

Gottes Fluch treffe den Widerstand, der sich regte,
die Geschäfte des königlichen Hofes werden aus Widerstand elend.

Wehe dem Reiche, dem nach innen und aussen
die Einnahmen verstreut und die Steuern elend werden.

Nutzen findet nicht der Hirt von Fett und Wolle
bei der Herde, deren Gebären elend ist.

Es bedarf eines geschickten Arztes
bei einem Lande, dessen Befinden elend."

Ebenso bitte ich den hochwürdigen Gelehrten, die helle Leuchte, den Verfasser des Buches Achmed in höchster Demut um Verzeihung, dass ich auf Grund dieses Unsterns von Fanatismus über den hochwürdigen Herrn schlechtes gedacht habe. Jetzt nun verstehe ich die gelehrten Feinheiten jenes vornehmen Mannes bis zu einem gewissen Grade und halte es für wahr, dass in seiner Seele dieses Feuer wurzelte. „Sobald er dies Feuer nicht hat, so soll er nicht existieren." Aber bei all dieser Zerrüttung ist es nicht klar wie die Sammlung der furchtsamen Herzen herbeigeführt werden kann, es müsste denn Gott selbst einen geschickten Arzt senden. Da es nun aber zwischen den Ministern des Landes keine Eintracht gibt, die Gedanken einiger von ihnen darauf gerichtet sind, die Stützen von manchen anderen umzustürzen, und ebenso die Absichten und Anstrengungen einiger allein auf ihre Selbstverteidigung zielen, durch welches Mittel wird da fernerhin bei dieser Zänkerei und der Ebbe und Flut ihrer Gedanken die Förderung der wichtigen Staatsgeschäfte und die Ordnung der Zustände im Lande und die Ruhe und Zufriedenheit der Untertanen Gestalt annehmen?

Buch „Achmed".

An einem Orte, wo Freigebigkeit und Geiz die Wage für löbliches und tadelnswertes Wesen der Minister abgeben, welchen Fortschritt kann man da von jenem Reiche erhoffen! — da diese beiden Charaktereigenschaften nichts mit den Geboten der Pflicht und den Aufgaben eines Ministers zu tun haben. Einen Minister soll man wegen seines Wissens, seiner Kenntnis und seiner Geschäftsführung und seiner Rechtschaffenheit loben und preisen, nicht um seiner Freigebigkeit willen. Ebenso soll man einen anderen wegen Veruntreuung und schlechten Wandels tadeln, nicht wegen seines ihm von Natur verliehenen Geizes, da alle beide Wesen, gute und schlechte, zu ihrer Persönlichkeit gehören, nicht zu ihren Pflichten und Aufgaben. Gewiss, irgend ein Minister muss auf die Aufrechterhaltung der Würde

Die Minister.

seines Amtes bedacht sein und sich einige Diener und Lakeien halten, und, wenn es die Umstände erfordern, Gesellschaften mit ausserordentlicher Prachtentfaltung geben. Die Regierung muss nun für den Vezier so und so viel Gehalt aussetzen, welches für die nötigen Ausgaben genügt. Und der Vezier soll für ebendies eine dankbar sein. Sobald der Minister mit diesem einen sich nicht zufrieden gibt, dann muss er natürlich das, was er verschwenderischerweise verausgabt, durch Gewalttätigkeit von den Untertanen und Untergebenen nehmen, oder er muss in den Staatsschatz hineingreifen, sodass das Ergebnis von jenen beiden Fällen nur ein unzuträgliches ist. Minister, welche für halbe Millionen die Rechte des Staates und Volkes in Selbsttäuschung eines Glückes von zwei Tagen ohne Scheu an Fremde verkaufen und hierfür mit einem Geschenke von Dinaren in den Augen des Pöbels als ein guter Mann bezeichnet zu werden wünschen, tun sich selbst Gewalt an. Wenn ihnen auch für einige Tage das Schicksal Sicherheit verleihen sollte, so werden sie dennoch am Ende ihres Wirkens die Strafe für ihr Tun erleiden. Nehmen wir an keines von diesen träfe ein, so würde es doch unmöglich sein, die Zunge der Geschichtsschreiber zu binden und ihr Schreibrohr zu zerbrechen. — Dies eine aber wird einem Minister keine hohe Ehre und guten Namen verschaffen, dass er nämlich für eine Ode eines faulen und mit Schmeicheleien kargen Dichters, der ihn verhöhnt, 100 Toman oder mehr noch als Geschenk gibt und ihn dazu ermutigt, über andere in seinen Bart zu lachen. Ein verständiger, seine Aufgabe verstehender Vezier ist der, welcher einen solchen Dichter von weiteren Lügengeweben und Verhöhnungen und Schmeicheleien abhält und ihn auffordert, lehrreiche Gedichte zu verfassen, welche den nationalen Charakter veredeln sollen und zur Verbesserung der Sprache und Volksausdrücke anhalten. Das haltlose Versprechen des Sultan Mahmud Gasnawi*) zum Lohne für die Bemühung des Firdusi aus Tus, der im höchsten Himmel wohnen möge, hat die Dichter der Zeit in rohe Gier gestürzt. Aber dies eine sehen sie nicht ein, dass heute die Zeit vorüber ist, in der die Könige von Iran noch Hindostan plünderten und in Zügen über

*) Der Sultan versprach Firdusi, dem Dichter des grossen Epos Schahname, Buch der Könige, 60000 Goldstücke für das Schahname, derselbe erhielt aber nur ebensoviel Silberstücke, welche er im Bade verschenkte.

Zügen von Lastkamelen, beladen mit Gold und Silber und Edelsteinen von reinstem Wasser als Beute, heimkehrten. Jenes Reich ist heutzutage durch unseren Unverstand in die Klauen des Tigers gefallen.*) Ausserdem hatte Firdusi gerechten Anspruch auf alle diese Ehrenbeweise und mehr noch als diese, da er die tote Nationalsprache wieder lebendig und der Nationalgeschichte auch gebührende Dienste erwies. Nicht wie die Dichter der Jetztzeit, deren Worte vollständig leer sind an Ratschlägen und Weisheit und 100000 mal Verwünschungen und Flüche verdienen.

Firdusi.

Dichter der Jetztzeit.

Schliesslich beendigt hier der arme Ibrahim Beg sein Tagebuch, welches er über sein Kommen und Gehen im persischen Lande verfasst hat, indem er sagt: Sollte einer von den Lesern dieses Tagebuches die Betrachtung anstellen: „Warum hast du die Bevölkerungszahl der Städte in Iran, welche du besucht hast, nicht näher angegeben oder aufgeschrieben?", so gebe ich als Antwort die Erklärung, dass jeder, der mir in dieser Hinsicht einen Vorwurf macht, recht hat. Jedoch ich muss zu meinem grössten Bedauern sagen, dass ich es aufschreiben wollte, aber es nicht vermochte, da es keine richtige Handhabe dazu gibt. Weder ist in Persien die Vorschrift für eine Volkszählung im Gebrauch, noch besitzt es wie die übrigen Länder Jahrbücher, sodass auf Grund dieser in dergleichen Fällen Prüfungen vorgenommen werden könnten. Alles, was ein jeder in dieser Hinsicht behauptet, beruht auf Annahme und Ansicht. Z. B. fragte ich einen in der Stadt Ardebil wie gross die Volkszahl dieser Stadt sei. Ohne Zaudern gab er zur Antwort: „Es gibt mehr als 200000 Personen." Ich verkniff mir das Lachen. Er war betroffen warum ich lachte. Ich sagte: „Über deine unverständige Berechnung lachte ich, dass du nicht weisst wieviel Tausend beträgt." Ganz in Wut sagte er: „Warum soll ich das nicht wissen?" — Ich versetzte: „Papaseele, es soll keinen Streit geben, 200000 ist sehr viel. Rechne du selbst nur gewissenhaft nach." Er sagte: „Wenn du es nicht glaubst, so gehe morgen in der Frühe zum Basar der Holzhändler und sieh, wie wegen der übergrossen Menge das Hin- und Hergehen nur mit grösster Schwierigkeit möglich ist." Ich fragte noch einen anderen wieviel die Einwohnerzahl dieser Stadt betrage. Er erwiderte: „Es mögen 3000 Personen sein." Obwohl er nur eine Antwort nach

Kein Zensus vorhanden.

*) England.

angenommener Schätzung gab, so kam er dennoch gewissermassen der Richtigkeit und Wahrheit nahe. Ebenso steht es mit der Entfernung der Stationen bei der Marschlänge. Während dieser meiner Reise fragte ich jeden Tag den Dscharpadar: „Wieviel Farsakh beträgt die Strecke dieser unserer Tagereise?" Er erwiderte: „Sechs Farsangh." Trotzdem marschierten wir acht Stunden und manchmal zehn Stunden bis wir zur Station kamen. Offenbar haben diese es so von den Vorgängern gehört, und eine richtige Berechnung ist bei ihnen nicht vorhanden.*) Wahrscheinlich die Mehrzahl von den Bewohnern kennt nicht das Datum ihrer Lebenszeit oder ihres Alters, meistens dienen wichtige Ereignisse als Datum ihrer Geburten. Z. B. sagen sie als das und das Erdbeben stattfand oder die Krankheit oder der und der Krieg, der Tod von dem grossen Gelehrten Soundso, oder in der Zeit des Gouvernements des Gouverneurs Soundso bin ich von meiner Mutter geboren worden. Als ob es Feder und Papier bei ihnen nicht gäbe, dass sie als Handhabe für das Datum ihrer Lebenszeit hervorragende Ereignisse auf der Erde bestimmen. Und selten findet sich jemand, der die Höhe seines Alters richtig behielte. Derart ist auch die Sache mit den Passeports oder Pässen. Häufig sah ich in der Hand eines 70jährigen Mannes den Pass eines 40jährigen und umgekehrt. Alles, was ihnen in den Sinn kommt, schreiben sie und geben es in die Hände dessen, der es verlangt. Mit den Namen der Inhaber von Passeports wird auch derselbe Brauch befolgt. Eine Untersuchung geht da niemals vor sich, weil das Ziel eben auf das Geld-Nehmen gerichtet ist und nicht auf die Regelung der Angelegenheit. Die Unglückseligen hegen den Glauben, dass auch die übrigen Staaten nur zum Verdienen („Mudakhil"), „Gott möge seinen schlechten Namen auf der Erde beseitigen", die Passeinrichtung beobachten, und sie ahnen nicht, dass das, was aus der Erfindung dieser schönen Vorschriften den übrigen Staaten und Völkern nicht in den Sinn gekommen ist, eben die Gewinnziehung aus derlei Geschäften sei. Der Hauptzweck eines jeden Staates und Volkes mit der Institution des Passzwanges für Zureisende und Fortziehende ist eben jene sachliche Kontrolle und die umfassende Fürsorge für die Untertanen, um im Falle eines

Wie der Perser sein Alter berechnet.

*) Oft werden von den Behörden absichtlich die Entfernungen weiter angegeben, um von den Reisenden mehr Postgeld zu erhalten.

Vorkommnisses oder Unfalles über die Untertanen unterrichtet zu sein, an welchem Punkte ihnen ein Unfall zugestossen sei. Und so kommt es, dass einen Pass zu erhalten zum Hin- und Hergehen für die Untertanen der übrigen Staaten ausserordentliche Schwierigkeiten bietet. Betreffs jemandes, der einen Pass für eine Auslandsreise verlangt, stellt man die tiefgehendsten Untersuchungen an. In Iran bietet diese Passverwaltung ein interessantes Schauspiel. Zu-
Passwesen. erst ist beim Druck derselben jedem etwaigen Mieter erlaubt, sie in jedem Lande nach allen Formen, die sich sein Herz wünscht, zu drucken und jedem, der es verlangt, ohne irgend welche Prüfung nach Empfang des Geldes zu übergeben. Die Summe dafür ist ebenfalls nicht festgesetzt. Einer von meinen Freunden erzählte einmal: „Im Hafen von ‚Dschedda'*) sah ich in der Hand der persischen Pilger mehr als zehn Arten Pässe in verschiedener Gestalt. Und einer von den Pilgern von Iran unterhielt sich mit mir. — Es war dies einer von den vornehmeren Leuten von Masanderan, der hatte ein Verzeichnis von all dem Gelde, welches er beim Kommen und Gehen für die Passvisierung bezahlt hatte, aufgeschrieben und zeigte mir das Heft. Nach Namen und Art hatte er 45 und $\frac{1}{2}$ Toman für die Passvisierung bezahlt. Ebenderselbe Mann erzählte, dass die Mehrzahl der Dörfler, welche den Begriff Vermögen nicht kennen, auf Einladung und Aufforderung der Geistlichen, sobald sie nur 100 Toman oder 150 Toman in ihrer Börse sahen, sich auf die Pilgerfahrt aufmachen. Die armen Kerle haben schon bei dem ersten Aufenthalt ihre Sache verspielt und sind an den Bettelstab gekommen. So hat man zwei bis drei von meinen Landsleuten, welche den Beschwerlichkeiten und den Entbehrungen nicht genug Widerstand entgegengebracht hatten und bei der Rückkehr von Dschedda auf dem Dampfer verstarben, in das Meer geworfen. In der Quarantäne von ‚Tursina' sah ich auch einige, die betteln gingen, und in solchem Zustande gelangten sie halbtot heim. Wenn ich Mutschtehid**) geworden wäre, so hätte ich angeordnet, dass für jeden, der weniger als 700 Toman zur Bestreitung der Reisekosten besässe, Mekka verboten sei." Ich versetzte: „Bruder, Gott hat es recht gefügt, dass du nicht Mutschtehid geworden bist, schon bei der ersten Tagereise willst du das erlaubte unerlaubt machen." Er sagte: „Nachbar ver-

*) Hafen für Mekka.

**) Geistlicher.

zeiht, aus überheftigen Herzenskummer schwatze ich ungereimtes Zeug. Ihr wisst es nicht, wenn Ihr selbst ihren Zustand sähet und die Beschwerden, welche sie in Mekka und Medina wegen Geldmangels erleiden, beobachten würdet, so würdet Ihr selbst mehr noch sagen als was ich gesagt habe. Gott lasse es Euch zuteil werden, dann werdet Ihr begreifen, was ich gesagt habe. Der jammervolle Zustand ihrer Kleidung und ihrer Lebensführung ist dermassen, dass man über diese barhäuptigen und barfüssigen Araber*) Scham empfinden muss!"

So habe ich denn, da wir in Batum vier Tage auf die Ankunft des Bootes warten mussten, und ich nichts weiter zu tun hatte, einige Worte für passend befunden im Anhang meines Tagebuches niederzuschreiben, obwohl sie aus dem Rahmen des Reisebuches heraustreten.**) Da das Hauptziel auf die Ermahnung meiner Landsleute zum Studium der modernen Wissenschaften hinausgeht, so wird auch die Erinnerung dieses kurzen schriftlichen Ratgebers nicht nutzlos sein. In Iran ist, wie ich gesehen habe, die Besitzergreifung eines Postens oder Titels oder einer Gouverneurstelle eines jeden Sprengels mit Geld für jedermann möglich, aus welcher Klasse und Zunft er auch sein mag. Eine Schwierigkeit, die sich bietet, besteht nur in mehr oder weniger Geld für das Bestechungsgeld oder Geschenk. Jeder, der diesen Worten widerspricht, der gleicht jemandem, der „die Sonne mit Lehm verdecken will." Wegen allzu grosser Deutlichkeit kann niemand diese Behauptung bestreiten. Aber nur ein Posten und ein Amt ist von dieser allgemeinen Regel ausgenommen, und niemand kann diesen Posten mit Geld weder durch Bestechung noch Geschenk erhalten, weil die Erlangung jenes Postens mit Wissen verknüpft ist. Demzufolge ist der obenerwähnte Posten durch den Segen der Wissenschaften vor jederart Angriff und Einmischung von untauglichen Bezahlern geborgen. Solltet Ihr diesen Posten in Euren Gedanken nicht erraten können, so will ich es erklären, jenes ist das Telegraphenamt von Iran, weil die Bedingungen dazu an das Vorhandensein von Wissen geknüpft sind. Wenn in Iran an einem Tage 10 Personen von Vezieren oder 100 Kommandierende der Armee, wie ein Särtip oder Särhäng oder höher noch als diese, ihre Hand von den Geschäften zurückzögen, so würde man bis Abend die Stellen von allen diesen wieder ausfüllen ausser

Telegraphenamt.

*) Hier verächtlich = Bettler.

**) Deshalb ist von ihrer Übersetzung abgesehen worden.

derjenigen des Telegraphenbeamten. Wenn diese Leute auf einmal ihre Beschäftigung beiseite lassen, so wird der Nachrichtendienst völlig aufgehoben, und ein grosser Towabohu wird in den Geschäften des Landes entstehen, da nicht jedermann die Kunst und die Kenntnis des Telegraphierens versteht. Obwohl nun das Verstehen dieser Kunst im Auslande jedem Schulkinde möglich ist, d. h. sie eine der leichtesten von den modernen Künsten ist und in den Augen der Welt keine hohe Stelle einnimmt, so kann man doch allein schon aus diesem einen den hohen Rang der Wissenschaft und Kenntnis ermessen. Wenn ein Mann, der keinen Anteil an dieser Kunst hat, auch 100000 Toman als Geschenk gäbe, die Stelle und das Amt eines Telegraphisten kann man ihm doch nicht geben. Die Hoheit und Würde der Wissenschaft steht noch auf einer höheren Stufe, als dass zu ihrer Bestätigung es notwendig wäre dergleichen Beweise anzuführen. Wenn die vaterländischen Schulen so, wie wir im Sinne haben, Verbesserung fänden und die Söhne des Vaterlandes, wie sie sollten und müssten, zum Studium der modernen Wissenschaften und Künste aufzögen, was wäre es da noch für sie nötig, zur Erlangung von Summen für ihren eigenen Lebensunterhalt und den ihrer Kinder Lügen zu sagen oder sich mit der Schädigung von anderen zufrieden zu geben, oder gegen ihren Staat, ihr Volk und ihre Heimat Untreue zu üben. Die eingebildete Chemie,*) von der die Orientalen überzeugt sind, ist ein Teil der Wissenschaft. Wie bekannt ist, hat in Iran diese angenommene Chemie gar viele grosse Familien den Winden überantwortet. Die Mehrzahl der Alchemisten. wandernden Mönche (Derwische) und zudringlichen Bettler, welche sich den Namen von Chemisten zugelegt haben, hat, da niemand nirgends in der Welt durch die Segnungen von Wissenschaft und Erkenntnis ihren die Dummen berückenden Worten sein Ohr lieh, hilflos Iran überflutet und durch die Einfältigkeit der Leute sich an die Zerstörung ihrer Häuser gemacht. Und so und so viele hochgeehrte Männer geben sich vom Eintritt der Nacht bis zum Morgenhauch dem Raucheinatmen und dem Warmhalten des Feuerherdes hin, und sie verlieren den Geschmack ihre lieben Kinder und Frauen zu sehen. Leicht vererbt sich jene ansteckende Krankheit auch ihren Nachkommen. Wie ich erfahren habe sind zahlreiche grosse

*) موهوم, die Alchemie, Goldmacherkunst.

Häuser in Iran, welche durch das Feuer der Chemie verzehrt wurden, zu einem Haufen von Schutt geworden. Wenn aber jemand Verständnis für die Wissenschaften und modernen Künste hat, so weiss er natürlich, dass die Veränderung der Materie (Wesenheit) einer Sache nicht möglich ist. Wird die äussere Farbe verändert, so wird das zu keinem Beweise, dass die Urform verwandelt wurde.

(Türk.) Wenn du einen Stein mit Blut färbst ändert er die Farbe,
ein Rubin von Bedakhschan wird er niemals.**)

Die Wissenschaft der Chemie existiert, sie ist eine ganz hervorragende Wissenschaft und niemand wird sie leugnen, dennoch ist sie nicht die, welche unter den Orientalen sich verbreitet hat. Der Ursprung dazu rührt von dem, was der Inder Soundso sagte und jener Afrikaner niederschrieb. Mag dem so sein! Man muss diese hohe Wissenschaft in der Schule von Lehrern erlernen, nicht von dem und dem iranischen oder turanischen Derwisch. Wenn das Volk diese hochgeehrte Wissenschaft in der Schule aus Büchern oder schriftlich und mündlich von gescheiten Lehrern erlernte, so würden heutzutage im Lande die Kreuz und die Quer so und so viele wertvolle Minen gefunden werden, und man würde das Vaterland bis zu einem gewissen Grade von einigen Bedürfnissen befreien und noch so und so viele Familien, welche die chemietreibenden Derwische und mitleidlosen Bösewichter mit der Häuser zerstörenden Alchemie verzehrt haben, vor diesem hausverheerenden Feuer sichern und ihre Bewohner vor den Leiden der Schmach ihrem Ansehen gemäss bewahren und die Rangstufen der Wohlhabenheit des Vaterlandes noch erhöhen. Wenn ich behaupte, dass in einigen von den fremden Ländern durch die Segnungen von Schulen und die Erhabenheit der Wissenschaft in einer Druckerei oder einem Druckereihause 4000 Arbeiter alle Tage mit Arbeit beschäftigt sind, so würde mir keiner von meinen geehrten Landsleuten glauben. Allein in England, auf Grund von Zählungen, arbeiten 300000 Personen alle Tage in Druckereien für Lohn und führen so ihr Leben. Aber unsere Landsleute überfluten alle Jahre wegen der unseligen Bildungslosigkeit zu so vielen Tausenden von Personen die fremden Länder und betreiben die niedrigsten Beschäftigungen der fremden Völker.

*) Gebirge in östl. Provinz Persiens zwischen Indien und Khorasan früher berühmt wegen Rubinen.

Die Frucht dieser Chemie, deren Name Schule sein soll, ist die, dass die jungen Männer im Lande nach der erfolgten Beendigung ihrer Studien von Wissenschaften und Künsten Maschinen vom Auslande bringen und durch sie kraft ihrer wissenschaftlichen Bildung in den Wäldern von Masanderan, welche heutzutage der Zielpunkt der grausamen Axt von Ausländern sind, altjährige Bäume einerseits fällen und andererseits Papier aus ihrer Rinde verfertigen, wie ich jetzt ein Muster von jenem Papier auch bei mir habe. Durch die Schulen wird auch jene Wissenschaft erlangt, welche man Telephon nennt. Wenn die Apparate dazu zur Verfügung ständen, so würde ich jetzt dadurch von hier an „die hochverehrte Persönlichkeit", welche in Teheran lebt, Frage und Antwort tun und einige Themata, welche ich damals vergessen hatte, jetzt von ihm erfragen, als ob wir in der Bibliothek Sr. Ehrwürden sitzend uns unterhielten, und ich brauchte meine Stimme nicht noch lauter zu erheben. Oder ich würde mit meiner Mutter in Kairo, von der ich weiss, wie sehr die Arme um mich besorgt ist, Gruss und Wechselrede pflegen. Wissenschaft ist es, wenn man eine grosse Stadt während einer dunklen Nacht binnen einiger Minuten ohne Öl und Docht erleuchtet. Gibt es eine höhere Chemie als wenn ein Europäer Stahl durch wissenschaftliche Anleitung im Preise von Gold verkauft. Das ist eben die wahre Chemie, nicht „ein Haar auf dem Haupte von Jünglingen"*), und überall kann man auch entdecken, das ihr Name „Schule" heisst. Alle Welt, die man befragt, wird sie aufweisen. — Aber ein Ort, an dem es nicht vorgefunden wird, ist Iran und genug davon! Ich weiss nicht aus welchen Grunde dieser alte und fest gegründete Staat und das edle und kluge Volk nicht auf der Suche ist nach dem, was sie verloren haben. Wie geschrieben steht:

„Die allgemeinen Kenntnisse haben die Gläubigen genommen, wie sie sie gefunden haben."**)

Seltsam ist es, dass die Mehrzahl der Kurzsichtigen sagt die Himmelskreise verlangten diesen Zustand. Dabei ahnen sie nicht, dass der Himmel selbst über diese ihre falschen Beschuldigungen sich umkehrt. Der gute Himmel gab auch ganze 50 Jahre Frist. Vor Krieg mit dem Ausland und inneren Aufständen bewahrte er

*) Vorschriften der Alchemisten.

**) Koran.

euch. Du aber sassest während dieser langen Zeit in deinem Hause im Dunklen und schautest die Helligkeit in den Häusern deiner Nachbarn von weitem an und wolltest nicht an dieser Helligkeit teilhaben. Was ist da nun noch die Schuld des Himmels und ausser dem Himmel? Gesetzt den Fall der Himmel sagte mit seiner ihm eigenen Sprache: „Ich habe keine Schuld, ich bin noch untertan den Befehlen eures Daroga, Kadkhuda oder eures Feraschbaschi," so hat, trotzdem bekanntlich der Schöpfer der Himmelssphären gerade aus jener Schöpfung unendlicher, unfassbarer Ursachen erkannt wird, er doch jene zum Unglück eines schwachen Volkes nicht erschaffen. Jedes Volk, besonders die Perser, wenn sie gemäss den Geboten Gottes oder den Befehlen der Propheten Gottes handelten, sich an Rechtschaffenheit gewöhnten, die Leute nicht belästigen, nach der Erlangung von Wissenschaft und Erkenntnis strebten, von Frömmigkeit erfüllt und Vaterlandsliebe Patriotismus besitzen würden, dann würde natürlich Gottes Hilfe sich auch auf sie erstrecken und Glückseligkeit beider Welten auch ihnen zuteil werden. In Ansehen und stolzem Selbstbewusstsein würden sie leben. Dann gäbe es keinen Vorwurf gegen den Himmel mehr und keine Klage vom Lande. Sie werden auch selbst einsehen, dass von Anfange an des Aufganges der welterleuchtenden Sonnenscheibe des Islam der Himmel keinem Volke wie dem persischen Volke günstig gestimmt gewesen ist. Wenn man wie heutzutage ahnungslos und gleichgültig gegen die Verbesserung der Schulen und das Streben und die Anstrengungen nach Fortschritt und Zivilisation weiter sitzen bleibt und seinen Gang geht wie man es von alters her gesehen hat, dann liegt es nahe, dass von einer Seite die Flut der grundzerstörenden Heimsuchungen von nordischen Gefilden*) und von der anderen Seite sich die fürchterlichen Wogen aus dem Meere Oman**) aufwallend und aufbrausend erheben, das Vaterland ergreifen, und von unserem Stamme und Volke, unserer Ehre und Selbständigkeit bleibt auf der weiten Welt nicht einmal der Name zurück. In der Zeit wird es klar, dass „den Kerlen weder der Kopf bleibt noch die Kopfbedeckung." Bei Gott, beim Gedanken an diese Zeit erstarrt das Blut in den Adern des menschlichen Körpers.

Russische und englische Gefahr.

*) Russland und England.
**) Persische Meerbusen.

Europäische Institutionen.

Die übrigen Staaten, obwohl sie Millionen von Truppen bereit halten und für halbe Millionen im Besitz von Kriegswaffen wie Flinten und Kanonen sind und sich das Einkommen ihrer Provinzen auf Milliarden beläuft, lassen trotzdem doch keine Minute zur Vermehrung ihrer Macht und Kraft unbenutzt vorübergehen. Tag und Nacht sind sie an der Arbeit, und unaufhörlich gehen ihre Gedanken auf die Erweiterung ihrer Landesgrenzen. Auf einer Seite hier erstrebt der Finanzminister Mittel herbeizuschaffen zur Vermehrung der Steuern, und dort ist der Kriegsminister mit der Verbesserung von mangelhaften Garnisonen beschäftigt, und auf jener Seite geht der Minister der Wissenschaften daran neue Schulen zu eröffnen und den Zustand der vorhandenen Schulen zu heben. Keiner von ihnen mischt sich in das Geschäft des anderen. Allesamt haben den Saum ihrer Fürsorge aus schöner Absicht um den Gürtel geschürzt*) und aus tiefstem Herzensgrunde sich dem Dienste für Land und Volk ergeben. Das Ziel von ihnen allesamt ist, dass sie ihr Vaterland in den Augen der Ausländer hochhalten und Mittel zum Ansehen und stolzen Selbstbewusstsein ihrer Nachkommen verschaffen. Kurz, das Vaterland halten sie für ihr Haus und die Kinder des Vaterlandes für ihre eigenen Kinder. Die Erziehung der Kinder und das Haus wohlhabend zu erhalten, das kennen sie als die allererste Pflichterfüllung der Menschlichkeit. Das abscheuliche Wort: „bi man dsche", d. h. „Was geht mich das an", haben sie aus ihren Ländern verbannt, niemals hat das Ohr ihrer Kinder dieses schlechte Wort vernommen, um es, wenn sie gross geworden sind, in ihrer Rede anzubringen. In einem jeden Falle, wo ein Unglücksfall dem Lande widerfuhr, oder durch Verbrennen oder Ertrinken ein Unheil ihnen zustiess, sogleich öffnen sie allerwärts Hilfslisten, und alle insgesamt leisten sie mit gutem Willen, wie es ihrem Stande zukommt, den von Unglücksfällen Heimgesuchten Beistand. Den ins Elend Gesunkenen lassen sie auf verschiedene Arten und unter mannigfaltigen Titeln Hilfe angedeihen.

Konflikt Ibrahim Begs

Den Sinn dieser meiner Worte wird jemand gut verstehen, dessen Herz wie meine unglückselige Wenigkeit aus Wasser und Lehm mit Verehrung für das Vaterland vermischt wurde. Nun bin ich ratlos, was ich denen zur Antwort geben soll, welche in Kairo stets meine

*) D. h. sich bereit gemacht.

Widersacher waren. Wenn ich nach eigener Anschauung die Wahrheit spräche, so würde ich ihre Worte bekräftigen, und damit gibt sich mein Herz nicht zufrieden. Wenn ich aber unwahr spräche, so würde ich gegen das Testament meines Vaters handeln, welches mir ratend anbefohlen hat von der Lüge zu lassen, oder ich muss beten, dass Gott von mir diesen Charakter fortnähme oder mir den Tod gäbe oder die Mittel für das Blühen Irans und die Beglückung der Perser anheimgäbe. Der Tod ist der leichteste dieser Wünsche, jedoch steht meine arme Mutter dazwischen. Ausser mir hat sie niemanden. Auch finden wieder Hoffnungen den Weg zu meinem Herzen, dass den Spitzen der Regierung, welche so und so viele Male zum Besuche von fremden Ländern Reisen gemacht haben und die Mittel für den Fortschritt und die Zivilisation der Völker und Stämme des Nordens und der westlichen Erde mit eigenen Augen gesehen haben, natürlich auf Grund dieser Reise allmählich das Blut des Wohlwollens in den Adern zum Kreisen käme, und sie sich eifrig zu bemühen geruhten, die Mittel für die Fortschritte der Heimat an die Hand zu geben. Die Verbesserungen eines grossen Landes bedürfen natürlich langer Zeit. Das geht nicht wie Bretzelbacken*), sodass man in einer Stunde bäckt und isst.

Wie der japanische Staat während 20 voller Jahre mit Verbesserungen beschäftigt war. Niemand hatte eine Ahnung. Er hatte über sein Treiben den Vorhang gezogen. Dann als er sein Werk trefflich vollbracht hatte, da hob er auf einmal jenen Vorhang auf. Da sahen die Leute rings, dass in jenen dunklen Landesteil die Strahlen des Fortschritts und der Zivilisation gedrungen die Toren und Unwissenden aber von dort fortgezogen waren, und Wissende und Sehende an ihre Stelle sich gesetzt hatten. Vielleicht machen auch die Spitzen des persischen Staates hinter dem Vorhang ebensolche Anstrengungen. „Nach jeder Schwierigkeit kommt eine Leichtigkeit."

Japan.

Siehst du nicht, wie die Äthopier selbst, jene nackten und verbrannten Schwarzen, deren Bette der Wüstensand ist, heutzutage sich einem grossen Staate wie Italien gegenüberstellten und nicht litten, dass jener Grossstaat den Fuss von seinem Teppich auf den ihren weitersetzte? Da mir durch diese Gedanken ein wenig Trost

*) Eigentlich: diese schwierige Aufgabe ist keine Leckerei.

sich bot, so kam mir, der ich sozusagen ohne Bewusstsein war, das Bewusstsein wieder. Ich sprach bei mir: „Ibrahim ist es genug oder wirst du wieder sprechen?" — Ich gab mir selbst zum zweiten Male die Antwort: „Nein, keineswegs, die Absicht dabei war die, wir müssen Schulen mit neuen Vorschriften und Eisenbahnen und Chausseen im Vaterlande haben und müssen in Anbetracht der vaterländischen Bevölkerungszahl und der Ausdehnung des Landes geregelte Garnisonen an den wichtigen Punkten im Vaterlande aufstellen und die Ausdehnung der Grenzen unseres Handels erweitern, damit unsere Nachbarn nicht mehr nach unserem Besitz lüstern sind. Unser nächster Nachbar*), welcher seinen eigenen Besitz nicht aufrecht erhalten kann, greift nachgiebig seinen eigenen Nachbarn gegenüber unsere klaren Rechte nicht mit Gewalt und Einmischungen an, keine rohe Gier nach unserem Besitz erfüllt ihn, und er gibt sich zufrieden mit dem, was er von uns geraubt hat. Wenn dies nicht wäre, dann würde weder die Beschützung unseres Vaterlandes und unseres Glaubens möglich sein noch die Aufrechterhaltung der heiligen Regeln des göttlichen Gesetzes und des Volkes. Hätten unsere altehrwürdigen Ahnen, deren Staub mit dem Wasser der Gnade gemischt sein möge, in jenen Tagen wie wir Unseligen „Was geht mich das an" gesagt und danach ihr Tun gerichtet, so besässen wir heutzutage noch nicht einmal diese gering geschätzte Behausung. Es ist klar, jemand, der einen Garten anlegen will und Fruchtbäume pflanzt, dessen Zweck die Nutzniessung seiner Kinder durch Spaziergänge bei den Blumen und dem Grase jenes Gartens und Lustortes sein soll, gleicht den Früchten der Bäume desselben. Dieses geliebte Vaterland haben unsere Vorfahren für den Preis ihres Blutes erkauft und für uns erhalten. Wenn wir mit Aufmerksamkeit auf dem vaterländischen Boden umherblicken, so können wir keine Scholle sehen, welche nicht mit dem Blute unserer erlauchten Ahnen durchdrängt wäre. Was sind in der Verteidigung und Beschützung dieses Stück Bodens für teure Leben geopfert worden! Einstmals umkrallten uns von vier Seiten mächtige Feinde. Unsere Ahnen von edler Abstammung hielten allen diesen Feinden Tag und Nacht die Hand am Kragen**), bis sie die vaterländischen

Die Stellung der Türkei zu Persien.

*) Die Türkei.

**) Sie blieben auf der Wacht.

Gefilde nach tausenderlei Selbstopfern von den Dornen der fremdländischen Bedrückung, welche in allen Dingen unser Feind war, gereinigt hatten. Gegenwärtig, da wir aus abscheulicher Trägheit und Nachlässigkeit an seinem Glanze nichts gemehrt haben, ist es da recht, dass wir nach dem Verluste eines grossen Teiles von ihm auch zu Erhaltung dieses Restes, den die Zeit für uns aufbewahrt hat, uns nicht anstrengen und dazu einen Teil unseres Glaubens mit der Liebe zum Vaterlande schamlos mit Füssen treten? Den Dank aber für die grosse Gnade, dass Gott uns allein zu Besitzern von Moscheen und Bethäusern zu machen geruhte, den statten wir nicht ab, und jene, wie es der hohen Würde des Islam zukommt, erhalten wir nicht. Ich fürchte, dass Gott uns mit Strafe für diese Undankbarkeit gegen die Wohltaten belegen wird, und der Zorn der Gottheit wird die Fundamente unseres ganzen Ansehens umstürzen. Meine Absicht ist auf diese aufmerksam zu machen, sonst aber, wenn heutzutage ganz Iran im grausamen Feuer verbrennt, gibt es für mich dabei auch nicht den kleinsten Strohhalm, nur wird mein Herz durch und durch bekümmert sein. Und wenn wie in den Zeiten von Nuschirewan, dem Gerechten, die Ketten der Gerechtigkeit nach allen Richtungen jenes Landes gespannt hängen werden, dann wird mir ausser einem Teile von stolzem Selbstbewusstsein und Freude dazwischen nichts zufallen. Falls meine geehrten Landsleute sagen: „was fällt diesem jungen Schwätzer ein, dass er unter dem Anspruch auf Raterteilung an die Leute der Regierung sich in vernünftige sichtbare Dinge einmischt?" so erkläre ich ihnen in höchster Demut, jenes Atom, das nicht zur Zählung kommt, bin ich, jedoch ihr sollt handeln nach den Worten der Grossen, welche gesagt haben: „Sehet auf die Rede, aber sehet nicht auf den, der spricht."

„Das Ansehen des Redners und seine Niedrigkeit
machen in der Rede keinen Eindruck.
Du achte auf die Worte, was ihr Inhalt ist,
auf den Redehaltenden achte nicht."*)

Von Gott erflehe ich inständigst, er möge mich den Tag erleben lassen, an dem meine Augen die glückseligen Tage, welche „die hochverehrte Persönlichkeit" in Teheran mir zu versprechen geruhte, erschauen. Die ersten Gründe zur Erlangung dieser Seligkeit

*) Sâdi Gulistan.

sind aber eben an das Vorhandensein von Einverständnis und Eintracht unter den Individuen, den Vezieren des Landes und den Grossen des Volkes, gebunden, sodass diese mit einem männlichen Aufraffen ihre persönlichen Feindseligkeiten aus ihren Herzen herausreissen, mit gegenseitiger Unterstützung an die Verbesserung der mangelhaften Zustände im Vaterlande herangehen und im Dienste des Vaterlandes und der Verehrung für den Staat ebenso sein mögen wie die Minister der übrigen Staaten es sind.

Ich war gerade in diesen Gedanken versunken, als auf einmal Jusuf Amu mit den Worten dazwischen kam: „Hochedler Beg, wenn Ihr keine Lust auf Essen habt, ich bin hungrig. Es ist schon weit über die Zeit zum Frühstück hinaus." Ich sah ein, er sprach wahr, es war nahe an Mittag. Ich sagte: „Es tut nichts, lass uns gehen und etwas essen, vielleicht auch kaufen wir im Basar eine Uhr, da meine Uhr in Teheran in die Luft ging." Jusuf Amu sagte: „Wahrhaftig, hochwürdiger Beg, manchmal wollte ich Euch fragen, was aus Eurer Uhr wurde, doch hielt ich es nicht für zweckmässig. Nun, da du es selbst offenbarst, fiel es mir wieder ein. In der Tat, was ist aus Eurer Uhr geworden?" — Ich erwiderte: „Fragt auch weiter nicht, da ich es doch nicht sagen werde." Er sprach: „Warum?" Ich versetzte: „Aus dem Grunde, weil ich Euch die Wahrheit dieser Affäre nicht erzählen kann. Du weisst selbst, dass ich auch nicht gewohnt bin Lügen zu sagen." Der arme Schelm hielt den Atem an und sagte nichts. Wir verliessen nun das Gasthaus alle beide mit der Absicht zu frühstücken und eine Uhr zu kaufen. Gleich dort kam uns ein Perser in den Weg. Ich fragte: „Nachbar, gibt es hier einen Laden, wo man Dschilau kocht?" Er sagte: „Nein, aber wenn ihr frühstücken wollt, da gibt es einen Laden für Braten." Ich versetzte: „Was macht es, wenn Ihr uns bis dorthin begleiten wollt, so würde das Eure Güte vollmachen." Er erwiderte: „Bei meinen Augen!" Er brachte uns bis zum Laden des Kebabkochs und zeigte ihn. Ich machte den Vorschlag: „Bitte lasst uns zusammen frühstücken." Er sagte: „Ich habe gegessen, Frieden sei mit Euch!" und ging davon. Wir aber traten in den Laden ein, verlangten Braten und assen. Hierauf gingen wir von dort um eine Uhr zu kaufen in ein Magazin. Der Besitzer des Ladens, ein Jude, kam hinzu. Ich fragte nach dem Preis. Er antwortete auf russisch, türkisch verstand er nicht. Ich drückte auf französisch und englisch mein Anliegen

Ibrahim kauft eine Uhr.

aus, er verstand nicht. Es war klar, er verstand nur russisch sonst nichts. Wir wollten heimkehren, er liess es nicht zu. Er hob einige Uhren in die Höhe und machte uns ein Zeichen zu folgen. Ich begriff, er wollte sich an einen Dolmetscher wenden. Nahe bei dem Magazin befand sich eine Treppe, welche emporführte. Diese betrat er, und wir hinter ihm her bis wir oben ankamen. An der Tür eines Zimmers klopfte er an. Aus dem Innern des Logis wurde laut nach europäischer Sitte gerufen „Entrez"*). Das Uhrverkäufermännchen trat ein, und wir hinter ihm her. Ich sah drei Perser dasitzen und ihr Frühstück verzehren. Wir entboten unseren Gruss. Als sie uns erblickten forderten sie uns auf: „In Gottes Namen, wollt ihr mit frühstücken?" — Ich erwiderte: „Seid gesegnet, wir assen eben." Der jüdische Magazinbesitzer trug ihnen in russischer Sprache die Sache vor: „Diese Eure Gevattern wünschen eine Uhr." Schliesslich kauften wir vermittelst ihrer Verdolmetschung eine Uhr für zwölf Rubel (Mänat). Der Jude nahm sein Geld und ging fort. Da im russischen Reiche immer in den Häusern und Logis Tee bereit ist, so boten sie uns Tee an, und wir tranken. Hierauf hub die Unterhaltung an. Es zeigte sich, dass der Besitzer der Wohnung einer von den persischen Kaufleuten war, welcher für beständig in Batum Aufenthalt und Handel hatte. Zumeist liegt ihm die Verladung und der Transport von Tee ob. Er fragte uns nach Namen und Art. Ich versetzte: „Ich bin ein Perser, wohnhaft in Kairo und Sohn von Dem und dem." Er zeigte sich hocherfreut und fragte uns zweimal jeden einzelnen ganz besonders nach seinem Befinden und hiess uns willkommen. Sicherlich war er mit meinem verstorbenen Vater bekannt und vertraut gewesen. Von dem Tode meines seligen Vaters war er sehr betroffen und bewegt. Ich fragte nach den Namen jener beiden Gevattern. Er wies auf einen hin und sagte: „Dieser Nachbar da, der Kerbelapilger Taki, ist von Maränd**) gebürtig. Er hat in dieser Stadt seinen Wohnsitz. Dieser aber, Khalil Sultan, ist der Gatte meiner Schwester. Meine Schwester hat ihn gesandt, er solle mich unbedingt mitbringen. Da sie nämlich von der Grösse meines Freiheitsgefühles keine Ahnung hat, so will sie mich auf Grund meiner brüderlichen Liebe von tausenderlei Unheil

*) انتری

**) Stadt in Aserbaidschan nahe Täbris.

befallen lassen." Wir scherzten etwas, in diesem Augenblick trat einer zur Tür herein. Ohne jedwede Vorrede*) sagte er: „Hadschi Agha, dieser Mann ist wieder frech. Ich beschwöre dich bei Gott mache mich aus den Klauen dieses Tyrannen los." Hadschi Agha versetzte: „Papaseele, was soll ich tun? Dreimal ging ich zu ihm und bat ihn inständigst er solle Euch 150 Manat geben, auch gab er selbst sein Wort. Was ist das nun wieder für eine Frechheit! Gott möge diese Klasse verfluchen, welche weder vor Gott Scheu hat noch Scham vor dem Propheten Gottes! Das Gut von Waisenkindern und Leuten, gross und klein, zu verzehren haben sie den Mut. Geht nur, ich werde heute wieder zu ihm gehen, vielleicht mache ich es so, dass Ihr frei werdet." Jener Betreffende betete und wünschte alles gute und ging fort. Khalil Sultan fragte: „Was soll das heissen, und wer ist dieser Mann?" — Der Hadschi erwiderte: „Vergangenes Jahr verschied hier ein Gevatter. Er hatte ein Drogengeschäft. Der Konsul verkaufte die Waren im Laden; 750 und einige Manat gewann er dabei. Alles nahm er an sich. Da kam nun dieser Betreffende hier, welcher jenes Bruder ist und in seinen Händen ein Zeugnis von den angesehensten Geistlichen des Landes hat, dass er Erbe und Bruder des Verstorbenen sei. Jetzt sind es nun einige Monate, dass er kam und hier wartet. Der Konsul unterzog sich nicht der Last die Hinterlassenschaft des Gestorbenen herauszugeben, bis wir mit tausenderlei Mätzchen es auf 150 Manat festgesetzt haben. Ohne Gewissen will er auch diese nicht bezahlen." — Ich fragte: „Von wo ernennt man den Konsul?" — Er erwiderte: „Von dem Generalkonsulat in Tiflis." Ich versetzte: „Da dem so ist, so soll er bei dem Generalkonsul vorstellig werden und klagen." Er sagte: „Gott möge sich deines Vaters erbarmen! Solche Vorschrift hat er gerade von dort erhalten." Khalil Sultan bemerkte: „Der arme Konsul, was hat der für Schuld? Da man ihm keinen Gehalt gibt, was soll er machen? — Es liegt nicht weit, dass man sogar noch eine Summe als Schweigegeld oder Handgeschenk nimmt." Ich versetzte: „Edler Sultan**), Ihr seid gleichfalls ein Staatsbeamter und alle beide dient Ihr der Regierung, natürlich wollt Ihr den Konsul in Schutz nehmen. Gibt man Euch etwa

---

*) Sitte ist wie oben zuerst nach dem Befinden zu fragen.

**) Hauptmann.

nicht Gehalt?“ — Er erwiderte: „Wenn sie nur nichts noch nehmen so bin ich zufrieden. Der Gehalt mag ihnen gehören.“ Ich versetzte: „Warum denn das?“ — Er sagte: „Es sind nun schon Jahre, dass ich nichts vom sogenannten Gehalt gesehen habe. Selbstverständlich! Ich besitze ein ganz ausgezeichnetes Pferd, welches ich lieber als meine beiden Augen habe. Unser Särtip sah das Pferd und wurde lüstern darauf. Obwohl er immer mit Winken und Anspielungen seinen Wunsch vorbrachte, achtete ich nicht darauf, bis die Sache von Winken und Anspielungen zur verblümten und deutlichen Erklärung gedieh. Auch da noch blieb ich fest, ich gebe es nicht. Dann setzte er sich einen Käufer für meine Stelle zurecht. Er wollte 700 Toman von ihm als Handgeld nehmen und die Hauptmannstelle des Regiments ihm übertragen. Ich sagte ihm nun inmitten einer Menge ins Gesicht: ‚Hochedler Särtip: Diese Stelle ist mein Erbe von meinen Grossvätern her. Meine Vorfahren haben dem Könige Dienste erwiesen. Mein Vater hat bei der Empörung eines Generals zwei Jahre lang in Khorasan Staub geschluckt und gar viele Wunden davongetragen, wenn du meine Stelle einem anderen überträgst, so gehe ich direkt und beklage mich telegraphisch beim Padischah über dich, und bis zur Todesstunde werde ich mich in dieser Angelegenheit bemühen, weil ich beobachtet habe: Die Höhe zeigt keine schwarze Farbe.‘ Was zu sagen war habe ich gesagt. Der Sartip sah, nein, ich sei nicht einer von solchen Nummern. Er gab die Weiterverfolgung jenes Wunsches auf, er zeigte sich gnädig und schenkte mir obendrein ein Ehrenkleid. Trotz alledem gab ich das Pferd nicht.“ — Ich sagte: „Sagt aufrichtig, habt Ihr überhaupt keinen Gehalt oder ist er da, aber man bezahlt ihn nicht?“ — Er versetzte: „Was sprecht Ihr da! Vom Staate haben wir einen Gehalt für tägliche Ration ausgesetzt, und die Staatskasse bezahlt ihn. Aber sie verzehren ihn, und unsereinem bezahlen sie nichts. Da ich durch Gottes Güte kein Bedürfnis habe, so nehmen es die Grossen. Hand für Hand nehmen sie es, und nachdem es an zehn oder zwölf hintereinander vorbeigegangen, gelangt dann ein Zehntel davon in die Hände seines Besitzers oder auch nicht. Dass ich es nicht zu sehen bekam ist selbstverständlich. Die, welche ich von meinen Kollegen kenne und weiss, haben noch nichts zu sehen bekommen.“ Der Hausherr sagte: „Habt Ihr Lust so gehen wir aus und promenieren etwas.“ Ich erwiderte:

Geschichte des Khalil Sultan.

„Was kann es schaden!" — Wir gingen zusammen aus und besichtigten alle Orte, bis wir zum Garten der Regierung gelangten. Ein grosses Gedränge und eine Menge war dort. Eine halbe Stunde nach der Abendzeit kehrten wir heim. Beim Abschiednehmen sagte ich zum Hausherrn: „Vielleicht können wir morgen Euch nicht aufwarten. Der Dampfer kam heute. Morgen, mit Gottes Hilfe, ziehen wir gen Stambul, ich bitte um Euer Gebet." Der Hadschi versetzte: „Das ist nicht möglich, ich lasse Euch morgen nicht fortreisen." Ich dachte er wolle uns einladen und sagte: „Es geht nicht, wir müssen abreisen." Er erwiderte: „Nein, die Uhr (die Stunde*) ist schlecht." Ich merkte, die Sache läge anders, der hochwürdige Hadschi gehöre zu den Einfältigen. Mit Verstellung sagte ich: „Die Uhr habe ich mit Eurer Billigung gekauft, wenn sie schlecht war, warum habt Ihr dann nicht befohlen, wir sollten kein Geld geben?" — Er versetzte: „Nein, von jener Uhr spreche ich nicht. Gestern schaute ich den Kalender an und sah, für heute ist die Seereise als schlecht verzeichnet." Wieder wurde ich erbittert und sagte: „Der Fluch Gottes möge auf diesem Kalender und dem Schreiber desselben und dem, der davon überzeugt ist, ruhen. Diener Gottes, ist es nicht eine Schande, dass Ihr Eure Lebenszeit mit diesen Possen hinbringt und
Kalender. Eure liebe Zeit verschwendet und tötet? Der betreffende gottlose Mann, welcher von den zufälligen Ereignissen seiner eigenen Familie keine Ahnung hat, schreibt, den und den Tag ist eine Seereise nicht ratsam oder die und die Stunde der Anblick von Grossen nicht gut. Jener Sohn eines verbrannten Vaters soll die himmlischen Angelegenheiten sich selbst überlassen und allein die irdischen Angelegenheiten, in denen er selbst sitzt, gut bestellen. Zuerst die Zahl der Bevölkerung von Iran seinen Landsleuten kund tun. Zweitens über die Ausdehnung und Entfernung der Landesgrenzen die Leute unterrichten. Darauf soll er sich mit dem Himmel beschäftigen. Schlimmer aber als alles, das Übel dieser Astronomen und ihr Kalender richtet uns zu grunde. Das Männlein begeht gegen den König, durch dessen Gnade er lebt, Hochverrat wenn er sagt, den und den Tag ist es nicht gut Könige anzusehen. Der Unglückliche! Der Anblick von

*) Der persische Kalender gibt die Stunden und Tage an, in denen man etwas tun und lassen soll. Der Verfasser des letzten Kalenders entschuldigt sich wegen des schlechten Druckes, aber es wolle niemand das Heft kaufen, sondern jeder es umsonst haben. (Kostet 13 schahi.)

Königen ist stets gesegnet! Du sei rechtschaffen, ein treuer Diener und beharrlicher Untertan des Königs. Jederzeit, wenn es nötig ist, blicke auf sein Gesicht, damit es gegen dich voller Gnade und Gunst sei. Solltest du aber im Gegenteil Untreue gegen die Regierung und den König begehen, so ist dein Gemüt stets über dein Treiben in Unruhe. Kein ‚gesegneter‘ Tag oder keine gesegnete Stunde kann dich von der Strafe für dein schlechtes Handeln und deine Treulosigkeit gegen König und Volk losmachen. Ich weiss nicht bis wann diese Spielereien und Kunststücke in Iran und unter den Persern noch gang und gebe sein werden. Hochwürdiger Hadschi, ich erkläre Euch, jederzeit, wenn Euch eine fromme Übergiessung (Gusl) und körperliche Waschung nötig ist, gehe ohne die Bestimmung, ob die Stunde gut oder schlecht sei, ins Bad und reinige deinen Körper, denn die beste Stunde ist eben jene. Und ebenso, solltest du eine Rechtsfrage haben, so gehe ohne den Kalender zu beachten zu dem Rechtsgelehrten der Stadt und befrage ihn, denn die beste Zeit ist gerade diese Zeit. Und wenn du, Gott gebe es nicht, krank werden solltest, so gehe zum Arzt und lass dich behandeln. Dieser Kalender, welcher voll Geschwätz ist, lass beiseite. Diese sinnlosen Worte, welche der Verfasser des Kalenders sagt, von der Zunahme des Zuckers und der Seide, der Kraft des Standes der Minstrels, der Mehrzahl der Lügner, der Bequemlichkeit der Palasteunuchen, dem Krummsitzen der Frauen, dem Überflusse an Krankheit unter den Männern lasse unbeachtet und sieh es für nichts an, denn das sind alles Faseleien.“ Ich merkte der Hadschi war erbittert und sagte: „Dann nach Eurem Gutdünken müssten wir den Kalender wegwerfen. Gut, wenn es aber den Kalender nicht gäbe, von wo wollt Ihr ersehen welcher Monat heute ist?“ Ich versetzte: „Hadschiseele, ich behaupte nicht, dass der Kalender nicht notwendig sei. Natürlich für jedes Volk und jeden Stamm ist er vonnöten, aber nicht dieser Kalender von Iran, welcher auf jeder Seite schreibt: ‚Die Eigenschaften dieses Monats deuten auf Salzigkeit des Käses und die Süsse des Zuckers, die Weichheit der Baumwolle und die Festigkeit der Steine hin.‘“ Schliesslich merkte ich der Hadschi war fertig, ich rollte die Spindel der Worte auf, sagte: „Gott befohlen“ und kehrte heim. Jene Nacht schlief ich in der Wohnung, und mit Tagesgrauen nach verrichtetem notwendigen Morgengebet und eingenommenen Tee, als die Sonne schon hoch gestiegen war, brachte

Jusuf Amu die Pässe unter Führung des Aufwärters im Gasthaus zu den Konsulaten von Iran und dem osmanischen Reich. Man visierte sie. Das Konsulat von Iran hatte für jeden Pass 2 Manat, das osmanische Konsulat 1 Manat und 50 Kopeken genommen. Aber das osmanische Konsulat hatte auf die Pässe eine Marke von 20 Gurusch aufgeklebt. Offenbar kam das, was wir dem osmanischen Konsul bezahlt hatten, an die Kasse des obenerwähnten Staates und das, was wir dem Konsul von Iran gegeben hatten, gelangte direkt in seine eigene Börse.

Als nun die Sache mit der Passvisierung vollbracht war, waren vier Stunden des Tages vergangen. Wir gingen also zum Anlegeplatz des Dampfers und sahen, dass das Boot noch Ladung nahm, da der Dampfer später als zur bestimmten Zeit angekommen war. So spazierte ich noch auf der Brücke. Meine Gedanken und Sinne waren so traurig und verwirrt, dass mir sozusagen der Verstand aus meinem Kopf entflogen war. Auf einmal traf die Stimme von Jusuf Amu mein Ohr: „Edler Beg, kommt doch zu Euch, denn Ihr fallt ins Meer." Als ich mich seiner Stimme zuwandte sah ich, eben jener Schritt, den ich vorhatte, ging ins Meer. Ich verstand, trat zurück und blickte nach Jusuf Amu hin. Ich sah den armen Schelm sich seinen Kopf mit beiden Händen schlagen. Mit einem Worte, wir warteten dort eine ganze Zeit bis die Abfahrtszeit des Dampfers herankam. Wir gingen auf den Dampfer. Ich sah es war dasselbe russische Schiff mit Namen „Asuf", welches wir beim Beginn der Reise auf jener Seite ebenfalls bestiegen hatten. Die Mannschaft des Dampfers erkannte uns wieder. Wir begrüssten uns und fragten einander nach dem Befinden. Und dieser angenehme Zufall versetzte mich in gute Laune. Der Dampfer setzte sich in Bewegung. Das Wetter war sehr schön und das Meer ruhig. An den Halteplätzen von Trapezunt, Sinope, Kiresun und Samsun fuhren wir nacheinander vorbei, und am fünften Tage in der Frühe gelangten wir in die Meerenge von Stambul. Vor der Quarantänestation von Kawak, welche am Eingang der Meerenge liegt, berechnete ich, es waren gerade 8 Monate und 21 Tage, dass wir hier auf der Wallfahrt zum heiligen Meschhed und zum Besuche von Iran vorbeigekommen waren.

Abfahrt von Batum.

Ankunft in Stambul.

Der Hausherr erzählt: Als ich dies kummervolle Reisebuch zu Ende gelesen hatte war ich in einem Meer von Verwunderung versunken. Da blickte ich auf die Uhr und sah, dass 10 Minuten bis

Sonnenuntergang übrig blieben, und mein Staunen war noch um so grösser, da ich 9 ganze Stunden mit der Lektüre dieses Reisebuchs zugebracht und während dieser ganzen Zeit weder Cigaretten geraucht, noch etwas genossen, noch mich von der Stelle gerührt hatte, ja von mir selbst gar keine Ahnung mehr hatte. Auch von meinen armen Gästen war ich ohne Nachricht. Dieselben waren zum Bad gegangen, um sich zu waschen und zu reinigen und dann zurückzukommen. Jetzt ging die Sonne zur Neige, und von ihnen gab es keine Kunde. Ich überlegte alles dies, wo sie geblieben seien und wo sie frühstückten. Ich rief den Diener, er kam herbei. Als er mich erblickte, war er erstaunt und sagte: „Agha, Ihr waret zu Haus geblieben? — Wir waren der Meinung, Ihr wäret zusammen mit den Gästen ausgegangen. Die gnädige Frau (Khanum) fragte mich eben, warum sie nicht kämen." Ich versetzte: „Schwatze nicht, du siehst, dass ich hier bin, was hat das für Sinn weiter zu fragen! Geh schnell und stecke im Valide Han*) im oberen Stock ins Zimmer No.... den Kopf und sieh, ob die Gäste dort sind, und bringe sie mit dir nach Haus! Sollten sie dort nicht sein, so frage den Zimmerherrn, ob sie zu ihm gekommen seien oder nicht. Komm schnell wieder!" Der Diener ging fort, und ich war wieder in Gedanken über meine Gäste und voller Scham über meine Unachtsamkeit, warum ich nicht mit ihnen gegangen war. Es war kaum eine Weile vergangen, als ich alle beide ankommen sah. Ich erhob mich und ging ihnen zum Empfang entgegen. Als sie niedersassen sagte ich: „Bruder, du hast mich in einen seltsamen Zustand versetzt, dies Buch der Leiden oder dein Reisebuch gabst du mir in die Hand und gingst fort; es hielt mich so gespannt, dass ich weder von mir selbst noch von Euch etwas mehr wusste. Bis jetzt habe ich nichts gegessen, wahrscheinlich habe ich auch keine Cigarette geraucht, vielleicht mich nicht einmal von der Stelle, wo ich sass, gerührt. Sogar die Bewohner des Hauses waren des Glaubens, ich sei mit Euch fortgegangen. Jetzt eben kam ich zu mir selbst zurück, und ihr fielt mir ein, wo ihr eigentlich bliebet." Er versetzte: „Als wir gerade aus dem Bade kamen trafen wir einen Gevatter, welcher uns bekannt ist. Er nahm uns mit in seine Wohnung. Wir frühstückten

*) Sitz der persischen Kaufleute. Bis vor kurzem befand sich dort die Redaktion der persischen Zeitung „L'Akther."

dort und tranken Tee, und er liess auch seine Hand nicht wieder von uns ab, wir sollten dort auch den Abend sein. Mit tausenderlei Bitten stellten wir ihn zufrieden, um geradenwegs heimzukehren, als wir auf Euren Diener stiessen, der auf die Suche nach uns ging."

Die Erlebnisse von Ibrahim Beg nach seiner Ankunft in Stambul.

Wir unterhielten uns nun etwas, darauf sagte ich, man solle die Abendmahlzeit bereit machen. In der Zeit kam mir in den Sinn, dass von Kairo für Ibrahim Beg ein Brief angekommen sei. Ich sagte: „Bruder, ich habe wahrhaftig vergessen, es ist ein Brief für Euch aus Kairo angekommen." Hierauf holte ich den Brief aus einem kleinen Kästchen hervor und überreichte ihn. Ibrahim Beg ergriff den Brief voller Sehnsucht und fing an ihn laut vorzulesen.

Der Inhalt dieses eben erwähnten Briefes:

Bruderseele! Gott Dank und Preis, alle Lieben und Verwandte sind wohl. Ich bin der Hoffnung, dass Ihr dieser Tage in Gottes Schutz in Stambul angekommen seid. Um Euch haben wir uns so gebangt, dass es sich nicht beschreiben lässt. Sämtliche Freunde waren über die lange Dauer Eurer Reise bekümmert, und wir dachten alle daran, wie Ihr im Lande Ägypten in völliger Freiheit gross geworden seid und diese Eure Beanlagung mit den Zuständen in Iran im Widerspruch stehen würde. Besonders Deine alte Mutter war über diesen Umstand sehr in Sorge, Tag und Nacht brachte sie mit Weinen und Seufzen zu. O gewissensloser Mensch! Mögen auch Deine Freunde Dir aus dem Gedächtnis unwiederbringlich entschwunden sein, die Kindesliebe und die Liebe zur Mutter wohin ist sie gegangen? — Während dieser langen Zeit kam weder ein Brief noch ein Telegramm von Euch an, welches Seelenfrieden den Freunden und Anlass zur Tröstung Deiner verlassenen und schwachen Mutter gegeben hätte. Ich ahnte es wohl. Ich wusste, dass Ihr vom Anblick des Antlitzes Eurer Geliebten „der Dame Iran" Welt und Geschöpfe vergessen würdet. Wie sollte das uns zukommen! Nun langte, Gott sei gedankt, vor einigen Tagen gute Nachricht über Euren Aufbruch aus Täbris telegraphisch an. Die Freunde liessen beim Anhören dieser Glücksnachricht ihre Freude erkennen.

Deiner Mutter aber verlieh diese Freudennachricht neues Leben. Zwei Tage und Nächte verbrachte sie weinend vor übergrosser Glückseligkeit, und fortwährend zog sie den Duft Eures Telegramms ein und küsste es und rieb es an ihre Augen. Zufällig langte der Telegraph so schnell an, dass er allgemeines Staunen und Verwundern veranlasste. Sozusagen als wusste er ebenfalls von der Betrübnis der Freunde und der ängstlichen Sorge Deiner Mutter und liess sich selbst binnen 3 Stunden und 34 Minuten zu uns gelangen und spendete uns gütig die Kunde von der guten Nachricht Eures Aufbruches und Eures Wohlbefindens. In Wahrheit mag die Beschreibung von Mirza Risa, dem Dichter, passen, welcher über diesen Kurier, der schnellfüssiger als der Blitz ist, sagt:

„O Draht, du guter Vermittler des Wehschrei's,
Du kündest dem König vom Stande des Bettlers.
In einem Nu mit einer Bewegung wie die Strahlen der Sonne
legst du zurück die Entfernung eines hundertstündigen Wegs.
Farsakhen zurückzulegen ist dir wie ein Flug,
von der Augenhöhle bis zu der Reihe der Augenwimpern." *)

Sonst gibt es nichts neues, die Freunde sind alle munter, sie sprechen kein Wort in ihrer Rede ohne Euer nicht zu gedenken. Einige sagen während des Gesprächs über Euch: „Ach wenn wir doch auch in Iran bei Ibrahim Beg wären und zu sehen bekämen, wie er beim Anblick jener Zustände sich selbst ärgert.**) Wem sagt er jene starken Schimpfworte? Welche Leute beschuldigt er der Gottlosigkeit und des Unpatriotismus?" Dieserlei Reden führen sie fortwährend, und immer lachen sie dabei. So Gott will beehrt Ihr uns bald, damit die Gefährten mit Dir zu tun haben. Wenn Du dein Leben retten willst, so sage Du alles, was jene sagen wollen, zuerst. Du selbst stimme mit ihnen im Lachen überein, damit Du frei ausgehst. Sonst ist Deine Sache verloren und Gründe aller Art Euch aufzuziehen holen sie herbei.

„Ich sagte von diesen ausführlichen Punkten nur ein Summarium,
Du selbst lies die Erzählung ausführlich von diesem Summarium." ***)

Ein bedrückendes Ereignis, welches gleich nach Eurer Abreise stattfand, ist der Tod des Hadschi Ali Baba aus Salmas. Gott möge

*) Mit Benutzung eines Verses von Kaâni.

**) Aufzieht.

***) Sadi, Gulistan.

sich seiner erbarmen! Alle Freunde, fremd und einheimisch, waren durch das Ableben dieses Verstorbenen erschüttert. Nach der Trauerfeier kamen die Beamten des russischen Konsulats und verzeichneten sein Kleingeld, das bewegliche Gut und seine Forderungen. Die Leute hatten den Reichtum des Ebenerwähnten übertrieben. Jedoch alles in allem verblieben von ihm 34000 Lire Kleingeld, bewegliches Gut und Forderungen. Das, was dem minderjährigen Ali Risa und dem schwachsinnigen Mohammed Ali zukam, wurde auf der Bank angelegt. Man bestimmte, dass für Ali Risa jeden Monat zur Bestreitung für Schule und anderes 25 Lire und für Mohammed Ali 8 Lire bezahlt würden. Den Erbteil der grossjährigen Erben übergab man ihren Händen. Eine Woche lang waren die Beamten des Konsulats mit der Verteilung der Hinterlassenschaft von Geld und Immobilien des Verstorbenen beschäftigt, das Konsulat erhob nur 5½ Lire für die Bemühung oder als Recht für die Ausübung des richterlichen Amtes. Und dies nahm man noch von der Erbschaft der Grossjährigen. Vom Erbteil der Minderjährigen nahm man keinen Heller und Pfennig. Dies war das eine Vorkommnis, welches sich darbot. Auch ein anderes Vorkommnis fand statt, welches hinreichend seltsam ist. . . . . Euer Gefährte, welcher im Hafen von Suez ein Magazin hatte, war in Handelsgeschäften nach dem Sudan gereist, wie mir dünkt, waret Ihr damals in Kairo. Kurz, vor mehreren Tagen wurde die Nachricht von seinem Tode verbreitet. . . . . Khan, der Konsul von Iran, schickte aus Kairo einen Mann. Man versiegelte in Suez sein Magazin, warf seinen Bediensteten heraus, und was an Geld und Waren dienlich war, das verschwand aus dem Laden. Der arme Ladenbesitzer, ich weiss nicht durch welche Vermittelung er im Sudan von diesem Vorgang benachrichtigt wurde, 1½ Monat nach der Verbreitung der Nachricht von seinem Tode langte er in Suez an, sah sein Laden war versiegelt und kam nach Kairo. Was er nun auch für Spektakel machte: „Ich bin nicht gestorben, öffnet meinen Laden, übergebt mir die Waren!“ es war zwecklos. Der hochwürdige Konsul behandelte ihn voll Hochmut. Der arme Schelm strengte Klage beim Gericht des Khedive an. Man hörte nicht auf ihn. Es ist eine sonderbare Geschichte. Gestern sagten ihm der Agha Mirza Abbas und Hadschi Khalil Agha zum Scherz: „Kind Gottes, im Konsulat ist es zur Gewissheit geworden, dass du tot bist, jetzt musst du hingehen und aus dem Sudan ein beglaubigtes

Erbschaftsangelegenheiten.

Zeugnis bringen, dass du lebst, damit sie dann an deine Sache herantreten." Der arme Tropf wurde beim Anhören dieser Worte verrückt. Jetzt wandelt er nun von Tür zu Tür, was werden soll. Die Gevattersleute in Kairo sagen, der Platz von Ibrahim Beg ist leer, wenn er diesen Vorgang mit eigenen Augen sehen würde, wird er da auf der Hut sein, oder wird er uns wieder für unpratiotisch und indifferent halten?

Ich sah wie die Hände von Ibrahim Beg zitterten. Er wechselte die Farbe. Bestürzung zeigte sich in seinem Wesen, und auf einmal zerriss er den Brief in kleine Stücke, warf ihn weit fort und sagte: „Ich weiss selbst nicht, was für Unheil ich auf dem Haupte trage. Allerorten suchen mich Leiden heim. Man möchte sagen, sie hätten diese Berichte absichtlich angebracht, um mir mein Herz zu schmelzen, und sie wissen nicht, dass dies mein unseliges Herz nur ein Stück geronnenes Blut geworden ist. Das Menschenskind da, das ohne Einsicht redet, hat zu meinem Empfange ein Geschenk gesandt. Bei Gott, trotz alledem bin ich es zufrieden, wenn der Konsul von Iran mein Hab und Gut im Raub davonträgt und mich die härtesten Heimsuchungen ertragen lässt. Jedoch es sollen nach meinem Tode nicht einige Christen mit geschorenem Kinn und dem Topfhute (Zylinder) zur Verteilung meiner Hinterlassenschaft an die rechtlichen Erben in mein Haus kommen! Diese urteilslosen Leute sind der Meinung, dass es in Russland keine Gewalttat gäbe, seine Beamten kein Bestechungsgeld nähmen. Bei Gott, wenn man jenen die Fessel löste, so würden sie wie das Kalb des Khadsche Nasreddrin*) viel schneller als die persischen Beamten springen. Aber das Übel liegt darin, dass bei uns die Hauptquelle verdorben ist. Sobald man die russischen Beamten auf Untreue ertappt, so ist es fernerhin unmöglich für sie loszukommen und zum zweiten Male eine Aufgabe zu übernehmen, auch wenn sie zu der kaiserlichen Familie gehören sollten. Niemals werden sie durch eine Vermittelung unterstützt. Was das Gericht zur Strafe für sein Vergehen angeordnet hat, das wird ohne zu viel und zu wenig ausgeführt, und das Mittel des Lösegeldes bleibt unbeachtet, denn der Sinn der Gerechtigkeit ist der, wenn eine Sache vor ein gerechtes Gericht kommt,

Die russischen Beamten.

*) Sein Grab in Akschehr (Klein-Asien). Bekannter Anekdotenerzähler. Sein Esel oder Kalb war sehr schnell.

so wird auf die Gesetze der Gleichheit bis zu den äussersten Punkten das Augenmerk gerichtet. Das ist es, was die Grossen gesagt haben: „Gleiche Gewalt hat ein gerechtes Ansehen." Aber in unserem unseligen Iran, wenn jemand der Regierung 100000 Toman veruntreut und in derselben Höhe fremdes Gut raubt, und wenn er, falls jene Veruntreuung und Gewalttätigkeit öffentlich wird, 20000 Toman davon den Chefs des Amtes als Schweigegeld gibt, so trägt er natürlich den Rest umsonst für sich davon und verzehrt ihn und wird obendrein noch frei kommen." Der Hausherr sagte: „Obwohl ich seit langem die Grösse des Nationaleifers von Ibrahim Beg genau kenne, so war ich doch des Glaubens, es werde nach der Reise nach Iran und dem Anblick von all den Widerwärtigkeiten in dem Feuer seines Patriotismus bis zu einem gewissen Grade eine Erkältung und ein Verlöschen Platz greifen, aber beim Betrachten dieses seines Zustandes und beim Anhören dieser Aufzählungen merkte ich, nein, meine Ansicht war fehlgegangen. Im Gegenteil, der Grad seines Nationaleifers hatte sich noch erhöht. Ich überzeugte mich sodann in meinem Herzen, dass diese seine Charakteranlage eine natürlich angeborene und nicht eine anerzogene war: „Mit der Milch eingeflösst, mit dem Leben aufgewachsen." Wahrhaftig über seine kalten ununterbrochenen Seufzer fing mein Herz Feuer. Das Mitleid ergriff mich. Hilflos erhob ich mich von meinem Platze weinend und zog ihn beiseite, küsste ihm Haupt und Gesicht und sagte: „Builderseele, der Genuss der Vaterlandsliebe möge dir wohlschmecken!"

Persische Beamte.

„Das Lob Gottes über den Vater,
welcher dich aufzog, und die Mutter, welche dich gebar."*)

Du sagst wahr und hast gut begriffen, dass bei uns die Hauptquelle verdorben ist. Nicht alle mohammedanischen Obrigkeiten sind gewalttätig und die nicht mohammedanischen gerecht. Auch wir haben hier einen Konsul, er selbst ist christlichen Stammes, dennoch ist er tausendmal mehr als die früheren Konsuln gewalttätig und pflichtvergessen. Er begeht Handlungen, die sich nicht beschreiben lassen. Ich weiss nicht, durch welches Mittel er sich auf diese Mission geworfen. Es ist nun eine ganze Weile, dass man die Zügel der willkürlichen Behandlung des Volkes von jeder Klasse in die Hände dieses Gewalttätigen gelegt hat und man ihn von Gut und

*) Von Schems-i Täbris.

Blut und Ehrerbietung der Leute als Herren ansah. In dem Ausplündern und Ausrauben der Hilflosen im Volk und der Vernichtung der Ehrerbietung von angesehenen Leuten ist er so kühn und ohne Scheu, dass die Leute mit Ausnahme von einer Person sämtlichen früheren Konsuln noch Segenswünsche sprechen. Einer von meinen Freunden erzählte: „Ich war wegen eines Geschäftes vor einigen Tagen zum Konsulat gegangen und sah dort zwei Personen aus dem untersten Volk. Einer war der Gläubiger und beanspruchte von dem anderen eine Forderung. Der Schuldner sagte: „Ich habe nicht die Möglichkeit meine Schuld zu bezahlen." Auf einmal schrie der Schuldeinkläger unwillkürlich: „Khan, ich bin dein Opfer, frage diesen Gewissenlosen, ob mein Geld armenisches Geld sei."*) Die Anwesenden alle lachten. Obwohl der Khan selbst ebenfalls zu lächeln schien, so sah ich dennoch, dass er die Farbe wechselte. Es ist sonderbar, dass sich ebendieser Konsul auch mit unseren Ehe- und Ehescheidungsklagen kraft seines Amtes abgibt." Somit kann für die Verdorbenheit der Hauptquelle kein besserer Beweis als dieser dienen. Jeder, der von seinen Untergebenen mit Gewalt nimmt und den Vorgesetzten Schweigegeld gibt, für den ist die Erlangung eines Amtes möglich, und je grösser seine Dieberei ist, desto näher wird er der betreffenden Obrigkeit stehen. So ist ein Christ Richter über Mohammedaner geworden.

Armenische Konsuln für Iran.

Hier mischte sich auch Jusuf Amu ins Gespräch und sagte: „Geliebte Herren, was soll das heissen, was hat die Hauptquelle für Schuld? Ein Dieb allerorten und welcher Nation er auch sein mag ist ein Dieb, und das Gegenteil davan verhält sich ebenso. Gott möge sich des Mirsa Achmed Khan, des Generalkonsuls von Kairo, erbarmen! Jener trank ebenfalls Wasser aus derselben Quelle. Auch er gehörte zu den Staatsbeamten von Iran. In Ägypten behandelte er die Staatsangehörigen und Untergebenen wie ein Vater. Die Perser hatten zurzeit der Amtstätigkeit jenes Verstorbenen ein Selbstbewusstsein. Jene, welche aus Furcht vor Ausplünderung und Beraubung der Vorgänger ihre Nationalität abgelegt hatten, zeigten öffentlich Reue. Von den Untertanen fühlte sich keiner von jenem Verstorbenen und seinen Leuten bedrückt. Der arme Mann befand sich immer in Schulden und das, was in seine Hände kam, war

Mirsa Achmed Khan.

*) Auf türkisch: Armenisches Geld ist vogelfrei.

Hadschi Mirsa Nedschef Ali.

Stiftung für die Seïden und Derwische. Mir kommt in den Sinn, dass er eines Abends einen eigenhändigen Brief*) an den verstorbenen Hadschi, den Vater des Beg, schrieb und 50 Lire geborgt haben wollte. Da der verstorbene Hadschi das freigebige Schenken jenes Verstorbenen gut kannte, so gab er absichtlich die Summe mir und trug mir auf: ‚Nimm sie selbst und überbringe sie und sieh was er mitten in der Nacht mit diesem Gelde anfängt.' Ich trug sie hin und lieferte sie ab. Ich sah drei Personen von den Seïden waren noch da. Heimlich fragte ich den Nasir, den ‚Verwalter der Ausgaben': ‚Wozu hat man nachts das Geld nötig?' Er erwiderte: ‚Für diese drei Personen. Der Khan hat ihnen versprochen: „Ich werde Euch beim Fortgehen eine Gabe spenden." Jetzt nun gehen sie, und wir werden es ihnen geben.' Wirklich kurze Zeit war vorüber, da verlangte der Khan nach ihnen und verteilte sämtliches Geld unter sie. Eine Zeit nach jenem Verstorbenen, in der ein bis zwei Konsuln gewechselt wurden, kam Hadschi Mirsa Nedschef Ali. An Stelle von Kampferkerzen begannen Petroleumlampen zu brennen. Die Fundamente für den guten Namen und die Ehre, welcher jene Verstorbene in Ägypten für Staat und Volk mit grosser Mühe errichtet hatte, trat er mit Füssen. In Raub und Plünderung wurde er so kühn, dass die Leute die Mannen von Dschengis noch segneten. Hassan Khan aus Khoi**), welcher früher als er Konsul war und einen Ruf für seine Gewalttätigkeit besass, liess er meilenweit hinter sich. Gott möge seine Seele bis zum Tage der Auferstehung in Strafe nehmen! Somit ist klar, dass die natürliche Bosheit den Menschen zur Gewalttätigkeit treibt. Was hat die Hauptquelle für Schuld?" — Währenddessen meldete man, dass das Abendbrot bereit sei.

Ibrahim Beg sagte: „Esst Ihr jeden Abend so früh wie heute Abend, oder habt Ihr unseretwegen Eure Gewohnheit geändert?" — Ich erwiderte: „Bruderseele, ich habe heute durch das Glück, Euer Reisebuch zu lesen, gefastet, jedoch ich bedauere, dass ich nicht mein Gebet verrichtet habe." Sie lachten. In Wahrheit es verhielt sich so. Ich hatte das Gebet vollständig vergessen. Wir gingen zu Tisch. Während der Mahlzeit wurde ein wenig der Unterhaltung

*) رقعه

**) In Aserbaidschan nördl. vom Urumiasee.

gepflogen. Aber ich merkte Ibrahim Beg hatte sich völlig verändert. Ich machte die Beobachtung, dass er ohne Bewusstsein sich bewegte, z. B. fragte er zweimal im Gespräch, als wäre er eben erst angekommen und hätte das Gespräch von Anfang an nicht vernommen. Und ebenso sagte er auch einige Worte wiederholt. Wie dem auch war, wir verzehrten unser Abendbrot und standen vom Tisch auf. Ibrahim Beg sagte: „Ich will beten." Im Scherz sagte er: „Wenn Ihr wollt, so werde ich ein Nachholungsgebet*) für Mittag und Nachmittag für Euch ableisten." Er ging zum Betzimmer. Ich blieb und Jusuf Amu. Ich versetzte: „Amuseele, sprich, damit ich sehe wie es Euch geht." Er erwiderte: „Agha, fragt lieber nicht nach meinem Befinden, denn meine Seele reicht mir bis zur Kehle. Wenn Ihr wüsstet, was ich auf dieser Reise für Strapazen ausgestanden habe, so würdet Ihr Mitleid mit mir haben. Aber nicht ich allein, auch dieser Jüngling ist ganz alle. Es sind nun viele Tage, dass er ohne Bewusstsein sich bewegt. Fortwährend seufzt er. Manchmal beisst er sich ohne Besinnung die Lippen. Manchmal wieder schlägt er ohne jede ersichtliche Veranlassung sich vor Bedauern mit der Hand aufs Knie. Manche Stunde spricht er so lange mit sich selbst, dass sein Mund wie bei den Leuten mit fallender Sucht schäumt, und seine Augäpfel verdrehen sich in den Augenhöhlen. Zuletzt befällt ihn Zittern, und er fällt bewusstlos hin, und der Schlummer umfängt ihn. Aber auch dann noch hat er keine Ruhe, fortwährend hält er mit sich Reden, immer ist es die Rede von dem Vaterlande, welche aus seinem Munde geht. Manchmal merke ich, dass er einen anredet, ihm Vorwürfe macht und schreit: ‚Der Grund zum Verderben der heimatlichen Zustände und der Schwäche und des Elends Eurer Landsleute seid Ihr. Ihr kennt nicht den Sinn der Vaterlandsliebe.' Derlei Worte sagt er so viele, dass ich bestürzt werde, ihn aus dem Schlafe wecke**) und frage: ‚Was ist das für ein Jammern und Rufen im Schlafe, das Ihr verführt? Mit wem habt Ihr Feindschaft?' — Er sagt: ‚Nichts.' Er schläft wieder, und es ist ebendieselbe Suppe und Schüssel. Ich weiss nicht was ich für Staub noch auf mein Haupt tun soll. Von Gott erflehe ich, er soll mir nur so viel Frist von meinem Lebensende verleihen, dass ich diesen Jüngling

Seelischer Zustand von Ibrahim Beg.

*) قضای نماز wird sehr oft wirklich verrichtet.

**) Man weckt sonst nie einen Schlafenden. Der Schlaf ist heilig.

gesund in Kairo seiner Mutter überliefere. Hiernach habe ich weiter keinen Wunsch in der Welt. Gegenwärtig ist dieser junge Mann sehr zerrüttet. Gebt auch Ihr ein wenig Rat, vielleicht, dass es wirksam wäre, und er aus diesem Zustand der Bewusstlosigkeit wieder etwas zu sich käme." Ich versetzte: „Ich wusste von Anfang an, als ich seine Absicht zu reisen hörte, was über Euer Haupt ergehen würde. Aber sage Dank, dass Ihr so billig wieder loskamet!" Währenddessen hatte Ibrahim Beg sein Gebet vollendet, er kam, entbot uns Gruss und sass nieder. Er sagte: „Wenn es möglich ist, so will ich ein Telegramm nach Kairo aufsetzen und Euer Diener kann es mitnehmen und dem Telegraphenamt überliefern." Ich versetzte: „Warum sollte das nicht möglich sein, das ist ein gar leichtes Ding." Hierauf schrieb er das Telegramm, und wir sandten es ab. Ich sagte: „Gut, Bruder unterhaltet Euch etwas, damit wir Nutzen ziehen. Jedoch habe ich die Bitte, über die Unordnung in Iran saget nichts, weil ich in Eurem Reisebuche alles das gelesen habe und auch selbst bis zu einem gewissen Grade wusste. Berichtet lieber etwas von den Schönheiten des Vaterlandes, was Ihr gesehen habt." Er versetzte: „Auch was ich von den Schönheiten gesehen habe, ist in meinem Reisebuch verzeichnet. Natürlich habt Ihr es gesehen." Ich erwiderte: „Es ist mir nicht ganz gegenwärtig, ich möchte aber trotzdem aus Eurem Munde Eure hochgelobte innige Liebe zur Heimat hören." Er sagte: „Unter allen Umständen sah ich vier schöne Dinge in Iran, welche mir zur Zufriedenheit und zum Selbstbewusstsein allen Vaterlandsverehrern Ursache geben können. Erstens das reine Grab des Heiligen Imam Risa, Segen auf ihn!*) Zweitens die Karawanseraien und einige Chausseestrassen des Königs in Gottes gnädiger Hut, Abbas des Sefavi, Gott mache ihm die Erde leicht! Drittens das Dasein eines gewissen Grossen und Einsichtsvollen wie die ‚hochverehrte Persönlichkeit' in Teheran. Viertens die Dar el Funun-i Nasiri (Universität) in Teheran und Gottbefohlen!" Ich sagte: „Und Gottbefohlen warum? — Alle die schönen Städte habt Ihr besucht und hin und her durchwandelt, und nur diese vier Dinge zogen Euren schwer zu befriedigenden Blick an. Die Stadt ‚Urumia' mit all den grünen und lieblichen Matten und Rosengärten, welche der Neid des Gartens von Iram sind, habt Ihr die

Vier schöne Dinge in Iran.

Urumia.

*) In Meschhed.

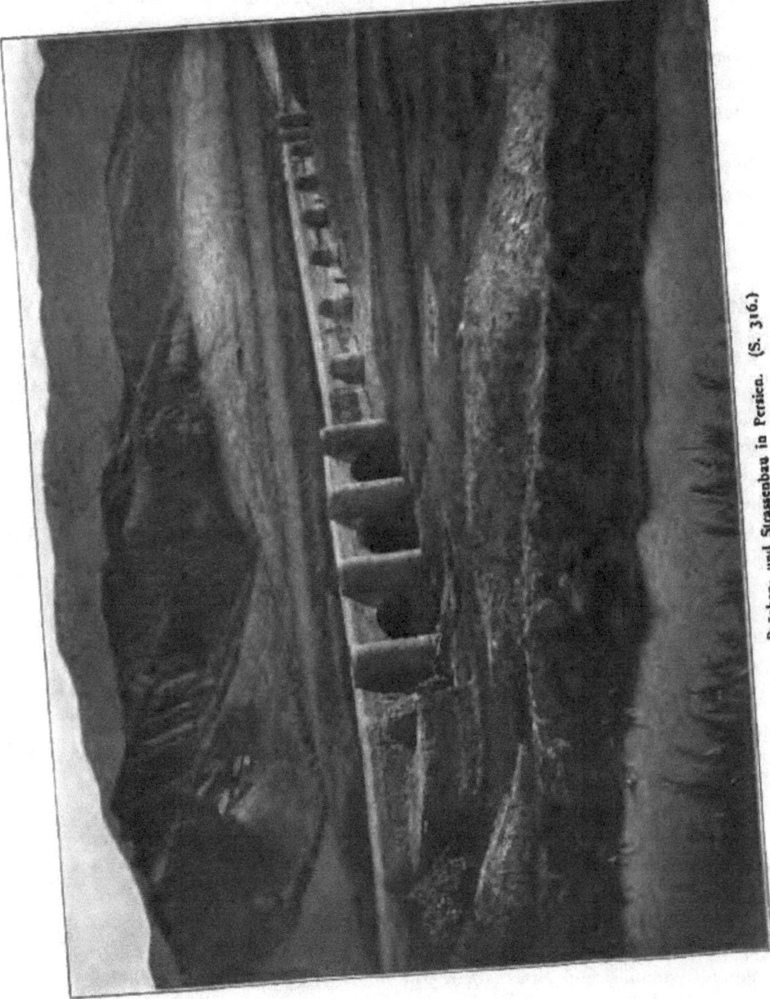

Brücken- und Strassenbau in Persien. (S. 316.)

denn nicht besucht? Wo die Luft allerorten von Moschus erfüllt ist, ihr Hauch von Ambra duftet. Die anderen, welche es gesehen haben, sagen: Jene Stadt von glänzendem Ansehen sei ein Muster vom seligen Paradiese. Die Gefilde der Gärten und Anlagen sind wegen der Unzahl der bunten Blumen der Neid des Blumengartens von China, und ihr Boden ist überall mit Ambra durchtränkt.*) Bei Gott, ist es gewissenhaft, wenn du an jener Stadt, welche man einen Rosengarten auf Erden nennt, ganz ohne Lobpreisen vorbeigehst?" — Er erwiderte: „Ich habe die Gärten und Anlagen erstarrt und die Gärtner schlafend gefunden. Die Blumen waren alle verwelkt und fahl, und ich erblickte die Rosengärten dunkel von der Farbe des Staubes und Schmutzes. In den Gefilden seiner Rosengärten waren weder lauschige Plätze, noch wiesen seine Blumen Wohlgerüche auf. Alle Plätze fand ich unter den Füssen der Herbsttruppen, und ich glaube nicht, dass, so wie es geht, ein Frühling allmählich auf jenen Herbst folgt. Das Jahr ist zwölf Monate Herbst, genug davon!" Ich sagte: „Aus der Art Eurer Unterhaltung und Eurer Worte geht so viel hervor, dass Ihr über Iran selbst erbost seid." Ibrahim versetzte: „Gott verhüte es, dass ich über mein Liebstes erzürnt bin! ‚Ich spreche die Sprache der Liebe, wie sollte ich dies tun?' Mein Leben zum Pfande! Es ist ein Stück von der Erde jenes reinen Bodens. Aller Kummer meines sorgenschweren Herzens kommt von der Torheit der Gärtner, und sonst hat der Garten keine Schuld. Wie du selbst dargelegt hast sind die Stadt Urumia und die übrigen Ortschaften Irans tausendfachen Lobes wert. Der Wald von Masanderan ist ein Paradies auf Erden. Auf dem ganzen Umkreis der Welt wird man keinen Ort gleich ihm an Reinheit der Luft und Dankbarkeit des Erdreichs finden. Schade, dass durch die Torheit der Gärtner Diwe und fremder Rauch seit vielen Jahren dorthin strömten und in der reizenden Gegend jenes Distrikts Kummer verbreiteten. Die Wunde von der Axt jener Unmenschen wird das Herz der Vaterlandsverehrer bis zum jüngsten Tage verletzt halten. Was soll ich schliesslich noch für Staub auf mein Haupt streuen? Von welchen Schönheiten, welche dieses gesegnete Land besitzt, soll ich sprechen? — Warum dürfen nicht in einigen Häfen jenes reinen Gebietes einige Schiffe von unserem Staate sein mit der Flagge der Sonne und des

Masanderan.

*) Orientalische Übertreibungen.

Löwen? welche ein Zeichen für die Machtentwickelung und das Dasein eines Staates und Volkes sind. Wenn unsere Grossen im Staate die Ausgaben für drei Reisen nach Europa zur Wohlfahrt jenes Landes ausgeben wollten, so würde heutzutage in demselben Masse der Staatsschatz des Nutzens jener Wohlfahrt teilhaftig und hätte nicht nötig, sich für die nötigen Ausgaben des Landes mit Raub und Plünderung zu befassen. Allerorten schreit der Boden des Vaterlandes in seiner Sprache: ‚O Perser, ihr meine so entarteten Kinder, vernachlässigt mich nicht, denn ich halte in meinem Schosse unzählige Schätze für Euch bereit. Müht und strengt Euch an und ihr werdet Segen von mir davontragen!' Aber sein Ruf dringt zu
Rat an Ibrahim Beg. niemandes Ohr. ‚Sie haben Ohren und hören nicht.' Ich sagte dann ist es klar, Ihr seid über die Leute des Landes, d. h. über Eure eigenen Landsleute erzürnt, wie es auch aus der Art Eurer Unterhaltung und Eurem Reisebuch sich herausmerken lässt. Ich gebe Euch jedoch den Rat, reisse diese Gedanken aus dem Herzen! Wenn ein Jüngling, Ibrahim mit Namen, sich vor Kummer verzehrt, seine Gedanken zum Windhauch für die Verbesserung der vaterländischen trostlosen Zustände zu machen, und wegen der völlig ordnungslosen Vorgänge im Vaterland sich fortwährend in Sorgen stürzt, so kann daraus keine Frucht erwartet werden. ‚Das Geschehene ist da, und Kummer wird dir bleiben.' Der heilige Gebieter der Gläubigen, Ali der Sohn von Abu Talib — Segen auf ihn! — befiehlt: ‚Die Klage beim Unglück macht das Leid vollständig.'

Im Unglück klage nicht, denn die Klage
macht dein Herz von Kopf bis Fuss bekümmert.

Kein Kummer ist vollständiger als jener,
wenn du von den Segnungen Gottes fern bleibst.*)

Ich fürchte, Gott gebe es nicht, dass von diesen elenden Gedanken dein Körper und deine Gesundheit Schaden erleidet. Dein
Selbstmord. Zustand ist gleich dem, der an seinem Leben Mord begeht. Dies gehört aber zu den grossen Sünden, und im Jenseits zieht es den Zorn Gottes nach. Wenn du mit dir kein Mitleid hast, so sei milde gegen jene alte Frau, deine Mutter, welche heutzutage auf den Erdkreis niemanden ausser dir besitzt. Ihr Leben ist mit Eurem Leben verbunden. Die Dinge, welche in diesem Reisebuche beschrieben sind

* Sdi Gulistan.

und über die du dich grämst, sind keine verborgenen Fragen. Jedermann sieht sie alle Tage und hat sich an jene Zustände gewöhnt. Und nach ihrer Ansicht ist es den Gesetzen der Sonne gemäss, weiter wird nicht darauf gemerkt. Aber dem ungeachtet, es ist tausendmal zu bedauern, jedoch was soll man tun? — Wenn durch meinen und deinen Tod diese Mängel abgestellt würden, so erhebe dich, wir wollen, ich zuerst, dann du, uns töten. Aber da nun einmal die Mittel gegen diese Übel nicht von mir und dir geliefert werden können, somit müssen wir leiden und uns bescheiden, bis Gott selbst den Trost der Vergebung verleiht und die Grossen des Volkes und die Spitzen des Staates aufwecken lässt." — Ibrahim sagte: „Bruderseele, ich habe nicht alles, was ich an Widerwärtigkeiten in der Heimat fand, aufgeschrieben, aus Besorgnis, dass in der Hand von Widersachern Anlass zu Tadel sich böte. Sie machen mir sonst schon den hellen Tag durch ihre Schadenfreude dunkler als die finstre Nacht.

„Die Hochherzigkeit lässt mich nicht sagen, was mich tötet,
damit die Menschen nicht wissen, wie mein Liebchen heisst."*)

Wir waren in dieser Unterhaltung begriffen als jemand mit dem Türklopfer an die Tür schlug. Der Hausdiener öffnete die Tür. Einer von den Persern mit Turban und aus der Klasse der Geistlichen kam zur Tür herein, er war wohl mit der Absicht einer Abendvisite gekommen. Wie dem auch war, nach erfolgter Vorstellung sagte er: „Von einem gewissen Soundso vernahm ich in Wahrheit die Nachricht von der Ankunft des lieben Gastes. In der Frühe wollte ich mir die Ehre geben. Danach dachte ich, der Abend ist lang, und sagte zu mir, es ist besser abends hinzugehen und wir pflegen nach Herzenswunsch der Unterhaltung." Ich versetzte: „Sehr gut, seid willkommen, dein Fuss über meinem Haupte!**)" Die Gesellschaft verhielt sich etwas schweigend. Der Mollah sagte: „Ich sehe, Eure Gesellschaft ist bedrückt; wenn ihr ein heimliches Gespräch habt, so schadet es nichts, dann trinke ich Kaffee und empfehle mich." Ich sagte: „Nein, mein hochverehrter Gast ist jüngst aus Iran gekommen und ist von dem Besuch jener Seite und dem Anblick einiger Widerwärtigkeiten bekümmert. Die Bedrückt-

Besuch und Streit.

*) Hafis.
**) Höflichkeitsphrase.

heit der Gesellschaft rührt nicht von mir und Euch her." Der Mollah blickte auf Ibrahim Beg und sagte: „Gastfreund und Bruder**), was gibt es neues in Iran und was ist geschehen, das Euer Gemüt bedrückt? Bitte lasst es auch uns wissen." Ibrahim versetzte: „Es ist nichts los." Der Mollah bestand darauf. Ibrahim sagte: „Der Hauptgrund für diese meine Niedergeschlagenheit seid Ihr." Der Mollah versetzte: „Ich?" — Ibrahim fuhr fort: „Ihr oder Eure Brüder, das macht keinen Unterschied." Der Mollah erwiderte: „Ich oder meine Brüder, was haben sie Euch getan?" — Er versetzte: „Mir habt ihr nichts getan, aber die Rechte unserer übrigen Brüder habt ihr zu grunde gerichtet." Der Mollah sagte: „Welche Rechte, die Rechte von welchen von Euren Brüdern?" — Ibrahim erwiderte: ‚Die Rechte meiner Landesbrüder." Der Mollah versetzte: „Ich habe wahrhaftig nicht verstanden." Ibrahim Beg sagte: „Jetzt will ich es Euch eins nach dem anderen auseinandersetzen, damit Ihr begreift. Hochwürdiger Agha mit diesem Jusuf Amu hier, die wir hier Euch zu Diensten sitzen, gingen wir in ‚Schahrud' unter einem Vorwande zu einem Mollah, der Schule hielt. Jusuf Amu wurde der Verkäufer, ich der Käufer. Er schrieb eine Schuldverschreibung und stipulierte das Haus von diesem hier zum Entgeld für eine Summe mir zum bedingten Verkauf, und vermittelst eines Kran, welchen er als Entschädigung für die Verschreibung nahm, setzte er unter diese Schuldverschreibung ohne Fuss und auf angenommene Bedingung sein Siegel und stellte ein Zeugnis aus, ohne dass er sich um die Feststellung der Tatsache bemühte und an uns mit zwei Worten zur Bestätigung dieser Frage herangetreten wäre. Vielleicht verkaufte dieser Jusuf Amu hier das Gut eines anderen auf unrechtmässige Weise an mich. Der erwähnte Mollah kannte mich nicht und ihn, wie konnte er da unter diese Schuldverschreibung sein Siegel setzen? — Und mit welch rechtlichem Beweise gab er zu jener bedingten Kaufschrift sein Zeugnis?" Der Mollah sagte spottend: „Be, be Aghaseele, was redet Ihr da? Was hat der Schreiber für Schuld? Ihr kamt gegangen und gabt die Versicherung, er aber schrieb es nieder und gab es." Ibrahim versetzte: „Wenn nun das Haus einem anderen gehörte, und der es nicht hergibt, was geschieht dann?" — Der Mollah erwiderte: „Mag er es nicht geben,

* Türk. von Aserbeidschan قارداش

so geschieht nichts." Ibrahim fuhr fort: „Wenn er es nicht gibt, so gehe ich zum Richter des Landes und strenge Klage an." Der Mollah sagte: „Das musst du selbst wissen, gehe und tue es!" Ibrahim versetzte: ‚Gesetzt den Fall ich dränge mit der Klage beim Richter durch. Natürlich wird er auch seinem Feraschbaschi anbefehlen, man solle den Besitz nehmen und mir übertragen. Prozess-verfahren. Dann sind es von beiden Seiten fortwährend Lösegelder und Geschenke, die sie nehmen werden, und auf einmal werden wir erfahren, dass

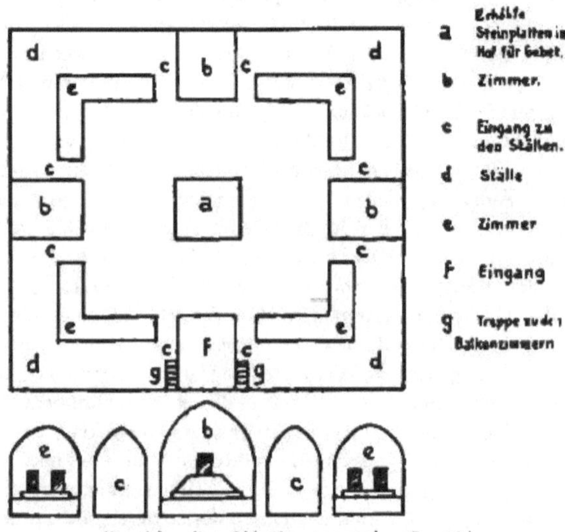

Grundriss einer Abbaskarawanserai. (S. 316.)

wir alle beide zu Ende sind. Das war ein Mollah von der Schule. Lassen wir ihn beiseite! Was sagt Ihr von den ganz grossen Richtern, wie bei einem Prozesse der Seïd und Omar so viele Entscheidungen getroffen und von einem Gelehrten wieder aufgehoben werden? Ich fand häufig Besitzklagen derart, dass beide Parteien von einem Gelehrten so und so viele Entscheidungen in Händen hatten, und dennoch war der Prozess nicht zu Ende. Einige Richter werden gewechselt und versetzt, und mit jedem neuen Richter wird auch der Prozess ein neuer, bis schliesslich aus ebendiesem Grunde so und so viele Familien auf beiden Seiten gegeneinander zu Feinden an Gut und Blut werden, und das Feuer wird aus ihrer Mitte so geschürt, dass es das feuchte und trockene alles versengt. Ist dies denn etwas geziemendes der hohen Ehre der Geistlichen? — Haben die Gebote Gottes und die Befehle des glänzenden Gesetzes in der Schlichtung des Streites unter Leuten Urteile, welche die ergangenen wieder aufheben, nötig? — Dass ein Besitzprozess Jahr über Jahre hindurch nicht geschlichtet wird, woran liegt das?" — Der Mollah versetzte: „Ich kann nicht, bis ich nicht mit eigenen Augen einen Gelehrten sehe, der Schweigegeld nimmt, zu seinem Gunsten eine lange Rede halten." Ibrahim sagte: „Auch ich tue es nicht, aber das eine sage ich, warum soll ein Gelehrter, der wirklich die Zuflucht der Leute in der Stadt geworden ist, zur Schlichtung von Prozessen unter den Leuten keine geordneten und gesetzlichen Protokolle haben? Für die Gerichtsbarkeit und den Prozess der Leute nicht einen besonderen Ort und eine bestimmte Zeit festsetzen? Warum muss der willkürliche Gebrauch seines Siegels in den Händen von anderen sein? Eine Entscheidung, welche er in seinem Hause gesiegelt hat, vertraut er den Händen eines der Gegner, und zwei Tage nachher siegelt er sie auf dem Altar zwischen zwei die frühere umstürzenden Gebeten und übergibt sie den Händen des Gegenklägers, sodass die Sache soweit gedeiht, dass das bürgerliche Recht darüber lacht. Ich sage, warum müssen in Iran alle geistigen und körperlichen Geschäfte ohne Vorschrift und Ordnung sein? Warum sind die geistlichen Grade und die Verwaltungsstellen erblich? Wo ist es gang und gebe, dass ein Mann deswegen, weil sein Vater Richter war, ohne jedes eigene Verdienst Inhaber des Richteramtes wird? Oder dass deswegen weil der Vater eines Mannes Särtip war, nach dessen Tode sein Sohn mit 18 Jahren, wenn er noch nicht Hand und Fuss unterscheiden kann, Särtip wird?" Der Mollah sagte: „Werter Agha, wenn es nach Euch ginge, so müssten die Geistlichen zu Hause sitzen." Ibrahim sagte: „Gott verhüte es, ich gehöre nicht zu den Staatsmännern und den Leuten, welche binden und lösen können, und mein Gebot hat keine Kraft. Aber mein Patriotismus lässt nicht zu, dass ich in Gesellschaft Stillschweigen beobachte und auf Worte, weit von der Wahrheit und allem Guten, nicht Antwort und Gegenrede gäbe. Mit Erlaubnis der Grossen, deren Befehle Rechtskraft haben, behaupte ich, dass es heutzutage bei uns Gesetze, welche sämtliche Gebote Gottes enthalten, nicht gibt, ausser in der gesegneten Gegenwart des zwölften Imam*), Gott möge ihn bald senden! Heutzutage bestehen die Begründungen zu den Geboten auf rationellen und auf geschichtlich überlieferten Beweisen. Wir bedürfen mehr als alle des Vorhandenseins von Belehrenden im Recht und den gesetzlichen Geboten. Zuerst müssen wir jene finden. Und der Weg sie zu finden kann durch folgendes Mittel möglich sein, dass auf Befehl der Zuflucht**) sämtlicher Geistlichen eine grosse Sitzung von hohen Geistlichen des Volkes anberaumt wird. Und in jener Sitzung mag man nach der Grösse der Vilajets und der Einwohnerzahl der Städte festsetzen, wieviel in jenem Vilajet zur Schlichtung von Streitigkeiten und zur Beilegung der Rechtshändel der Leute Geistliche nötig sind. Diese muss man bestimmen. Dann sollte man von den Geistlichen jene, welche als erprobte Führer und als aller Hort sich durch Geläufigkeit der Rede und Süssigkeit der Sprache, durch Frömmigkeit und Gottesfurcht und überreiches Wissen und Kenntnis der Rechtsgebote vorzüglich bewährt haben, auswählen und für dort bestimmen. Und gleichfalls soll man von den Grundlehren der Lehrbücher alles, was sich auf Rechte bezieht und Kauf und Verkauf, Handel und dergleichen, in einfacher Sprache und leichten Ausdrücken auf persisch übersetzen, drucken und herausgeben, damit jedermann es nimmt und liest und bis zu einem gewissen Grade Rechtsfragen selbst verstehen kann, und dann wird jede Entscheidung, welche von einem gerechten Richter des Landes erlassen wird, von selbst Kraft erlangen. Die gelehrten Führer des Islam versandten die Befehle von sehr wichtigen Urteilen auf Stücken Haut (Pergament) oder Knochen in grösster Kürze aufgezeichnet, und überall in fernen Gegenden erzwang er sich Gehorsam. Das lautere Recht Mohammeds ist von Anfang an entfernt von aller Art Betrug und Ränken gewesen, mit Gaukeleien und Betrügereien hatte es nichts zu tun. Der göttliche Gesetzgeber, für den mein Körper und meine Seele zum Opfer für seinen reinen Glauben dienen möge, was hat er nicht für Schicksalsschläge auf sein teures heiliges Dasein genommen, bis die Gebote seines Gesetzes fest dastanden! Was hat er von seinen Widersachern für Wunden empfangen und welche

Gesetzlosigkeit.

Vorschläge Ibrahims.

*) Am jüngsten Tage.

**) Einer Autorität.

21*

Widerwärtigkeiten hat er erfahren! Alles wurde ertragen, auf dass seine Anhänger zurzeit des Urteils*) nicht in Bedrängnis kämen. Ach, die gegenwärtige Zeit ist gewissenlos! Denn die Geistlichen im Volke haben die Gebote des reinen Gesetzes mit Betrug und Fälschung versetzt und nennen es mit betrügerischer Bezeichnung Recht, als wenn Gott nicht selbst in allen Dingen weise und allwissend wäre. Aber abgesehen davon, womöglich ist die Wissenschaft an vier Ellen Leinwand gebunden**), die jedermann auf dem Kopfe haben mag. Dann müssen wir ihn für weise ansehen und ihm wie den Weisen Vorrangstellung einräumen. Der, welcher auf dem Ehrenplatz der Wissenschaft sitzt, soll Wissenschaft und Gottesfurcht, Frömmigkeit und alles, was jenem heiligen Ehrenplatz zukommt, besitzen, wenn nicht, dann nicht!"

Hierauf mischte sich der Hausherr ins Gespräch und sagte zu Ibrahim Beg: „All Euer Beharren im nationalen Eifer ist sinnlos. Aus dem Aufzählen der Fehler von Leuten vor ihren Augen und dem Berichte von schlechten Handlungen der Menschen und dem Häufen von Spitzfindigkeiten gegen klein und gross wird sich keine Frucht gewinnen lassen ausser der, dass du ohne Grund die Leute dir zu Feinden machst, und sie vor dem Zusammensein und der Unterhaltung mit dir davonlaufen. Erbittere dich doch nicht so in dem Masse und lasse ein wenig die Schneide deiner Sprache in der Scheide.

‚Gehe den Weg wie ihn die Wanderer gehen.'

Ibrahim sagte: „Werter Herr Gastgeber, zuerst wisst Ihr selbst, dass ich mit diesen Gesprächen mit niemandem Feindschaft noch Streit bezwecke. Ich persönlich bin gegen alle äusserst friedlich. Jedoch die mich zu diesen Reden treibende Kraft ist eben der Patriotismus und das Übel des Vaterlandes. Jeder, der diese Widerwärtigkeiten sieht und nicht ausspricht, dessen Namen soll man aus der Reihe der Namen von Vaterlandsverehrern fortlassen. Nach meiner Doktrin ist ebenjener Betreffende eine Zutat zu den Leuten, welche das abscheuliche ‚was geht mich das an' sagen; in diesem kurzen Reisebuche habe ich an vielen Stellen die Namen von derart Personen

*) Am jüngsten Gericht.

**) D. h. der weisse Turban der Geistlichen wird im Volke „Kohlkopf" genannt wegen seiner Grösse.

mit Tadel und Verwünschung fur mich erwähnt. Wie sollte ich nun für mich selbst gleiches tun und in die Reihe jener Kurzsichtigen treten? Wenn unsere sämtlichen Landsleute ihre persönliche Rücksichtnahme seit 50 Jahren in dieser Hinsicht beiseite gelassen hätten und das Schlechte schlecht und das Gute gut genannt hätten, dann wäre heutzutage die Mehrzahl von unpassenden Vorgängen abgestellt worden, dies unglückselige Volk wäre nicht der Sklave der Befehle eines Feraschbaschi und Daroga, und die ungebildeten Geistlichen der Schule würden nicht in allen unseren Dingen willkürlich handeln.

Es ist offenkundig, dass dann wenn in jedwedem Stamme oder Volke, in dem schlechte Charakterzüge, tadelnswerte Eigenschaften und niedrige Sitten zu Tage treten und offenbar werden, die Gelehrten im Volke sich gegen die Erwähnung jener schlechten Eigenschaften still verhalten, natürlich auch die schlechten Charaktereigenschaften in jenem Stamme Allgemeinheit erlangen werden. Und allmählich werden sie der Zielpunkt der Pfeile des Tadels und der Verhöhnung der Ausländer sein. Die Ehre und das Ansehen jenes Volkes werden bei sich selbst und in der Fremde für nichtig gelten. Somit ist es die schuldige Pflicht der weisen Männer im auserwählten Volke und der Verständigen im Volke die Schäden und Mängel jenes Stammes ohne jede Rücksicht auf Stand und Würde der Übeltäter der verdorbenen Jetztzeit zur Sprache zu bringen, auch wenn diese in der Öffentlichkeit im Besitze von Macht und kraftvollem Ansehen stehen. Vielleicht werden sie dadurch, dass sie es hören, erweckt und nehmen guten Charakter an oder halten sich fern von tadelnswerden Handlungen, bis dass allmählich Besserung die Stelle von Schlechtigkeit einnimmt und Widerwärtigkeiten zu nichte werden. Wie kann ich nun stillsitzen und nicht sagen, dass der lautere Glaube des Islam uns Gerechtigkeit und Gleichheit anbefohlen hat! Und unsere Gouverneure und Richter sollen bei der Entscheidung eines Prozesses nach echter Menschlichkeit Urteil erlassen, nicht dass sie mit Rücksicht auf einen oder nach dem Genusse des Schweigegeldes eines anderen die Augen vor dem Geheisse, dem durchaus Folge zu leisten ist, Gottes und des Propheten, verhüllen und den Rechten ihrer Untergebenen flissentlich und wissentlich Übles antun, und trotz alle diesem mohammedanische Ansprüche machen und sagen: ‚Wir gehören zum Volke des letzterwählten Propheten.‘ In Kairo gibt es einige von den vornehmen Kaufleuten Irans, deren Dasein in der Tat dem Volke zur Ehre gereicht. Die Beamten Irans, von denen jeden Tag einer ging und ein anderer kam, haben ihnen das Gesichtsfeld so eng gesteckt, dass sie hilflos sich in den Schutz von ausländischen Mächten begaben. Was war die Schuld der armen Schelme, dass sie von ihrem angestammten Staate das Antlitz wenden und sich unter fremde Flagge stellen mussten? Vielleicht hatte sie die Königin von England aufgefordert, oder der russische Kaiser ihnen Gehalt und Pension bestimmt und ausgesetzt. Fragte niemand sie danach, was die Ursache war, dass sie aus ihrem Staatsverbande austraten? Was sollen sie tun? Jemand ist nicht ein richtiger Untertan von Eigentumsrechten, selbstverständlich ist er auch von den gesetzlichen Rechten ausgeschlossen. In einer Stadt sind so viele Obrigkeiten, von denen jede auf ihre Art die Untergebenen ausplündert. Der Person, welche von den Untertanen gegenüber den von Kopf bis Fuss grausamen Geboten der Gouverneure vom Charakter der Pharaone den Mut zur Rede besitzt, so dass sie sagt: ‚Dies weil, und jenes warum‘, geht zur selben Stunde der Befehl zu den Rücken zu wenden.*) Das Recht ist völlig bei ihnen auf und davon, und dem Rechtlosen tun sie noch was sie wollen. Jeder, der einen Wasserpfeifenkopf aus Gold und zwei Kämmerer, vier Feraschen und einen Mantel aus Schalstoff besitzt, dem ist die Macht gegeben über Gut und Blut der Leute. Heutzutage ist die Sache so weit gediehen, dass die Mehrzahl der Geistlichen auch einen obrigkeitlichen Charakter angenommen hat, und dass sie öffentlich auf Pracht und Prunk verfallen sind. Wer von den Grossen in Ausraubung und Plünderung der Untertanen am kühnsten ist, der ist ein Sachverständiger und geschickter Mann. Wer aber im Gegenteil Mitleid im Herzen und Scheu vor Gott hat, der ist ohne Ansehen und ohne Existenz. Jeder religiöse Rechtsgelehrte, dessen Taschen gross und dessen Ärmel lang sind, der ist der Höchste der Geistlichen, und wer in Lügengeweben sich schamlos zeigt, der ist der Fürst der Dichter. Denkt nicht, ich hätte alles, was ich im Vaterlande an Widerwärtigkeiten sah, aufgezeichnet. Nein, denn bei

*) حکم پشت کردنی d. h. man schlägt ihn auf den Hals, im türkischen von Aserbaidschan: حکم پبشی

Mollah mit der Wasserpfeife. (S. 326.)

deinem lieben Leben, vor vielem habe ich mir die Augen verhüllt und bin vorbeigegangen, d. h. mich hatte Ermattung überkommen. Unter anderem eines Tages war ich an einer vornehmen Stelle zu Gast, d. h. man hatte mich durch einen Freund dorthin geladen. Als wir in die Gesellschaft kamen war der Talar (Salon) voll. An der Schwelle der Tür niedriger als alle sassen wir nieder. In Wahrheit musste unser Platz auch dort sein, da die Gäste sämtlich hohe Geistliche und grosse Khans und angesehene Kaufherrn waren. Auf einmal sah ich wie zehn bis zwölf Personen, ein jeder eine Wasserpfeife und einen Tschibuck in den Händen, mit grossem Gedränge und höchster Eile, sozusagen als liefe hinter ihnen einer ihrer gefährlichsten Feinde einher, in den Salon hereinkamen. Und auch beim Eintritt wollte ein jeder von ihnen dem anderen den Vorrang nehmen, sodass wenig fehlte sie wären aneinander gestossen und hingefallen. Tür und Mauer des Salons fing an von ihrer Bewegung zu zittern. Ich blickte erstaunt auf diese Art. Sie teilten Wasserpfeife und Tschibuck an die Anwesenden aus, damit alle rauchten. In diesem Augenblick merkte ich, wie im Kaffeezimmer es Hin- und Hergerede setzte. Fortwährend waren es starke Schimpfworte und unschickliche Redensarten, welche mit verschiedenen Stimmen hin und wieder gingen. Beim Vernehmen dieser Unschicklichkeiten und hässlichen Marktworte verwunderte ich mich und fragte meinen Gefährten ‚was soll das bedeuten?' Er erwiderte: ‚Lass bis nachher, ich werde es Euch erklären.' Nach der Beendigung der Geselligkeit, als wir heimkehrten, sagte er unterwegs. ‚Dies Hin- und Hergerede und die starken Schimpfworte, die hin und wieder flogen, fanden zwischen den Dienern der Herren statt, denn jeder von ihnen wollte in der Verteilung der Wasserpfeife an seinen Herrn dem anderen den Vortritt nehmen, weil die Wasserpfeife, welche man am frühsten in die Gesellschaft hereinbrachte, für jeden ein Beweis seiner hohen Stellung und Würde ist. Die hochheiligen Herren erwarten auch selbst von ihren Dienern ebendiese Diensterweisung. Daher ist dieser Zweck in dergleichen Gesellschaften immerwährend die Veranlassung zu Vorkommnissen von Zänkereien zwischen den Dienern. Oft geschieht es, dass die Sache von Lärm sogar zu Schlägen gedeiht. Und auf die Herren macht niemals diese Art einen Eindruck, niemals handeln sie ihrem vornehmen Range gemäss, wie Ihr auch heute

Landessitte.

gesehen habt.' Nun bitte bedenkt bis wohin unsere Unglückseligkeit gestiegen ist! Wenn die Gebildeten des Volkes mit derlei kindischen Spielen sich beschäftigen, was kann man da von den Ungebildeten erwarten! Die Grossen der übrigen Völker, womit beschäftigen sich die, und unsere Gebildeten und Führer, die geistigen und körperlichen, womit? — Gegenwärtig, da die Zeit die Zügel, die Volksangelegenheiten zu binden und zu lösen, den Kreisen dieser heiligen Herren anheimgestellt hat, so müssen sie selbst nach den Erfordernissen der Menschlichkeit und Erziehung herablassend und würdig sein und die übrigen ebenfalls zur Demut und zu wohlgefälliger Lebensführung ermahnen und den Unterdrückten und Betrübten hilfreich beistehen und das Volk zur Einigkeit und Brüderlichkeit anhalten. Im Gegenteil, um ihrer Lust zu fröhnen sind sie ohne jeden vernünftigen Grund die Belebung der feindseligen Vorkommnisse in der Menge des Volkes geworden, und sie selbst bringen sich sogar hierdurch gegenseitig Hass entgegen. Wenn sie nun selbst im Meere von persönlichen Feindschaften versunken sind, wo kann sich die Gelegenheit bieten, bei der Schlichtung von Streitigkeiten unter den Untertanen persönliche Wünsche beiseite zu lassen und gerecht und gewissenhaft zu urteilen und Rache für die Bedrückten an dem Unterdrücker zu nehmen! Für die Geistlichen im Volk sollten ihre wichtigen Ziele die Geltendmachung von Gerechtigkeit und Billigkeit und die Stärkung der Fundamente der Eintracht und Verbindung unter dem Volke sein, da die Ziele Gottes für die Menschen durch die Sendung des Propheten eben die Ausbreitung von Billigkeit und Gerechtigkeit unter seinen Dienern war. Vor einigen Jahren las in Kairo einer von den Dichtern Irans ein Gedicht über diesen Stoff meinem verstorbenen Vater vor. Ich behielt es nun. Gott möge den Verfasser hiervon in das Meer seiner Gnade aufnehmen! Sehr schön sagte er es. Da es nicht unangebracht ist, so werde ich es Euch vortragen, vielleicht ist es zweckdienlich.

Das Gedicht ist folgendes:

Der gerechte König des Himmels Gerechtigkeit dem König gab,
damit der König durch Gerechtigkeit sein Land blühend mache.
Wenn er nicht dem Volke Gerechtigkeit gibt der Gerechte der Erde,
so wird der Gerechte des Himmels ihm das Geschenk nehmen.

Abbas Effendi, Sohn des Beha ullah, jetziges Haupt der Babisekte.
(S. 330).

Er gab dir Gerechtigkeit, auf dass du gerecht dich zeigen sollst.
Wenn du nicht gerecht dich zeigst, so beklagt sich die Gerechtigkeit über dich.*)
Gib willig dem Rufe des Klägers dein Ohr heute,
damit du morgen nicht klagst.
Gib Gerechtigkeit, denn Gerechtigkeit verteilt der Hochgerechte.
Gott sandte die Karawane des Propheten zur Gerechtigkeit.
Alle Gebäude, welche die Propheten auf der Welt erbaut haben,
haben aus Wasser und Lehm der Gerechtigkeit Wurzel und Fundament.
Wenn das Land blühend wird, dann natürlich mit Gerechtigkeit.
Wann ward die Welt ohne Wasser der Gerechtigkeit blühend!
Wenn du ohne Gerechtigkeit bist und gerechte Lehre nicht annimmst,
So hebe dich nach Babel oder Medina und Bagdad!
Geh' und betrachte den grossen Palast der Könige!
Was schlecht ist aus ungebrannten Ziegeln, und was aus Erz.
Wenn sein Fundament gerecht ist, so bleibt es bestehen,
und was ohne Gerechtigkeit war, ist alles zusammengestürzt." **)

Als Ibrahim die Worte vorgetragen und beendet hatte sagte der Mollah: „Verse herzusagen ist selbst eine von den grossen Sünden. Ich leihe derart Worten mein Ohr nicht." Ibrahim sagte: „Nun, da Ihr Euer Ohr nicht leiht und nach Eurer Ansicht Verse eine Sünde sind, so will ich Euch noch ein anderes Gedicht hersagen, welches der Verfasser im Hinblick auf Leute gedichtet hat, welche die Wissenschaft nicht kennen und sich selbst im Kleide von wissenschaftlichen Personen (Geistlichen) den Leuten zeigen, oder sie mögen Wissenschaft besitzen und sie nicht anwenden. Und das ist folgendes: Verse-Sünde.

„Ein Schech sagte zu einer Hure: ‚Du bist trunken,
jeden Tag fängst du in der Schlinge einen anderen'.
Sie sprach zum Schech: ‚Alles was du sagst bin ich
aber du, bist du so wie du scheinst?'***)"

Der Mollah erboste sich über das Gedicht und sagte: „Dir kommt es nicht zu über die Geistlichen eine lange Rede zu halten." Ibrahim sagte: „Hochwürdiger Agha, die Geistlichen, welche sich der Würde ihrer hohen Stellung bewusst sind und Achtung vor

*) So wird die Klage über dich Gerechtigkeit schaffen. Eine Spielerei mit dem Worte dad داد und seinen verschiedenen Bedeutungen.

**) Firdusi.

***) Sâdi Gulistan.

jenem heiligen Ehrenplatz, wie es sich gehört und sein muss, haben, von denen kenne ich gar manche und ich flehe zu Gott er möge mein Leben kürzen und ihrem Leben hinzufügen. Wenn ihr heiliges Dasein nicht vorhanden wäre, so würden wir in ein Nichts verwandelt. Unser Leben ist an ihre teure Existenz geknüpft. Ich sage einiges von den Kornverkäufern, die Weizen zeigen und Gerste verkaufen*), und den Geistlichen ohne Beschäftigung und denen, die gutes in schlechtes kehren." Der Mollah versetzte: „Was sind das für Reden! Die Geistlichen sind alle eins, kein Unterschied besteht zwischen ihnen. Jetzt, da du den Namen der Geistlichen ohne Ehrfurcht genannt hast, so bist du gottlos, und die Tore der Vergebung sind für dich verschlossen!" Ibrahim sagte: „Gottlos ist der, welcher nicht Wissenschaft besitzt und sich in der Gestalt von Geistlichen den Leuten zeigt. Alles Unheil, was mein Haupt und alle Perser traf, hat seinen Ursprung von jenen Unmenschen hergenommen."

Der Hausherr erzählt: Ich sah wie Ibrahim Beg beim Anhören des Wortes „gottlos" die Farbe wechselte. Zittern befiel seinen Körper, die Ringe seiner Augen vergrösserten sich, und er sagte: „Das sind ebensolche Worte, welche ein grosses Land zerrüttet und einem altehrwürdigen und kraftvollen Volke den Halt entzogen haben, die Menschen von der Erlangung der Kenntnis, sich Lebensunterhalt zu gewinnen, abhielten und den Toren im Lande uneingeschränkt die Zügel überliessen. Durch solche Worte fielen die Leute in Armut und Erniedrigung. Wissen besteht aus ‚Prügeln von Seïd und Omar'**), so schrieben sie. Von der Aneignung von modernen Wissenschaften und Künsten hielten sie ab, bis dass von allen Seiten jemand auftrat und, weil es die Umstände verlangten und er nach der Führerstelle sich sehnte, nun ohne Scheu Teile der heiligen Rechtssprüche des reinen Gesetzes zu ändern den Mut fand und mit verschiedenen Titeln herantrat. Einer sagte: Ich bin ‚Schech'. Ein anderer fasste den Mut, höher als dieser seine Ansprüche zu stellen und sagte: Ich bin ‚Bab'***). Und auf ihre Aufforderung hin liefen auch die Leute aus Torheit von vier Seiten auf sie zu."

---

*) جو فروش گندم نما dies ist ein Ausdruck für einen Betrüger.

**) Hinz und Kunz etwa.

***) Siehe vorher. Die Pforte.

Der Kronprinz (Vali' ahd) Mohammed Ali Mirsa.

Ibrahim gab hier die Zügel der Gewalt über sich aus den Händen; von dem Platze, auf dem er gesessen hatte, rutschte er auf beiden Knien bis an den Mollah heran und sagte: „Ihr gehört zu den Leuten, welche beim geistlichen Disputieren aus Torheit mit dem Buch einander auf den Kopf trommeln und harte Worte einander sagen. Die Erlangung von Wissen verlangt nicht Streit, das sind die Prinzipien der Dummheit. Ebenjene Gattung von Softa mit ihrem törichten Gebahren sind die Veranlassung geworden, dass das Volk die Regierung und die Regierung das Volk floh. Das Nachlaufen den Alchimisten und der eingebildeten Chemie und das sich Gewöhnen der Leute an das Opium, das rührt alles davon her, dass man von Wissenschaft keine Ahnung hat." Ganz allmählich erhob sich die Stimme Ibrahims, sein Mund fing von dem überheftigen Schreien an wie bei von der Sucht befallenen Kamelen zu schäumen. Durch die Wärme seines Herzens vergoss er fortwährend Schweiss. Während ich noch über diesen seinen Zustand in Staunen Ibrahim geriet sagte Ibrahim: „Was soll ich noch für Staub auf mein Haupt rat in Wut. streuen? Dieser Betreffende, der Anspruch auf Wissen erhebt, macht mich, weil ich zwei wahre Worte gesprochen habe, zum Gottlosen" Auf einmal schlug er sich mit beiden Händen nach dem Haupte, nahm die Mütze vom Kopfe und schlug damit einem Wahnsinnigen gleich auf den Boden. Dann hob er die Mütze vom Boden auf und traf damit die Leuchte: „eine Lampe", welche nahe stand. Die Lampe fiel herab, zerbrach, und das Petroleum verbreitete sich auf dem Erdboden. Es entzündete sich am Docht und sogleich flammte Feuer. es auf und ergriff alles. In diesem Wirrwar kam ich aus meiner Bestürzung wieder zu mir und sah, dass Ibrahim bewusstlos hingefallen war und sogar der Zimmerteppich Feuer gefangen hatte. Da schrie ich: „Kinder kommt herbei, wir brennen!" Jusuf Amu und die Diener kamen herein. Ich sagte zu Jusuf Amu: „Ich bin in Sicherheit, aber zieht Ibrahim heraus und befreit ihn vom Feuer. Das Zimmer mag zur Hölle gehen!" Zwei bis drei Personen schleppten wir Ibrahim heraus. In diesem Moment wollte der Mollah ausreissen und sich vor dem drohenden Feuer davonmachen. Sein Saum hatte Feuer gefangen und er schrie: „Ich brenne, Hilfe: Wasser! Wasser! Wasser!" Ich selbst rief laut: „Janghyn war" (Feuer). Die Nachbarn strömten ins Haus, und man sprengte fortwährend von allen Seiten Wasser auf das Feuer, als plötzlich der

Vorhang Feuer fing und dasselbe das Fensterkreuz und die Decke einhüllte. Ich schrie: „Reisst den Vorhang herunter und zerbrecht die Fensterkreuze!" Die Leute hingen sich an den Vorhang mit: „Ach Ali! Ach Hassan, ach Hussein, ach Ali, Sohn von Hussein*)!"

Der Vorhang fiel herab. Das Feuer wurde gelöscht.

„Heraus fiel jetzt das Herz aus dem Vorhang der Geduld,
was wird die Zeit hinter dem Vorhang hervorbringen?" **)

*) Ali Askar.

**) Hafis.

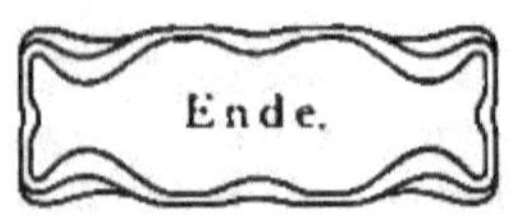

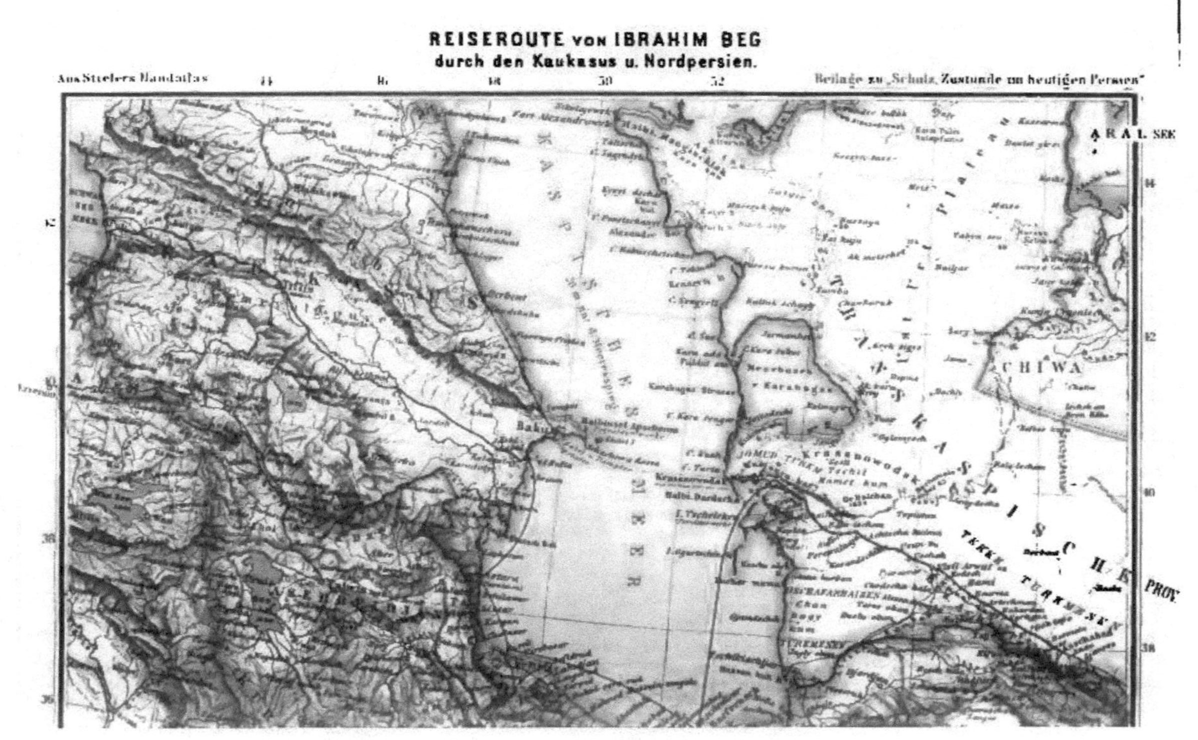
REISEROUTE VON IBRAHIM BEG
durch den Kaukasus u. Nordpersien.
Aus Stielers Handatlas
Beilage zu „Schulz, Zustände im heutigen Persien"
ARAL SEE
KASPISCHES MEER
CHIWA
Baku
PROV.

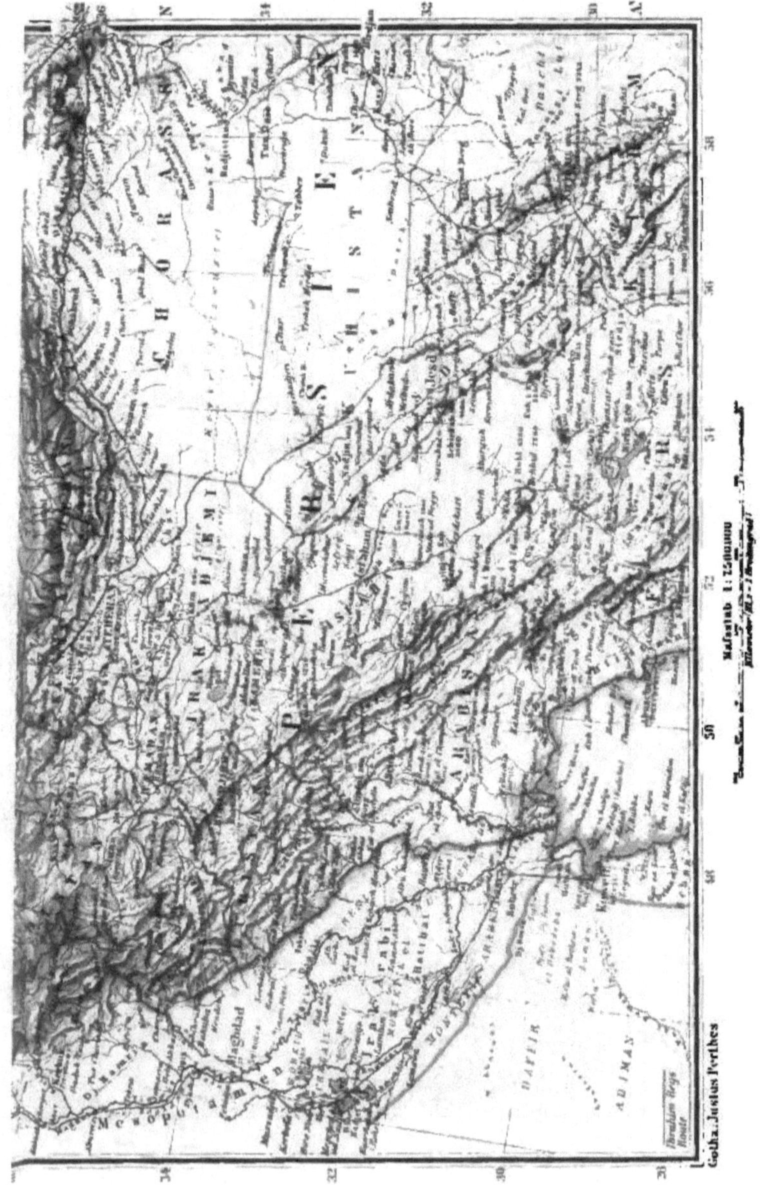
Gotha, Justus Perthes
Baghdad

Zeitfracht Medien GmbH
Ferdinand-Jühlke-Straße 7
99095 Erfurt, Deutschland
produktsicherheit@kolibri360.de